凝煉知識品味閱讀

大師系列

學海節觀．要言不凡

中國大陸經濟

麥朝成、伍忠賢 著

五南圖書出版公司 印行

序　言

2012 年 7 月，有一群中國大陸在台求學的大學生，拍了一部短片，訪問台灣小學五、六年級學生：「你知道大陸嗎？」答案往往令人噴飯。那麼，我們真的對中國大陸有一定程度的了解嗎？

一、讀者的需求

在台灣，四大報、二大專業報紙每天至少有一版報導中國大陸新聞，甚至有專業報紙（旺報），提供人們了解中國經濟現況的資訊。

然而零碎資訊，需要讀者具備全面的基本知識架構，才能融會，進而貫通。

二、寫作緣起與過程

本書作者之一麥朝成於 1996～2002 年擔任中華經濟研究院院長，該院係政府為因應台美斷交而成立的政府智庫，其中設有大陸經濟研究所，專門研究中國大陸經濟。每三個月向政府高層簡報兩岸經貿現況與展望，每年跟日本（野村綜合研究院）、韓國（韓國國際經濟政策研究所）、中國大陸（深圳綜合開發研究院）、香港（香港理工大學中國商業中心）開會研討。該院並與中國社會科學院簽訂長期學術合作協議，多次率團訪問中國大陸，遍及北京市、上海市、東北哈爾濱市、廣東省、廈門市各地，對中國大陸經濟粗窺堂奧。2002 年應聘擔任淡江大學產業經濟系講座教授，2007～2011 年在交通大學經營管理研究所兼任教授「大陸經濟」課程，師生皆覺得需要有一本這方面的教科書，經與本書作者之一伍忠賢討論，共同撰寫本書，希望能提供讀者一本有系統了解中國大陸經濟的指引。

三、感謝

本書之完成深深感謝許多人的協助，例如在資料收集方面，陳建勳博士暨周光漢博士幫了很多忙。另外，中華經濟研究院很多同仁也經常提供相關資料。本書作者之一麥朝成也要特別感謝內人林素貞女士的諒解與支持。本書另一位作者伍忠賢感激恩師汪義育教授與師母莊瑞珠女士的教導與照顧。

本書作者之一伍忠賢謙虛形容「這是二位台灣廚師到日本東京賣懷石料理。」因此，懇請各位先進不吝指正。

麥朝成
伍忠賢 謹誌
2013 年 6 月

目　錄

表目錄

圖目錄

中國大陸經濟大事紀

年	活　動	年	活　動
1953	實施五年計畫，即全面實施共產主義	1998	整頓國營企業，迄 2002 年約 2000 萬人下崗
1958～1961	實施「大躍進」，其中土法煉鋼，造成大飢荒，3,800萬人餓死，不利勞動力成長	2000	第二次進入重工業階段，主要是鋼鐵、石化等
1966～1976	文化大革命，人民忙於政治活動，經濟活動擺一邊	2001	12 月，加入世貿組織
1978	10 月，決定實施經濟改革開放	2002	中國大陸成為「世界工廠」
1979	允許工商個體戶成立 8月，廣東、福建省四經濟特區成立	2003	重工業產能過剩，9 月迄 2004 年國務院大力踩投資煞車；自覺「大國崛起」，外匯存底 0.4 兆美元
1980	9 月 25 日，實施一胎化政策，迄 2011 年，共減少 4 億人口出生	2004	廣東省等沿海各省出現缺工荒
1982	農地私有化	2005	廣東省實施第二波騰籠換鳥政策
1987	外商可以獨資經營	2006	中國大陸成為「世界市場」之一
1989	6 月 4 日發生天安門事件，不利於引進外國公司來投資	2007	吉尼係數逼近 0.5，已到聯合國所定危險門檻
1990	首次出超，金額 87.56 億美元		
1992	2 月起，鄧小平南巡，擴大「改革開放」 允許商品房，即住宅的自由買賣 允許民營企業設立	2008	大西部開發計畫全面執行 8 月，實施《反壟斷法》
1993	房地產景氣過熱	2009	3 月，推出「4 兆元」擴大公共支出政策，2009～2011 年共三年。
1994	實施宏觀調控，主要是打房	2010	成為全球第一大商品出口國 超越日本，成為全球第二大經濟國，4 月，推出打房的「國八條」 東協加一啟動，中國大陸東協自由貿易區成形 人均所得 4,260 美元，突破「中低所得」階段
1995	發改委、商務部推出《外商投資產業指導目錄》，有明確產業政策	2011	兩岸經濟合作協議實施 外貿總值全球第二、外匯存底 3.2 兆美元
1997	外資突破 450 億美元，僅次於美國，外界以「磁吸效應」一詞來形容。	2012	人均 GDP 6,141 美元

導　論

在進入本文之前，請你先看「導論」，了解本書的預期效益與對全書架構（詳見圖 0.1）鳥瞰，有個全面觀。

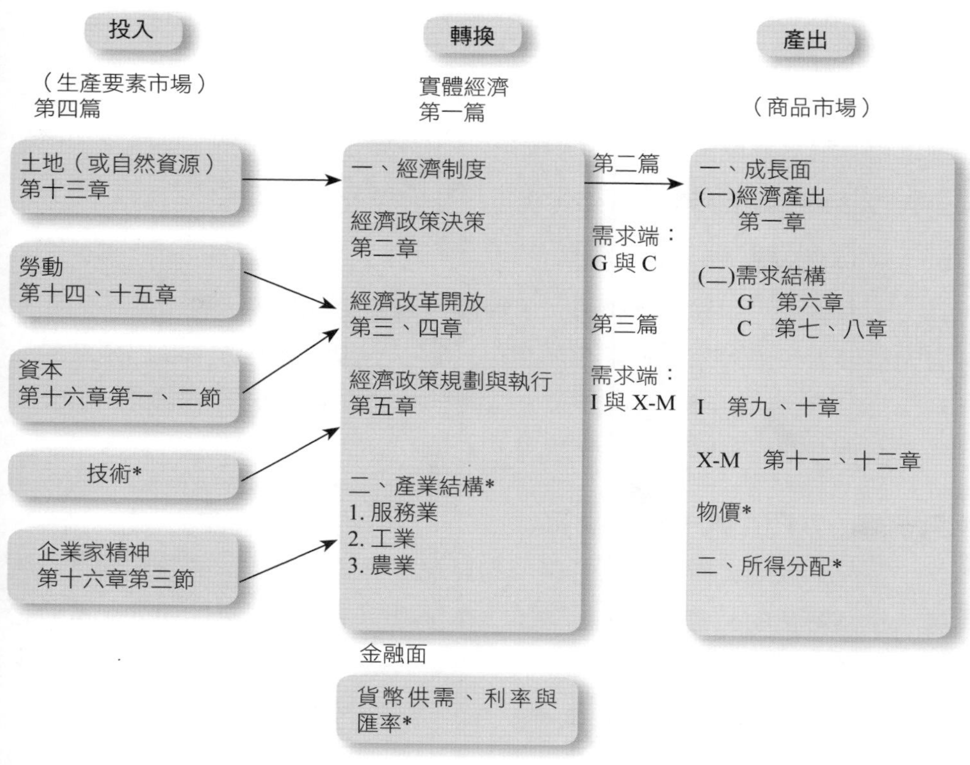

*表示本書不討論

圖 0.1　本書架構——以一般均衡為基礎

一、本書預期效益

本書是為「中國大陸經濟」相關課程而寫的，全書以圖表方式作有系統整理，可以讓你對中國大陸經濟有全面了解，而且知其所以然（即歷史演進）。

讀完本書，你可以看懂中國大陸專門報紙《旺報》、其他報大陸版九成以上，而且還能深入分析、運用。

二、課程規劃

本書共四篇十六章，足供一學期十六次上課用，平均一章可供一次上課之用。限於篇幅，有些章（例如第一、六章）篇幅較多，有些章（例如第七、九章）酌予減量，大抵來說，每章篇幅還是平均的。

三、架構

本書書名「中國大陸經濟」，討論的是中國大陸的「經濟」，因此全書架構跟大一經濟學總經部分頗相似。為了「因地制宜」，多出兩章的篇幅：第二章討論經濟社會五年規畫迄第五章討論經濟政策的規劃與執行。

全書分四篇，主要內容簡述如下。

第一篇　入門（第一～五章）

第一章以國民所得帳為基礎，先對經濟有個全面觀。由於中國大陸實施「中國特色的社會主義」，除了「市場機制」這不可見的手外，政府扮演「可見的手」，因此必須專章說明五年計畫的過去（十一五）、現況與展望（十二五，2011～2015 年）。

第二篇　需求面 I（第六～八章）

以三章篇幅來說明實體經濟的需求面，根據經濟學所採取「C+I+G+(X－M)」的順序，本書稍微調動，把「政府支出」與「民間消費」順序對調，因為政府支出占「國內生產毛額」（GDP，簡稱總產值）比率頗高，且具引導性。

第三篇　需求面 II（第九～十二章）

鑑於「固定資本形成」（占產值 46%）的重要性，以兩章篇幅討論：第九章討論公營營利單位的貢獻，第十章說明外商的貢獻，並討論中國大陸對外直接投資。

鑑於出超（占總產值 2%）的階段重要性，以兩章篇幅討論：第十一章討論貿易結構，第十二章說明中國大陸參與世界貿易組織等。

第四篇　供給面（第十三～十六章）

本書以四章討論實體經濟的供給面中的四種生產要素，第十三章說明土地供需，第十四、十五章專門討論勞動，並且順便說明失業狀況，第十六章說明資本、企業家精神。

*遺珠之憾

本書對經濟成長、實體經濟方面深入說明其本末，限於篇幅，有四個課題只好在其他書籍再討論：所得分配與社會福利、房價、物價、貨幣供需與雙率（利率和匯率）。

四、資料來源與幣別等

我們採取一些措施，讓你更容易閱讀、使用本書。

1. 經濟資料

本書資料以中國大陸（例如國家統計局）為主。

2. 用詞

本書主要寫給台灣相關人士所用，因此相關用詞以台灣慣用為主，例如中國大陸稱「萬億」，本書用詞為「兆」。專有名詞會採取括弧內註方式，註明中國大陸用詞。

3. 幣別

為了節省篇幅起見，本書以中國大陸經濟為討論主題，因此全書幣別皆為人民幣（只有第一次出現時會加註），至於有時在跨國比較時，會採取美元。

由於各年人民幣兌台幣匯率略有不同，因此本書暫以 2013 年中的下列匯率為準，你可以自己去換算。

- 1 美元兌人民幣 6.1 元；
- 1 美元兌台幣 30 元；
- 1 人民幣兌台幣 4.92 元。

4. 主管機關

政府對各經濟社會事務皆有主管機構與相關部會，在第二章第三～六節中，我們皆會以表的形式讓你了解前後關聯。

第一篇 入門

1 經濟產出

上海市（中國大陸的經濟櫥窗）

（本書照片提供：今周刊）

見林就可一目了然

本章開門見山的說明中國大陸經濟現況，第一節說明國內生產毛值，第二節以其他衡量方式來說明，第三節進行跨國比較，第四節展望。

第一節　經濟實力

在本節中，開門見山的鳥瞰中國大陸的經濟表現，光以「產出」總量的衡量方式，至少就有下列二種衡量方式，詳見圖 1.1，底下簡單說明。

・貨幣衡量方式

以貨幣單位衡量的又可依是否合法分為地上和地下經濟，後者將於第二節中簡單說明，本節說明地上經濟。

・非貨幣衡量方式

非貨幣衡量方式考慮國民對經濟福祉的主觀感受，常見方式之一是幸福指數，將於第二節第三段中詳細說明。

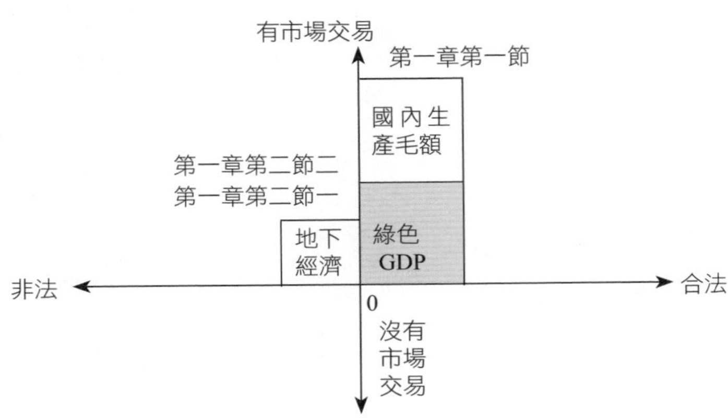

圖 1.1　中國大陸經濟實力的幾種衡量方式

一、經濟福祉的衡量

經濟學中把人們工作的目的定義為「追求更佳的經濟福祉」（well-being），經濟福祉有主觀、客觀的衡量方式，詳見圖 1.2。

(一)貨幣化的國民所得帳

貨幣化是最常見的客觀衡量方式，由於客觀，因此可以跨時跨地比較。雖然很多人對國民所得帳不滿，它還是有優點，例如對於什麼包含在內，什麼排除在外，它界定得十分清楚。而且，它根據自由市場產生的客觀價格計算，也可以用於比較各國的經濟表現。經濟合作發展組織（OECD）2006 年做成結論說，要評估經濟福祉，國民所得會計制度仍然十分重要，但需要其他的衡量方式來互補，整幅畫面才看得更清楚。

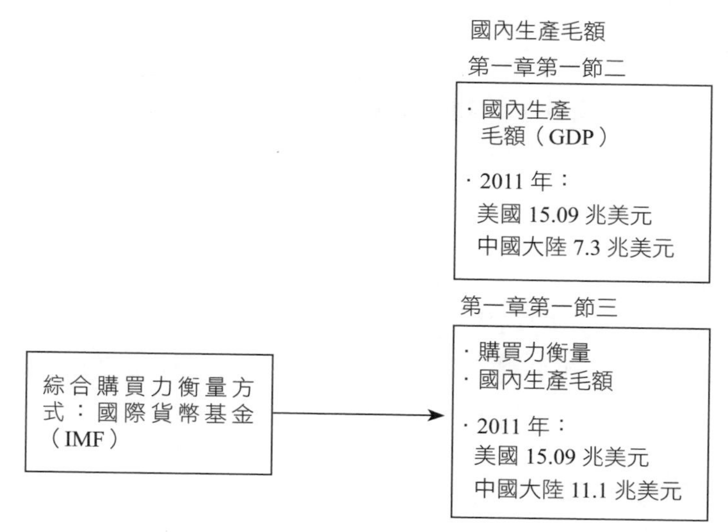

圖 1.2 美元計價國內生產毛額二種衡量方式

(二)主觀衡量方式

聯合國曾推出**人類發展指數**（Human Development Index, HDI），用

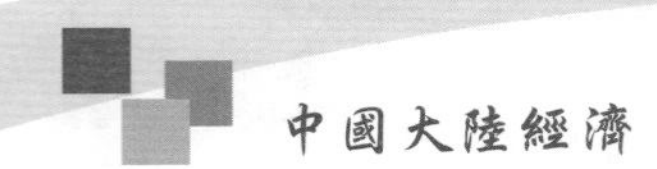

以衡量死亡率、讀寫能力和生活水準等社會因素，重視制定經濟政策方面，教育機會和社會公平正義的重要性。以突顯國民所得帳所忽視的社會問題，但難免帶有主觀色彩，因為需要給不同的成分相對的權數，而且終究沒辦法取代國民所得帳。

二、名目國內生產毛額

1953 年聯合國的第一版國民經濟會計制度（SNA）或稱國民經濟核算體系（SNA）及其附表，其中最有名的可說是「國內生產毛額」（GDP）。

名目國內生產毛額是最普遍使用的經濟規模衡量方式，中國大陸以人民幣計價，這是貫穿本書的基本貨幣單位，「國內生產毛額」在本書中，有全球級、國家級、省市級三種組織層級，由於使用率高，為了簡化用詞起見，本書簡稱「總產值」。

三、外幣計價時二種衡量方式

國民生產毛額的跨國比較，常見的是轉成美元計價，這涉及匯率換算，至少有下列二種標準。

(一)市場匯率計算

這是最普遍使用的國內生產毛額衡量方式，依市場匯率（1 美元兌 6.23 人民幣）把當地貨幣計價的國內生產毛額（例如 2012 年中國大陸 51.93 兆元），換成美元計價 8.335 兆美元。

(二)購買力平價折算

購買力平價（Purchasing Power Parity, PPP）主要衡量一國貨幣的對外價值，需依照該貨幣在本國市場的購買力，與特定外國貨幣在外國市場的購買力做比較。購買力平價主要是以經過兩國物價差距調整後的匯率來計算國內生產毛額。

四、購買力衡量

以購買商品（例如襯衫、麥香堡）數量來衡量一國產出，可以消除物價水準和匯率的影響，更能實際反映一國的經濟規模。

用產量來衡量一國的經濟規模，這稱為購買力、實質經濟規模。

五、公務統計的可信賴度

新興國家的公務統計的可信賴度往往會令人懷疑，這包括外國對中國大陸的懷疑，以及中國大陸國內，後者包括三個角度：人民對國務院、人民對地方政府、國務院對地方政府。

一般來說，2004 年經濟普查之後，中國大陸努力提升公務統計品質，可信賴程度快速攀升。

(一)拼圖方式

「由小看大」的拼圖作法，常見的有二種。

・由投入面來看

基於「投入產出關聯表」，從投入面（例如能源中的電力、鐵路貨運甚至海運量、銀行貸款），大抵可以對總產值有個區間估計值。

・由需求面來看

一般來說，四項消費、投資、政府支出、出超需求項目中，進出口數字的真實性最高，因為有進出口國海關數字可佐證。

(二)人民對中央政府公務統計的質疑

人民看數字來監督政府，因此，這也給政府窗飾公務統計的動機。

1. 經濟成長率平滑

在 2004 年以前，國家統計局大抵會把經濟成長率平滑一下，即會在高峰期報低、在低谷期報高成長數字，使檯面上的景氣起伏和緩一些。

(1)低報高情況：1998 年中國大陸景氣陷入谷底，國家統計局公布經濟成長率 7.8%，但一些經濟分析師認為最高只有 3%。

(2)高報低情況：2003 年經濟成長率 9.1%，但有些經濟分析師認為 11%。

2. 失業率 4% 僅供參考

中國大陸人口眾多，一個百分點的城鎮居民失業率即代表 100 萬人沒工作，失業率 4% 便代表 400 萬人失業。這人口數字太大，因此自有城鎮登記失業人數以來，城鎮失業率一直處於 4.1%，因景氣榮枯而小幅變動。

由表 1.1 可見，中國大陸的失業率是指城鎮登記失業率，不包括農村（勞動人口約 5 億人，包括 2.5 億位農民工），2012 年 4.1%。

表 1.1　聯合國、中國大陸對失業率的定義

失業率定義	聯合國	中國大陸
一、地區	全國	只包括城鎮，因此稱為「城鎮登記失業率」。
二、失業的認定	失業人士到勞動部登記，領取「失業津貼」，便視為失業。	同左
三、失業率	工業國家的失業率數字可信賴度高。	公務統計，2002 年 8 月約 3.8%（733 萬人，就業人口 1.9289 億人），總理朱鎔基認為實際為 7%。
四、評論		北京清華大學教授胡鞍鋼的算法為 20%，因為包括下列。 1. 農村剩餘勞動人口 1.5 億人。 2. 國營企業下崗 500 萬人。

3. 2010 年，消費者物價指數跟人民體驗落差大

公務統計有時會跟人民體驗有顯著落差，2010 年最明顯的例子便是許多人民覺得物價漲幅（例如 15%）遠大於國家統計局公佈的 3.3%，由表 1.3 可見人民與國家統計局的攻防說法，人民的質疑並沒有因為 2011 年國家統計局調整消費者物價各項比重而稍減。

(三)國務院對地方政府公務統計的質疑

國務院也怕地方政府統計數字造假，因此自 1985 年在中央和地方分別核算總產值資料。

1. 31 個省市

行政區域劃分為省、市（指地級市）、縣、鎮四級，省級政府合稱 31 省市，有 4 個直轄市（北京、天津、上海、重慶）與 27 個省級政府（像廣西稱為廣西壯族自治區）。

2. 國內生產毛額

由表 1.2 可見，2010～2012 年各省市總產值的排名。

表 1.2 2010～2012 年 31 省市國內生產毛額統計

單位：兆元

排名*	省市	2010 年	2011 年	2012 年**
全國		43.072	51.427	57.69
排名				
1	廣東	4.60	5.32	5.7
2	江蘇	4.14	4.91	5.4
3	山東	3.92	4.54	5
4	浙江	2.77	3.23	3.46
5	河南	2.31	2.69	2.98
6	遼寧	1.85	2.22	2.48
7	河北	1.60	1.96	2.66

表 1.2（續）

排名*	省市	2010 年	2011 年	2012 年**
8	四川	1.72	2.10	2.38
9	上海市	1.72	1.92	2.01
10	湖南	1.60	1.97	2.22
11	湖北	1.60	1.96	2.23
12	福建	1.47	1.76	1.97
13	安徽	1.24	1.53	1.72
14	北京市	1.22	1.41	1.78
15	內蒙古	1.17	1.44	1.6
16	黑龍江	1.04	1.26	1.37
17	陝西	1.01	1.25	1.45
18	廣西	0.96	1.17	1.3
19	江西	0.945	1.17	1.3
20	山西	0.92	1.12	1.29
21	天津市	0.92	1.13	1.28
22	吉林	0.867	1.056	1.19
23	重慶市	0.79	1	1.15
24	雲南	0.72	0.889	1.03
25	新疆	0.54	0.66	0.75
26	貴州	0.46	0.57	0.68
27	甘肅	0.41	0.50	0.57
28	海南	0.206	0.25	0.29
29	寧夏	0.169	0.21	0.23
30	青海	0.135	0.167	0.19
31	西藏	0.05	0.065	0.07

* 排名是於 2010 年數字。

** 2012 年是由各省市 GDP 修正後數字。

資料來源：國家統計局。

3. 中央與地方政府數字不一的原因

以 2012 年為例，各省市公布總產值之和 57.69 兆元，比國家統計局的總產值高出 5.76 兆元。原因有二，其一是技術性誤差；其二是地方政府數字造假。

地方政府公務統計數字造假的動機跟公司的管理者一樣，希望有漂亮績效，以追逐仕途步步高升。尤其在經濟掛帥時代，招商金額、國內生產毛額都是中央考核地方官員的關鍵績效指標。

2012 年 4 月，社科院宏觀經濟研究員袁鋼明告訴《新京報》記者，各地資料造假的情況多。

特別是在經濟狀況不好的地區，達不到經濟目標，為了政績就會發生資料造假，做出一份漂亮資料單。地方政府統計局長小兵一個，沒有自由主權。國家統計局嚴厲表態對資料造假情況的效果不大，很多省市政府、部會的權力都在國家統計局之上。

4. 解決之道

針對地方政府窗飾報表，一勞永逸之道是由中央接手，其中之一是地方政府統計局由國家統計局直接管轄，另一是國家統計局直接接手，詳見表 1.3。至於國家統計局派出檢查組、執法檢查小組等，主要是在每年 8 月起，抽查一些省市政府統計機構的資料，尤以執法小組有處罰權，有恫嚇力量。

(四)如何強化公務統計

企業實施「數字管理」的前提是「數字要正確」，同樣的，國家政策也是一樣。國務院透過「給人給錢」等方式來強化公務統計，底下說明。

1. 公務統計組織層級高

國家統計局直接隸屬國務院，屬於副部會層級。

2. 進行經濟普查

為了直接獲得全國性經濟資料，國務院於 2004 年第一次進行全國經濟普查，其目的有三。

表 1.3　省市總產值計算方式的改良

項目	說明	對策
一、計算	因為總產值經常作為地方政府業績考核的標準，這一點成了公務統計灌水的誘因。 最直接的地方便是地方總產值總和大於全國總產值，每半年的「半年報」公佈，媒體都會批評一次。以 2011 年為例，31 個省市總產值合計 51.8 兆元，但國家統計局公布的全國總產值為 47.2 兆元，多出 4.6 兆元，等於有 9.7% 的「幽靈數字」，有學者表示，各地存在的重複計算、地方政府扭曲的「政績觀」。	統計局局長表示，統計局正研究由國家直接核算省級總產值的實施辦法。 為保證資料真實準確，2012 年 2 月 18 日起，70 萬家「三上」企業（規模以上工業企業；資產以上房地產、建築業企業；限額以上商業、服務業企業）和房地產開發經營企業，透過網路直接向國家資料中心或國家認定的省級資料中心報送統計資料。由企業填寫「一套表」，稱為「一套表直報系統」。
二、方法	總產值之所以「部分之和大於整體」的原因在於「重複計算」問題，這包括二個問題。 1. 核算制度 中央與地方政府各自計算總產值，以一家全國性公司為例，各省市總產值把該公司分公司附加價值算入，而位在上海市的公司附加價值又被上海市政府算入，等於重複計算了。 2. 核算技術 對於服務業的核算不夠精確。	註：「規模以上」工業企業是主要營收 2,000 萬元以上的工業企業。

(1)回應外國的質疑。

(2)國務院想藉由經濟普查「摸清家底」。

像是國家統計局公布 2003 年前三季經濟數據，就引發各界爭論數據是否正確。

由於地方政府常虛報數據，或隱瞞、拒絕提供數據，國務院掌握的數據也不見得準確。2003 年，各地區土地徵用、開發氾濫，金融亂拆借、亂貸款、亂集資「三亂」等問題，國務院巡察組、調查組掌握的數據與地方上報的數據有極大差距，引起領導階層震驚，這是經濟大普查產生的重要原因。

(3)第一次實施全國性經濟普查是在 2004 年，由國家發展改革委員會、財政部、國家統計局三部會直接負責。

實施範圍是香港、澳門除外的中國大陸地區，主要領域分為工業、建築業、服務業等領域，之下再區分為金融、貿易、外資、科技等子項目。將作為固定普查項目，每五年進行一次。利用經濟普查的結果，作為制訂第十一個五年計畫做準備。

第二節　中國大陸經濟實力的各種衡量方式

在第一節中，我們說明了國內生產毛額，在本節中，依序說明其他經濟福祉衡量方式的結果。

上海市浦東的夜景

（本書照片提供：今周刊）

一、地下經濟

中國大陸的地下經濟，最著名的該數以深圳市為主的山寨手機，2010年預估產值 4,000 億元。在高行政效率情況下，地下經濟所占國內生產毛額比重應該不會超過 25%。撇開非法交易（例如娼賭毒與走私交易）不說，地方政府願意對仿冒交易「睜一眼，閉一眼」，考量點之一還在於創造就業，可以維持社會穩定；此外，來自地下經濟的所得也會惠及地方經濟。

美國加州大學爾灣分校教授納瓦羅（Peter Navarro）在其《中國戰爭即將來臨》一書中，詳細說明。

世界關稅組織估計，全世界流通的商品，仿冒品約占 7%，造成被仿冒公司每年約 5,000 億美元損失。其中製藥業每年損失約 500 億美元，汽車業每年逾百億美元，軟體和娛樂業損失也很可觀。

中國大陸是全世界排名第一的仿冒國家，數字會說話，自 1993 年至今，全球仿冒品增加 17 倍：其中由中國大陸產製的占三分之二，中國大陸製仿冒品占全球商品 5%，八成的盜版品與仿冒品，都是在美國邊境被查獲。

為什麼有些省市政府允許盜版與仿冒猖獗氾濫？這個問題的答案，與經濟發展和文化氛圍有關。就經濟觀點來說，中國大陸政府默許仿冒與盜版，事實上是一項「政策工具」，使各層級地方政府得以控制物價、創造就業機會、擴大稅基，並提升民眾的生活水平。《中國大世紀》作者奧迪德·申卡（Oded Shenkar）指出：地方政府仰賴仿冒企業的稅收。中國大陸有一百多家汽車公司，如果這些公司必須支付研發費用，大多數都將關門大吉，有些地區的司法人員大部分的收入仰賴仿冒公司的賄賂，當然不願意認真「打假」；中央政府似乎說一套做一套。失業問題嚴重威脅經濟、社會、政治的穩定，中央政府顯然不願意採取行動，打壓雇用千百萬人的仿冒事業。

地方官員以「保護地方」的心態對待盜版者和仿冒者，就好像地方官員明白，有些產業將汙染空氣和水，危害勞工健康，但能為地方提供就業機會和稅收，因此以「保護地方」的心態准許經營。某證券公司總經理李光榮說：中國大陸的仿冒事業規模龐大，如果採取激烈打壓行動，將在一夜之間摧毀經濟。貧窮的南部省份仿冒工廠和倉庫雲集，而且大都有地方解放軍將領和地方高幹入股；打壓仿冒事業將徹底瓦解這些地區的經濟。

二、綠色經濟

「機器的歷史成本減折舊費用等於機器殘值」，同樣觀念，也可用於國民所得帳。在詳細說明中國大陸的綠色國民所得帳之前，宜先有個全面觀：環保成本約占國內生產毛額 3～6%。

以金額或比重來說，中國大陸環境成本似乎不是挺嚴重的，例如以 2008 年為例，中國大陸取最高值 5.8%，台灣為 1.66%，不是天高地別的差異。

(一)綠色國民所得帳

1993 年聯合國統計處（UNSD）提出環境與經濟綜合帳（SEEA）。

圖 1.3 中的二項減項，可說是經濟發展的「環境成本」，這包括環境資源成本與對環境資源的保護服務費用

國內生產毛額（GDP）
－折舊
＝國內生產淨額（NDP）
－自然資源折耗
－環境品質質損
（或稱環境品質降級）

＝綠色國內生產淨額（Green NDP）

圖 1.3　綠色國內生產淨額的衡量方式

(二)國務院列入十一五規畫

2006 年，第十一個五年計畫（簡稱十一五規畫）首度把綠色國民所得納入考核地方政府的施政指標，希望以此取代過去單一的 GDP 指標。中央政府希望藉此扭轉地方政府的施政思維，從經濟優先，轉入重視「綠色發展」方式。

在 2005 年年初，環保部（2008 年改制，之前稱為環保總局）和國家統計局在 10 個省市啟動，以環境核算和汙染經濟損失調查為內容的綠色 GDP 試點工作，且增加 31 個省市進行單獨核算。到 2006 年底，這十個省市的綠色 GDP 核算完成，稱為「2005 年中國大陸綠色國民經濟核算研究報告」。

(三)地方政府反對

環保部環境規畫院總工程師指出，2005 年綠色 GDP 沒有公布，主因為：31 個省市公開發函給環保部和國家統計局，要求不要公布。

《東方早報》引述參與綠色 GDP 考核辦法研究的南京信息工程大學教授王讓會、北京大學管理學院教授雷明說：「綠色 GDP 推動的困境，來自核算方法可能會使部分地區的經濟成長率為零，甚至可以為負。」

以環保成本占 GDP 比重來說，有 66.7% 省市為 1.8% 以上，其中，中部 8 省市為 2.14%、西部 12 省市 3.16%。

(四)環境破壞

以環境破壞的數字為例，流經城市河段普遍遭到汙染，二成城市空氣汙染嚴重，三分之一國土面積受到酸雨影響，水土流失面積 356 萬平方公里，沙漠化土地面積 174 萬平方公里，九成以上天然草原退化等等。

(五)環境成本

有關環保成本占 GDP 比重，國內外（或說官方跟民間）的數字相近。

1. **官方數字** 3%

根據中國社會科學院「90 年代中期中國環境汙染經濟損失估算」報告，以 2005 年為例，因為環境汙染造成的經濟損失達 5,187 億元，占國內生產毛額 3.27%。2012 年 12 月，環境保護部環境規畫院公布的數據顯示，環境退化成本和生態破壞損失成本 1.39 兆元，年成長率 9.2%，約占總產值的 3.8%。2013 年 1 月初，亞洲銀行與北京清華大學發表「邁向環境可持續的未來一國家環境分析」報告，估計因空氣汙染所造成的損失占總產值 1.2%。

2. **外國數字** 5.8%

有關中國大陸每年的環境成本，外國估計數字為占國內生產毛額 5.8%。其中之一是從英國「衛報」亞洲環境特派記者華衷（Jonathan Watts，2010 年著有《當十億中國人一起跳》一書）的說法中計算來的，他的說法：「中國大陸經濟沒那麼驚人，如果扣除汙染，實際經濟成長率大約 4.5%。」

(六)空氣汙染居城市環境不滿之首

中共重要黨刊「求是」雜誌的姊妹刊物「小康」雜誌，2011 年 5 月中旬公布北京清華大學媒介調查實驗室共同進行的「城市居民宜居感受大調查。」調查顯示，受訪的 1,044 位城市居民中，三成多對所在城市總體環境給予好評，但 53.5% 民眾直指「空氣品質不佳」是最需要改善的問題，主因為「車輛太多造成汽車廢氣汙染」，詳見圖 1.4。

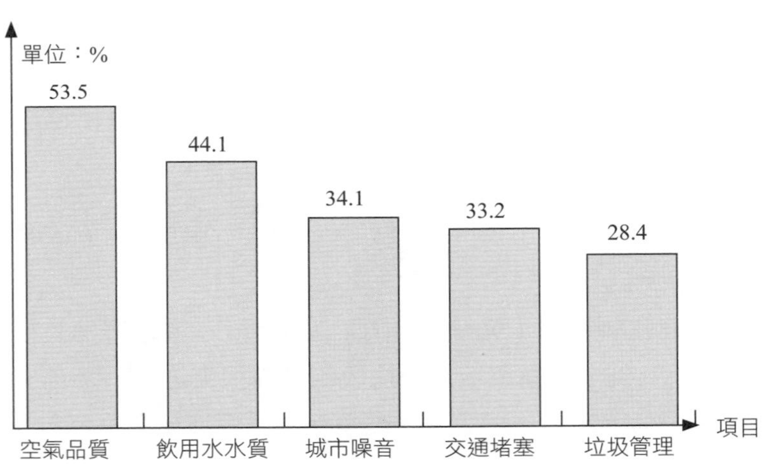

資料來源：中國大陸《小康》雜誌、《法制》晚報

圖 1.4　城市居民對城市環境五項不滿

(七)經濟發展的代價之一：沙塵暴

有關環境成本，我們可以用很多文字形容，例如光以空氣汙染來說：

- 中國大陸是全球溫室氣體（以二氧化碳為主的六種）排放量第一的國家；
- 中國大陸是全球汙染最嚴重的國家，亞洲銀行每年初公布的全球十大汙染都市中，中國大陸就占了七個。

這些汙染看似只有中國大陸人自己才會深受其害，然而中國大陸沙塵暴「飄揚過海」，對香港、台灣等地也被沙塵暴尾巴掃到，偶爾韓國、日本也會被波及。

1. 2010 年 4 月 30 日

2010 年 4 月 30 日晨，中央氣象台繼續發布沙塵藍色預警信號，午後沙塵開始發威，天空的能見度越來越弱，國家林業局根據衛星影像和地面監測資訊綜合評估表示，此次沙塵天氣起源於新疆南疆盆地和蒙古國南部，這些地區風蝕沙化嚴重，沙源物質充足，加之近期降水偏少，氣溫回升較快，冷空氣勢力強大，有利於沙塵天氣的生成。

2. 天災加人禍

5 月 2 日（週一）凌晨起，上海空氣品質（汙染）指數（API，包括 PM2.5 指數）急速上升，從 108 至 4 月 30 日升為 500，空氣品質惡化到五級（詳見表 1.4）。能度度差，空氣中瀰漫塵土味道，戶外車輛覆蓋一層厚厚灰，這是上海近 10 年來空汙最嚴重的一次（迄 5 月 3 日）。也使得上海民眾呼吸急症病患暴增，連帶使南京、蘇州、南通、寧波等地出現重度汙染。

2013 年1 月 10 日迄 2 月，三分之一國土處於霾害狀況，媒體大幅報導，北京市出現空汙指數六級，市政府勒令 58 家企業停產、30% 公務用車停駛。

綠色和平組織表示，沙塵暴內已加入粉煤灰，這是因為中國大陸主要產煤區與發電廠在北方（內蒙古與山西省），再加上河北省的重工業與燃煤電廠，分布在沙塵暴南襲路徑上，使煤炭燃燒產生的固體汙染物「粉煤灰」，經沙塵八級風夾帶吹到人口密集的東部地區，最遠可飄至香港。

中國大陸粉煤灰年產量至少 3.75 億噸，且逐年上升。粉煤灰對人體危害極大，含有大量砷、鉛和硒等重金屬物質和其他汙染物，在體內累積到

表 1.4　空氣汙染指數及空氣品質級別表

空氣汙染指數	空氣品質級別	空氣品質狀況	對健康影響
0～50*	一級	優	可正常活動
51～100	二級	良	可正常活動
101～200	三級	普通／輕度汙染	長期接觸易出現刺激症狀
201～300	四級	不佳／中度汙染	心臟病和肺病患者症狀加劇，運動耐力降低，健康人群普遍出現症狀
>300	五級	差／重度汙染	健康人群出現較強烈症狀，長期接觸會提前出現某些疾病
>500	六級	極差嚴重汙染	

資料來源：中國環保網。

*指每立方公尺中懸浮微粒的重量（微克），國家標準是 75。

一定程度可誘發多種癌症。

第三節　中國大陸在全球經濟中的地位

「人微言輕」這句來自《史記》中的成語，也適用於國際社會中的國家地位。在 2003 年以後，中國大陸總產值在全球經濟中已超越七大工業國中的義大利階段，位居第六，可說「大國崛起」。2010 年，中國大陸超越日本，成為全球第二大經濟國；已經胸有成竹的在國際社會中扮演對應的角色。

一、在全球經濟中的份量

中國大陸在全球經濟中的比重在 21 世紀前十年，從第六大迅速到第二大。

(一)從全球第二十名到第二名

在 1978 年，中國大陸占全球總產值 1.8%，到了 2010 年，已占全球 9%，僅次於美國。由圖 1.5 可見，2003 年起，中國大陸總產值每年超越七大工業國的一國，可說是中國大陸經濟「轉青少年」的分水嶺。

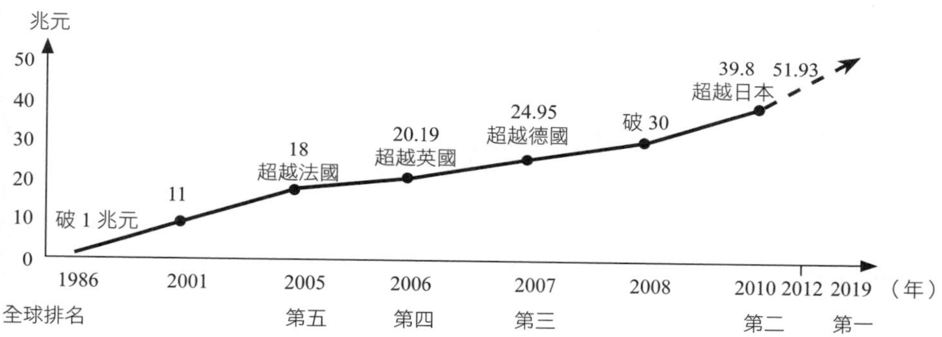

圖 1.5　國內生產毛額進程

(二)2010 年，全球第二大

1967 年，亞洲經濟大國日本取代西德，成為全球第二大經濟國。由表 1.5 可見，2010 年，中國大陸國內生產毛額 5.88 兆美元，超越日本。

1. 美國人的感受

2010 年底，美聯社（AP）訪調全美新聞編輯選出的年度十大財經新聞中，第三為中國大陸的崛起，取代日本成為全球第二大經濟國。

表 1.5　2007～2012 年美中日總產值

單位：兆美元

國家＼年	2007	2008	2009	2010	2011	2012
美國*	14.0618	14.3691	14.119	14.66	15.094	15.61
中國大陸	3.494	4.5195	4.9902	5.8784	7.318*	8.335
中國大陸占比	6.6%	7.356%	8.5%	9%	10.48%	11.28%
日本	4.38	4.8923	5.04	5.4593	5.867	5.98
全球	54.35	60.085	57.75	65.315	69.66	72.1

資料來源：世界銀行與國際貨幣基金，二者數字略有差異。

*金額大幅成長，主因是人民幣大幅升值

2. 摩根大通銀行的評語

摩根大通銀行駐紐約經濟分析部主任 Bruce Kasman 說，2004 年時，中國大陸的總產值 1.93 兆美元，不到日本的一半。但是日本在經歷「失落 20 年」的經濟停滯之後，已完全無法跟高速成長的中國大陸相比，全球影響力也日益萎縮。

中國大陸超越日本是「全球經濟的一座里程碑」，標誌中國大陸經濟正日益主導全球。

3. 日本媒體的看法

雖然中國大陸總產值超過日本已是意料中事，但等到事實成真，仍然在日本國內受到高度關注，當地媒體甚至以「日本 42 年來衰弱」來形容兩國經濟消長的情況。

4. 中國人的感受：重返榮耀

在 18 世紀，清朝康雍乾三朝盛世的時代，總產值一度居全球三分之一，到了乾隆晚期國力才急轉直下。甚至，在 19 世紀中葉，鴉片戰爭後，中國地位一落千丈。

在 1978 年，中國大陸開始改革經濟前一年，國內生產毛額 2,500 億美元，而美國是 2.5 兆美元，美國經濟實力是中國大陸的十倍。

到 2010 年，美國總產值是中國大陸的 2.5 倍，或者說中國大陸總產值是美國產值的四成。

中國大陸「超日」，讓許多大陸人有重返榮耀的感受，1970 年代的陰霾終於一掃而空。

二、中國大陸經濟在全球經濟中的重要性

全球經濟息息相關，尤其全球產值比重越高，對全球、各國的經濟影響力越大，中國大陸的經濟成長，究竟為其他國家帶來了多少外溢效果？國際貨幣基金研究員艾羅拉與范瓦科迪斯估計，中國大陸的成長速度，如果一年加快一個百分點，就能讓全球其他國家的總產值在五年後，增加 0.4 個百分點，相當於 2,900 億美元。

(一)國際貨幣基金的總評

2010 年，中國大陸經濟實力「超日」，國際貨幣基金作了全面性評論，12 月號的國際貨幣基金雜誌《金融與發展》刊出研究報告指出。

1. 對內：空前的成長

中國大陸經濟在 1978 年時相當寒傖，21 世紀起每年成長率約 10%，大約每七到八年就增加一倍。30 年（1978 迄 2007 年）成長 16 倍，史無前例，改善了全球二成人口（即中國大陸人民）的生活。

2. 對外：影響無遠弗屆

1980 年代時，中國大陸經濟的擴張只影響其鄰近國家的成長，21 世紀時已影響全球的成長，其規模「二十年前微不足道，近年十分可觀」。

中國大陸經濟成長的外溢效應（spillover effect）與年俱增，這溢出效

應隨地理距離而有異，位置越接近中國大陸，受中國大陸成長衝擊越大，但是距離越來越不重要，即中國大陸影響越來越無遠弗屆。

中國大陸經濟成長步調衝擊全球，首先衝擊的是貿易，然後是資金流動、觀點、企業信心。

(1) 國際貿易

中國大陸對外開放，跟全球關係更緊密，過去三十年在全球貿易所占比例增加將近十倍，2010 年占全球商品貿易一成，占全球高科技成品出口一成以上。其進口直接提高夥伴國的出口和總產值，出口則侵蝕他國出口，但由於中國大陸產品還相對低廉，對他國總體影響應屬正面。

中國大陸是亞洲鄰國的主要出口對象，成為帶動亞太、南美與非洲經濟的火車頭。

對東亞國家來說，中國大陸市場的角色舉足輕重：2009 年，對中國大陸出口占台灣國內生產毛額的比重超過了 14%；韓國的比重也超過 10%。台韓日等出口到中國大陸的產品有一半都是半導體、硬碟之類的零組件，在中國大陸組裝再銷往其他市場，對於這些產業這是一條海外需求的輸送帶。

中國大陸已經是許多國家的最大出口市場，2013 年 2 月底，美國《華爾街日報》報導，全球有 35 國 15% 以上的出口到中國大陸，例如澳洲占 30%。

零組件占中國大陸進口的比重正在下滑：從 1999 年將近 40%，下降到 2008 年的 27%，反映出中國大陸正逐漸走向零組件的進口替代，跟日韓台的經濟關係，由供應鏈垂直分工，轉向水平競爭。

(2) 直接投資

中國大陸對全球企業和消費者的影響不斷增加，進入中國大陸的外來直接投資（FDI）年占全球直接投資的 7%，而 1980 年是 1%。

(二)供給面貢獻：中國大陸是世界工廠

21 世紀初，由於全球紛紛「力用中國」（套用日本趨勢大師大前研一的書名），中國大陸成為「全球工廠」（factory of the world）。由下列二個例子，可見中國大陸在全球經濟中供給面的重要性，經常會有這樣的說法：「由於有中國大陸這個世界工廠低價生產產品，全球才能享受低廉產品」。

***中國大陸是全球製造業第一大國**

2010 年，中國大陸占全球製造業產值 19.8%（1995 年 5.1%、2009 年 15.6%），首次超越美國（19.4%），這是根據 2011 年 3 月美國經濟顧問公司 HIS「環球透視」報告。雖然有人認為中國大陸是靠螞蟻雄兵（製造業勞工 1 億人）小贏美國（1,150 萬人）。此外，中國大陸製造業產值有一部分是外國子公司的貢獻，尤其是 3C 產品（電子業）。

這背後有個歷史涵意，即中國大陸可說是「重返榮耀」，因為 1783 年時，中國大陸占全球製造業產值 30%。1850 年後，英國藉由工業化（即工業革命），迎頭趕上。1890 年，美國超越英國，中國大陸比重只剩 6%。20 世紀，德日等國興起，迄 1990 年，中國大陸製造業產值全球市占率只剩 3%。

三、國際經濟社會地位

用「實至名歸」來形容中國大陸在國際經濟社會中的進程頗為貼切，本段說明「名歸」部分。

(一)從七大工業國到二大工業國

世界經濟會議的目的是共同尋求全球經濟的發展之道，邀請那些國家來開會，反映出各國的經濟份量。由表 1.6 可見，到了 21 世紀，新興國家占全球經濟比重大增，於是七大工業國（G7）只好另外召開 20 國集團（G20）會議，中國大陸首次躍上國際經濟社會談判舞台。

表 1.6　全球經濟大國的會議

年	主要國家	歷史背景
1975 年	六大工業國（G6）。	美日德法英義，19 世紀工業革命以來，歐美日等工業先進國家寡占了的全球經濟、政治的權力。
1976 年	七大工業國（G7）。	加上加拿大。
1991 年	冷戰結束後，第八個成員國俄羅斯於 1991 年起參與 G7 高峰會的部分會議。	
1997 年	八大工業國（G8）。	加上俄羅斯，但一般來說，還是以七大工業國最常開會。
21 世紀	20 國集團（G20）	2000 年美國發生股市泡沫，經濟實力下滑，新興工業國、新興國家勢力抬頭，20 國集團占全球產值 85%。
2008 年	二大工業國（中美兩強，G2）。	2007 年美國次級房貸風暴，2008 年 9 月 15 日金融海嘯，美國經濟實力略挫，中國大陸相形變大。2008 英國《金融時報》（*Financial Time*）以二大工業國（G2）來稱呼美中，以取代七大工業國。
2011 年	金磚國家（BRICS）會議。	由「金磚四國」（BRICs）加上南非。

註：南方國家早在 1964 年就成立了「77 集團」，皆在強化開發中國家的經濟合作，建立國際經濟新秩序，加速開發中國家經濟社會發展。

(二)鄧小平「十六字箴言」

在電視影集「喬家大院」中所描述的真人真事，喬家透過祖訓，以要求子孫「有所為，有所不為」，由於祖訓與家風，確保喬家大業延續二百年。同樣的，在中國大陸，1990 年初，鄧小平的十六字箴言，也成為中央政府的行為綱領，詳見表 1.7。之前，鄧先提「冷靜觀察、穩住陣腳、沉著應付」，再講三個「永遠」，即「中國大陸永遠站在第三世界一邊，中國大陸永遠不稱霸，中國大陸也永遠不當頭」。這些文字作為「鄧理論」核心內容之一，已被樹立為中國大陸中央政府對外言行指導原則。

在表 1.7，我們把鄧小平的十六字箴言依中國大陸政府的表現重新排序，2011 年已到了「絕不當頭」階段。2013 年 3 月 20 日，國家主席習近平在上任後首次出訪前受訪時表示，隨著國力不斷增強，中國大陸將在能力所能及範圍內承擔更多國際責任和義務。已多次向國際社會莊嚴承諾，中國大陸永遠不稱霸，永遠不搞擴張。

表 1.7　鄧小平對中國大陸政府在國際社會中的行為綱領

期間	1990～2000 年	2001～2005 年	2006～2010 年	2011 年以後
鄧小平指導原則	善於守拙	韜光養晦	有所作為	絕不當頭
本意	了解自己的劣勢，去截長補短。	讓中國大陸能夠致力於經濟的改革開放，以及成就經濟快速崛起的跨世紀大業。以避免國際輿論借機再度炒作「中國責任論」。		即「不稱霸」，以避免跟其他霸國摩擦，甚至衝突。

(三)從「善於守拙」到「有所作為」

到了 2003 年，中國大陸拍了「大國崛起」的系列影集，全國播放，已體會到在全球經濟排名第七的地位。2010 年，中國大陸完全從「韜光養晦」到「有所作為」，在國際經濟社會中取得跟經濟實力相稱的發言權（中國大陸稱為話語權）。

中國大陸自覺「大國崛起」

2003 年起，中國大陸自覺自己已是大國。以 2010 年 12 月 26 日來說，中國社科院發布《國際形勢黃皮書》，總結出當年全球態勢。

國際金融危機爆發終結「富人俱樂部」（即八大工業國，G8）主導世界經濟的時代，陷入金融危機的西方大國影響力下降，新興大國（即 20 國集團，G20）地位上升。其中，中國大陸經濟一枝獨秀，國內生產毛額超過日本，成為世界第二大經濟國；中國大陸超過英、法、德，成為國際貨幣基金第三大股東；中國大陸研製世界上最快超級電腦「天河一號」，速度比原位居世界首位的美國「美洲虎號」快 4.7%，這是中國大陸走向科技大國的重要表現。

為了應對金融危機、氣候變化、恐怖主義等全球性問題，新興大國已走向全球經濟、政治舞台的中央，身為 20 國集團、金磚四國和「基礎四國」（BASIC，巴西、南非、印度、中國大陸）成員的中國大陸，積極參與制定、協調國際經濟規則，參與國際氣候變化談判，國際話語權已顯著提升。

第四節　現況與展望

在前面三節中，我們說明了中國大陸經濟產值與對全球的影響，在本節中，從「投入」（生產要素）→「轉換」（供需）→「產出」的投入產出架構來預測 2020 年經濟的可能面貌。

如同 1960 年代飛機發展中，衝破音牆是飛機能超音速飛行的關鍵。經濟成長也有類似的音牆障礙，稱為中低所得陷阱（中國大陸稱「中收入陷阱」low-level equilibrium trag），本段從國內需求的強度來說，中國大陸經濟如何安然度過。

2001 年諾貝爾經濟獎三位得主之一史賓斯（A. M. Spence）指出，第二次世界大戰後，有些國家進入中低所得這一發展階段，往後數十年反而停滯不前，甚至最終退回低所得國家的例子不勝枚舉，只有少數幾個國家能達到完全工業化的發展水準。

(一)2000 年擔心掉入「中低所得陷阱」

基於對「中低所得陷阱」的警惕和焦慮，國務院指示相關機構研究中國大陸邁進高所得國家的課題，包括財政部、研究中心，以及亞洲開發銀行、世界銀行，甚至北京大學經濟學院都在進行相關研究。中共黨機關報的《人民論壇》雜誌 2000 年徵求 50 位知名專家意見，列出了「中低所得陷阱」國家的十個特徵，包括經濟成長率下滑或停滯、民主亂象、貧富分化、腐敗多發、過度城鎮化、社會公共服務短缺、就業困難、社會動盪、信仰缺失、金融體系脆弱等。

許多官員和學者熱烈討論中國大陸如何避免「中低所得陷阱」，發改委社會研究所所長楊宜勇發現，二次世界大戰後只有台灣、日本、南韓和新加坡等成功地避免「中低所得陷阱」。而台灣、南韓和日本的成功都有一共同點：其土地改革進行得非常徹底、成功，實施「耕者有其田」的土地改革，讓大小農戶成了土地的主人；農業生產騰飛，也為其後來的工業化、城市化奠定基礎。

(二)投資驅動型經濟成長

美國大文豪馬克吐溫曾說：「幸福家庭有不同面貌，但不幸家庭都長得一個樣」，套用在一國的經濟發展也頗適用。在表 1.8 第二欄中，我們把「中低所得陷阱」國家的經濟面貌歸類，簡單的說，中國大陸比較不會陷入中低所得泥淖，因為政府政策持續性高、效率高；而且大抵方向正確（即表中「投資」項目，即產業政策）。

支撐經濟成長的主要動力從 2000 年以來一直是四大需求中的投資（正確用詞是「固定資本形成」，2010 年，投資占總產值 46%），屬於投資驅動型投資，投資過多的後遺症是工業產能（例如汽車、鋼鐵甚至太陽能）嚴重過剩，基礎建設（鐵公基）、住房也是，尤其住房供過於求，房市泡沫破裂只是時間問題。由表 1.8 第三欄可見，專家學者得到的結果是中國大陸不會陷入中低所得陷阱。

表 1.8　中國大陸沒有掉入中低所得陷阱的原因

項目	中低所得陷阱	中國大陸
一、政府		
(一)政策持續性	低，政局不穩，經常發生革命、政變、改朝換代的結果，政策不持續。	高，1979 年開放以來，迄 2012 年，國家主席都由鄧小平指定，政策持續性高。
(二)效率	低	高，國務院對地方政府有較高的控制權。且地方政府「GDP 掛帥」，發展經濟有高行政效率。中國大陸跟美國一樣，都是大陸型經濟，2011 年以後，努力發展消費市場，預料消費會逐漸成為成長引擎。

表 1.8（續）

項目	中低所得陷阱	中國大陸
二、消費	巴西經濟學者賽爾索・福塔多從需求結構角度，詳細論述了所得分配不平等損害新興國家經濟前景。 平均的所得分配有利於擴大有效需求總量，是因為高所得群體邊際消費傾向較低，且富人更傾向於來自工業化國家的時尚、高檔、優質消費品，而不是本國那些難登時尚、屬於中低檔、品質也相形見絀的商品。以致整個國家消費力道不足，不足以支撐脆弱的國內產業。 假如沒有國內市場的有力支持，一個新興國家就無法實現趕超，只能跟在工業國家背後亦步亦趨，撿拾一點夕陽產業轉移的殘羹冷炙，形成「欠發達」的惡性循環。	戰後日本社會所得分配平均程度，長期為主要工業國家之最；也正是這種較為平均的所得分配格局，讓日本以內資企業主導，迅速完成了大件消費品的普及。
三、投資	翻開前蘇聯、拉丁美洲、非洲以及亞洲的經濟史，下列問題普遍存在：公共建設效率低下、政府搞不清狀況卻介入干預，結果是徒然製造一堆「大白象」（white elephants），原意為貴而不實的產物，在此指大型國營企業。 失敗的原因絕大多數得歸咎於政府無能，國家資源基礎、發展水準與龐大經費未能相輔相成。政府經常偏愛那些野心勃	那些能夠成功的新興國家（此處指中國大陸），政府的努力是聚焦在那些先天條件好、體質優、具競爭優勢，而且已在國外穩紮穩打的產業身上。 國務院首先辨識出具有商業價值的產業，它們必須是具備相似資源與技術，而且已在人均所得高過自己國家兩倍以上的國家發展良好的產業。 1. 鼓勵外資 當這些產業中還沒有任何企業存在，國務院設法從同樣有此產業的其他國家中，吸引業者前來直接投資，或制

表 1.8（續）

項目	中低所得陷阱	中國大陸
	勃卻拿不出資源與技術的企業，這解釋了為何政府明明想「挑出贏家」，到頭來自己卻淪為最大輸家。 世界銀行發現，拉美存在著技術斷層的問題，其源由來自於既有利益者不願放棄寡占資源，縱使像銅礦等大宗物資，已經厚利不再，執政者仍堅持承繼傳統在天然產業上的勢力，在在使得技術引進、創新研發都成了政治下的犧牲者。	定專案計畫培養新企業。當商業發展環境不夠好，中國大陸採取特別經濟區或工業園區的方式，有助於企業進駐、外國直接投資與產業群聚。 政府提供各種政策，例如：特定時期減稅激勵、聯合融資投資，或方便外資取得土地等，以便幫助率先投入新產業的企業。 2. 扶植中資公司 國內這些產業中已存在民營企業，當這些企業技術升級時遭遇了困難，或其他公司想跨入該領域，卻受限於門檻規定，政府有能力看出來，並予以消除。 1970 年代末至 1980 年代家電消費熱潮興起，同樣正是憑藉上述機制和當時的貿易壁壘，幾乎白手起家的家電行業（例如海爾）迅速成長，為可跟西方同行同台競技的巨頭。

(三)由低所得進入中低所得階段

由圖 1.6 可見，2001～2010 年，經濟成長率維持 10%；由圖 1.7 可見，2010 年，人均所得 4,260 美元，首次進入世界銀行的中低所得國的範圍。

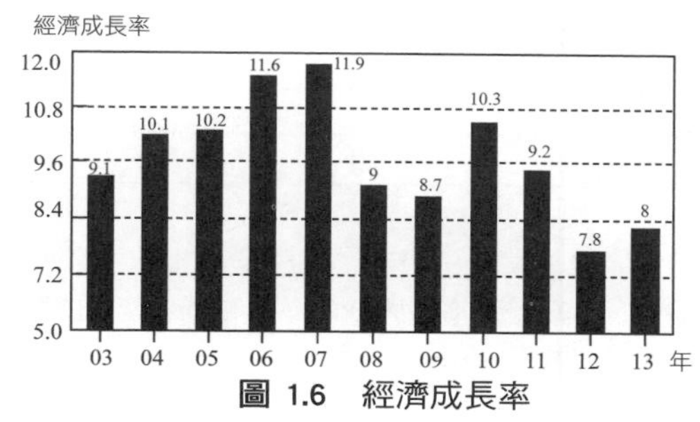

圖 1.6　經濟成長率

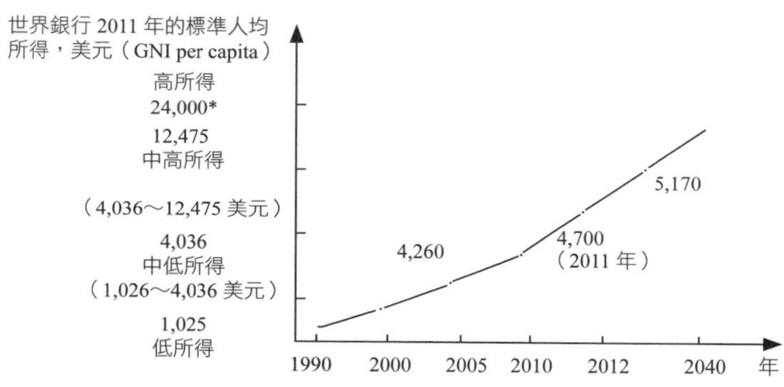

資料來源：國家統計局　　*此為本書所加

圖 1.7　人均所得程度

二、2011 年擔心陷入「中高所得陷阱」

2012 年，經濟成長率 7.8%，十年來首次跌破 8%，讓許多人懷疑中國大陸的快速成長是否會後繼乏力，即終有一天掉入「中高所得陷阱」（例如人均 GDP 1.3 萬美元）。

(一)中國科學院的預測：政策目標

前中央研究院院長胡適曾說：「要怎麼收穫，就得先那麼栽」。2010 年 1 月 30 日，中國科學院中國現代化研究中心提出「中國現代化報告 2010——世界現代化概覽」研究報告，我們依「投入－轉換－產出」的架構，整理成表 1.9，重點在於該報告已考慮經濟成長的投入（常見的為政府政策與生產要素）、轉換。

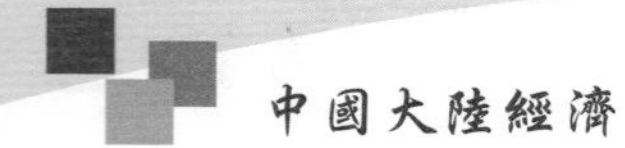

表 1.9　中國科學院對中國大陸的經濟預測

經濟	目標
一、投入	
(一)政治	達到民主、自由、平等和高效的政治文明。
(二)勞動人口素質、科技	大專普及率超過 80%，文化創新能力的關鍵指標排名進入世界前 20 名
二、轉換	
(一)競爭力	國際競爭力的排名進入世界前十名。
三、產出	
(一)2040 年人均所得	1.2040 年人均所得超過 2 萬美元，達到中等水準工業國家水準，超過世界平均水準。 2.文化生活超過世界平均水準。 3.平均預期壽命超過 80 歲（2012 年 72 歲）；人居環境品質基本達到主要工業（中國大陸稱為「發達」）國家水準。
(二)所得分配與社會福利	養老和醫療保險覆蓋率達到 100%；城鎮化比率和資訊化比率超過 80%。

2013 年 3 月，國務院發展研究中心召開的中國大陸高層發展論壇中，與會官員提出「中國經濟成長十年展望」的論文，認為經濟成長率會從 2000～2010 年間的 10%，放慢到 2018～2022 年間的 6.5%。這可視為是官方看法。

瑞士洛桑市國際管理學院（IMD）每年 5 月中旬公布《世界競爭力年鑑》，可說是世界各國普遍使用的國家競爭力指標。中國大陸在 2012 年居第二十三名。此項指標由四大項組成，已考慮投入項（基礎建設、政府效能）、轉換項（企業效能）與產出項（經濟表現）。

中國大陸中央把它用來作為經濟體系中供給面比較優勢的指標。

1. 世界銀行等的預測

2011 年起，世界銀行跟國務院發展研究中心共同對中國大陸經濟進行研究，2012 年 2 月發表一份報告，名稱為：「2030 年的中國大陸：建設現代、和諧、有創造力的高所得社會」（China 2030: Building a Modern, Harmonious and Creative High-Income Society），探討中國大陸 2030 年時在一些假設狀況下，將呈現的情形。其中針對經濟成長率的預測詳見圖 1.8 右圖，套用台灣經濟經驗，1995 年起，經濟成長率（當年 6.38%）跌破 7%，進入中速成長期；中國大陸 2021 年起，人均所得達到 13,000 美元，也可能步入中速成長階段，詳見圖 1.9。

2. 結果一：最快 2018 年總產值超美

中國大陸總產值在 2010 年「超日」（超越日本），接下來何時「超美」。表 1.10 中，我們以「何時超美」的時間順序作表整理，最早的是 2018 年，最多的是 2020～2025 年。至於國際貨幣基金在 2011 年 4 月發布的《世界經濟展望》報告中預測，「中國大陸的國內生產毛額將在 2016 年超過美國，成為世界第一。」這是以購買力來衡量。

・天下分久必合：全球經濟齊一

19 世紀初，英國等國藉由工業革命之助，再加上殖民政策成為全球第一大經濟國，全球富國、貧國態勢形成，且貧者越貧，富者越富。

到了 20 世紀中期，以實際購買力加權後的每人實際所得，中國大陸僅有美國的 5%，印度僅有 7%。

到了 1980 年代，中印等國大力發展經濟，世界經濟逐漸進入「收入回歸一致的」齊一現象，英國《金融時報》首席經濟評論員馬丁・沃夫（Martin Wolf）表示：

「市場與科技的強大力量已經向全球散播，沒有人能夠懷疑中國大陸與印度都有能力採納這些力量。他們的創業能力與西方國家不相上下，而且由於貧窮，他們的創業渴望更大。

經濟要持續發展需要諸多改革，但隨著所得快速增加，這些社會與政治改革往往也能水到渠成。

一場大災難可能打斷這種趨勢，但歷史告訴我們的驚人事實是，兩場世界大戰以及一場全球大蕭條都未能逆轉全球齊一化的大勢。如果我們排除核子大戰的可能性，看來沒有什麼能夠停止新興國家的大國崛起，儘管進程可能有所遲滯。中印的國內市場都夠大，有能力熬過西方的貿易保護主義。事實上，他們市場大到還可以獨力帶動其他新興國家成長。」

表 1.10　中國大陸總產值超美的預測

超美時間	機構／人	主張
2016 年	經濟合作發展組織（OECD）	2012 年 11 月 9 日，該組織預測中國大陸最快在 2016 年成為全球第一大經濟國。
2018 年	中國社會科學院研究生院院長劉迎秋	2010 年 3 月 9 日，來台參加 2020 兩岸產業大趨勢論壇，他表示，如果 2011～2020 年中國大陸持續保持每年在 9% 的經濟成長率再加上人民幣升值趨勢，最快到 2018 年，最慢 2025 年，中國大陸總產值就會超越美國。
	英國《經濟學人》周刊	2012 年 12 月 5 日，《經濟學人》雜誌專文指出，以經濟成長率（中 7.75%、美 2.50%）、市場匯率計算，中國大陸 2018 年最慢 2021 年超越美國。
2019 年	英國智庫組織：國家經濟與社會研究所（NIESR）	2010 年 7 月 28 日，按照中國大陸 8% 的年均成長率、美國 3% 的速度推測，中國大陸經濟規模在 2019 年趕上美國。

表 1.10（續）

超美時間	機構／人	主張
2020 年	普華永道集團、德意志銀行	中國大陸總產值將會超越美國，印度會贏過日本，成為全球第三大經濟國。
	美國摩根士丹利證券，主要是由中國及香港地區策略師婁剛執筆。	2011 年 11 月 11 日，摩根證券發布《亞洲藍皮書》稱，中國大陸經濟隨著人口結構、教育水準、社會和基礎設施等不斷轉型和完善，正經歷全新的重大轉型。迄 2020 年時，中國大陸總產值約 18 兆美元，占全球總產值 14%。
		中國大陸發展高速鐵路和公路網、建設超高電壓輸電網，以及排汙設備等基礎設施，以推動經濟進一步均衡發展。 2020 年，城鎮化比率由 2010 年的 51.27% 升至 63%，接近工業化國家的水準，這是經濟成長最強的動力。 社會保障制度不斷完善，隨著政府對退休、醫療和教育等制度的大力改革和投入，大量的居民存款將得以釋放，對消費成長產生前所未有的推動作用。 2013 年 2 月 24 日，國務院發展研究中心預測，中國大陸成為全球最大經濟國。
2025 年	世界銀行、美國高盛證券	中國大陸在 2011～2020 年進入中速成長，總產值超美時間稍慢。
2027 年	美國國家情報會議（NIC）	2012 年 12 月 10 日，該會議發布「2030 年全球趨勢」報告，中國大陸總產值超美。
2049 年	芝加哥大學教授羅伯特	總產值達到 123 兆美元，人均所得達到 85,000 美元。

3. 結果二：人均所得

以人均所得來說，中國大陸在 2025 年左右會由「中高所得階段」進入「高所得階段」。

(1) 2025 年

2004 年諾貝爾經濟學獎二位得主之一普瑞史考特（Edward C.

Pressott）表示，在 2025 年，中國大陸人均所得將攀升至美國的一半，達到富裕的程度。以 2012 年來看，人均 GDP 6,141 美元，只達美國的 0.12。

(2) 2040 年

中國科學院預測 2040 年左右，中國大陸人均所得 2 萬美元，超過世界平均水準。

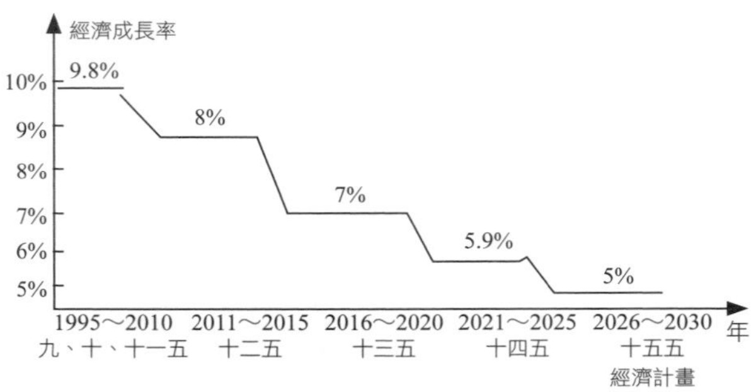

十二五為世界銀行的估計，十三五以後本書所加

圖 1.8　經濟成長率預測

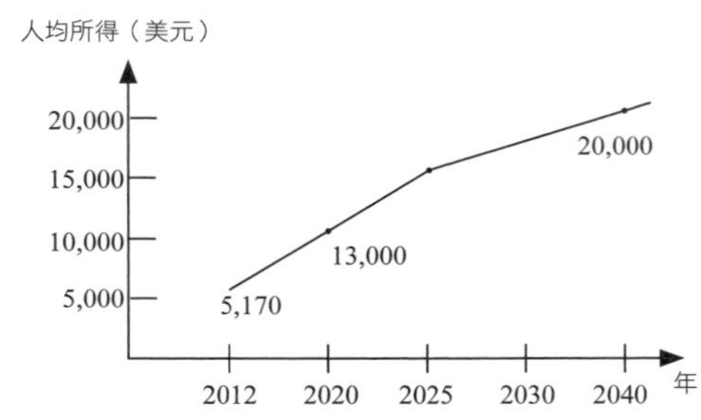

資料來源：中國科學院

圖 1.9　人均所得預測

4. 一般均衡角度

從一般均衡（商品與生產要素市場）來分析，從供需面來看，由表 1.11 可見對經濟成長速度樂觀與悲觀的看法，底下詳細說明。

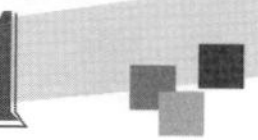

表 1.11　經濟成長速度樂觀與悲觀看法

項目 看法	投入 生產要素市場	轉換 產業結構	產出 需求面（商品市場）
一、樂觀	1. 土地 (1) 農地 「新型」城鎮化更加重視資源節約、環境友好、經濟高效；另方面，把農民集中安置，節省出巨量土地。 根據社科院農村發展研究所宏觀室主任黨國英的數字：因新型城鎮化釋放出上億畝土地，其中優質耕地5,000萬畝，可為農業的大規模耕作奠定基礎。 (2) 工業用地 2013年4月2日，發改委宣布，發改委與科技部、工信部、財政部編製的《全國老工業基地調整改造規畫（2013～2022年）》已獲得國務院批准，將在資金、土地政策等方面扶持東北等老舊工業區再活化，為經濟成長再添動能。	經濟轉型，2011年到2022年的目標如下。 1. 服務業：45%提升到55%。 2. 工業：47.8%下降至40%。 這類似羅斯托經濟成長五階段中的第四階段「邁向成熟」到第五階段「大量消費」。 總理李克強認為「改革紅利」是最大紅利，即民營化將提升資源配置效率。	經濟轉型，從「投資」驅動到「消費」驅動，2011年到2022年的目標如下： 1. 消費：占GDP比率由35%升至45%，一方面原因是所得分配日趨平均，2008年吉尼係數達到高峰0.491，2012年下降至0.474，詳見圖6.3。 2. 投資率 由49%降至42%，但是城鎮化比率由2011年的51.3%，2030年的目標是70%，將帶動住宅基礎建設等投資需求，詳見圖5.2。

表 1.11（續）

項目／看法	投入 生產要素市場	轉換 產業結構	產出 需求面（商品市場）
二、悲觀	1. 土地紅利消失 沿海土地 2004 年起已不足，必須往大西部發展。	1. 服務業 略	1. 消費率 要增加消費，就得讓所得從企業轉移到家庭。2008 年起勞動力短缺已讓薪資上揚，也許有望平順實現這項轉移。但是一旦企業獲利下滑，投資可能因此銳減。 另一方面，人口老齡化，將拉低平均消費傾向，步上日本後塵。
	2. 路易斯轉折點 2004 年沿海出現缺工荒，2020 年起將會全面性勞工供不應求，勞動將成為經濟成長的瓶頸，詳見圖 3.6。	2. 工業 環保標準與執法自 2012 年起變得越來越嚴格，面臨「成長與環境保護」的矛盾，詳見表 1.14。	2. 投資率 固定資本形成的收益已下滑，產能過剩浮現，投資難再驅動成長。銀行貸款擴張伴隨著房地產與其他投資的不斷擴張，地方債等可能演變成金融風暴，詳見表 4.6、6.5。

(二)悲觀論者

針對中國大陸經濟的前景，有一些悲觀論者，甚至連《中國崩落論》、《中國大陸分解成六塊》（主要是地方諸侯割據）等書都出來了。

※末日博士一路走來始終如一

美國知名的「末日博士」暨紐約大學史黎商學院教授魯比尼（Nouriel Roubini）抱持「唱衰」中國大陸經濟的觀點，他認為，中國大陸可能會在2013年後遭遇「硬著陸」（本書註：經濟成長率7%以下）。

魯比尼在《Project Syndicate》撰文指出，中國大陸到處充斥著廠房（例如煉鋁廠）、基礎設施和房地產方面的過量投資。證據就是那些光鮮靚麗卻旅客寥寥的機場和高速鐵路車，通往偏僻之地的高速公路，數千座中央與地方政府建築，空無一人的新城區。所有跟過度投資有關的歷史場景，都會以一場金融危機或長期低成長來謝幕，例如1990年代的亞洲金融風暴。中國大陸投資占總產值近50%，任何國家最終都無法避免遭遇巨大的產能過剩和令人憂心的不良貸款問題。

(三)正面聲音

看好中國大陸經濟的人很多，基於美國石油大亨保羅・蓋提的名言：「聽人建議，不如了解其資訊有多少」，底下三個說明可說是由古鑑今的分析。

1. 陶冬的看法

2011年1月1日，瑞士信貸亞洲區經濟分析部主管陶冬接受香港《經濟日報》專訪時表示，中國大陸每隔一段時間的危險一跳，跳過就能再上一層樓。

他說：「過去，中國大陸還是比較幸運，大多數都成功跳過，但失敗的例子也是有，像1988年的價格改革，便帶來往後幾年的經濟低迷與社會動盪。」

(1) 朱鎔基打下好基礎

他認為，中國大陸經濟高速成長，在很多人看來是理所當然，但背後卻是中國大陸一次又一次地克服結構轉型度過難關所帶來的。

朱鎔基總理在 1998 至 2002 年期間，做了很多經濟結構性改革的工作，包括一些艱苦過程，如國營企業改造（造成至少 2000 萬人下崗），銀行改革、加入世貿組織、房地產改革。奠定了 2003 至 2008 年，連續五年都呈雙位數成長，這是超高速成長的基礎。

(2) 看好未來

經濟通常每隔七、八年，就得跳過一個成長關卡，2011～2015 年試跳下個危險的難關。政府在結經濟結構轉型上做了很多努力，例如城鎮化進程、最低工資，與擴大投入基礎建設等，都是得冒著一定風險的大膽決定，但國務院都做了。

2. 美國經濟研究聯合會的看法

根據美國經濟研究聯合會的估計，中國 2012 年人均 GDP 約等於日本在 1966 年、韓國在 1988 年的水準，這兩國在當時都還繼續享有七到九年的高速成長。跟其他工業國家一樣「正常著陸」，例如 1970 年代的日本或 1990 年代的韓國。

3. 馬丁・沃夫的看法

2013 年 4 月 4 日，馬丁・沃夫表示：「中國大陸政府打算要讓經濟轉型平順進行，這是可能的，因為政府擁有一切所需工具，但是在經濟減速時讓投資不致銳減、且金融體系保持平穩，將遠比想像艱難。中國大陸可以避免步上日本後塵，但出錯機率很高。我不認為一次出錯就將終結經濟成長，但未來十年的調整恐怕將十分崎嶇。」

(四)需求面

2008 年 9 月，金融海嘯拖累全球（尤其是美國）景氣，2011 年起，歐債危機又拖累歐洲，中國大陸體會國外需求已不足（2011 年起出超占總產值 2%）以支撐經濟成長。因此希望把經濟轉型到內需導向，尤其是家庭消費。

1. 家庭消費

國務院希望家庭消費（2011 年占總產值 32.76%）能成為帶動經濟成長（比喻成馬車）的第三匹馬。典型便是美國，由表 1.12 可見美國早已進入羅斯托成長階段中的第五階段「大量消費」，消費占 GDP 70%，投資率 11%。

在消費方面，由於中國大陸屬於大陸型經濟，13.7 億人口再加上人均所得（2012 年 5,170 美元）所構成的消費實力，美國摩根士丹利證券公司在 2010 年 10 月 31 日的研究報告，中國大陸消費金額到 2020 年占全球消費的 12%。2011 年 4 月，《經濟學人》雜誌預估 2023 年中國大陸超越美國，成為全球最大消費國。

表 1.12　美中總產值需求面結構

美國（單位：兆美元）						
	2008 年	比重	2009 年	比重	2011 年	比重
GDP	14.3691	100%	14.419	100%	15.088	100%
消費	10.3026	71.7%	9.7845	69.3%	10.723	71.06%
投資	1.8967	13.2%	1.5531	11.0%	1.914	12.68%
政府	2.888	20.1%	2.852	20.2%	3.030	20.08%
出超	−0.7184	−5.0%	−0.3812	−2.7%	−0.578	−3.83%
中國大陸（單位：兆元）						
	2008 年	比重	2009 年	比重	2011 年	比重
GDP	31.49	100%	34.50	100%	47.156	100%
消費	11.0595	35.1%	12.1130	35.1%	15.45	32.76%
投資	13.8325	43.9%	16.4464	47.7%	21.69	46%
政府	4.1752	13.3%	4.4397	12.9%	9	19.09%
出超	2.4229	7.7%	1.5033	4.4%	1.015	2.152%

註：美國比重數字有統計誤差因素，所以加總不等於 100%。

資源來源：美國商務部經濟分析局（BEA）、中國統計年鑑

2. 投資

2003 年起，重工業產能過剩問題嚴重；城鎮化的推動，對住（住宅）、行（鐵公「基」中的城市基礎建設，尤其是地鐵）、育（公立中小學與醫院）皆有大的帶動作用，詳見第五章第四節。

3. 政府支出

1991～2000 年間，為什麼幾乎每次看衰中國大陸經濟的專家都摃龜？有專家表示那是因為他們每次看到的過剩產能，總是很快地被快速成長的需求追趕上來，消化吸收。

一般情況下，產能過剩與過度投資到了這個地步，一定會因為銀行資產惡化（呆帳增加）而引發金融危機，但在中國大陸卻未必。因為政府總是可以把公營銀行的不良資產剝離，然後再編列預算成立資產管理公司，購買這些不良資產並加以處理。簡單說，就是由全體老百姓買單。

還有一點，可稱為「品質的矛盾」。中國大陸各種公共建設與工程品質普遍低劣現象，所以一般國家可以用上 50 年或更長久的基礎設施（例如橋樑，例如 2012 年 9 月 24 日哈爾濱省陽明灘大橋坍塌，該橋完工未滿一年），在中國大陸 10 年或 20 年內就得推倒重建。這或許是一種另類的「凱恩斯政策」，但卻是事實。

(五)生產要素面

在進行潛在國內生產毛額甚至經濟成長率預測時，第一步是針對生產要素的供給量去預估，並且評估構成生產瓶頸的（稱為關鍵性生產要素）影響。由表 1.13 可見，靠土地、勞動兩項構成比較優勢，在 2012 年以後逐步削弱；此外，「企業家精神」也面臨青黃不接情況。較樂觀的是資本，這包括二中類，資金充裕，支撐企業以機器取代勞工，以因應勞動力的不足。另一是技術，詳見表 11.13。

表 1.13　四項生產要素有三項的供給逐漸不足

生產要素	九五計畫以前 2000 年以前	十五計畫、十一五規畫 2001～2010 年	十二五規畫起 2011 年以後
一、土地			
(一)土地 詳見第十三章		沿海（由於是廣東省）出現擁擠成本高。 2008 年鼓勵開發中、西部。	
(二)水		2008 年起，極端氣候（旱澇分明）嚴重衝擊農業生產。	不足，水可能變成最大的限制因素。
(三)電		詳見下列說明。	
(四)環保考量		2008 年起，為達成環保標準，而拉閘（電廠停俥）限電造成工廠停工。	環保水準越來越高，耗能產業（鋼、鋁、水泥）工廠必須提升。
二、勞動 詳見第十四、十五章	缺技術工人	2004 年以後，沿海地區連普通工人都缺。 2008 年開始實施勞動合同法，基本工資逐年上漲。	2020 年，將出現人力供不應求情況（稱為路易斯轉折點）、薪資水準跟台灣平。
三、資本			
(一)資金 詳見第十六章	不足	2001 年底入世後，外國直接投資（FDI）大幅成長。	中小企業來自銀行貸款資金嚴重不足。
(二)科技	不足	不足，3C電子等生產技術仍掌握在外資公司手上，有部分技術外溢。	研發占 GDP 比重盼達 2%，七大新興產業占 GDP 比重盼達 8%。
四、企業家精神 詳見第十六章 1.數量 2.精神	1992 年開放民營公司成立，民營企業蓬勃成長。	海歸派學者帶回創業人才。	300 萬位第一代中小企業家將退休，大部分第二代不願接手，富人外移。

1. 自然資源中的空氣

*環保政策越來越嚴

過去許多企業選擇到中國大陸投資，較低的環保要求是主要考量之一。但在民眾環保意識逐漸抬頭後，環保抗爭日益頻繁且激烈，因環保而起的抗爭事件，已經成為社會穩定另一大重大隱憂，2011 年起，因環保抗爭導致公司投資設廠終止案越來越多，詳見表 1.14。

2012 年 11 月 8 日，國家主席胡錦濤在十八大的政治報告中，特別突出環境保護（原用詞為「生態文明建設」）把生態文明建設與經濟建設、政治建設、文化建設，社會建設並列，稱為「五位一體」的建設中國大陸特色社會主義。2013～2017 年要「努力建設美麗中國大陸」，實現中華民族永續發展。環保部長強調，環境問題正處於「敏感時期」，對於重大建設及投資，除了必須依法進行環境影響評估，並把評估資訊公開外，還必須進行「社會風險評估」。2012 年 12 月 5 日，環保部發布第一份空氣汙染防治計畫「重點區域大氣汙染防治十二五規畫」，47 個主要城市（包括 4 直轄市、15 個省會城市），訂出環評審核批準的汙染物排放總量，受影響主要產業有鋼鐵、水泥、石化等。

表 1.14　因環保抗爭導致投資設廠終止案

時間	地點	投資類型
2007 年 8 月	福建廈門	台資翔鷺集團 PX（對二甲苯）煉化廠
2011 年 8 月	遼寧大連	福佳大化 PX 煉化廠
2012 年 7 月	四川什邡	宏達集團鉬銅冶煉廠
2012 年 7 月	江蘇啟東	日本公司製紙廠汙水排放工程
2012 年 10 月	浙江寧波	中石化 PX 煉化廠

2. 企業家精神

2013 年 3 月接任國務院總理的李克強，多次談及「改革紅利」將是最大紅利。也就是特許行業開放民營。與公營企業民營化，此皆是以刺激企業家精神的發揮，強化市場機制，提高資源配置效率。

討論問題

1. 表 1.3 中國家統計局的 GDP 計算方式的改良，有助於改善公務統計的程度有多少？
2. 如何推估中國大陸地下經濟的產值？
3. 以聯合國的失業定義來說，中國大陸失業率多少？
4. 消費者物價指數眞的無法衡量消費者對物價的「體感」嗎？爲什麼？
5. 中國大陸 GDP 何時超越美國？

2

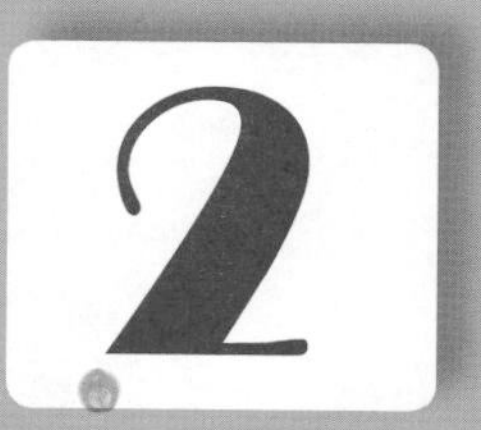

經濟政策的決策組織設計與執行

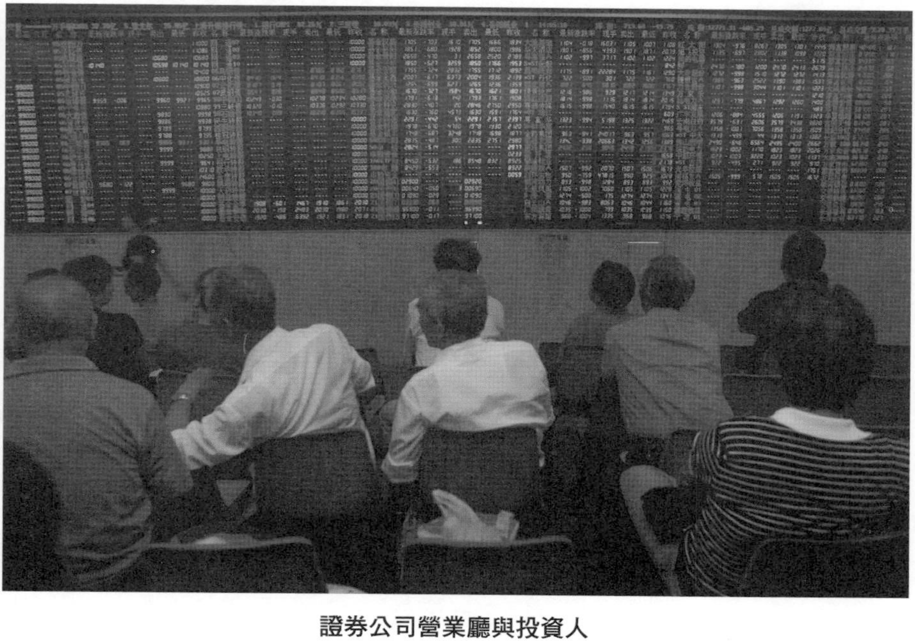

證券公司營業廳與投資人

（本書照片提供：今周刊）

庖丁解牛

在第一章中，我們詳細說明中國大陸經濟現況，第二～五章詳細說明中國大陸是怎麼做到的。尤其在「民主集中式」政治體制、公營企業為主的經濟制度下；跟一般人熟悉的民主政治、民營企業為主（即市場經濟）的情況大相逕庭。

以圖 2.1 架構來說明中國大陸經濟的實績由來，經濟政策的決策組織（第一、二節）、經濟政策相關「部會」（第三節，中國大陸稱為部委，因為包括部長、總書記）、決策過程（第五章），與經濟發展模式（第四節），這三項屬於「投入」階段。再加上「執行」（第四章）。

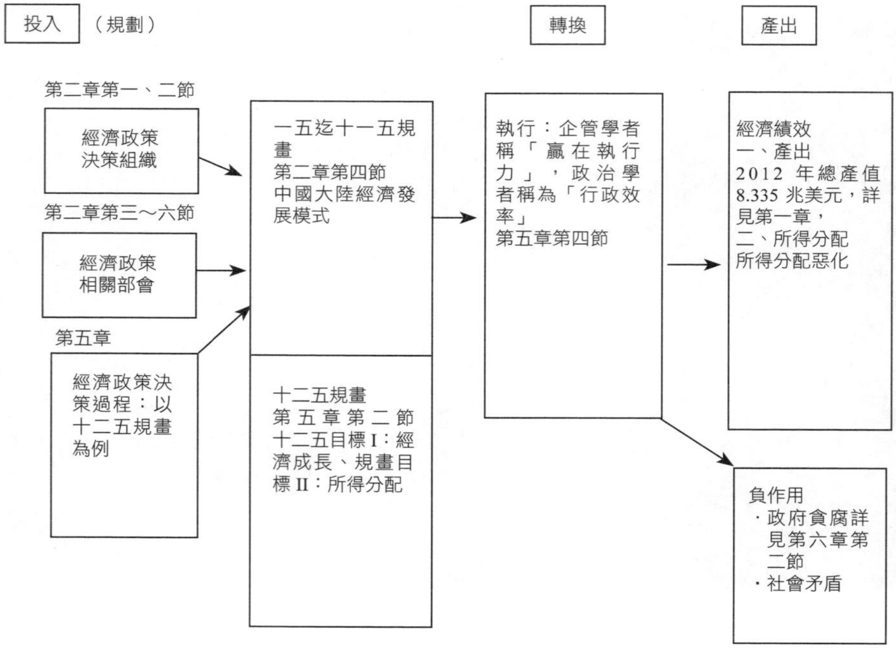

投入（規劃）　　轉換　　產出

第二章第一、二節
經濟政策決策組織

第二章第三～六節
經濟政策相關部會

第五章
經濟政策決策過程：以十二五規畫為例

一五迄十一五規畫
第二章第四節
中國大陸經濟發展模式

十二五規畫
第五章第二節
十二五目標 I：經濟成長、規畫目標 II：所得分配

執行：企管學者稱「贏在執行力」，政治學者稱為「行政效率」
第五章第四節

經濟績效
一、產出
2012 年總產值 8.335 兆美元，詳見第一章，
二、所得分配
所得分配惡化

負作用
・政府貪腐詳見第六章第二節
・社會矛盾

圖 2.1　五年經濟規畫的編製流程與本書相關章節

第一節　經濟政策的決策組織

中國大陸經濟特色是「國營資本主義」，即以政府支出、國營企業為主的資本主義，因此政府在經濟活動扮演「可見的一隻手」。政府官員使出渾身解數以確保經濟政策正確（主要指標有人民經濟福祉、資源配置效率），以便享受「正確的開始，成功的一半」的好處。本節說明經濟政策的決策過程。

一、「以民意為依歸」施政的二道機制

民主國家的中央政府與地方政府首長是民選產生的，接受議會監督，制度設計精神在於施政「以民意為依歸」。但缺點則可能在首長第二任任內，因為沒有連任壓力，因此有可能悖離民意。中國大陸政治制度不是如此，因此如何確保「經濟施政得民心」呢？下面有二道機制，可以指引中共中央政治局在經濟政策方面「以民意為依歸」。

(一)經濟掛帥的指導原則——白貓黑貓，會抓老鼠就是好貓

1977 年，共產黨「十一屆三中全會」確立了經濟發展的「改革開放」政策：經濟工作替代階級鬥爭，成為中共中心工作。第二代國家領導人、國務院總理鄧小平總結的「一個中心，兩個基本點」，那「一個中心」就是經濟工作；「計畫經濟」向「社會主義式的市場經濟」逐步靠攏。

(二)繼續升高的期望

當人民逐漸富裕了，對政治的要求從「豐衣足食」的經濟層面，逐漸提升到政治（包括政治參與）。中共對政權正當性（人民接受政權的程度）有憂患意識，甚至第四代國家領導人胡錦濤倡導服務式政府觀念，政府的功能在於服務人民。2008 年起，透過總理每年一次跟網友交流等方式，加強「傾聽民意」。2012 年 7 月 20 日，國務院發布《國家基本公

共服務體系十二五規畫》，「十二五」期間，國家將建立基本住房保障制度，維護公民居住權利，逐步滿足城鄉居民基本住房需求，實現住有所居。要建設保障性住房（類似台灣 2012 年 8 月的新北市板橋區浮洲合宜住宅）3000 多萬間，到 2015 年，保障房覆蓋率要達到 20% 左右（即 100 間住宅中有 20 間為保障房）。這是服務式政府的具體落實。

二、決策程序：黨→政→立法

經濟政策的決策過程「黨→政→立法」，許多國家也是採取此過程，看似沒有特殊之處。但因為是「一黨專政」再加上「以黨領政」，因此「黨→政→立法」可說是一條鞭，簡單的說，便是決策速度極快，不至於出現「曠日持久」的「決策時差」問題。

(一)行政跟立法間關係

民主國家由於三權分立（行政、立法、司法），彼此制衡，以防止政權的獨大造成獨裁者，因此政策決策時間往往很長。在立法院由在野黨主導情況下，甚至連 2011 年 3 月，美國都出現年度預算遭杯葛情況，華府公營博物館因缺預算，甚至關門停止營業數天。

中國大陸的政治制度形式上也是三權分立，詳見圖 2.2，只是因為「一黨專政」，因此代表立法的「人民代表大會」比較照單全收來自國務院的提案。

以首長來稱呼

一般國家，部長、省長便可當家做主，在中國大陸，因為「以黨領政」，以省來說，省的「領導」包括省委書記、省長，本書稱為省首長。同理，部的領導包括部黨組書記、部長，中國大陸稱為「部委」，本書稱為部首長。

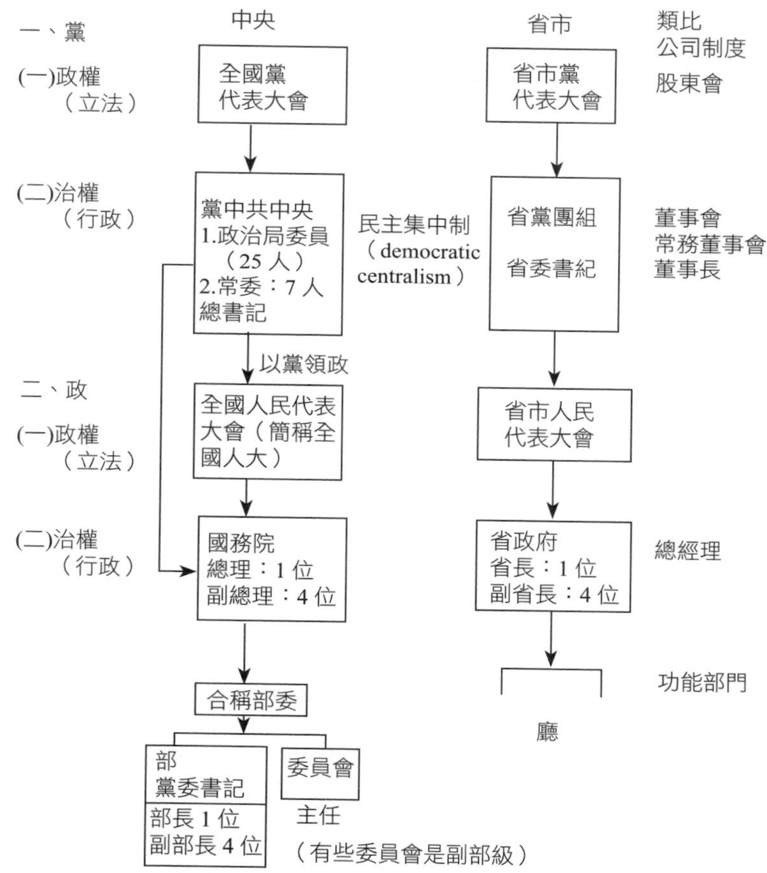

圖 2.2　黨政制度

(二)福山的解讀

美國史丹福大學國際問題研究所研究員福山（Francis Fukuyama）是新保守主義的理論大師，師承杭亭頓，強調政治穩定，2011 年 1 月，他針對中國大陸政治體系的優點提出看法，詳見表 2.1 第三欄。

表 2.1　中央政府決策速度快的原因

階段	說明	評論
一、行政部門間的制衡	行政機關間，由於「經濟掛帥」是最高指導原則；因此彼此制衡情況較少。 媒體報導，大型工程有「先上車後買票」的潛規則。專案單位因搶工程進度，沒有重新環評，或環評完成前便急於開工建設，這種情況時有發生。環保部處罰方式主要是停工等候審批，並無經濟處罰，對負責人也無追究。 在中共高層支持下，「全速前進」，從未聽聞因「環保」問題而受阻。像 2011 年 4 月的停建反倒是少見，所以才變成新聞。 環保部要求天津至秦皇島的高速鐵路客運專線停止建設，4 月 25 日也因環境審批問題要求膠濟鐵路客運專線停止使用，罕見的在一個月內叫停二件高鐵建設，媒體報導，原因是鐵道公司貪快、便宜行事，還沒審查完就開建或使用。	2011 年 1 月 10 日，福山在美國《外交政策》上發表一篇文章，強調「中國模式是什麼？許多觀察家輕率地歸為『威權資本主義國家』，跟俄羅斯和新加坡同類。但中國大陸模式是獨一無二的，無法描述，遑論模仿。這是因為大多數新興國家都沒有中國大陸的官僚體制深度和傳統，也沒有中共結構所形成的那種調動資源和控制人事的能力。」

表 2.1（續）

階段	說明	評論
二、行政跟立法院的制衡	2008 年 11 月，國務院常務會議提出關於「一攬子」（即「一堆配套」）經濟刺激方案；中央經濟工作會議批准；2009 年 3 月全國人大會議批准政府工作報告。以投資為例，2009 至 2010 年政府投資 4 兆元，預期帶動了 10 倍以上的民間投資，固定資產投資 50.3 兆元，從而保證了經濟率先復甦，恢復高成長。北京市清華大學公共學院教授胡鞍剛用這個例子說明「中共、國務院」的積極性。但我們用這個例子來說明立法機構（中國大陸是人大會議）對國務院的經濟政策一定是「照章通過」。	由於不需要考慮選舉時效和利益團體，所以經濟政策決策速度很快，政治體制最大的優勢是，能迅速作出複雜的重大決策，且有效執行，至少在經濟政策上是如此，因此順利因應 2008～2009 年的金融海嘯。這在基礎建設上最明顯，建設了許多機場、水壩、高速公路、水利和電力系統，以供應快速成長的工業需求。這跟印度的任何新投資都會遭到商會、遊說團體、農民協會和法院阻撓不可同日而語。 美國人自詡有憲法賦予的制衡，建立在一套不信任中央集權政府的政治文化。這套體制已確保人自由和活絡的企業，但現在已變得兩極化和因意識形態而僵化。

三、中央政治局與國務院的分工

「黨管一切」是黨凌駕一切的貼切描述，但是中共中央政治局比較偏重「黨國利益」（party-state interests）的領域，例如國防安全、意識形態等，例如「青藏鐵路」因涉及西藏等問題，因此由中共中央下決策。涉及「行政部門利益」（bureaucratic interests）的領域，例如公共建設（例如三峽大壩）、經貿等，則由國務院處理。

第二節　決策大權：中共中央

中央政府的決策單位為中國共產黨中央（簡稱中共中央），可分為政權、治權兩種機構。

1. **黨的政權機構**

「黨員代表大會」是共產黨的政權機構，每屆黨代表任期五年，每年10月開會一次。五年經濟計畫、年度經濟計畫皆須送交黨代表大會通過。

2. **黨的治權機構**

企業的治權機構是董事會，由此來看中共黨的治權機構就比較容易了解了！中共中央政治局比較像公司的董事會，25位委員等於董事，其中7（註：2002.12～2012.10期間有9位）位常務委員等於公司常務董事。

尤有甚者，7位常委在黨政軍中皆有職務，不會發生「決策者」（7位常委）跟執行者（國務院總理及重要部會首長）扞格情事。

一、民主集中制

中共的行政權力主要在25人手上，甚至可說7人手上，可說是民主集中制。

1. **「民主」**

共黨中央政治局（簡稱中央政治局）是中共的決策中心，採取「共識決」，每位委員都握有否決權，任何決策都得經過充分討論，直到有共識。中央政治局具有集體領導色彩，如此設計的目的在於是防止權力過度集中在一人手裡。

2. **「集中式」**

儘管外界用集權、威權體制形容，但中共自稱為「集中式」，權力集中在25位政治局委員。有關兩岸關係和北韓問題等重要決策，25位委員必須全體參與，其他則交由7位常務委員決定。

二、政策的延續性

日本蓋一座海上機場常需一、二十年的規劃、營建，所以政策的延續性非常重要。由表 2.2 可見，中國大陸透過治權和平交接以確保政策持續性；又透過行政傳承制度，做到政策跨屆持續，俗稱「無縫接軌」，不至於出現「新手上路，搖搖晃晃」情況。

表 2.2　經濟政策延續性的機制設計

延續性層面	說明	評論
一、政策持續性	1. 治權和平交接 第三代國家領導人江澤民是在 1989 年民運緊急情況下，由大老協商的接班；胡錦濤是鄧小平隔代指定的接班人。習近平是第一位經中央組織調查，打分數，然後在幾位候選人中勝出的接班人，當然過程不免派系妥協。 2. 任期制 總書記、國務院總理任期 10 年，心態上比較不會有「五日京兆」炒短線的投機政策。	1. 緩和政治競爭的衝突 政治競爭下的失敗者不再被打倒在地。只要沒有政治、法律問題，失敗者基本生活待遇仍有保障，緩和了政治競爭的衝突性。 2. 削弱政治競爭衝突性 權力競爭是政治行為的共通性，權位越高，競爭越激烈。中共以集體領導來因應，中共中央政治局常務委員會七位常委，各有分工，每位「常委」都負責一個領域的工作，統管全國該領域所有工作，因而有人稱有「七個總統」。在此制度下，勿需爭第一或唯一。總書記是班長，負最終責任，但不能一個人說了算，尤其是那些總書記直接分管以外的工作。如此一來，政治競爭的手段、方式、激烈程度大大跟以往（指毛澤東時代）不同。

表 2.2（續）

延續性層面	說明	評論
		中共的接班人制度有自己的特色，如果長期人選適當，累積成為不可顛撲的文化，中共黨內合法問題當可確立，可以保持中共政權的穩定。
二、政策的跨屆持續性	在梯隊接班制度下，接班人常常擔任下屆工作計畫或文件負責人。 1. 總書記傳承 中共「十六大」政治報告，報告人是江澤民，起草小組副組長是胡錦濤，胡錦濤接任總書記後的經濟建設路線就不會有重大改變。 2. 總理傳承 ・朱鎔基總理任內，溫家寶擔任副總理，擔任十五計畫的綱要小組副組長。 ・溫家寶總理任內，李克強擔任副總理，擔任十二五規畫的綱要小組副組長。	在梯隊接班的安排下，接班人預先進入執政核心中，他們雖不能主導，但也承擔部分責任，從而得到相互磨合的機會，經過五年歷練，等接班後，無論在工作方法、決策風格上都已相互熟悉，勿須摸索學習，可以直接上路。十二五規畫的執行，就不至於出現「人走茶涼」現象。

三、第五代領導人習近平

第五代領導人習近平於 2012 年 11 月起，陸續接掌黨政軍權力。

・2012 年 11 月，中共十八大一中全會，接任總書記一職。

・2013 年 3 月，人大大會中，接任國家主席。

在步步陞遷的過程中，習近平的施政理念逐漸露出端倪。例如在浙江省、上海市任職期間，習近平顯示出對民營經濟的高度重視。2003 年就任浙江省委書記，習近平首先對吉利集團等民營企業進行密集調研，作出了「民營經濟是活力所在」的判斷。2007 年 3～9 月擔任上海市委書記時，習近平宣稱要打造「民營企業的樂土」，主張充分發揮民營經濟的市場作用。

2013 年 3 月，李克強接任國務院總理，他先後在農業大省河南和工業大省遼寧主政共 14 年，具有豐富的施政經驗。2012 年 11 月，他在十八大報告提出「新四化」新型工業化、信息化、農業化與城鎮化，俗稱「新四化」。

四、國務院的組織結構

由國務院的組織設計可以看出對經濟的重視程度。

(一)部會

國務院由 25 個部級單位組成，分成 20 個部、3 個委員會、1 個中央銀行（人民銀行）、1 個署，中國大陸俗稱「部委」，台灣稱為「部會」。

25 個部會中有 17 個跟經濟直接相關，另有 8 個（例如外交部、國防部等）則無直接關係。

(二)國務院直轄署局

除了獨立的部會外，國務院直轄三種機構，大都為局級單位。

1. 直屬特設機構：由表 2.3 第三欄可見，15 個局中有 11 個跟經濟有關，集中在「產業結構」和「人民生活」中的行育樂。
2. 國家局：由表第四欄可見，17 個「國家局」中只有一個跟經濟沒有直接關係，其中「信訪局」是屬於接受人民意見陳情的單位，大部分的人民上訪事情都屬於土地徵收事情。
3. 直屬事業單位：由表第五欄可見，13 個事業單位中只有 1 個跟經濟沒有直接關係。

(三)部會共有的司級單位

・依「管理活動」、「產業結構」把部會的司、附屬單位（研究院或所、中心）等予以整理，至於各部會共通司級單位則不贅述，包括部本部的秘書處（中國大陸稱為辦公廳）、機關黨委，人事司、財務司、（政策）法規司、國際合作與科技司、執行監察部（一般是部內政風單位，由中共中央紀委與國務院監察部派出的紀檢組）、離退休幹部局。

五、省市政府

31 個省市（四個直轄市，北京、天津、上海和重慶）政府的組織設計，可說是具體而微的國務院，以國務院的人社部來說。

省政府下設人社廳；

市政府下設人社局。

表 2.3　國務院與其直屬單位

項目	部	國務院		
		(1)直屬特設機構（15 個）	(2)管理的國家局（17 個）	(3)直屬專業單位（13 個）
○、綜合	國家發改委、審計署	統計局	信訪局	社科院發展研究中心
一、生產要素				
(一)土地	國土資源部 水利部		測繪局 海洋局 能源局	地震局 氣象局
(二)勞動	人力資源和社會保障部（簡稱人社部）		公務員局	社保基金會
(三)資本	人民銀行		外匯局	銀監會 證監會 保監會
(四)科技	科學技術部			中科院 自然科學基金會

表 2.3（續）

項目	部	國務院		
		(1)直屬特設機構（15 個）	(2)管理的國家局（17 個）	(3)直屬專業單位（13 個）
二、產業結構				
(一)農	農業部	林業局	糧食局	
(二)工	工業和資訊化部	工商總局	國防科工局	工程院
	環境保護部	質檢總局*		
		知識產權局		
		稅務總局	煤礦安監局	
		國資委		
		安全監管總局*		
(三)服務	商務部	旅遊局		
三、人民生活			煙草局	
(一)食				
(二)衣				
(三)住	住房和城鄉建設部			
(四)行	交通運輸部		郵政局	
			民航局	
(五)育	衛生計生委**	宗教局	鐵路局	
	教育部	體育總局		
		新聞出版廣電總局	食品藥品監管總局	
(六)樂	文化部		中醫藥局	
			文化局	新華社
	外交部等 8 部	預防腐敗局等 5 個	外專局	行政學院

* 質檢總局全名為「品質監督檢驗檢疫總局」

安全監管總局全名為「安全生產監督管理總局」

** 2013 年 3 月，衛生部與國家計生委合併成「國家衛生和計畫生育委員會」

六、國務院幕僚組織

國務院負責大部分經濟政策的行政管理（規劃、執行與控制），由於經緯萬端，基於內部控制的考量，在行政管理三階段，有不同幕僚機構來分工負責，詳見表 2.4，底下簡單說明。

表 2.4　經濟政策的管理過程

管理活動	負責
一、決策	
(一)整合部會	國家發展和改革委員會（簡稱發改委）
(二)決策	
1.智庫	中國社會科學院（簡稱中國社科院）
2.諮詢單位	國務院發展研究中心
3.決策	國務院常務會議
二、執行	
(一)省市目標	省市，尤其是地級市對下級行政區，絕大部分會「提高目標值」（中國大陸稱為「壓迫性提高目標」，簡稱壓目標）
(二)省市執行	採取行政、財務控制，「符合中央政策者」容易升官
三、控制	
(一)績效統計	國家統計局
(二)結算	審計署

(一)國家發改委

國務院下負責五年經濟社會規畫編製的部會是國家發展和改革委員會（前身是國家計畫委員會，簡稱計委），該會是人數最多的部會（第二大是商務部）、副部長人數也最多（一般部為四位副部長）。該會副主任常出任其他部會的副部長，例如 2011 年 2 月，統檢組長蘇波出任工信部副部長。發改委是幕僚單位，兼負「研究考核」的功能，針對政策的執行並負責重要商品、收費價格標準兼管國家能源局，負責期中考核。

朱鎔基任內把「計委」添上「發展」兩字，成了「發展計畫委員會」，並把該部門職責放在國民經濟民生管理領域，著力制定發展策略，進行宏觀經濟調控。

2008 年，國務院把「發計委」合併國務院「經濟體制改革辦公室」與「國家經貿委」部分職能，把該部門改組為「國家發展和改革委員會」；從而使「計畫」二字，完全從政府部門的名稱中消失。2008 年 3 月，把發改委工業管理和「國家煙草專賣局」的職能劃分出來，成立工業和資訊化部（簡稱工信部）。

(二)政府智庫

中央的「中國社會科學院」，各省市的社會科學院扮演政府智庫的角色，負責政策研究。

(三)國務院發展研究中心

國務院內設立發展研究中心，作為國務院進行政策決策時的幕僚諮詢；該中心下設一些研究所。

七、幹部培養

「國家資本主義」等於把全國當成一家公司經營，經營績效取決於「決策正確性」與執行力。除了總書記不能改變以外，部會、省市首長則隨績效、年齡而升退。

在政治人事採取菁英政治，以確保執政品質。

(一)菁英政治

基於鄧小平的「幹部四化論」及江澤民的「科教興國論」，中共中央甚至地方首長，大都符合一定水準以上（學歷、經歷）程度，學者稱為「菁英」（elite），常用於形容新加坡的中央部會首長。

(二)菁英政治的例子之一：新加坡

新加坡是菁英政治制度的另一個例子，以高薪厚祿吸引人才擔任政府要職，另一功能是防貪腐，例如部長基本薪水（占六成）88 萬美元。2011 年 5 月，執政黨在議員選舉得票率大降，才降薪。

(三)對於幹部的資格要求

1982 年，鄧小平懍於開放之前的政治情況，在「下馬治天下」的考量下，在中共十二大全會時對幹部（註：處長級以上）設下四道標準，寫入黨章，詳見表 2.5。

表 2.5　鄧小平對幹部的四化要求

標準	鄧小平的要求	以中央政治局為例*
一、革命化	這方面的演變是，任何擔任高官的人，之前，一定得擔任過黨職，也就是經過黨的考核。簡單的說，以確保「對黨的忠誠度」（屬於用人唯德），這變成必要條件。	大部分副首長皆必須擔任中央政治局候補委員（人數 335 人），經過此歷練，才有機會進一步升官。
二、年青化	要求黨領導人接任時，不得逾 60 歲，且任期 10 年，以避免「老人政治」（gerontocracy）的情況，詳見《關於老幹部退休制度的規定》。	政治局委員平均年齡越來越低，十二大時為 71.8 歲，十六大時 60.4 歲，十八大時 55 歲。
三、知識化	隨著時勢的發展，演變成政府官員非常重視學歷。	以 2012 年的十八大為例，政治局委員全部有大專文憑，常委則全部都有大學學歷。

表 2.5（續）

標準	鄧小平的要求	以中央政治局為例*
四、專業化	中國大陸稱為「專業對口」，指個人專長符合職務需求。 三、四這二項合稱「技術官僚」（technocrate），這是「專才」（specialist），相對於「普通官僚」（bureaucrate）、通才（generalist）。	1. 學歷 以十八大為例，政治局中央委員 205 人中有九成是「文科」背景，常委自十四大（1992年）以來，占 80% 以上。 2. 職業 十四大以來，擁有「經濟」、「專業工作」（七大類中兩類）工作經驗者，常委占 70% 以上。

在經濟掛帥時代，理工科人才能管工廠、公司甚至工業區，因此高官七成以上是理工科人才，強調「建設」國家的能力。這些人也被稱為「技術官僚」（technocrate）。

*技術官僚

中國大陸為了發展經濟，因此大力重用技術官僚，21 世紀初，理工科人才最吃香。但 2012 年 11 月進入十八屆期間，隨著社會進入全面發展階段，社會開始需要經濟、法律、政治學等教育背景的執政人才，所以文科學歷出頭，理工科學歷只占一成。

(四)部長、省市首長的培養

中共中央組織部（簡稱中共中組部）對部會、省市「首長」（俗稱一把手）的培養，採取黨、政（中央 vs. 地方）、企（國營企業）三領域交叉晉升方式。由表 2.6 可見，一級首長比較具備「地方意識」、「企業管理」能力。2010 年中共中央辦公室印發的《2010～2020 年深化幹部人事制度改革規畫綱要》，提出要逐步健全黨政領導幹部交流的激勵機制和保障機制。

表 2.6　部、省市首長的人才培養

能力	說明
一、有地方意識	中央政府跟地方常輪調，因此部會高階官員在制定政策時「因為知道民間疾苦」，所以不會「不食人間煙火」。2010 年「雙向交流任職」逐漸成文化。
二、有國營企業經歷	國家行政學院教授劉旭濤說，「從組織工作的角度，國營公司（中國大陸稱為國營企業，簡稱國企或央企）梯隊也是黨的幹部。」重要企業的高階管理者很多是中央政治局候補委員。 一部分調任中央或地方大員的國營企業高階管理者有下列特點：多出身石油、電力、航太、汽車、金屬等重點行業。國營公司高階管理者入仕為官的省，往往並不發達，需要其發揮行業資源優勢和企業管理經驗，促進地方經濟發展。

第三節　經濟與金融相關部

國務院的組織設計，本節以表 2.7 先鳥瞰，再詳細說明。

占部會近七成

一般從三個角度來分析部會的重要性。

(一)投入面：政府預算比重

以 2012 年為例，政府財政支出 12.57 兆元中，比重依序如下：社會福利（含醫療、國民住宅等，占 19.24%）、教育（占 16.84%）、水利（占 9.47%）等。

(二)位階

這 25 個部都是正部級，另國務院下轄一些副部級、署級單位，例如外匯管理局，但局長由人民銀行副行長兼任。

(三)部的規模

一個部的大小可以由組織架構看出。

1. 業務局司數目

任何一個部都有相同的「支援活動」司：會計、總務、人事、法務與退休員工局（主要是各部常下轄公營公司）。

因此，要判斷一個部的大小，可由核心活動（或稱業務）局司的數目來分析。一般部的局司約 8 個，「司」一般負責政策規劃，「局」一般負責執行，主要是監督省級政府的執行政策。以規模來說，國家發改委可說「天下第一部」，局司約20個，第二大部是商務部。

2. 副部長的人數

此外，由副部長的人數也可看出一個部的大小，發改委、商務部各有四位副部長（發改委稱副主任），其中有一位是正部長級。其他部一般只有三位副部長。

表 2.7　經濟發展相關部會

一、供給端	二、需求端	部
	（家庭）消費（C）	商務部 國家工商總局
(一)生產要素		
1. 土地：國土資源部 *水：水利部	投資（I）	工業和資訊化部 （簡稱工信部）
2. 勞動：人力資源和社會保障部（簡稱人社部） （人口政策：國家衛生和計畫生育委員會，簡稱衛生計生委）	政府支出（G）	國務院發改委 （簡稱發改委）
3. 科技：科技部	‧租稅（T）	財政部

表 2.7（續）

一、供給端	二、需求端	部
4. 資金：一行三會 人民銀行 *外匯管理局 *國務院證監會 *國務院銀監會 *國務院保監會 5. 企業家精神：國務院發展和改革委員會（簡稱發改委） (二)產業 1. 投資Ⅰ：住宅建設部（簡稱住建部） 2. 投資Ⅱ：環境保護部 3. 農業：農業部	出口－進口 （X－M）	*國務院國家稅務總局 *國有資產監督管理委員會（簡稱國資委） 商務部
小計：19.5 個部	小計：3 個部	

第四節　經濟制度與公營企業主管機構

有一段期間，許多學者把中國大陸比喻成「中國大陸企業」，以形容雖然是由許多公司負責生產、銷售，但上面有個控股公司（國務院）。

因此，國務院以發改委作為經濟制度的主管機構，以國資委作為產業公營企業主管機構，底下詳細說明。

一、經濟制度的主管部會：發改委

發改委是國務院下編制最大的部，職掌也最廣，由表 2.8 可見，跟經濟相關的各類事務，國務院在職有專司的情況下，皆設有相關部，而發改委往往會以一個「司」級單位來分工處理一項經濟事務。

至於內部事務的司，各部會幾乎都有：包括辦公室、直屬機關黨委、人事司、離退休幹部局等。

各省市也有省市發改委的組織。

表 2.8　國務院下經濟相關部會

層面	部	發改委局司	層面	部	發改委局司
一、總經			一、需求面		
	發改委	國家信息中心	(一)政府支出	財政部	財政金融局
(一)五年計畫	發改委	政策研究室 發展規劃司	(二)消費	商務部 市場運行和消費促進司	
年度經濟	發改委	國民經濟綜合司	(三)投資	工信部、商務部	固定資產投資司
(二)成長面			1. 外資	商務部 ・外國投資管理司 ・投資促進事務局（又稱外貿投資促進中心）	・利用外資和境外投資司
1. 經濟成長	—	經濟運行調節局、宏觀經濟研究院			
2. 物價					
	・商務部市場秩序司	・價格司 ・價格監督檢查司			
(三)區域經濟面	—	・地區經濟司 ・西部開發司 ・東北復興司	2. 對外直接投資	商務部 對外投資和經濟合作司	

表 2.8（續）

層面	部	發改委局司	層面	部	發改委局司
(四)社會面		・社會發展司	(四)國際貿易	商務部 ・對外貿易司 ・世界貿易組織司 ・國際經貿關係司 ・國際經濟合作事務局（又稱國際經濟研究中心） ・產業損害調查局 ・對外援助司	・經濟貿易司 ・外事司
二、供給面			二、產業		
(一)農工礦			(一)農業	農業部	・農林經濟司
1. 土地	國土資源部				
2. 原料	工信部 ・原材料司				
3. 能源、電力		・國家能源局 ・資源節約和環境保護司 ・國家物資儲備局 ・應對氣候變化司	(二)工業	工信部 ・產業司 ・機電和科技產業司	・基礎產業司 ・高技術產業司 ・固定資產投資司

表 2.8（續）

層面	部	發改委局司	層面	部	發改委局司
(二)勞動		・就業和收入分配司 ・財政金融局	(三)服務業	商務部 ・流通業發展司	
(三)資金			三、綜合（控制）		
(四)企業家精神	工信部 ・中小企業司		(一)執行	發改委	・重大項目稽察特派員辦公室
1. 國營	商務部 ・市場體系建設司	・經濟體制綜合改革局	(二)紀律（廉政）	中紀委（共黨），國務院監察部	・中共中紀委駐（發改委）紀檢組
2. 民營	・反壟斷局		(三)審計	審計署	・監察部駐（發改委）監察局

二、雙頭馬車的分類監管

針對營業性國有資產（簡稱國資），國務院採取「分類管理」，詳見圖 2.3，底下簡單說明。

***人民銀行旗下的中央匯金公司**

人民銀行旗下中央匯金公司（以下稱匯金），掌握五大國營銀行股權。

匯金公司定位為國營銀行的控股公司，例如獲利第二大公司中國工商銀行，35.42% 股權掌握在匯金公司手上。但其職能僅限於此，經營股東權力掌握在國務院，例如任免中國工商銀行董事（長）。

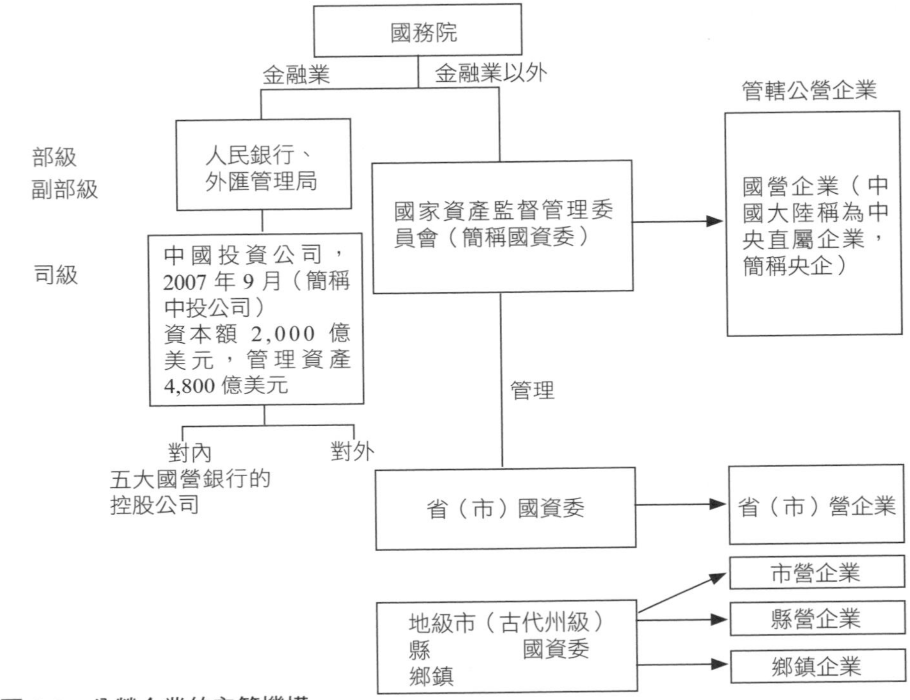

國務院

金融業 | 金融業以外

部級
副部級

人民銀行、外匯管理局

國家資產監督管理委員會（簡稱國資委）

管轄公營企業

國營企業（中國大陸稱為中央直屬企業，簡稱央企）

司級

中國投資公司，2007 年 9 月（簡稱中投公司）
資本額 2,000 億美元，管理資產 4,800 億美元

對內
五大國營銀行的控股公司

對外

管理

省（市）國資委 → 省（市）營企業

地級市（古代州級）
縣　　國資委
鄉鎮
→ 市營企業
→ 縣營企業
→ 鄉鎮企業

圖 2.3　公營企業的主管機構

五大國營銀行之一

（本書照片提供：今周刊）

三、產業公營企業的主管機構

由於許多部會旗下都有國營企業，以執行政策任務，省市政府也有地方公營企業。為了便於管理，國務院於 2003 年 3 月，成立副部長級機關「國務院國有資產監督管理委員會」（簡稱國資委），本節說明國資委與相關單位。

有些集團企業設立總管理處以發揮「整合」功能，同樣的，對國務院來說，國資委扮演所有產業型國營企業的「投資事業管理處」功能，底下簡單說明。

(一)國資委

產業的公營企業主管機關為國資委，由圖 2.3 可見，國資委的職責有二：1. 政策執行：國資委管轄省市國資委。2. 業務：國資委直接管國營企業。

(二)考核國營企業經營績效

國資委管理國營企業，每年 7 月下旬，公佈去年國營企業經營績效。

2004 至 2007 年間，國有資產監督管理委員會監管的國營企業高階管理階層的平均年薪每年成長 14% 左右。

國營企業高階管理階層的薪資中有三分之一是基本薪資，其餘三分之二根據業績而定，當然有的底薪比較高，但這樣做也是有所控制的，是為了大企業的持續發展。

對於高階管理階層要給予長期激勵，而且人一定要有長期行為，所以國資委必須與企業負責人簽訂「經營業績責任書」，當年簽一份，另外要再簽三年，目的就是要保持大企業能夠持續穩定發展。

國營企業高階管理階層中，年薪最高的是中國移動總裁王建宙，2007 年為 133 萬元。

(三)國新公司

為加快國營企業改革步伐，2010 年 12 月國資委成立「國新控股公司」，成為國資委轄下第三家控股公司。國新是資產經營與管理公司，不是生產經營企業，更不是投資公司。之前二家國有資產經營平台為國家開發投資公司、中國誠通集團。

國營企業中一批不屬於重要行業和關鍵領域、規模較小、實力較弱；一些規模較小、因承擔公益性等特殊職能不宜進入其他企業；一些國營企業整體上市後留下的存續企業資產，和其他非主業資產，依靠企業自身整合存在一定困難，都可能併入國新公司。

公營企業的改造必須面對兩個最大問題。其一是人員的裁併，其二是財務結構的強化；這兩個問題基本上都需要資金注入。

第五節　經濟投入面的相關部會

政府經濟發展的部會，從生產要素（投入）面來分析，詳細說明。

一、供給端

從供給端來確保經濟成長，在國務院組織設計分成二中類。

1. 生產要素的主管部會

依四種生產要素設立部會，詳見表 2.8 中第一欄，有關「勞動」生產因素只能算半個部，因為有半個部是管社會福利。此外，我們把「衛生計畫生育委員會」也劃歸在「勞動」相關部會中；另外，國務院下轄三個金融業監理會，可以合著視為一個金融監督管理委員會。最後，1998 年成立的科技部，2012 年有傳聞將跟工信部合併。

2. 產業主管部會

跟產業直接有關的部有三：農業的農業部、投資中的住宅建設部；國家環境保護部（簡稱環保部）是 2008 年由國務院環境保護總局升格，以突顯對於環保的重視，主要影響對象是工業。另外，交通部（管鐵公基中的鐵公）一半功能是貨運，也可視為跟產業有一半以上相關。

二、跟土地相關的中央政府組織

中共對土地主管機關的組織設計組織，詳見表 2.9。

表 2.9　土地相關部會

組織層級	部會與局司
一、中央	
1. 中共中央	
2. 國務院	
3. 發改委	· 農村經濟司 · 農村經濟司
二、主管機關	國務院國土資源局（1989 年升格為國土資源部）
三、相關部會	
1. 農地	農業部、水利部
2. 高新特區	科技部（註：高新特區即科學園區）
3. 工業區	工信部（註：2008 年由發改委分拆成立）
4. 交通建設	交通運輸部
5. 住宅	住房城鄉建設部

以表 2.9 中的國土資源部為例，其業務局司組織詳見表 2.10。

表 2.10　國土資源部的業務局司

分類	局司
一、管理活動	
(一)規劃	規劃司
(二)執行	土地利用管理司
(三)控制	調控和監測司 國家土地總督察辦公室
二、產業	
(一)農業	耕地保護司
(二)工業	地質勘察司 礦產資源儲量司 礦產開發管理司
(三)服務業與住宅	地籍管理司

三、跟勞工有關的組織設計

「民以食為天」，政府的經濟目標之一是維持「低失業率」（5%），在政府的組織設計上分成二層級來負責落實勞動政策。

1. 跟勞工有關的部會

由於中共中央非常注重失業率，因此設立一個部「人力資源與社會保障部」（簡稱人社部，有時稱為人保部）擔任主管機關，由表 2.11 可見勞工相關部會。在組織設計時，把勞工跟社會福利併成一部，原因是勞工、農民人數占全國人口一半，勞工也是扶養家庭的人，先把勞工的就業、福利鞏固住；再進而鞏固勞工以外的人。

表 2.11　跟勞工相關的政府部會

組織層級	部會
一、中央	
1. 中共中央	中央組織部（簡稱中組部）
2. 國務院	
3. 發改委	就業和收入分配司
二、主管機關	人社部，詳見表 2.12。 省政府下轄人社廳，直轄市下轄人社局。
三、相關部會	
1. 教育	教育部 高等教育司 職業教育與成人教育司
2. 農民	農業部
3. 其他	—

2. 中共中央組織部

由於中共是以黨領政，中共中央有幾個跟國務院部會一致的部會，其中管人的是中央組織部。

- 單獨頒布：例如 1990 年 7 月中共中央頒布「中共中央關於實行黨和國家機關領導幹部交流制定的決定」，啟動了官員異地交流，並且陸續於 1999 年和 2006 年頒布相關的幹部異地交流的文件，更加鞏固官員異地交流制度。

  從實施官員異地交流以來，沿海地區異地交流的官員對當地經濟發展的貢獻很大。

- 聯合頒布：例如 2011 年 7 月，中央組織部跟人社部頒布《高技能人才隊伍建設中長期規畫》。這類措施起自 2008 年，每年 7 月皆會頒布一次，適用期間皆到 2020 年，人力種類大都針對「高技能人才」或「中高階人才」。

3. 人社部組織設計

人社部十八個業務司只有四成的「司」擺在「社會福利」，即有十一個「司」是針對勞工的，由此可見對勞工的重視，詳見表 2.12。

此外，有了資金也可以雇「工」（第二種生產要素），可見「資金」對機械化農業、工業的重要性。

表 2.12　人社部各局司跟本書第十四、十五章相關章節

本書相關章節	「司」級單位	部屬單位（院、所、中心）
一、勞工	政策研究司	就業培訓技術指導中心
第十四章第二節勞工素質	職業能力建設司	教育培訓中心
第十四章第二節	農民工作司	職業技能鑑定中心
第十五章第二節	專業技術人員管理司	人事考試中心
勞動供需	人力資源市場司	留學人員和專家服務中心
	軍官專業安置司	轉業軍官培訓中心
	事業單位人事管理司	高級公務員培訓中心
	就業促進司	全國人力流動中心
	勞動監察局	人事科學研究院
第十五章第一節六薪資	工資福利司	勞動工資研究所
	勞動關係司	勞動保障科學研究院
	調解仲裁管理司	國際勞動保障研究所
二、社會福利	財務規劃司	
社會保險	農村社會保險司	社會保障事業管理中心
	社會保險基金監督司	社會保障研究所
	養老保險司	
勞工社福六金	失業保險司	社會保障能力建設中心
	工傷保險司	
醫療	醫療保險司	

四、跟資金有關的組織設計

公司資產負債表右側代表資金來源，有二大項目：負債與業主權益。

負債來源有二：一是間接融資，稱為貸款，主要是銀行提供，主管機關是銀行監督管理委員會（簡稱銀監會）。至於影響銀行存放款的貨幣政策，是由中央銀行的人民銀行來決定的。

權益資金來源可以二分法，一是公司股票上市前，主要來自創業投資公司（簡稱創投，venture capital，中國大陸稱為風險投資），私下募集權益公司（private equity, PE）；一是股票上市後，證券業的主管機構是證券監督管理委員會（簡稱證監會）。

由表 2.13 可見，跟資金有關的部會有四，其中部會級的人民銀行（俗稱人行），另外有三個副部會級的國務院直屬事業單位（俗稱三會）。

至於國家外匯管理局是「部委管理的國家局」，監督外匯交易之餘，公司的外幣貸款和證券發行，也須經過其審核。廣義來說，外管局也可視為人民銀行的一個業務局，因為其局長是由人民銀行「副總裁」（中國大陸稱為副行長）兼任。

表 2.13　跟資金相關的國務院部會

資金來源	主管機關
一、負債	
(一)貨幣政策	人民銀行（中國大陸的中央銀行）*
(二)人民幣	銀行監督管理委員會*（簡稱銀監會）
(三)外幣	國務院部委管理的國家局中的外匯管理局
二、業主權益	
(一)股票上市	證券監督管理委員會*（簡稱證監會）
(二)保險業投資	保險監督管理委員會*（簡稱保監會）

*這四個單位合稱「一行三會」

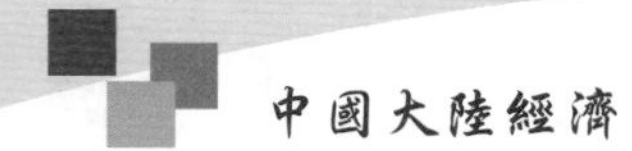

五、跟企業家精神有關的部會——以工信部中小企業司為例

由表 2.14 可見，一開始由於中小企業主要從事工業，所以中小企業的主管機關劃在工信部。

*組織位階更上一層樓

2011 年 9 月，國務院辦公廳、全國工商聯召開「全國中小企業工作會議」，工信部是主管工業領域的部會，但是許多中小企業是以服務產業為主，這造成了業務管理上的不對口。

表 2.14　中小企業的政府主管機關

組織層級	局司
一、中央	
1. 國務院	促進中小企業發展領導小組
2. 發改委	—
二、主管機關	工信部的中小企業司
三、相關部會	
1. 商務部	商務部的研究院
2. 省市	中小企業局

工信部的中小企業司為司級單位，而其需要協調的發改委、銀監會等，均是部級或副部單位，行政級別上的不對等，造成協調工作無法順利開展。

組織設計的方案之一為直接在國務院直屬副部會層面增設「中小企業促進局」，是國家局級別，跟國家稅務總局、國家安全生產監督局等局平級。

第六節　經濟需求面的相關部會

從需求面角度切入，來分析經濟相關部會，底下詳細說明。

一、需求端

從需求角度，四中類需求由五個部負責，但其中負責政府支出的發改委已在供給端中生產要素中出現一次。

1. 國內需求

有關國內需求三中類，家庭消費由商務部負責，有關投資（甚至可以狹義的說，三級產業中的工業）由工信部負責。至於負責租稅政策與政府支出的融資功能的財政部，視為間接跟經濟成長有關。

至於國務院直轄的國家工商總局，其職掌是一般國家的商業司（工商登記）、商品檢驗局與智慧財產局。

2. 國外需求

有關國際貿易的政策由商務部負責。

二、統合部會：發改委

至少有 12.5 個部跟經濟成長有關，由國務院發展和改革委員會（簡稱發改委）負責整合，針對經濟相關部會的核心局司，發改委大都有對應的局司，詳見表 2.8，發改委的發展歷程也涉及一些部會的發展，詳見表 2.15。

表 2.15　發改委組織發展進程

階段 年	I 成立 1952 年	II 更名 2008 年	III 分拆 2008 年 3 月
	1. 國家計畫委員會（簡稱國家計委） 1952 年成立，1953 年，推出第一個五年經濟計畫（一五）。 2. 1994 年左右，國務院把國家計委前面加上「發展」，稱為「發展計畫委員會」（簡稱發計委），從經濟成長往外兼顧社會等總體環境的配合。	發計委合併下列二單位： 1. 國務院經濟體制「改革」辦公室 2. 國家經貿委部分職能改稱「國家發展」和「改革」委員會，簡稱國家發改委或發改委。 把「計畫」二字從政府部門中消失。	把下列二單位分拆成立工業和資訊化部（簡稱工信部）。 1. 發改委中工業管理方面的局司 2. 國家菸草專賣局 3. 2013 年 3 月，國務院組織改革，把國家能源局劃歸發改委管轄，且合併了電監會。

簡單的說，經濟計畫從十一五起，改稱五年「規畫」，由各部上呈政策草案，發改委彙總，再上呈國務院等迄人民代表大會通過。經濟體系中偏重計畫經濟的樞紐就在發改委。

討論問題

1. 中共的經濟決策執行非常有效率，但請舉例說明一些例外情況（例如三峽大壩、南水北調工程等）。
2. 在行政領導經濟情況下，如何讓中央、地方首長做到「經濟掛帥」？
3. 通稱「以黨領政」，但嚴格來說，國務院的經濟政策決策權如何？
4. 中共的接班梯隊的傳承方式，如何有助於經濟政策的延續？
5. 在政府的組織重組方面，有建議，由工信部合併科技部、交通部合併鐵道部，優缺點何在？

經濟改革開放

——經濟制度的變革

飲料業龍頭娃哈哈集團董事長宗慶后（註：后為「後」的簡體字）

（本書照片提供：今周刊）

知古鑑今

歷史是延續的，想了解中國大陸的現況與前景，必須先了解其特有的經濟制度，因為跟一般習以為常的自由市場的資本主義有所不同。

1978 年年底，中共中央決定改革開放，開啟了經濟制度的逐步改革而不是革命，迄今還在進行中，由此來回顧改革開發便饒有必要。

第一節　改革開放的原因

「窮則變，變則通，通則久」這句俚語貼切描寫了 1979 年經濟制度改革的原因（「窮」）與結果（「通」與「久」），本節詳細說明經改的原因。

一、改革前的經濟困境

1949 年 10 月 1 日，中國大陸建政以後，逐漸採行共產主義，1953 年實施五年一期的計畫經濟，政企合一，凡事聽從國家安排。「吃大鍋飯」式的勞務體制，固然使人不必擔心失業問題；企業不必看盈餘，總在國家計畫下運作，絲毫沒有破產風險。然而這種個人行政化、行為政治化、生活軍事化的世界裡，由於缺乏利己動機，以致效率低落。

尤有甚者，再加上表 3.1 中的經濟政策失當（主要指「大躍進」）與政局不穩（主要指文化大革命），以致造成政府失靈，國家財政赤字嚴重，經濟處於崩潰邊緣。經濟政策失當主因之一在於依據黑克夏－歐林的生產要素稟賦理論，中國大陸廣土眾民，應發展勞力密集產業，但仍偏向蘇俄經濟發展方式看齊，去發展重工業，以支持軍事工業。

表 3.1　1958～1976 年政府失靈的二個主因

期間	1958～1961 年	1966～1976 年
一、原因	實施三面紅旗，包括下列。 1. 財產制度：「社會主義建設總路線」； 2. 經濟目標：「大躍進」，即目標超英趕美； 3. 經濟成長方式：「人民公社」	文化大革命
二、影響	由於經濟政策的失當，例如 1958～1961 年「大躍進」中的煉鋼目標要超英趕美，採取土窯方式「土法煉鋼」，但技術未到，以致產出的鋼無法使用，1961 年經濟衰退 27.3%，幅度很大。但過程中，徵用農具、人力；砍樹以取得煉鋼的燃料，進而破壞水土保護，黃淮水災頻傳。再加上「除四害」（其中之一是麻雀）造成麻雀少了，蝗蟲少了天敵，引發蝗災造成糧荒，進而引發大饑荒，3,800 萬人餓死。	因全民忙於參與批鬥，全國的重點項目在政治，經濟活動的重要程度大打折扣。經濟處於崩潰邊緣。

二、民生凋敝，國庫空乏

實施共產主義的好處是所得分配趨近公平，但代價是犧牲了經濟成長，以致「國弱」（表 3.2 中 1978 年中國大陸總產值只比台灣大六成）、「民窮」（人均總產值 230 美元）。民生凋敝、國庫空乏，財政陷入空前危機。

表 3.2　經濟改革開放的前後比較

階段	改革前 （1949.10～1978 年）	改革以來 （1979 年迄今）
一、規劃		
(一)目標	十五年超英趕美	二階級目標如下。 1. 1979～2020 年，全面小康社會。 2. 2021 年以後，超美。
(二)經濟制度	共產主義	1. 中國特色的社會主義

表 3.2（續）

階段	改革前 （1949.10～1978 年）	改革以來 （1979 年迄今）
1. 財產權	公有，共有	2. 允許私有財產制，但土地所有權操之在政府，人民只有 50～70 年使用權。
2. 公司所有權	全部是公營企業	以 2012 年為例，民營公司約占製造業營收 73%、公營公司占 27%。
二、執行		
(一)政治制度：頂層結構	一人領導，因此為了爭出頭，政治鬥爭激烈，導致政局不穩，以致經濟在施政的重要性較低。	集體領導（即中央政治局七位常委），以競爭取代鬥爭，尤其是鄧小平一次指定第三、四代接班人，進而穩定政局，有利經濟政策延續性。
(二)生產要素：以人口政策為例	以工業為主、農業為輔，但偏重勞力密集的工業。勞力過剩，以致人口壓力大。	1980 年 9 月起，實施「一胎化」政策，以減輕人口過多所構成的壓力。2020 年起，人口紅利將逐漸消失。
(三)產業結構	1. 總產值比重：1978 年農業 28.18%、工業 47.88%、服務業 23.94%。 2. 雇用人口：農業 70.5%、工業 17.3%、服務業12.2%。	2010 年，成為全球經濟第二大國。 ・2012 年總產值比重：農業（中國大陸稱為第一產業）6.7%、工業（第二產業）45.8%、服務業（第三產業）47.5%。
三、產出		
1. 國內生產毛額	1978 年，2,500 億美元，全球第十大經濟國（註：台灣為 2,213 億美元，跟中國大陸一樣大，但人口只有其 2%）	2012 年，8.335 兆美元
2. 人均總產值	1977 年，230 美元（註：台灣為 1,192 美元，約是中國大陸的五倍）。	2012 年，6,141 美元。
3. 國貿金額	1978 年，貿易總額 206 億美元，台灣 273 億美元。	2009 年，成為全球第二大貿易國。

表中 1978～2012 年的總產值、經濟成長率詳見圖 3.1，以經濟成長率來說，除了亞洲風暴期間（1997～1999 年）、全球金融海嘯（2009 年）、歐債風暴（2012 年）外，皆高於 10%，可見經濟成長力道之強。

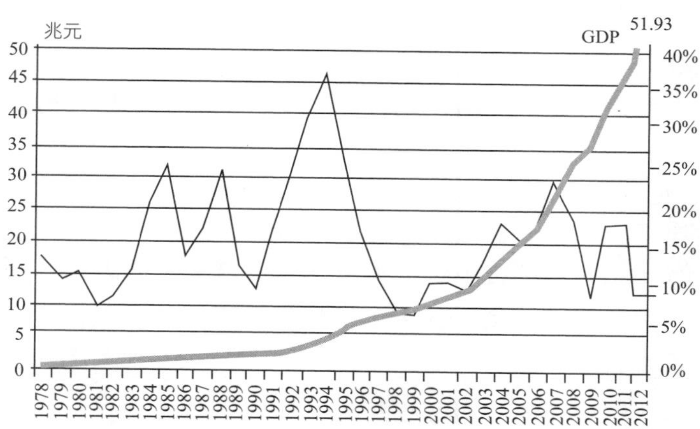

資料來源：《CEIC 資料庫》。

圖 3.1 1978～2012 年經濟成長率

三、北韓、古巴是中國大陸經改前的現代版

中國大陸 1978 年經濟狀況，離很多人很遙遠，但 1990 年，蘇聯解體前的經濟狀況，有些人還有印象，二者情況很類似。解體前的蘇聯等實施共產主義國家，實施由政府掌控的計畫經濟，土地、工廠、銀行全歸政府所有。

(一)供給面

「資本」（主要是資金，用資金買機器）通過行政手段，逐級下發到公營營利單位；工廠製造的是「產品」，不叫「商品」；因為商品是藉由商業交易流通，而產品卻不必通過市場供求就能完成移轉，政府就是那隻看得見的分配之手，分配的原則是依家庭「人口」數，二種生產要素的使用狀況如下。

1. 資本

由於資金不足，因此機器設備老舊，產能不足。

2. 勞動

由於吃大鍋飯（主要指人民公社），因此員工不想努力工作，人均產量低。

(二)需求面

在此時，光有錢還買不到很多東西，帶錢上商店購物，不如說「帶著政府發放的領物憑證（例如糧票），到派發機構去換取物資」更貼切些；北韓是個明顯的例子。

由於供給面，缺乏高薪厚祿誘因，以致生產效率差，商品產量不足，品質差，式樣舊，因此只好搞配給，常見現象是點券、商店前排隊。黑市交易屢見不鮮，商品來自公營單位員工盜賣商品、走私進口，「商店」既屬國有，經營不興低買高賣、不求商業利潤，充其量，只是依「政府計畫」向社會各界分派物資的機構。

(三)古巴的例子

1978 年前的中國大陸黑市交易，距今甚久，但可由共產主義國家北韓、古巴來作個參考。

在民主國家，黑市基本上就是一些毒品、盜版商品或色情業等見不得光的交易場所，但在古巴黑市販賣的東西千奇百怪，大大小小、貴的便宜的、國產進口貨應有盡有，交易甚至還比檯面上合法的經濟活動還要熱絡。

針對古巴的黑市交易現象，加拿大經濟學者瑞特（Archibald Ritter）2005 年完成一項深入的研究，他形容黑市買賣在古巴是一項全民運動，

「你可以這樣說，古巴有 95% 的民眾都是黑市交易的成員。」

黑市貨源一部分來自海外，但還有很大一部分是贓物，這些東西原本是在民眾的皮包、背包，甚至是國營倉儲開出來的卡車、工廠、超市或辦公室被偷走，然後流入黑市進行交易。

(四)1978 年，宣佈經濟改革開放

1978 年 12 月，國務院總理鄧小平發現經濟無以為繼，中共十一屆三中全會通過經濟改革開放，於 1979 年實施。很多人喜歡拿改革開放後一段期間的經濟狀況跟改革開放前的狀況（最後一年，1978 年）來比較，詳見表 3.2。

至於改革後，胡錦濤、胡鞍鋼又有再細分成二期，於第六章中說明。

第二節　經濟改革的步驟

由於黨政軍權力歸屬不一，因此鄧小平為求經濟改革開放，必須務實的採取試點方式，以試點（一開始是廣東省深圳特區）的績效，向保守勢力證明經改的正確性。此外，基於各省市的條件差異，試點也有實驗性質，可說是時間分散式的風險管理方式。

一、「改革」、「開放」的涵意

經濟改革開放（簡稱經改）是二件事，詳見表 3.3。

表 3.3　1979 年起實施經濟改革開放

範圍	改革	開放
一、經濟學觀念	即自由化	全球化（或國際化）
二、對象	對內	對外

表 3.3（續）

範圍	改革	開放
三、説明	1. 商品市場 逐漸導入市場機制，即允許商品市場交易，引進歐美的自由經濟機制，由「不可見的手」來引導資源配置。 2. 要素市場 主要指生產要素中的「企業家精神」，即財產權究竟是歸於公營企業或民營企業，本書稱為「資本主義程度」。	引進國外企業直接投資，以引進資金、技術。 1979 年，國務院頒布「中外合資經營企業法」，允許外資跟中國大陸企業（主要是公營事業）共組合資公司。 1986 年，國務院頒布「外商獨資企業法」
三、本書相關章節	第三章	第十章第二～三節

二、經濟發展抉擇

鄧小平等進行經濟改革開放，如同人走迷宮一樣，前面永遠有二選一的路徑有待選擇，我們把這幾個依序的決策，分成三類：方向、需求面和供給面。詳見表 3.4，底下逐項討論。

表 3.4　經濟改革開放的幾個重要決策順序

路徑	其他國家	中國大陸
一、方向		
(一)政經改革	政經並進（dual transition），政治方面，改為民主制度，例如總統民選產生。	經濟推動，「經濟先，政治後」，政治制度仍維持「以黨領政」、「一黨專政」，偏重行政改革。

表 3.4（續）

路徑	其他國家	中國大陸
(二)經濟改革：市場經濟的實施	一步到位或震盪療法（shock therapy 或 big bang，有說是哈佛大學薩克斯（Jeffrey Sacks 的命名），即立即實施市場經濟制度，可說是經濟制度的革命，或稱市場前導（market-led）。	逐步漸進（gradualism），1979～1991 年以國營企業為主，1992 年起，才逐步實施市場經濟，偏重「改革」。2005 年以前，共十個「經濟計畫」，2006～2010 年十一五規畫，偏重市場協調機制。
二、需求面		
(一)需求結構	大陸型經濟，即以內需市場為主，例如印度、巴西在 1960 年代也採取此方式。	海洋型經濟，即以「出口掛帥」，以出超賺國外的錢，來發展國內產業、企業。
(二)產業結構	農工商三級產業皆可	工業為主，因農業的自主率低於 100%（即中國大陸是糧食進口國）。
三、供給面		
(一)考量生產要素	像日本，在 1980 年代，以資本（資金與技術）密集產業為主。	發展勞力密集產業，兼顧經濟發展目標之二：提高就業率。
(二)經濟區域發展	平衡發展，即各（經濟）區域平衡發展。	區域化論述（regionaction），例如梯度理論，中國大陸稱為「不均等發展」。
(三)財產權結構	財產權牽動（privatization-driven），透過民營企業的「自利動機」，以追求經濟成長。	以公營企業為主
(四)財產權結構專論：中央跟地方政府關係	在自由經濟制度下，中央政府與地方政府共同戮力營造優良投資環境（例如基礎設施、透過執法以維護財產權）。	發展性的地方主義（developmental localism）或稱諸侯經濟。 2001 年 12 月中國大陸加入世貿組織後，中央政府的力量相對變強。

三、改革方向

本段說明圖 3.2 中的「轉換」中的第一項「改革方向」，這依序包括二個決策。

(一)政經改革幅度：先經改，後政改

英美的「民主政治」、「自由經濟」看似相輔相成，蘇俄 1990 年從「獨裁」、「共產」採取雙改，但中國大陸只採取單改。

1. 政經雙改

1990 年，共產主義的蘇俄選擇政治雙改（dual transition），這跟時勢有關，1989 年，柏林圍牆垮了，如同骨牌般，東歐國家紛紛放棄共產主義，在政治、經濟制度幡然改圖。

- 政治制度由集權國家變成民主體制；
- 經濟制度由共產經濟變成市場經濟。

2. 中國大陸選擇「先經改，再政改」

中國大陸選擇先經濟改革開放，再政治改革，主因是共產黨執政的考量。第一代國家領導人毛澤東擁有完全權力，但鄧小平必須考量黨政軍中的保守勢力，因此暫時不實施民主的政治體制。

3. 依「政治－經濟」來分類

許多人們喜歡用二分法來簡化事情，同樣的，學者等把「政治－經濟」制度各二方法，得到圖 3.1 的結果。

(1) X 軸：民主化程度

民主化程度常指的是人民選舉的官員層級，中國大陸的村長是民選，但鄉鎮長以上的首長皆是官派，民主化程度較低，學者稱為「威權政治體制」；另外常見的國家為新加坡。

大部分國家最高行政首長（總統制的總統或總理制的總理）是民選的，民主化程度較高。

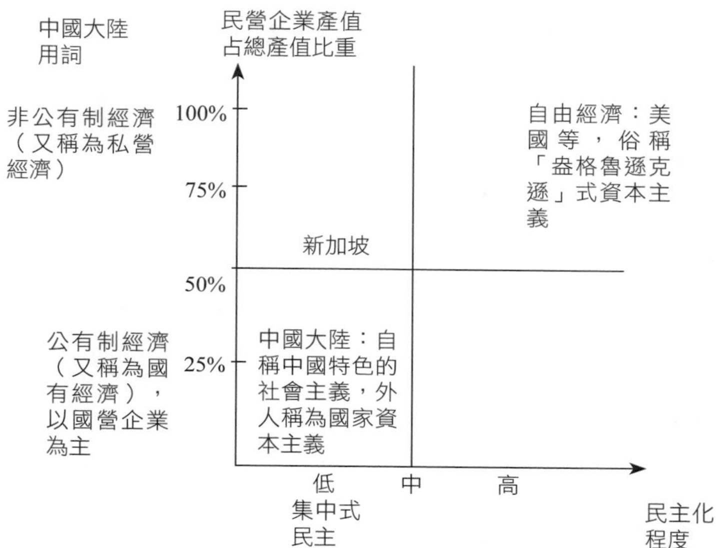

圖 3.2　政治—經濟制度的分類

針對民主發展程度的衡量，英國《經濟學人》雜誌的智庫依五個領域（選舉制度、公民自由、政府運作、政治參與及政治文化），設立共 60 個指標，以總分 0～10 分衡量各國民主發展程度，由下列區間可看出其代表涵義，中國大陸被歸類為獨裁政體。

4 分以下	4～5.9 分	6～7.9 分	8～10 分
獨裁政體	混合政體	有瑕疵民主	全面民主
中國大陸			英歐美

・2008 年時 3.04 分，全球排 136 名

・2011 年時，3.14 分，全球排 136 名

(2)Y 軸：民營企業占比

Y 軸是依民營企業產值占國內生產毛額比重來區分，大部分國家實施

資本主義，隱含著民營企業為主。中國大陸用詞，把公營企業為主的經濟稱為「公有制經濟」，反之稱為「非公有制經濟」。

公營企業可以依行政區域四級制繼續細分，詳見表 4.2。

(3)合併來看

英美等國皆屬於「民主程度高、民營企業為主」的自由經濟，或稱為「盎格魯遜克遜」式資本主義。至於用「資本主義」一詞，只是相對於「共產主義」，歐美許多國家大都實施社會主義式資本主義，以北歐國家來說，非常強調社會福利。

(二)經濟改革幅度

中國大陸經濟改革，顧名思義，不用一次到位的「革命」，而採逐漸的「改革」方式，詳見下列說明。

四、改革開放的速度

改革速度可以下述二分法，「快速」改革的缺點是風險大，即「一步錯，步步錯」。基於缺乏由共產主義過渡到「中國式特色社會主義」的經驗，中共中央採取「邊作邊學方式」。

1. 一次到位的震盪療法

有人（例如美國哈佛大學教授薩克斯，Jeffrey Sacks）用震盪療法（shock therapy，中國大陸稱為休克療法）或大爆炸（big bang）來形容蘇俄一次全面實施市場經濟。當然，國營企業也存在，有些逐漸民營化，到 2012 年，民營企業占總產值八成。

2. 中國大陸逐步開放

中國大陸到 1992 年才開放民營企業成立、准許房產（註：土地國有）做為商品買賣（稱為商品房），逐漸進入市場經濟。

由圖 3.3 可見，以改革（X 軸）、開放（Y 軸）程度來說，1979～1983 年的幅度極低（約只有 20%），1992 年開放民營公司成立，2008 年

以後，民營公司占總產值比重才超過 50%。

2001 年 12 月，中國大陸加入世貿組織，對外大幅開放市場、外資直接投資，商品貿易開放程度突破 50%。

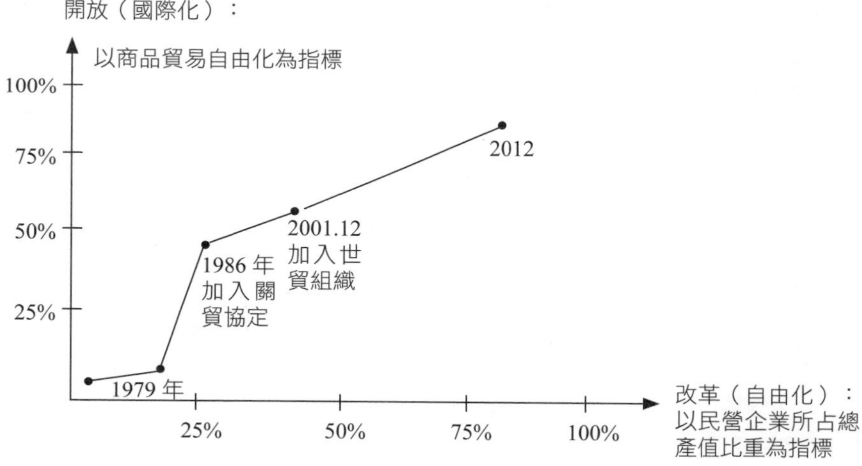

圖 3.3　改革開放的速度

五、「投入－轉換－產出」架構

如同胡適所強調的「要怎麼收穫，就要先那麼栽」，套用圖 3.4 這個「投入－轉換－產出」架構。

1. 目標：產出

鄧小平先有了經濟成長的目標（企管中稱為遠景），也就是要把國家帶到那一個方向，像第五章十二五規畫的經濟目標便是一個例子。

2. 轉換

透過政府參與經濟運作，扮演看得見的一隻手，巧妙組合四種生產要素以達到經濟目標（一般指總產值與所得分配）。

3. 投入：四種生產要素，如圖 3.4 所示。

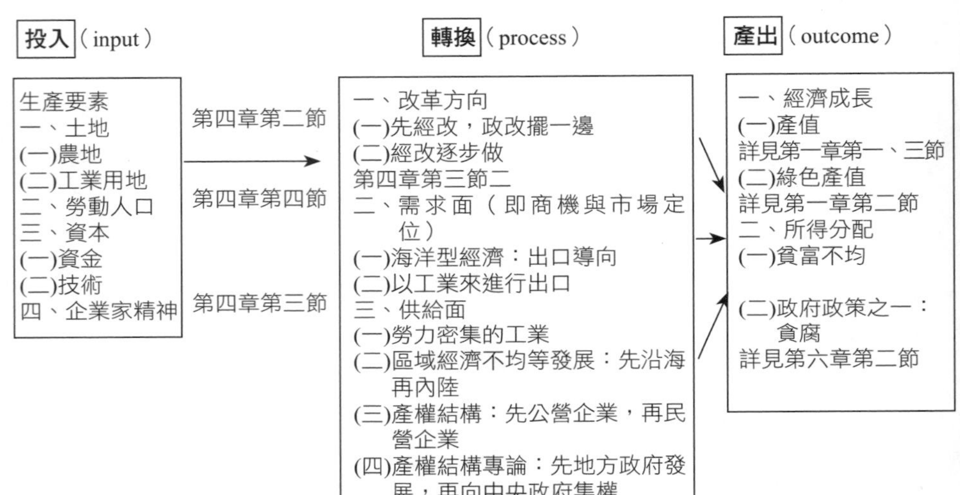

圖 3.4　經濟發展方式與本章架構

第三節　經濟改革的順序

北極圈的愛斯基摩人靠漁獵維生，北非沙漠中的柏柏人能耐旱，這些都是人類適應自然環境的方式。同樣的，國家發展經濟，必須在資源限制下（資源依賴理論、限制理論）進行決策。本節說明 1979 年經濟改革開放幾個順序決策。

一、一般均衡的角度

套用一般均衡的分析架構，把市場分成商品、生產要素市場詳見表 3.5。表中第一欄為「自由化程度」，指的是產業自由進出的程度，以該產

業民營企業占產值比重為衡量，例如第二欄「資本」中以銀行為例，六大國營銀行（四大加交通、郵儲銀行）資產市占率 46.02%，50 大銀行大都由官股掌握，資產市占率 75%，因此民營銀行市占率 25%，以此來說，商業銀行業民營化程度 25%。

表 3.5　經改的一般均衡架構

民營化程度	一、生產要素市場		二、商品市場
	(一)資本	(二)企業家精神	二階段
100%	以銀行為例，分為二階段： 階段二：利率全面自由化	階段三：資本主義	階段二：全部市場化 四大產業仍公營 1.能源 2.交通 3.電信 4.金融
75%			
		階段二：中國特色社會主義體制 2012 年	階段一：部分市場化
50%			
25%	階段一：開放銀行經營，但迄 2012 年，公營銀行資產市占率仍達 75%	1992 年，開放民營企業設立 1979 年開放三資（官股、外資）企業設立 階段一：共產主義	1992 年房產自由交易 1978 年

二、改革順序

從共產主義到市場資本主義的轉換過程中，中國大陸採取漸進作法，俗稱「摸著石頭過河」。此主要是 1984 年 10 月，中共召開十二屆三中全會前，鄧小平確定不走東歐經濟發展模式（例如匈牙利的震盪療法），而要以中國人自己的方法，在 2004 年達到總產值成長 4 倍的目標。國際貨幣基金和世界銀行認為宜採取表 3.5 中的「順序」（sequence）。

改革採取漸進方式，這在商品市場、生產要素市場、金融市場都是如此，主要是初學乍練，缺乏參考典範。只好步步為營，邊作邊學，鄧小平稱此為「摸著石頭過河」。

這個市場「依序」改革，可用人們攀岩舉例，雙手雙腳，一次只移動一個點，同樣的，等商品市場化上軌道後，再來進行生產要素市場開放。

(一)階段一：商品市場

商品市場先改革，允許商品市場交易，短期缺點是「供不應求」，因為產能不繼，但至少可以避免黑市的存在（註：黑市價格常考慮被政府處罰的風險溢酬），讓合法商品有交易地方比較容易做到，因為商店、黑市早已存在，只要商品價格、數量任由供需決定便可。

(二)階段二：生產要素市場中的財產權市場

生產要素市場逐漸改革，順序如下。

1. 先公營再民營

由於改革初期，生產要素（土地、設備、勞工）皆掌握在公營事業單位手上，所以在商品市場交易初期，由各地方公營事業單位來提供也很順理成章。各地方公營事業單位各為其主，因此產量會多、價格會競爭、品質也比較符合消費者需求。

2. 公營營利事業分三步驟改革

公營營利事業的商業組織型態依序分成三階段改革，在第四章中詳細說明。

(三)階段三：金融市場改革

金融市場最後才改革，這涉及「市場化」和「資本主義」二個層面。

1. 價格面（即市場化）

利率可以影響公司的資金成本，給予特定企業優惠利率，即等於變相補貼，可以做到單點操作。低估的匯率可說是對進口課徵收較高關稅、對出口給予出口補貼。

2. 產業面（即民營程度）

銀行業不只是資金買賣業而已，金融穩定對實體經濟有很大影響；國務院的經濟政策中有行政措施（例如重點項目的價格指導），其中公營企業也是可用工具，透過公營銀行也可確保金融穩定。

三、第二層次的改革圖示

三階段改革以圖 3.5 來表示，底下說明 X、Y 軸的涵意。

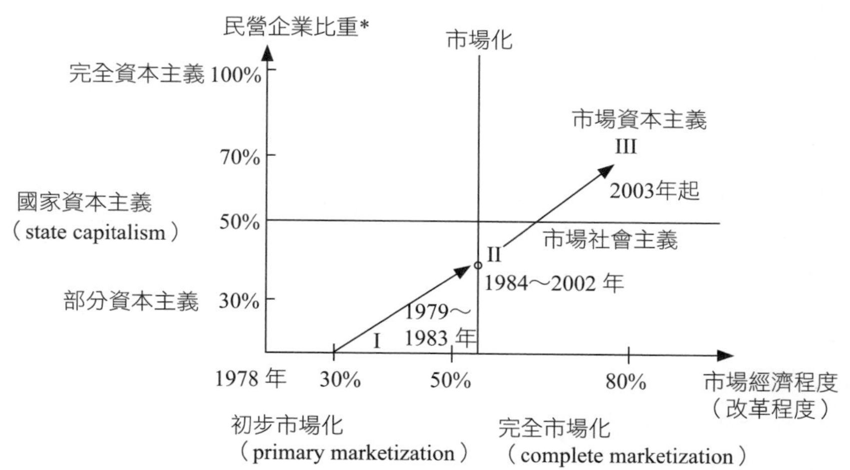

I、II、III 代表第一、二、三階段改革　　　　* 指「工業」中民營企業營收占總營收比重

圖 3.5　三階段經濟改革

(一)X 軸：衡量商品市場交易程度

在 X 軸，我們依商品在市場自由交易程度來細分。

1. 涵義

背後隱含商品市場交易程度越高，消費者福祉越好。

2. 二分法

商品交易市場化程度，可以依比重 50% 來二分法，分為初部市場化、完全市場化二階段，分述如下。

(1)初步市場化（primary marketization）

在此階段，國家（包括公營企業）藉著控制經濟參數（價格、利率等），來間接影響企業的行為，也就是「國家調控市場，市場引導企業」，可說是「政府間接調控市場」。

(2)完全市場化（complete marketization）

這是指政府（公營企業）不介入市場，讓市場自由運作。

(二)Y 軸：衡量資本主義程度

在 Y 軸，我們依生產要素的資本主義程度來細分。

1. 涵義

四項生產要素中的「企業家精神」最足以代表公民營企業的差別，即民營企業可視為企業家精神 100 分，反之，壟斷性公營企業可視為企業家精神低分。資本主義「優勝劣敗」，背後隱含社會達爾文主義，即代表能生存的企業越能適應環境。資本主義程度隱含民營企業經營效率較高。

2. 二分法

依民營企業產值占總產值比重，以 50% 來二分法。

(1)國家資本主義

當公營企業產值占總產值比重 50% 以上，美國國會中的「美中經濟安全審議委員會」用國家資本主義（state capitalism）來稱呼中國大陸經濟制度。一般認為金磚四國（印度只有局部）、韓國、新加坡都屬於此制度。

當商品市場化了，縱使供給面都是各省市公營事業，由於家數多，市場競爭機制啟動。啤酒、汽車、鋼鐵、醫藥都是很好的例子，都是中小企業規模。

以啤酒業為例，曾有一段時間，國產、外國啤酒品牌滿天亂飛，各個地方都擁有自己的啤酒工廠與品牌，卻沒有一家賺錢。由於省市與省市之間的競爭是被允許的。在此種機制之下，強者已逐漸出頭，淘汰了缺乏效率的企業。沒有經過太多年的相互競爭與併購，前十大啤酒公司擁有 30% 的市場。

(2)資本主義程度

當公營企業產值占總產值比重 50% 以下，民營企業主導經濟，此時稱為資本主義階段。以台灣為例，以公司淨值來看，製造業中 97.3% 由民營公司持有，中國大陸約 73%。

四、「市場化」與「民營比重」間的搭配圖解

市場化、資本主義各有二階段，二乘二共有四種組合，但由於改革依序進行，所以只出現圖 3.5 上三、四、一個象限的三個階段。

(〇)改革前，統制經濟——圖形原點

1978 年以前，即經濟改革前，經濟制度屬於統制經濟，在圖形原點，簡單說明於下。

1. 經濟制度：統制經濟

統制經濟是指共產主義時代，商品靠計畫生產、配給，生產全由公營事業單位提供。

2. 圖形位置，座標原點

在圖 3.5 上原點，分別代表「市場經濟程度 0 分」（X 軸）及「資本

主義程度 0 分」（Y 軸），皆為 1979 年改革前狀況。

(一)改革第一階段，初步市場經濟——第三象限

1. 經濟制度：部分市場化的國家資本主義

商品市場先走向市場經濟，企業必然逐利而行，即以商品市場來引導生產要素市場，促進資源更有效率配置。

由圖 3.5 可見，國務院逐漸開放商品市場交易範圍，很快的黑市就不存在了，商店依供需來決定商品價格。

2. 圖形位置，X 軸上 30% 處

在圖上 X 軸 30% 處，我們標示為第一階段改革的第一步，即開始 30% 的商品交易。為了戲劇化起見，此情況代表「資本主義程度 0 分」，即仍由公營營利單位來提供商品。

(二)改革第二階段，市場社會主義經濟體制——第四象限

中國大陸大抵於 1992 年邁入「市場社會主義階段」，即 50% 以上的商品在市場交易，但大部分仍由公營企業供應。

1. 經濟制度：社會主義市場體制

先讓商品逐漸市場交易，國務院接著再放鬆民營企業經營，改革順序如下。

- 1979 年，開放三資（外資、外資合資等）企業設立。
- 1979 年，允許民營營利單位中的工商個體戶（簡稱個體戶）加入市場，當年 14 萬戶；迄 2011 年，已達 3,756 萬戶、從業人員 6,912 萬人。
- 1992 年，開放民營公司設立；迄 2011 年，已有 1250 萬家，這一年商品市場有個大改革，即開放住宅可以買賣，稱為「商品房」，在此之前只有「公房」（即公家配給宿舍）。

經濟制度的命名方式是先說（X 軸）市場程度，再說（Y 軸）民營程

度，因此學者稱此階段為「市場社會主義」（market socialism）。中國大陸官方稱為中國特色社會主義，公營企業是市場的參與者，但是政府仍掌握收益權，可說是盈餘歸「公」。

2. 圖形位置，第四象限

市場社會主義體制涵蓋的區域在第四象限，分水嶺在 1992 年，開放民營企業成立，民營企業比重快速成長，再加上 1992 年商品市場允許房產自由交易。

・費率市場化

七項行業由國營企業經營，為了保障人民福祉，退而求其次，只好要求其費率市場化，最常見的是水電油（含天然氣）等價格跟著國際行情走；用此來避免國營企業發揮其壟斷地位而大賺暴利（包括員工坐領高薪）。

3. 2020 年完善社會主義市場體制

2011 年 3 月 6 日，在人民大會堂就《十二五規畫綱要草案》召開記者會時，發改委表示，經過 30 多年的改革開放，已經建立了社會主義市場經濟體制，還有些深層次的體制性、結構性的矛盾需要我們繼續去克服。十二五規畫中，要繼續深化改革，爭取在 2020 年能夠建立比較完善的社會主義市場經濟體制。

針對「調整」、「完善」等用詞，有其特定涵意。

(三)改革第三階段，準市場資本主義——第一象限

雖然官方自認經濟體制處於市場社會主義階段，但依市場經濟、民營企業比重，2003 年以來，經改進入第三階段。

1. 經濟制度：準市場資本主義體制

在商品、生產要素市場，除了七種管制行業加上金融業外，50% 以上商品皆已自由交易，可說「準」市場經濟。

市場經濟、資本主義是程度問題，不是黑與白。

2. 圖形位置，第一象限

市場資本主義體制位於圖中第一象限，其在上角頂點為歐美。

(1)市場經濟的極致

市場經濟的極致是只要是合法的商品／服務皆可以在市場上買得到，典型地方便是網路商店，常標榜「萬物皆可賣」。

(2)資本主義的極致

資本主義的極致發展是政府大部分服務（除了國防、司法、警察），皆可由民營企業經營，例如司法體系中的監獄、內政部地政司的各地地政事務所等。

(四)體制內小改革

在社會主義經改範圍內（階段一～二）微調（fine-turning）尋求最佳化措施，政府常用的方式有下列二種。

1. 調整（adjustment）

調整是指用行政命令調動，包括二項。

- 資源調整，例如把資源從重工業調到輕工業和農業。
- 價格調整。

2. 完善（perfecting）

「完善」是指採取計畫體制內的行政改革措施，例如。

- 增減行政管理層級；
- 改善企業整合形態；
- 運用新的計畫設計方式，例如電腦的規畫。

(五)雙元結構

「雙元」（dualistic model）或雙元結構常指的是「雙主流」，例如地上、地下經濟並駕齊驅。在中國大陸，雙元經濟結構常指兩項，詳見表3.6，本處說明其中的產權（或所有權）結構一項。

表 3.6　經濟發展方式的比較分析

結構	比較國家，與說明	中國大陸
一、產業結構	1. 服務業為主 2. 都市化程度高	2010 年，都市經濟（工業和商業經濟）跟鄉村經濟（即農業經濟）並存。
二、所有權結構	1. 蘇俄 1990 年，蘇聯解體，俄羅斯實施「一步到位」的資本主義，此時民營企業產值占總產值 5%。 2003 年，民營企業占總產值 70%、失業率 7%。 2. 老牌資本主義國家以民營企業為主，透過市場機制（即不可見的手）達到經濟均衡。	誠如鄧小平所言，計畫和市場都是經濟手段。 1. 看得見的手 即運用五年計畫 這隻「看得見的手」，提供公共服務，建立基礎設施，促進社會進步。 2. 看不見的手 同時也運用市場機制這隻「看不見的手」，對內對外開放市場，引入競爭機制，促進經濟成長。 經濟發展是由早期計畫經濟「轉軌」到市場經濟，這種既要兼顧體制轉型又要注意融合各派意見並顧及意識型態試煉的發展過程，說起來是最難的一條道路。 公營、民營企業並存，21 世紀起以民營企業為主。

第四節　需求面

發展經濟，必先了解需求動力在哪裡，這依序有二個決策：內需導向抑或外需導向，與三級產業以何為重。

一、依需求結構來區分

如果把國家經濟分成「大陸型經濟」、「海洋型經濟」，大陸型經濟指的是美印等少數國家，內需市場夠大，已足以自行發展經濟。大部分國家屬於海洋型經濟，即以出口去賺外國的錢，來帶動經濟發展。

(一)大同小異

大部分新興國家，甚至連 19 世紀較慢進行工業化的德國，依二階段來發展經濟，由表 3.7 可見，第一階段是「進口替代階段」，政府採取「一堆配套」（中國大陸稱一攬子）措施，來扶持國內幼稚階段產業；再加上人民熟悉國貨等主場優勢，花一、二十年把本土公司養得茁壯。

等到本土公司夠壯，足夠飄洋過海，出國跟全球企業或地主國本土企業一較長短，才逐步撤除防護罩。甚至採取一些鼓勵措施，幫助出口公司走出去，此時便進入「出口階級」，俗稱「出口掛帥」。

表 3.7　中國大陸跟台灣經濟成長階段比較

	第一階段進口替代期*	出口階段	出口階段	技術密集
一、台灣*	1953～1960 年	1961～1972 年	1973～1986 年	1987 年迄今
政策	第一、二期經濟建設	出口導向	重工業導向	1990 年促進產業升級案例
服務業	略	略	略	服務業占總產值 50% 以上
工業	食衣（紡織、塑膠、紙、玻璃、電器）	‧獎勵投資條例 ‧加工出口區等勞力密集工業區	重工業，例如十項建設中的中國鋼鐵	由重工業逐漸轉型到電子（俗稱高科技）產業

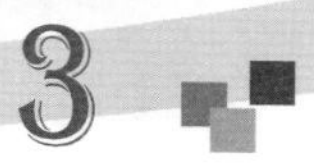

表 3.7（續）

	第一階段進口替代期*	出口階段	出口階段	技術密集
農業	耕者有其田，剩餘農產品出口換取外匯。	農業耕地轉為工業用地，剩餘農村勞動力轉進工業。		
代表性公司	・台灣水泥 ・統一企業	・遠東紡織	・中國鋼鐵 ・台灣塑膠	・台灣積體電路公司 ・鴻海精密
二、中國大陸	1979～1988 年	1989～2000 年	2001～2010 年	2011 年迄今
政策	六五、七五計畫	八五、九五計畫	十五計畫、十一五規畫	十二五規畫
服務業				希望占總產值 45%
工業			1. 內需（C,I）以鋼鐵（有色金屬）、石化、水泥等重工業為主。 2. 出口 主要是 3C 產品的代工，科技自主性低，仰賴外資。	希望七大新興產業產值由占總產值 4% 提高到 8%（2015 年）、16%（2020 年）。
代表性公司			中石油	中國聯通、中國平安人壽）、華為。

*整理自葉萬安（2010），第 36～43 頁。

(二)進口替代階段

在進口替代階段，由於本土公司可能未達規模經濟水準，售價比進口品高。此時，只好透過進口關稅拉高進口品價格，由表 3.8 可見，中國在 1980 年代，發改委決定發展產業關聯度高的汽車業來帶動經濟成長，1984 年時，汽車進口稅率 166%，一部美國汽車在美出廠價一萬美元，到了中國大陸，不考慮運輸成本，報完關稅，已達 2.66 萬美元。

由表 3.8 可見，到了 1994 年，農礦業關稅稅率已降至個位數。但紡織業關稅率仍高達 50%、汽車及其零件業稅率 129%，還是處於保護階段。

表 3.8　平均進口關稅稅率　　單位：%

產業別	1984 年 (A)	1995 年 (B)	關稅稅率降幅 (A-B)	關稅稅率變動百分比 (A-B)/A*100
農業	37.06	6.79	30.27	81.68
能源與自然資源業	41.20	3.30	37.90	91.99
食品加工業	114.67	13.22	101.45	88.47
飲料與煙酒業	248.33	123.04	125.29	50.45
紡織業	127.00	57.52	69.48	54.71
成衣業	144.50	43.31	101.19	70.03
石油及煤製品業	78.00	7.97	70.03	89.78
化學製造業	77.43	19.68	57.75	74.58
基本金屬業	126.50	37.25	89.25	70.55
汽車及其零件業	166.00	129.23	36.77	22.15
其他運輸工具	17.88	13.83	4.05	22.65
電子設備業	64.53	22.16	42.37	65.66
機械產品業	42.50	20.61	21.89	51.51
其他製造業	74.31	35.99	38.32	51.57

資料來源：GTAP4.0 版資料庫。

說明：1.1984 年資料係根據《中國海關法規及稅例》計算。其中產業細項以一般平均計算之，而各部門稅率則以 GTAP4.0 版資料庫中國大陸 1984 年之進口資料加權平均計算得之。參見薛鳳旋主編，中國海關法規及稅例（香港：大道文化有限公司，1984），頁 258～338。

2.1995 年資料是根據 GTAP4.0 版資料庫計算。

(三)出口階段

到了出口階段，為了享受公平貿易的好處，中國大陸必須加入世界貿易的組織才能公平的進軍國外市場，當然，自己也必須依互惠原則來對待貿易對手國。這部分分成二階段，詳見表 3.9。

1. 關貿協定

世界各國為了達到公平貿易的理想，於 1947 年簽定關稅暨貿易總協定（General Agreement on Tariffs and Trade, GATT）。中國大陸自 1986 年 7 月向關貿組織祕書處提出重新加入關貿協定的申請後，便在關貿組織的要求下單方面降低多種商品的進口關稅，逐漸對外開放市場。

2. 世界貿易組織

關貿協定於 1995 年演變為世界貿易組織（WTO），中國大陸於 2001 年 12 月加入。

表 3.9　經濟發展依需求結構來分期

需求階段	進口替代階段	促進出口階段	
		(一)加入關貿協定	(二)入世以後
一、期間	1979～1986 年	1987～2000 年	2001 年迄今
二、措施			
(一)租稅			
1. 進口關稅	進口成品採高關稅率，以保護國內	原料關稅稅率降至個位數	國民待遇，有 5 年緩衝期
2. 出口關稅		出口退「稅」，一般指 1. 進口原料的關稅，2. 商品銷售的營業稅	同左
3. 營所稅			國民待遇，2008 年起內外資稅率一樣

表 3.9（續）

需求階段	進口替代階段	促進出口階段	
		(一)加入關貿協定	(二)入世以後
(二)匯率	複式匯率，進出口時適用不同匯率，進口時，美元兌人民幣較高，以「變相」課徵「匯率稅」	壓低（即低估）幣值，如同一刀兩刃，補貼出口，對進口品課徵「變相」的匯率稅	同左
(三)補貼			
1.貸款	針對生產國貨的公司，給予貸款利息的補貼	對出口公司尤其是國營企業，貸款時給予貸款利率補貼。	國民待遇的要求下，越來越難進行補貼，否則會被貿易對手國課「反傾銷稅」。
2.其他	提倡「愛用國貨」運動		發展民族品牌

(四)內需階段

以需求結構來說，21 世紀來，中國大陸逐漸從出口導向進入內需階段。人口數多，這是大陸型經濟的必要條件，等購買力爬升上來，2020 年以後，可完全進入大陸型經濟階段。

二、需求結構專論——產業結構的雙元

以人數來說，到 2010 年，恰巧城鎮、鄉村人數各一半。一開始改革開放，農村人口約八成，由於工廠以深圳市等廣東省為主，發展工業需要招募一大群勞動人口，工業化的速度遠比「城鎮化」（城鎮人口占總人口比率）快，這主要是戶籍制度使然，農民工人（簡稱農民工）戶籍在內陸（例如河南省）無法在居住地入籍。

於是隨著經濟發展，從沿海的南部到中部到北部，逐漸形成都市經濟跟鄉村經濟相庭抗禮情況。這主要指都市的工商業與鄉村的農業雇用人口來看，以總產值來說，從 1990 年以後，農業產值比重跌破二成，工業產值比重占五成，以總產值來說，中國大陸已進入工業經濟，或是「都市經濟」！

第五節　供給面

需求面的分析是了解市場在哪裡，也可說是市場機會分析。至於要鎖定哪些市場，則取決於國家擁有的生產要素，來決定國家在全球經濟中分工角色。

一、投入：四種生產要素

中國大陸經濟發展方式是「量力而為」，簡單的說，便是發揮長處（即比較利益）。

(一)永遠只有一條路

經濟學者克拉克（Gregory Clark）在 2007 年出版的經濟史《告別施捨：世界經濟簡史》（*A Farewell to Alms*）中，認為人類的經濟發展方式「只有一種」，不論是英國、德國、美國、日本、韓國，或是從 1780 年代工業革命以來，各國不斷在重演同樣的經濟發展歷程；即把資金大量投注在實體生產以及教育，提升生產效率，同時伴隨著大量勞動人口從農村轉移到城市。中國大陸的發展，以及未來的走向，仍將依循同樣的路徑。

(二)勞力密集產業的比較利益

傳統國貿理論強調各國會依其具有比較利益的項目去進行生產，以生產要素的相對價格來說，資源稟賦多的，其生產要素價格就低，就具備全球（或區域）競爭優勢。

由表 3.10 可見，中國大陸天然資源是「短絀的」——無法自給自足，主要是人口數太多，每人平均下來就低於世界平均水準，無法成為資源大國（像產油國靠油致富）。中國大陸是人口最大國，跟印度、孟加拉等國一樣，薪資極低，而且數量又多，最適合從事勞力密集產業。

至於資金不足，可以靠國外招商（中國大陸稱為引進國外資金，簡稱引資）來補不足。

至於企業家精神，在公營企業可以注入部分民營企業作法，例如績效獎金、盈餘分紅。甚至進一步的「承包制」，比較像「佃農」，享受內部創業的好處。

簡單的說，中國大陸的經濟發展方式是把自己定位為世界工廠。

表 3.10　生產要素方面的比較利益

生產要素	外國的比較優勢	中國大陸比較優勢
一、土地		
(一)農地	像紐西蘭（牧業）、烏克蘭等。	
(二)礦產	像澳洲、巴西的煤、鐵礦出口。	
(三)工業用地		農地徵收，轉做工業用地。
二、勞動力		
(一)數量		適合勞力密集產業，例如紡織、玩具等傳統產業，與高科技業的後段組裝部分。
(二)技術	工匠經濟：例如德國、瑞士與日本。	
三、資本		
(一)資金		資本密集產業：例如石化、鋼鐵、造船等皆屬之。
(二)技術	高科技產業：例如日本、南韓。	

表 3.10（續）

生產要素	外國的比較優勢	中國大陸比較優勢
四、企業家精神		
(一)國營企業		
(二)民營企業	例如美國的民營企業	只要有足夠的經濟誘因，全球大部分人都願意工作、經營的。

(三)四階段演進

四種生產要素的餘絀程度因時而異，大致可分為四個階段，詳見表 3.11，底下舉其中三個項目為例。

1. 土地

隨著工業的發展，各區域土地逐漸飽和，只好「逐水草而居」，由沿海南部、中部、北部，2008 年起，大規模開發大西部、中部。

2. 勞動力

2004 年起，沿海各省逐漸出現「用工荒」，雖然內陸還有 1.4 億人的農村潛在勞動力，但是未能全部到沿海公司就業。因此，大西部、中部開發政策，看重的便是這本土就業。隨著 2013 年新型城鎮化展開，會再釋出一波勞動人口，預估到 2020 年，人口紅利會消失，詳見圖 3.6。在十一五規畫便強調要往高科技產業、傳產優質化發展，比較不需要那麼多勞動力。

3. 資本

21 世紀以來，經濟成長主要來自「固定資本形成」，而忽視科學技術和管理的作用，來實現經濟成長，稱為「粗放型」經濟成長方式。而依靠提高科技水準，加強科學管理和建立合理的經濟體制，通過提高經濟效率來達到經濟成長，則是「集約型」經濟成長方式。從第九個五年計畫開始要求把經濟成長方式轉變為「集約型」的成長方式；但是成效有限。

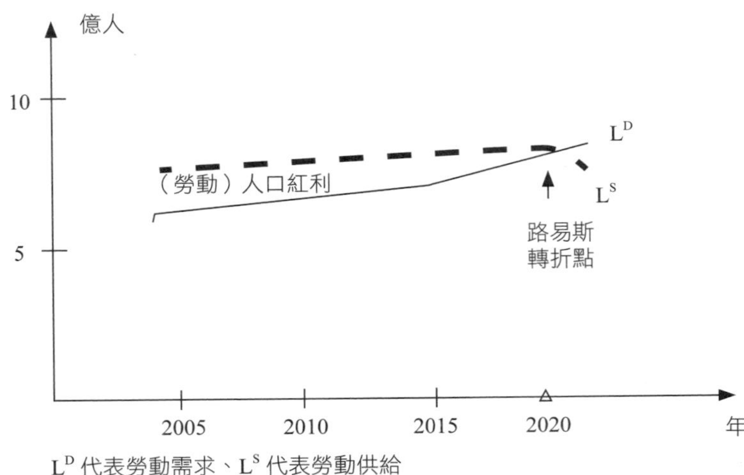

圖 3.6　勞動人口供需

表 3.11　生產要素的發展階段

階段	1979～1990 年	1991～2000 年	2001～2010 年	2011 年以後
一、土地				
(一)工業用地	南部	東部	北部	大西部、中部
(二)原料				
1.農業	出口	出口	進口	進口
2.工礦原料		進口	進口	進口
3.零組件		進口	自製率 10% 以上	自製率 30% 以上
二、勞動人口				
(一)數量	人口紅利	同左	2004 年以後，逐漸出現「用工荒」	2020 年以後，人口紅利消失，即出現「路易斯轉折點」

表 3.11（續）

階段	1979～1990 年	1991～2000 年	2001～2010 年	2011 年以後
(二)品質	以體力（普通）工人為主	技術工人嫌不夠	2005 年以後，大專畢業生供過於求。大學大開碩博士班。	以博士班為例，一年畢業 5 萬人，全球第一，嚴重供過於求。
三、資金				
(一)量	國內資金	大量引進國外直接投資資金（FDI）。	迄 2010 年，中國大陸累計約引進 1 兆美元的國外直接投資資金。	資金出超，2015 年左右，中國大陸成為直接投資出超國。
(二)技術	土法煉鋼，以汽車來說，就是「仿」。	3C 產品以國外企業之國外技術為主。	國外技術逐漸外溢，透過中國大陸產業規格盼能技術自主。	2008 年起，逐漸透過中國大陸產業規格，以國內市場培植國內高科技產業、公司。
四、企業家精神：所有權結構為例	公營企業為主	3C 產品外銷（代工）以外資企業為主	民營企業為主	同左
			2010 年，號稱民營企業占 55%，且有些富人（企業家）舉家移民。	

二、不均衡的區域發展

在發展區域的選擇上，限於資源，無法同步發展，只好集中資源先發展南部，這就是鄧小平所說，第一步是讓一部分人先富起來，下一步是讓大家都富起來。

區域經濟發展的不均衡往往是經濟條件下的結果，像美國可說是「北部工業，南部農業」，1861～1865 年的南北戰爭部分反映著此特質。中國大陸主要原料產地在內陸，人口也多；但因二十世紀時，交通建設未完備，為了便於加工產品出口，只好遷就於沿海的「地利之便」。

1. 跨出第一步是最難的

改革之初，鄧小平決定成立「經濟特區」時，左派人士如提倡「鳥籠經濟」的陳雲說：「這是在國內恢復設置殖民地」，極力反對之餘終身不進特區一步；北韓領袖金正日（2012 年逝世）也說：「這是搞蘇聯修正主義」。

中國大陸從實踐的過程當中，先以「試點」（由於環境複雜，因此局部實施，屬於改革方式之一）開放的成果，逐步化解路線正確性的爭鬥；另一方面，以沿海省市優先發展的諸侯經濟，既能導引內部官僚體系做良性競爭，廣納全球企業進駐，更確立中國大陸製造成為全球供應鏈的深厚基礎。

2. 由沿海到內陸的四階段發展

第一個經濟特區設在廣東省深圳市的原因在於「地利」（因港口多，方便原料進口，成品出口）、「人和」（廣東省為人口大省）。由於平原集中在沿海地區，較適合人居，所以人口集中在沿海。1935 年，人口地理學者胡奐庸提出「璦琿（黑龍江省）—騰沖（雲南省）人口地分界線」，在這條線以東，土地占全國 36%，但人口占 96%。由表 3.11、圖 3.7 可見，區域經濟發展分成四階段。截至 2011 年，東部沿海 10 省市占外貿比重 90.1%，中西部地區僅占 9.9%，可見中西部發展還未成氣候。

- 1980～1992 年，以珠江三角洲（簡稱珠三角）發展為主，以深圳市為主，東莞市、廈門市等為輔。

- 1993～2000 年，以長江三角洲（簡稱長三角）的江蘇省蘇州市與上海市為主。
- 2001～2007 年，以渤海經濟區為主，包括北京市、天津市和山東省（青島市、煙台市）。
- 2008 年以後，以西部、中部為主，主要是中部的湖北省武漢市，與西部的成渝經濟特區（「成」指四川省會成都市，渝指重慶市），其中成都、重慶與西安等城市為主的經濟區域簡稱「西三角」。中部地區狹義上包括山西、河南、安徽、湖北、湖南、江西 6 個相鄰省份，都處於內陸腹地。「中部崛起」的政策直到 2004 年才明確提出，比沿海還是「西部大開發」都晚。

3. 不均衡區域發展的代價

「先沿海，後內陸」的經濟發展順序的政策實施時，鄧小平早已知道必須付出「沿海富，內陸窮」的一時代價。

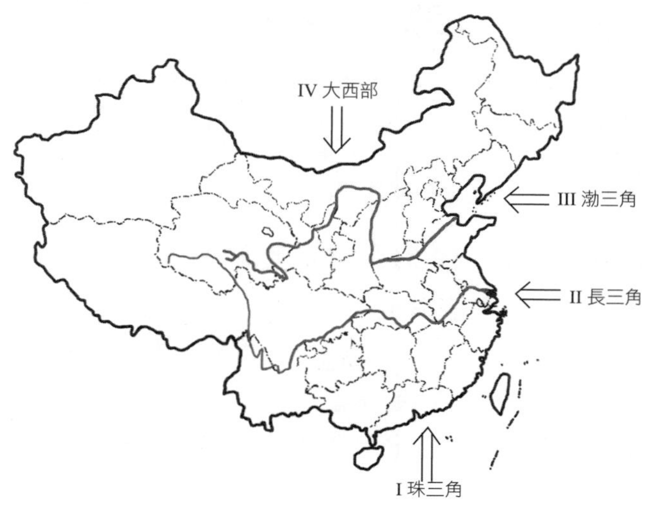

圖 3.7　區域經濟四階段（I～IV）發展

（本書照片提供：今周刊）

2012 年 12 月全面通車的京廣（又稱京港專線）高速鐵路（從北京市經武漢市到廣州市），可說是「沿海富，內陸貧」的分際線，東部地區人均總產值 5 萬元，而中西部最窮的（貴州省）只有 6,230 元。

由圖 3.8 可見，城鎮跟農村居民的所得差距，2001 年時 2.9 比 1，2012 年擴大到 3.2 比 1。城鎮主要是坐落沿海省市，農村主要位於內陸（尤其是雲貴）。

2013 年 4 月起，農村家庭所得跟城鎮的計算方式看齊；之前稱為「農村居民家庭人均純收入」，主要是人均所得減掉「移轉性支出」和財產性支出。

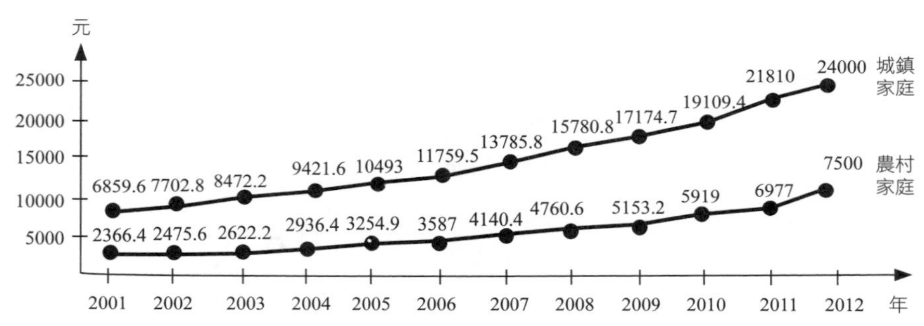

資料來源：國家統計局

圖 3.8　居民人均可支配所得

4. 交通建設是拉近區域經濟平衡的前提

2004 年 1 月，國務院通過《中長期鐵路網規畫》，預計 2020 年鐵路營業里程數達 10 萬公里，並建設高速鐵路 1.2 萬公里以上（主要是四橫四縱，詳見表 3.12），投資總額達 2 兆元。其中高鐵的貢獻如下。

(1)促進城鄉發展一體化，構築出比航空更細密、更整體的都市連帶。
高鐵分攤客運流量，減輕鐵路貨運面臨的載量瓶頸，也解除公路動輒過量的貨運負載，有助產業供應鏈發展。

(2)地區間更緊密的互動，有助勞動力、土地資源的均衡利用與投資項目普及，尤其對內陸地區的經濟成長貢獻卓著。

(3)高鐵的快速聯繫使都市生活圈範圍更為茁壯，促進二、三線城市居住率與房地產經濟，也帶動高鐵沿線城市的觀光旅遊與零售網發展。

(4)取代進口石油，減少石油依賴：高鐵是長途運輸中唯一使用電的方式，在石油存量有限，資源與價格掌握在他國手中下，高鐵的能源策略地位非常重要。高速鐵路網鋪就象徵運輸「電能源時代」的來臨，配合政策對風電、水電等環保能源的重視，高汙染運輸也將被改革，迎向環保運輸的新局面，高鐵建設本身也帶動相關重工業進步。

表 3.12　高鐵建設「四橫四縱」規劃藍圖

四橫路線	徐蘭專線	徐州→鄭州→洛陽→西安→蘭州
	滬昆專線	上海→杭州→長沙→貴陽→昆明
	青太專線	青島→濟南→石家莊→太原
	滬漢蓉專線	上海→南京→合肥→武漢→重慶→成都
四縱路線	京滬專線	北京→天津→濟南→徐州→南京→上海
	京港專線	北京→石家莊→鄭州→武漢→長沙→廣州→深圳→香港
	京哈專線	北京→承德→瀋陽→哈爾濱
	杭福深專線	杭州→寧波→溫州→福州→廈門→深圳

討論問題

1. 1979 年，中國大陸如果沒有（或延後五年）實施改革開放，結果會如何？
2. 如果 1980 年 9 月沒有實施一胎化政策，結果會如何？
3. 以工業所占比重（2010 年 48.2%）來說，中國大陸經濟處於羅斯托成長階段中的哪一階段？
4. 蘇俄政經採取一步到位改革，中國大陸採取「先經後政」方式，爲何？
5. 改革開放初期，美國政府如何對中國大陸施予援手？

地方發展型資本主義

——經濟改革階段專論

「鐵公基」基礎建設的高速公路建設

（本書照片提供：今周刊）

利己是經濟成長的主要動力

一般經濟史都認為經濟成長出現在 1780 年代的工業革命時的英國，但是 1993 年諾貝爾經濟學獎二位得主之一的諾斯（Douglas North），在《西方的崛起》（1973 年）書中，主張是在 17 世紀的荷蘭，因為荷蘭首次出現一套組織及財產權制度；因此經濟成長的主因來自貴族不再獨攬生意，平民經商也可致富。從「新制度經濟學」（The New Institutional Economics）的角度來看中國大陸經濟改革就饒有深意。

在進入本文以前，先看表 4.1 對全章有個全面觀，依據經濟制度大分類，分為公營企業、民營企業二大類。其次，針對公營企業的經營方式，依公司成長階段分成五階段，視為五中類。

表 4.1　經濟成長跟公司成長階段比較

大分類	中分類					
	公司成長階段	I	II	III	IV	V
一、公營企業	一、成長動力來源	創業家開創力	管理	授權	協調	合作
	二、成長危機來源	領導	自主	控制	官僚化	缺乏整合

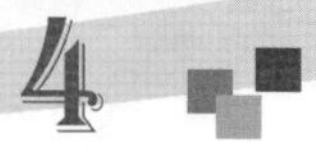

表 4.1（續）

大分類	中分類					
	公司成長階段	I	II	III	IV	V
一、公營企業	三、期間	1979～1981 年 在鄧小平推動經濟改革，許多工業化方案出爐，經濟成長率達 12%。	1982～1991 年 因國務院無力支付建設經費，經濟成長率在 1981 年降至 5%。 1984 年，鄧小平第一次南巡，擴大外資試點，投資熱又使經濟成長率突破 15%。然後在 1989 年天安門事件後的 1990 年，幾乎重挫到零成長率。	1992～2001 年 1993 年 7 月，副總理朱鎔基發表抑制過量放貸的 16 點計畫，投機客還不以為意。直到年底國務院才承認貸款已經失控，把 1994 年的投資大砍 75%。 1998 ～ 2002 年大幅進行國營企業改革，造成 2000 萬人下崗。	2002 年迄今 2004 年是第四個經濟成長高點。 國務院在 2005 年發佈了支持、鼓勵和引導非公有經濟的 36 條。2010 年又發表了鼓勵和引導民營資本投資的 36 條。 2012 年 6 月，國務院針對「36 條」提出更寬的政策，即「新 36 條施行細則」。	

表 4.1（續）

大分類	中分類					
	公司成長階段	I	II	III	IV	V
二、民營企業			以外商為主，但比重低。	資本主義及「市場」在意識型態上獲得合法位階，是1992年中共「十四大」通過「社會主義市場經濟體制決議案」才確立的。即開放民間企業經營，鄧小平重提快速經濟發展，經濟成長率（14.3%）又攀上高點，實際數字可能更高。	根據全國工商聯的測算，民營經濟在產值中的比重已超過55%，成為推動經濟、社會發展最主要的力量之一。	

第一節　1979～1991 年，公營企業一家獨秀

經濟改革開放後前十年，幾乎都是公營企業為主，這也是很自然。

一、公營企業當前鋒的原因

首先，在產權結構方面，並沒有實施一步到位的震盪療法，即像蘇俄在 1990 年邁大步實施財產權私有化。其次，縱使實施了，由於人民普遍「一樣窮」，頂多只能擺攤當「個體戶」，如此對發展經濟的時效可說曠日廢時。

由政府當老闆，向公營銀行貸款來發展鄉鎮企業，就相對容易。

二、公營企業的主體——兼論中央集權 vs. 地方分權

在公營企業（公有制）經濟情況下，隨著時間的發展，跟公司的組織成長階段相似，中央政府跟地方政府關係進程，詳見表 4.2。

(一)第一階段：中央集權階段

1979～1980 年這二年，公營企業主要是由國營企業來帶動，主因是過去以來資源大都掌握在中央政府手上。

(二)第二階段：1981～1992 年，地方分權時代

在 1981～1992 年間，中央政府由於力有未逮，因此採取地方分權的作法，對各省市「放權讓利」，放權主要是行政自主程度，「讓利」指的是降低省市（含下轄企業）財政收入上繳的比重。

改革開放初期，因缺乏資金，在推動工業化上選擇了資金需求較少的「鄉鎮企業」。

由表 4.2 可見，行政層級分成四級，每級政府都有自辦企業，甚至連軍隊、大學都自辦企業，中國大陸稱為「公有制經濟」。

表 4.2　公營企業依行政區域層級

行政層級	企業名稱	舉例
國家	國營企業	大都由部來管，各部依其所轄範圍，都有一些大的國營企業，最大的是四大銀行，其次是油品、國家電網、電信、交通等。
省市	省營企業或市營企業	上海市的市營企業占公營企業比重最大。 省營企業大多「靠山吃山，靠水吃水」，幾乎從事鋼鐵（像河北鋼鐵）、煤礦（例如內蒙古自治區的煤礦）。
鄉鎮	鄉鎮企業	其中最有名的可說是江蘇省的華西村，是典型的村級企業。

1. **企業規模結構**

在自由經濟情況下，各國發展經濟也可分成二類。

2. **大型企業導向**

代表性國家是南韓，2011 年前 30 大集團營收占國內生產毛額八成，三星、現代、樂金（LG）、鮮京等四大就占了總產值一半，單單三星集團營收又占總產值的兩成。

中國大陸在國家資本主義的情況，可說是大企業導向，全球前十大企業中，中國大陸便占四家（尤其是中石油、國家電網公司）。

3. **中小企業導向**

大部分國家都是以中小企業為主。

第二節 1979～1991 年，公營企業發展進程

公營企業是共產主義轉換到中國特色社會主義的第一步，只要是公司

便會面臨民營企業「利己」動機強弱的問題。本節說明政府對公營企業的治理方式，即把政府視為投資人（主理人）、公營營利單位經營者視為代理人。

一、公營營利單位發展進程

由表 4.3 可見，在四個階段（跟表 4.1 中五階段略有差異）中，由於競爭環境帶來問題，以致工業中公營企業虧損的比率逐步升高。政府採取強化「利己」機制（即表中三的「解決方案」），以求解決問題。

表 4.3　公營營利單位發展進程

階段	I	II	III	IV
一、競爭環境	公營企業一支獨秀	1987 年民營企業占總產值 20%	2003 年，民營企業占總產值 72%	民營企業占總產值比重 80%
二、問題		1992 年開放陸資民營公司成立		
(一)工業中公營企業虧損比率*	13% 以內	10.9% 上升至 30.3%	33% 以上	
(二)背後問題	中央政府推動經濟建設，財力不繼	地方政府有衝刺動機，但地方公營單位管理者和員工沒有努力動機。	承包者比較像計程車承包者，努力操車，但就是不投資，以致逐漸產能不足	
三、解決方案				
(一)名稱	授權經營	承包制或租賃制	公司制	民營化
(二)期間	1979～1986 年	1987～1993 年	1994～1997 年	1998 年以來
(三)性質	成本中心	利潤中心	投資中心	投資中心
(四)民間持股比率	0%	0%	10～33%	・50% 以上 ・67% 以上

表 4.3（續）

階段	I	II	III	IV	
*產權				民有公營	全民營化
1.所有權	政府	政府	政府為主	民間	民間
2.經營權	政府	承包人	政府為主	政府	民間
3.收益權	政府	承包人	政府為主	民間	民間

*資料來源：中國統計年鑑

二、財產權理論的背後是激勵理論

在國家資本主義經濟體制下，公營企業當家，由於財產權歸屬的不同，也陸續發生問題，國務院、省市政府就摸著石頭過河。因此公營經濟有四階段的改革，背後的理論基礎稱為財產權理論（property right theories，註：一般人譯為產權）。

1979 年以來，公營企業財產權的變更，其目的在提升經營績效，這點跟民營企業的存在目的一樣。

(一)激勵理論

為了提升效率，許多企業依序實施「成本中心」、「利潤中心」和「投資中心」一樣，公營營利單位發展歷程也一樣。

1. 成本中心

在成本中心情況下，企業的各部門以追求降低成本為目標，績效獎金來自降低成本的貢獻。

2. 利潤中心

承包制可說是公司中利潤中心觀念的運用，像家電之王山東省海爾集團（Haier），青島市電冰箱廠長張瑞敏 1984 年 12 月承包工廠，工廠虧

損了 1,417 萬元。他靠著靈活的經營，把 800 人的工廠發展成最大家電公司，員工 5 萬人以上，2001～2009 年連續八年蟬連最有價值品牌之首。

3. 投資中心

投資中心比利潤中心更上一層樓，也就是事業經營階層擁有擴廠投資的決策權。當公營事業股份化後，公司有獨立的法人人格，就某種程度內，公司董事會可以決定投資。

4. 中國大陸用詞

公營營利單位依自負盈虧是否顯而易見而分成下列二種情況。

(1)隱性預算

在承包制情況下，雖然沒有天經地義的年度預算，但本質上必須自負盈虧，稱為隱性預算。

(2)顯性預算

在公司制情況，公司明擺著必須自負盈虧，稱為「硬化預算」（hardening of the budget）。

(二)公營營利單位的稱呼

為求用詞精準，我們依「股份制」前後，以三種用詞來稱為公營營利單位。

1. 公營營利單位

公營營利單位是統稱，包括公營事業和公營企業等情況。

2. 公營事業

公營事業是指政府下設的營利單位，像自來水業務處、公車處；員工具有公務人員資格。

3. 公營企業

當公營事業股份化以後，成為官股所擁有的公營「企業」，員工頂多只具有「準公務人員」資格。

(三)財產權結構

財產權（property right，或簡稱產權），指的是公家營利單位的三件事。

1. 所有權

公營企業的所有權操之在政府（主要是國務院的國資委、省市政府級國資委），在民股為大的民營化階段，可說是「民有公營」，這是完全民營化前的過渡階段。

2. 經營權

經營權主要是指公司董事會擁有發展公司策略的決策權、任命高階主管的人事權，只有在承包制時，由承包人（大部分是廠長）擁有經營權；在公司制情況下，由公股法人代表董事擁有經營權。

3. 收益權

在承包制時，比較像靠行司機向計程車行租車，繳一定租金後，由承包人自負盈虧，收益權主要在承包人。

在公營企業中，官股似乎是最大收益者，但除了一成盈餘須上繳給國庫外，其餘大都可以留用；跟承包制情況也差不多。

(四)另一種分類方式

複雜的現實，往往需要多個角度才能看到全面，由圖 4.1 的分類方式，也可見公營營利單位的發展歷程，分為三階段。

1. X 軸：投資動機

政府關心公營營利單位的投資動機，承包制解決公營事業的圖利員工問題，但卻衍生出「（機器）堪用則用」（尤其是折舊期滿的機器，不須再負擔折舊費用）問題，即缺乏投資誘因。

此時，只好由利潤中心走向投資中心，由承包制走向股份制。

2. Y 軸：公司治理程度

2001 年，美國由於一些大型上市公司作假帳，因此美國證管會等大力推動公司治理（corporate governance），簡單的說，主要功能之一在於防弊，防止經營董事欺負小股東，以保障小股東權益。

公司治理追求的是公司內防貪腐，中國大陸公營企業也是政府的縮影，照樣會有經營階層、管理階層貪腐情況，尤其當董事長背景很硬時，甚至沒人敢動他。

公營企業股票上市，可以讓外界（簽證會計師、機構投資人、信評機構等）共同監督公司，以降低公司經營階層等貪腐程度。

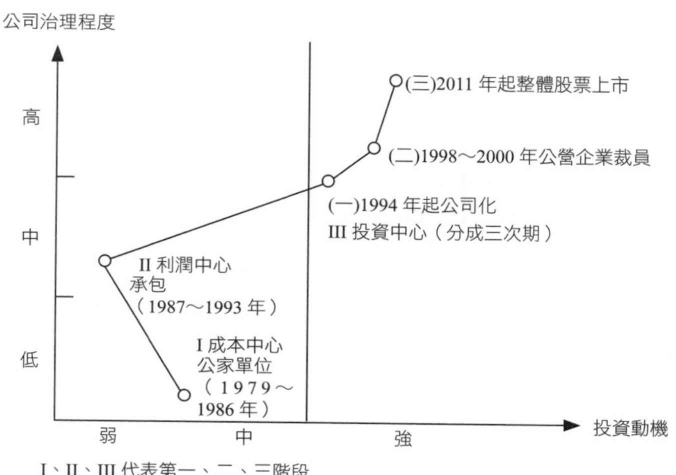

圖 4.1　公營營利單位發展進程

三、第一階段：下放鄉鎮事業

改革開放一開始，由於中央政府財力不繼，只好讓省政府（註：不包括北京、天津、上海三個直轄市）去拚經濟，詳細過程請見表 4.4。

表 4.4　改革開放第一階段

管理程序	說明
一、規劃	
(一)問題	中央政府財力不繼
(二)解決方案	藉放權讓利式的下放自主權給省級以下公營營利單位，以發揮其活力，又稱公營營利單位「鬆綁」。
1. 政府預算	針對 27 個省（即不包括三直轄市，重慶市 1998 年才升格）皆實施「劃分收支，分級包乾」的政府財政體制，明確劃分中央跟地方政府間的收支範圍，包括省營公營事業的「企業利潤留成」。此一財政分權，增強地方政府發展經濟的財政誘因，帶動了地方經濟發展。
2. 集體農場的事業化	鄉鎮營利單位大都是集體農場（農業工作大隊）的變型。
二、執行	
(一)政府兼裁判	政府對行業實施下列二種行政管理，即幾乎所有行業都被政府管，稱為管制產業（regulated industry）。 1. 經營執照管制 針對公司向政府申請營業執照，中國大陸稱此為「市場准入」（一旦取得核准，稱為獲得批文）。 2. 費率管制
(二)政府自組球隊擔任球員	1. 市場開拓 協助鄉鎮企業開拓市場，扶助其擴大規模。 2. 生產因素 提供各種生產條件的便利，例如方便鄉鎮企業取得生產要素（原料、土地）。
(三)政府派人當球隊隊員	1. 地方官員轉換跑道 地方官員轉換身分，變成鄉鎮營利事業的經營者（在承包制稱廠長）。 2. 原來就在鄉鎮事業任職者

表 4.4（續）

管理程序	說明
(四)四種鄉鎮事業的方式	鄉鎮事業至少下列有四種組織型態。 ・蘇南型態：最有名的集體式的村辦事業為江蘇省江陰市華西村； ・陝西寶雞型態； ・珠江三角洲型態； ・浙江型態：強調「一鎮一業，一村一業」，其中最大的是溫州市（因此又稱溫州模式），常見的是金華市下的義烏市。
三、控制	
(一)好處：績效	1. 經濟成長 1979～1995 年間，經濟成長率近 10%。上海社科院社會學研究所副研究員李煜表示，此期間是自 1949 年以來最有活力的時代，市場經濟的績效原則和市場制度的滲透與擴張，讓人們堅信奮鬥就能獲得回報；勞動市場的重個人能力、個人努力的篩選機制，推動著各階層社會流動機會的均等化，經濟迅速發展和結構轉型，蛋糕被做大，中產職位（例如管理者）在工作類別中大幅增加。 2012 年 12 月香港經濟學者張五常教授認為，中國大陸經濟發展是來自放權給「縣級經濟」（或縣級競爭制度）的結果。 2. 需求結構 財政收入占國內生產毛額由 31% 降到 22%。
(二)缺點：後遺症	由於盈餘由鄉鎮公司取得，員工沒份，因此鄉鎮事業主管替員工加薪，慷公家之慨。

四、第二階段：承包制（包括租賃制）

有利就有弊，鄉鎮公營事業的管理人員大都由公務人員轉任，再加上經營績效大都歸公（鄉鎮公所），缺乏激勵誘因，所以自然會產生下列問題。

1. 問題

地方政府眼看著縣級營利事業的主管紛紛當爛好人，慷公家之慨給員工加薪。尤其甚者，有些學者認為此造成成本推動物價上漲。

2. 解決之道

地方政府只好「窮則變，變則通」，於 1987 年起，陸續實施「承包制」或「租賃制」，由管理者（大都是廠長）擔任公營事業負責人。

3. 弊病：投資不足

承包制在公營事業或許是新創，但在農村 1979 年便實施了，稱為農村的家庭聯產承包責任制。農村土地使用權有條件移轉給農民，即政府當地主，農民當佃農，繳一定生產配額（即地租）後，農民可以自由決定土地使用方式，即農民自負盈虧。迄 1984 年 98% 的農戶（1.8 億戶）採取各種形式的承包生產責任制，此導致 1980 年代初期，農業產值快速成長。

但由於財產權不確定性（例如合約是否會提前中止，屆期後是否續約），因此農民能種則種，不給土地休養機會。

農地承包制的弊病照樣發生在鄉鎮事業，承包人努力操機器，最好是機器過了攤提折舊費用年限，還可省了折舊費用。

第三節　1992 年起，引進民營企業

1989 年的天安門事件，外資銀行對中國大陸放款幾乎停滯，總理李鵬等叫停了所有的改革，並說，要「沉著應對，冷靜觀察」。但這麼一停，效果立刻顯現，幾乎所有經濟指標出現下滑。1992 年，鄧小平做出決定，經改必須扭回來，這是他 1992 年 2 月南巡的背景。1998 年，任用朱鎔基擔任國務院總理推動一系列包括金融、財稅、外匯、貿易體制的改革，經濟好轉。

在共產主義經濟制度下，引進民營企業是極大的衝擊。套用「行到水窮處，坐看雲起時」這段詩來形容。

一、逐漸減少公營企業比重的原因

中共中央逐漸減少公營事業的原因很單純，即由表 4.5 第一欄二(一)可見，公營企業只是比集體組織（例如集體農場）小勝一籌，基本上，由於成員普遍有吃「大鍋飯」心理，因此公營事業中虧損比率逐年提高。

二、民營企業帶來活力

公營企業的缺點是員工有「吃大鍋飯」、高階管理者有「外行指導內行」（主要是酬庸等政治作用），因此經濟效率普遍低於民營企業。

1992 年，中共十四大通過，才允許民營企業的成立，可說才沾到資本主義的色彩。再加上開放房屋買賣（即商品房），配合國民所得的購買力支持，房地產業發展活絡。1992 年（投資成長率 44.4%）、1993 年（投資成長率 61.8%）投資成長率狂飆，營建業景氣過熱，政府只好採取宏觀調控。這產能過剩的原因不在承包制，而在商品市場化（主要是開放住房市場化）範圍的放寬，商機增加，帶來新的投資機會。1993 年 7 月，國務院採取宏觀調控，主要是透過緊縮信用的貨幣政策，以防止房地產泡沫形成。1994 年，固定資本形成減少 75%。

三、民營企業比重

在討論公營企業占產值比重時，由於許多國家都是實行資本主義，因此以民營企業為主，本書以「民營企業比重」取代「公營企業比重」一詞，因如同消費跟儲蓄是雙胞胎一樣，只要說一邊，另一邊同理可知。

此外，為了精簡用詞起見，本書以民營企業來代表「民營營利事業」（包括民營企業、個體工商戶和三資企業），以「公營企業」來代表「公營營利事業」。

(一)民營企業比重

在經濟中，企業扮演供給的主體，依民營企業所占比重可以二分法。

1. 公有經濟

以公營企業為主的經濟稱為國家資本主義，有些學者稱為公有經濟。

2. 民營企業為主

以民營企業為主的經濟稱為民營經濟（註：有些人為跟公有經濟對仗稱為私有經濟或私營經濟）。

本書以「民營企業比重」取代「私有化」（privatization）一詞，以求精準，因為「私有化」範圍較廣，例如房屋財產權私有化。

(二)漸進式民營化的原因

漸進式提高民營企業比重有許多考量：政治上保守勢力（反改革）不可忽視、實際上「漸進改革」比較可以避免「一次改革」（即震盪療法）的「押錯邊」。

供給面中主要來自企業，在經改初期，由於人民所得普遍偏低，所以公營營利單位想把股份化變成公司，也就是把公司賣給人民，這可能性是很低的；因此在財產權制度也是隨著人民的財力而逐漸發展。

限於篇幅，此主題只能點到為止，重點在於「如何」漸進改革。

1. 民營企業比重

民營企業在經濟中的份量，由表 4.5 可見，常見的有三種方式來衡量「份量」，表中 2005、2010 年與 2011 年資料來源不同，因此數字略有差異。

表 4.5 民營企業比重

項目	2005 年*	2010 年*	2011年**
一、產值			
(一)營收占比重	66.72%		營收 25.83 兆元
(二)盈餘占比重	55.96%	70% 以上	盈餘 1.66 兆元
(三)占資產比重	51.95%	56.62% 以上	
(四)營所稅	4,038 億元	1.1 兆元	
二、雇用人數			
(一)雇用人數	1.2 億人	1.8 億人	1.21 億人
(二)占城鎮就業人數比重	72.81%	80% 以上	33.8%
三、家數	占 89.8%	95% 以上	96% 以上
(一)企業		819 萬家	968 萬家
1. 註冊資本		17.73 兆元	25.79 兆元
2. 雇用人數	2006 年 6,586 萬人 2007 年 7,253 萬人		
(二)個體工商戶	2008 年 7,904 萬人 2009 年 9,606 萬人	3,406 萬戶	3,756 萬戶
1. 註冊資本		1.27 兆元	1.78 兆元
2. 雇用人數		6,982 萬人	6,912萬人
(三)三資企業			

*資料來源：全國工商聯公布的 2010 至 2012 年度《中國民營經濟發展形勢分析報告》

**資料來源：國家統計局、國家工商總局

2. 產值比重

鑑於工業統計資料較容易取得，因此很長期間，「民營企業淨值占製造業淨值比重」（註：2010 年占 97.32%）都是「民營企業占總產值比重」的代理變數，台灣也是採取此衡量方式，詳見圖 4.2。

3. **雇用人數比重**

民營企業占城鎮就業人數比重。

(三)國營企業的比重

國營企業在公營企業中的重要性可由下列二個數字看出。

1. **營收比重**

表 4.5 中可見，2010 年，國營企業營收 20 兆元，占公營企業營收（37 兆元）54%；資產 28 兆元，占公營企業資產 40.7%。

2. **盈餘比重**

國營企業盈餘 1.1315 兆元，占公營企業盈餘 60%。

3. **盈餘比重**

公營企業（尤其是國營企業）家大業大且占據「好田」，以盈餘比重來看，公營企業大於民營企業。

・民營企業 500 強

中國全國工商聯發布「民營企業五百強」報告顯示，2009 年民企五百強的盈餘總和，不及中國移動和中石油，二者小計 1,904 億元。

・企業 500 強

在「企業五百強」中，有下列特色。

・前十大都是國營企業；

・營收超過一兆元的只有中石化、國家電網、中石油；

・營收千億元以上的公司有 60 家，只有 5 家是民營企業。

4. 2010 年，**民營企業的盈餘**

民營企業的盈餘總額 1.1749 兆元，千億元盈餘以上的也是四個產業，即建材、機械、化工和農副食品加工，占 34.13%。

其餘的盈餘都比較均勻地分布在其他各個產業，這跟公營利潤的高度集中的特點不同。

自 2003 年施行對國營企業經營績效考核，2010 年國資委改變考核方式，以經濟盈餘（economic value added, EVA）取代以往以權益報酬率做為核心指標的考核方式，即以盈餘減去權益資金成本後的餘額，能更正確評估國營企業創造價值的能力，例如創新技術與產品研發，避免國營企業以炒作房地產或浮濫投資金融衍性商品等「副業影響本業」的方式以賺取業務收入。

在 2011 年的考核中，國資委更強調對科技創新、國營企業解決歷史問題、完成國家策略性任務等面向的加權評比比重。

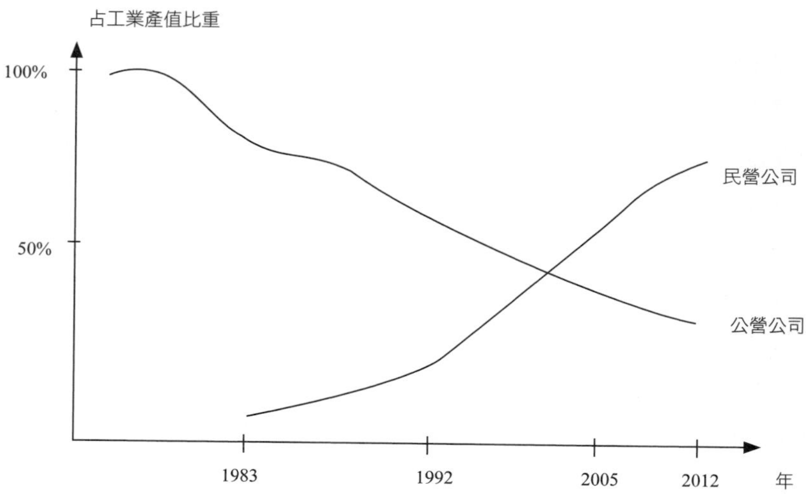

圖 4.2　製造業產值中公營民營企業比重

5. 分解分析

民營營利事業共有三種組織型態：自營事業（中國大陸稱為個體工商戶，簡稱個體戶）、民營企業和三資企業，三資企業應是一種特例，主要指外資企業及其合資公司。

表中第一欄三，我們依民營營利事業組織型態再詳細分析，民營企業占雇用人數 33.9%，個體工商戶資本小，但卻雇用城鎮就業人數 19.36%。

四、公營企業第三階段公司化(一)：改成股份制

「治一經，損一經」，當面臨制度弊大於利時，只好改弦更張。

(一)問題

公營事業承包制實施沒多久，「投資不足」的問題就逐漸顯現出來。

(二)構想來源

公營事業的對手是民營事業，在公營事業承包制實施期間，民營事業組織型態陸續變革，經營效率看似比公營事業好，這也是公營事業逐漸民營化的原因。

1. 1979 年起，逐漸實施民營營利事業

在 1979 年起，逐漸實施民營營利事業，一開始是工商個體戶與三資企業，迄 1987 年，民營事業占工業產值 20%。

2. 1992 年，開放民營企業成立

1992 年，針對民營的商業組織型態，放寬門檻，即允許國人成立民營公司。

3. 弊病

由於公營企業所有權屬於政府，盈餘歸政府所有，管理者、員工無法參與分享經營成果，以致公營企業效率不佳。

(三)解決之道

1994 年起，國務院推動公營事業「股份化」，改制成為公司；即前述「顯性預算」。希望藉此擺脫政治力（行政和立法皆是公婆）的介入，而能專業經營，經營效率看似自然提升。

「現代企業制度」，俗稱「產權結構」改革，即由公營企業自負盈虧，切斷跟政府（出資者）的連結。

提倡的學者中包括香港學者張五常。

(四)弊病

公營企業自主經營後，出現「以權謀私、圖利員工、侵蝕國有資產」的弊端。看似跟公營事業時期的弊病一模一樣，因為公司所有權仍在政府，經營階層（董事會）、管理者持股很少甚至零持股，當然會出現公司經營者剝削公司所有（權）者的問題。

五、公營企業第三階段公司化(二)：抓大放小（1998～2000 年）

公營事業「股份化」只是換湯不換藥，推動三年，碰到 1997 年 7 月亞洲金融風暴，更放大了公營企業的問題。

1. 問題

受 1997 年 7 月亞洲風暴影響，1998 年亞洲需求不振，拖累中國大陸出口，經濟成長率只剩 4.1%，公營企業四成虧損，主因之一是員工福利水準高（特別是退休金）。

2. 中期解決之道：政府紓困

1997 年 10 月～2000 年間採取其他措施以協助國營企業脫困，這包括出口退稅、打擊走私、加快兼併破產、加速建立社會保障體系、降低銀行貸款利率、實施債轉股及加大對企業進行技術改造投資的支持等。

3. 長期解決之道

由於公營企業虧損金額太大、家數太廣，政府實在撐不久，基於「長痛不如短痛」的考量，只好採取「抓大放小」政策，針對競爭優勢差的公營企業予以關廠等，預估 2000 萬名（一說 2,500 萬名）國營事業員工被資遣（中國大陸稱為下崗）。

4. 2003 年 3 月以後，更上一層樓

2001 年，中國大陸加入世貿組織，經過五年的救濟期後，必須逐漸開放市場。企業消極上為了因應全球大型企業商品、設立公司等強大競爭；積極上更要「走出去」，經營全球市場。

2003 年 3 月，國務院成立「國務院國有資產監督管理委員會」（簡稱國務院國資委，本書簡稱國資委），主要措施是針對國營企業「做大做強」，詳見表 4.7。

此政策便定性了，以 2011 年 7 月為例，在「全國企業兼併重組工作經驗交流會」上，工信部表示，十二五期間，推動汽車、鋼鐵、水泥等八個行業跨地區兼併重組、海外收購和投資合作，以提高產業集中度，進而提升市場競爭優勢。

第四節　2012 年起，國退民進

2005 年，在浙江省民營企業經營者的遊說下，國務院發布了「非公有經濟 36 條」，允許民營企業經營七個管制行業。2010 年 5 月、2012 年 5 月，又推出「新 36 條」、「新 36 條施行細則」，只是範圍越來越寬。

一、公營企業第四階段：中央跟地方協調階段

2001 年中國大陸加入世貿組織，許多貿易談判皆由中央政府（主要是

國務院副總理吳儀與商務部）負責，中央政府取得更多跟地方政府談判的資源。

有利必有弊，開放地方政府拚經濟，2006 年起，逐漸感受到其弊（詳見表 4.6），又逐漸走回中央集權的路。

表 4.6　地方發展主義的後遺症

影響層面	說明
一、經濟成長有失控之虞	(一)2001～2010 年有失控之虞 有些地方政府為了求表現，在經濟成長率方面衝的比國務院要求的還要快，地方政府的政策工具之一便是搞營建（從政府的基礎建設到政府下轄營建公司蓋房子），結果是房屋供過於求，再加上人民炒作，有可能形成房市泡沫。 (二)2011 年以後，公營企業限制潛在經濟產出 經濟學者林毅夫認為，經濟之所以沒有完全過渡到市場經濟體系，其中的主要原因是公營企業改革的問題尚未解決。原來的計畫體系之所以存在，也跟公營企業在競爭的市場中沒有自生能力有關，大致有四、五千家大型公營企業， 2011 年 1 月，美國財政部長蓋特納在達沃斯論壇接受記者們訪問表示，中國大陸還有非常複雜的一系列挑戰，包括人口結構、勞動成本上升等，尤其經濟大部分仍由國家而不是由市場主導，這些改革都需要時間。
二、地方政府	(一)土地徵收浮濫 省市政府為了拚經濟，大幅度進行土地重劃，藉由徵收農地，以掌握土地。但由於對地主的補償費低，往往導致極大民怨。 (二)針對基礎設施 1995 年匈牙利經濟學者科爾內（Janos Kornai）稱為「投資飢渴症」：政府官員和國營企業管理層對擴大投資的近乎瘋狂的追求。 由於層層決策者對擴大投資始終飢渴難當，導致有限的經濟資源被不合比例地大量用於基本建設，結果是大面積浪費，中國大陸也是一樣。 經濟學者丁學君認為：如果站在利益集團的立場看，這些投資算計得清清楚楚。這種飢渴症，以及不斷從公營銀行吸取便宜資金的操作，均有助於掌握著資源分配的地方政府和國營企業官員的「政績」、他們的個人收益及同他們有特殊關係的資本的生存和發展機會。至於這

表 4.6（續）

影響層面	說明
	些浪費型的巨大投資造成的公營銀行爛帳和留下的財政空洞，最終由銀行存款人和納稅人承擔。 這樣，才能夠理解為什麼全國各地有那麼多空空蕩蕩的「新城」、「爛尾樓小區」、「科技開發園」，少車的高速公路，競相攀比的高速鐵路，冷冷清清的中小型機場，成串相連的水壩，難以租出去的辦公大樓。
三、公營企業	(一)資源配置效率低 2003 年起跟住（鋼鐵水泥）、車（有色金屬，主要是指「鋁」）相關行業，皆已產能過剩，公司獲利率低。2013 年 1 月 12 日，國務院發展中心發表「中國企業發展報告 2013」，指出各地十二五規畫中，有 16 個省市區把鋼鐵作為重點發展產業，還有 20 個省市區把汽車作為重點發展產業。連策略性新興產業也出現過剩，風電設備產能達 30～35GW（1GW 為百萬千瓦），但產能利用率低於 60%，產能過剩帶來的嚴重後果就是各地區產業高度同質化，惡性競爭，企業效益大幅下滑，甚至有發生系統性經濟風險、經濟危機的可能。 (二)國務院亡羊補牢之計 十二五規畫擬大幅修正產業重複投資的問題，審批企業投資設廠趨於嚴格，拉高投資門檻，「只吸引有競爭優勢的大型企業進駐，沒有競爭優勢的外資中小企業很難通過審批」。

二、國營公司的獨占產業

美國稱中國大陸經濟制度屬於「國家資本主義」，其中「國家」的涵意有二，但主要是指圖 4.3 中的四個產業（金融業包括三個行業：銀行、保險和證券）是由國營公司所經營。此圖 X 是以五種生產要素來區分、Y 軸以四項需求項目中的家庭消費為例（您可改成產業結構中的農、工、服務業），可以看出四個產業在 X、Y 軸集中程度很高。

1. 生產要素

四項產業在生產要素來說，大都屬於資本密集產業，其中「能源」、

「交通」、「電信」皆具有高規模經濟門檻，略具有自然獨占的特色。

2. 家庭消費

以家庭消費的生活（食衣住行育樂）來分類，四個產業以「住」為主（以銀行為例，房屋貸款占消費金融中的七成），其次是「行」，「保險」偏重「育」，例如醫療險。

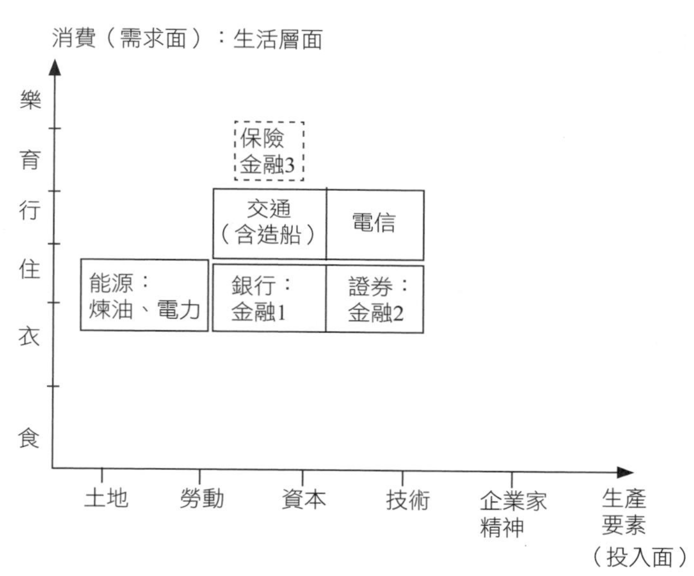

圖 4.3　國營公司的產業分佈

三、公營企業對經濟的貢獻

公營企業有其歷史傳承，對經濟有其階段性貢獻，底下以二個說法來舉例。

清華大學教授胡鞍鋼認為，國營企業在經濟社會發展的支撐和帶動，為維護社會主義經濟制度，發展社會生產力，改善百姓生活，實現國家長治久安，發揮著關鍵作用。

國資委有位官員把國營企業資產比喻為「國家的儲蓄」。

四、公營企業賺錢的原因

國資委強調，如何評價公營企業的改革發展，一定要有傳承觀念。它是從以前巨大虧損的狀態下奮發圖強，才逐步贏得全今天的規模和業績。

(一)2011 年國營企業經營狀況

2011 年 118 家國營企業的經營狀況如下。

・營收 20.2 兆元；

・總資產 28 兆元，全部公營企業總資產 68.6 兆元；

・盈餘 0.9173 兆元，上繳稅金 1.7 兆元。

(二)媒體把銀行業評為暴利行業

在公營企業中，獲利最高的為銀行業，以 2011 年為例，由圖 4.4 可見，其前因後果。2012 年，五大國營銀行淨利 7,746 億元，成長率 15.7%，占全體銀行淨利 62.5%，比 2011 年比重略降。

1. 盈餘

銀行業盈餘 1.04 兆元（註：是台灣本國銀行獲利的 25.5 倍），平均每天賺 28.5 億元；其中五大（詳見圖 4.4）銀行日賺 18.65 億元，以五大中獲利最高的工商銀行為例，其盈餘比寡占市場三家電信公司（中國移動、中國聯通、中國電信）盈餘 1,480 億元（註：2012 年 1,512 億元）還高；且持續是全球最賺錢的銀行。

2. 占 A 股盈餘比重

A 股公司（2,500 家）中，16 家公營銀行的盈餘便占所有公司盈餘的 45%。

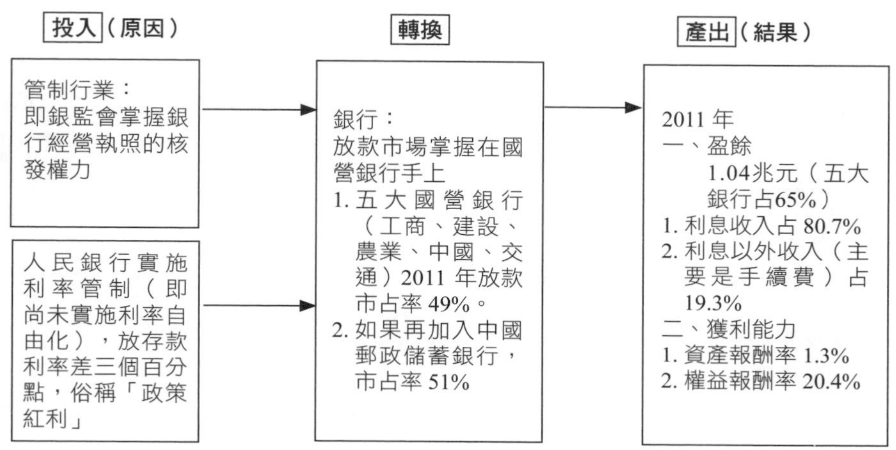

圖 4.4 2011 年銀行業獲利高的前因與結果

(三)尋租行為與國營企業化

由於很多公營企業有地區性壟斷利潤，因此衍生出「逐利而行的尋租行為（rent-seeking）」。

1. 尋租行為

藉由下一段方式，攀親帶故的希望跟公營企業沾到邊，分享一部分的準租。

2. 國營企業化

在尋租行為中，最明顯的是「國營企業化」（中國大陸稱為央企化），常見的有幾種方式。

- 民營企業賄賂國營企業高階管理者；以取得某一部分國營企業產業地位特權。
- 民營企業跟公營企業合資成立公司，以取得某些特權。
- 國營企業經營業外事業，並且以本身產業地位支撐。

五、公營企業的管理政策

2003 年，為了管理公營企業，國務院把財政部相關局司再加上相關單位合併成立「國有資產監督委員會」，主要管理工業的國營企業。至於金融業分由「一行三會」管理，2012 年也成立「金資委」予以統一管理，國資委對公營企業有三種管理方向，詳見圖 4.5。

1. 少角化

首先是針對公營企業採取少角化（詳見下段說明），以求聚焦經營，一方面可提升經營效率，一方面也可讓民營企業有更大發揮空間。

2. 擴大規模

2001 年 12 月，中國大陸入世後，一方面必須面臨全球超大企業的「強龍壓地頭蛇」，一方面，又想積極走出去全球經營。國務院認為惟有透過省市公營企業省市內、跨區收購合併，才能做強（尤其是研發以提高產品水準）做大，以求成為全球一流企業，詳見表 4.7 中的二步驟作法。

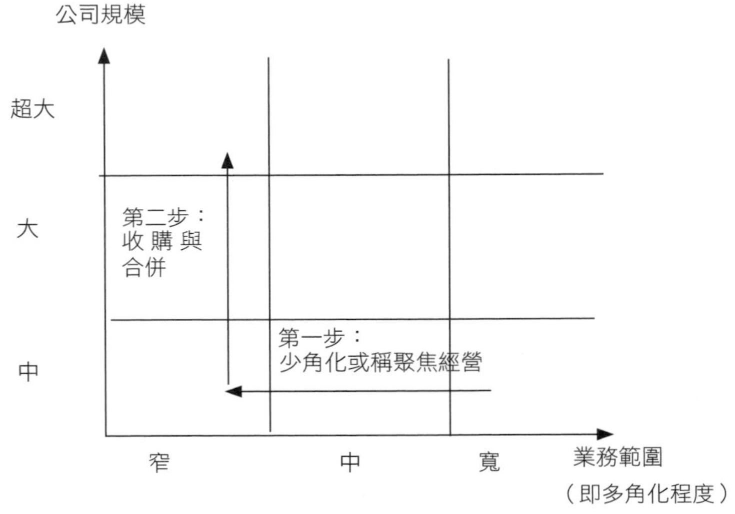

圖 4.5　國資委對省市等公營企業的經營策略

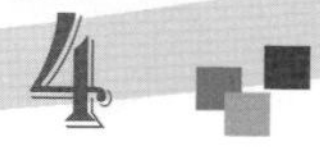

表 4.7 國營企業「做強做大」的政策

項目	說明
一、動機	有鑒於全球 170 多個知名品牌中，幾乎看不到中資的企業上榜。 （本書註：中國大陸上榜的公司清一色都是以中國大陸為主要市場，包括中國工商銀行、中國移動、百度等）
二、作法：公司併購	工信部會同有關部會研究後推出「國務院關於促進企業兼併重組的意見」等文件。 在整合方向上，必須滿足下列條件，否則將面臨「被整合」或「淘汰」的命運。 ・具備國際競爭水準及影響力； ・擁有自己的智慧財產權和具備國際知名的品牌； ・要具有一定的軟實力； ・擁有完整的法人結構以及民股的股東。
三、目標	1. 2010 年，國營企業家數 100 家 2003 年，原有 196 家，迄 2010 年已重組到 123 家，2011 年 118 家。 2. 2015 年，國營企業家數 50 家。
四、怎樣做	1. 2010 年以前 國資委對國營企業重組以「讓企業和企業之間自由戀愛」為原則。 2. 2011 年以後 國資委介入程度較高。

3. 國營企業盈餘上繳

2007 年 9 月，國務院發布「關於試行國有資本經營預算的意見」，結束國營企業（包括中國菸草總公司、郵政集團）盈餘獨享的歷史。根據不同行業適用不同比例的方式：第一類是能源企業，上繳比例為盈餘的 10%；第二類為一般競爭性行業企業，上繳比例為盈餘的 5%；第三類為國家政策性企業，暫緩三年上繳或者免繳。依此規定上繳金額如下：2007

年 140 億元、2008 年 444 億元、2009 年 989 億元（上繳比率 7.6%）、2010 年 580 億元（上繳比率 2.9%）。

2010 年 5 月，財政部宣布擬提高國營企業盈餘上繳的比率，中石化表示，在加強油氣勘探開發、走出去等方面都需要大量的資本支出。如果上繳國庫比例過高，企業再投資資金會受到影響；建議國務院應從各個行業具體情況出發，不同行業不同對待。

六、公營企業階段三公司化(三)：股權大眾化

既然「官股官營」的經營效率低於民營企業，於是 21 世紀起，公營企業進入第三次期的改革，即股權大眾化，詳見圖 4.6。

(一)股權大眾化目的

股票上市（財務管理書中稱為股權大眾化，中國大陸稱為股權多元化）的主要功能至少有三，詳見表 4.8，簡單說明於下。

1. 籌資以併購其他公司

股票上市的主要功能是為了籌措較便宜的資金，進而支持公司成長。

2. 提升公司治理

股票上市必須符合公司治理（例如獨立會計師簽證，公司設立獨立董事等）、內部控制八大循環，才能通過證交所審核，證交所透過建立公平交易環境以保障投資人（例如法人、小股東）。因此股票上市對公司內部管理的貢獻之一是「防腐」，即透過外部監督（獨立會計師、信評機構、投資評等機構）以補足內部監督（例如董事會稽核部或總經理下轄會計部）的不足。

3. 少角化

股票上市申請中難免有一些「不宜上市」的事業部、資產，必須從準上市股中剝離。2010 年，國資委推出公司「整體」上市，簡單的說，「整體」指的是公司核心活動（研發、生產和業務）完整。至於已分拆上市

的，國資委希望逐漸整合成整體。

至於「乾乾淨淨上市」指的是前述核心事業部分上市，至於非核心事業（例如科研院、商貿流通型企業）則宜出售給國資委旗下的控股公司國新，詳見圖 4.6 右邊。換句話說，國營企業是以營運公司型態上市。

2009 年以前股票上市的國營企業必須逐漸改造。

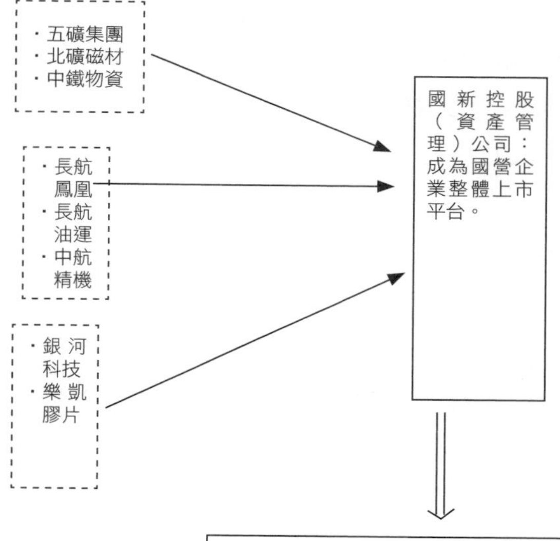

圖 4.6　國營企業資產重建方式

(二)國營企業整體股票上市的狀況

國營企業整體上市的相關重點如下。

1. 上市主體

2010 年，有「資產重建看國營企業，國營企業重建看軍工」（註：restructuring，中國大陸稱為重組）的說法。

2. 上市地點：「境內加境外」方式俗稱「A+H」方式

A 指的是上海、深圳的 A 股，國營企業占 A 股權重近八成；H 指的是香港，公營企業在香港股票上市稱為「紅籌股」。

3. 進度

至 2010 年，實現整體上市的國營企業有 43 家，子公司境內外上市公司達 336 家。上市的國營企業占國營企業資產的 52.88%、股東權益 68.05%、營收的 59.65%。

2011 年國資委監管的 118 家國營企業中，屬上市公司資產有 68%。

表 4.8　國營企業股票上市的目的

目的	政策	評論
(一)少角化：專精經營	「做強做優」的目標突顯國資委對國營企業發展品質和效益的重視。2010 年 12 月中旬，由工信部帶頭，發改委、財政部、人社部、國土資源部、商務部、人民銀行、國資委、税務總局、工商總局、銀監會、證監會等部會參加的企業兼併重建工作協調小組，統籌協調企業重建工作，研究解決推進企業兼併重建工作的重大問題，以汽車、鋼鐵、水泥、機械製造、電解鋁、稀土等行業為重點。	2010 年的目標是 80～100 家，但未達成目標，國資委表示，公營企業資產重建首先要保證重建的品質和效果，而不是為了減少企業家數而硬推重建。

表 4.8（續）

目的	政策	評論
(二)股票上市以強化財務能力	對於有競爭優勢的國營企業，透過資本市場實行公司改革（即資產資本化）、實現企業多元化，推進產權結構向股份化、證券化、多元化（即股東結構）轉變。 國資委説，整體上市徹底實現國有資產的資本化，流動性非常好，隨時可以調整、也很容易調整，一旦國家需要錢，通過資本市場就可以非常順利地變換現金。 中國大陸稱來自社會大眾的資金為社會資本。 希望 2020～2025 年，國營企業都變成上市公司，是乾乾淨淨的上市公司，完全按照資本市場的要求營運。 「乾乾淨淨的上市公司」是指上市國營企業必須上面沒有母公司關係，下面沒有子公司等。 在 2009 年以前，公營企業股票上市常拖泥（上面有母公司）、帶水（下面有一堆子公司）。	
(三)公司治理	公司股票上市，希望藉由投資人（尤其是外資法人）監督公司，提升公司治理程度（主要是防止公司董事會營私舞弊）。	但是當公司仍處於壟斷產業情況，壟斷利潤（即準租）非常巨大，遠大於董事會營私舞弊所侵蝕的利潤，外資照樣會買進此股份。

七、民營化階段：國退民進

針對國營企業民營化，一般依財產權結構可依序分成下列二小階段。

1. **民有公營的「假民營化」**

民股過半，但卻股權分散，官股還是最大股，依此仍主導公司董事會。這情況很不好，因為官股持股比例不過半，不需接受民意機關（人大）監督，會造成行政權獨大情況。

2. **民有民營**

當民股過半且民股主導董事會時，才是完善民營化。當然，有些情況下，官員可能與民股勾結，把國營企業拍賣給某特定民營公司，為了避免民營企業獨享壟斷利潤，在這階段，往往必須開放市場，引進競爭機制。

至於國務院希望達到「國退民進」（官股在國營企業持股退一些、民營股東持股進一些），本質上還是讓民股當少數股東，只扮演財務投資人角色，詳見表 4.9。

3. **國營銀行釋股的研究**

以五大國營銀行開放外資投資人參股來說，Chen、Mai、Liu & Mai（2009）的混合寡占模型指出下列結論。

- 外資投資人參股將使得國營銀行的產出（例如放款金額）減少，即會更重「質」（即盈餘）而不重「量」（營收）；
- 國營銀行的盈餘視釋股比率而變化；
- 當國營、民營銀行經營效率差異不大時，政府部分釋股是最佳決策。

表 4.9　壟斷性行業國退民進政策

項目	政策	評論
	1. 1999 年 9 月 中共第十五屆四中全會，通過「中共中央關於國有企業改革和發展若干重大問題的決定」，明確指出，股權多元化有利於形成規範的公司法人治理結構，除了極少數必須由國營企業壟斷經營外，要積極發展多元投資主體的公司，即民間資本可向一些大中型國營企業參股，而獨資國營公司要儘量可能由多家國營企業共同持股。	國營企業向來是政府的大金庫，在黨政、軍方面更有著千絲萬縷難以釐清的共生關係。
	2. 2005 年「非公經濟 36 條」（俗稱《36 條》） 2004 年 8 月 28 日，有七位浙江民營企業家在溫州市景山賓館見到了總理溫家寶。在溫家寶面前，他們拿到了一份促進非公有制經濟發展的文件。 這份文件就是 2005 年工商總局發布的「非公經濟 36 條」的前身。這是建政以來第一部全面促進非公有制經濟發展的重要政策性文件。內容包括：對個體私營將放寬市場准入，降低公司註冊資本的最低限額，允許註冊資本分期到位，支持有條件的民營企業參與電力、電信、鐵路、民航、石油、公用事業、基礎設施等壟斷行業、領域的投資經營。	民營企業的代表全國工商聯主席黃孟復 2009 年數度大聲疾呼，要求國務院呼籲國營企業「讓利」給民營企業，同時批評了「國（企）進民（企）退」的現象。儘管在國務院鼓勵支持下，一些行業和領域在准入政策上雖無公開限制，但實際進入條件頗多，主要是對進入資格設置過高門檻。這種名義開放、實際限制的現象有如「玻璃門」，乍看下門是敞開的，實際上一進去就碰壁。 按照國務院過去推行重大改革政策時，總採取的先易後難、先小後大的作風，例如，在開放金融領域上，銀監會在浙江省、江蘇省一帶已允許民間經營進入農村信用社試點，主要的原因在於廣大農村地區融資困難，當地民眾與中小企業求貸無門下，只好找上地下錢莊，造成農村地下金融猖獗。引進民間資本成立農村信用社，正可抑制部分地下錢莊的勢力。
	3. 2006～2009 年 國務院還推出 4 份配套文件，各部會推出數十份配套文件，各地方政府推出的相關文件加總更逾 200 份。	

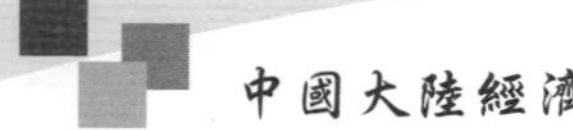

表 4.9（續）

<table>
<tr><th>項目</th><th>政策</th><th>評論</th></tr>
<tr><td></td><td>4. 2010 年 5 月 13 日，「民間投資 36 條」（俗稱《新 36 條》）
國務院頒布《國務院關於鼓勵和引導民間投資健康發展的若干意見》（民間投資 36 條），提高民間投資電力、鐵路、石油、金融等壟斷性產業的比重，詳見附表。

部分壟斷性領域對民間的開放
<table>
<tr><th>行業名稱</th><th>內容</th><th>資本形式</th></tr>
<tr><td>石油天然氣</td><td>・油氣探勘開發</td><td>與國營石油企業合作</td></tr>
<tr><td></td><td>・原油、天然氣、成品油的儲運和管道輸送設施及網路建設</td><td>參股</td></tr>
<tr><td>電力</td><td>・風能、太陽能、地熱能、生物質能</td><td>參與</td></tr>
<tr><td></td><td>・水電站、火電站建設</td><td>獨資、控股或參股</td></tr>
<tr><td></td><td>・核電站</td><td>參股</td></tr>
<tr><td>交通運輸</td><td>・公路、水運、港口碼頭、民用機場、通用航空設施</td><td>獨資、控股、參股</td></tr>
</table>
</td><td>2011 年 5 月 19 日，中國國際經濟交流中心舉辦「經濟每月談」，回顧「民間投資 36 條」一周年的執行問題。大部分專家認為該政策幾乎原地踏步。作為首位演講者，國家統計局前總經濟師姚景源指出：「民間投資重要產業的成效甚微」，壟斷性企業是既得利益者，根本不可能自行改革，主動打破壟斷。包括如金融、電信、城市交通、石油天然氣等行業，民間資本難以進入，導致產業發展無法適應國民經濟需要。要想實現經濟策略性調整，務必打破壟斷障礙。
姚景源的觀點，得到人大內政司法委員會副主任委員辜勝阻呼應。他認為，十二五規畫強調「三個平等」：平等使用生產要素、平等參與市場競爭、法律的平等保護，但是行業壟斷卻阻礙「三個平等」。壟斷是市場經濟的大敵，是對消費者福祉的剝奪。2010 年兩家壟斷企業的盈餘超過民營企業 500 強的盈餘的總和，這種高利潤並不是好事。在公營企業壟斷一些行業情況也就無法建立起完善市場經濟體制。</td></tr>
</table>

表 4.9（續）

<table>
<tr><th>項目</th><th>政策</th><th>評論</th></tr>
<tr><td></td><td>
<table>
<tr><th>行業名稱</th><th>內容</th><th>資本形式</th></tr>
<tr><td></td><td>‧鐵路幹線、鐵路支路、鐵路輪渡以及站場設備</td><td>參與</td></tr>
<tr><td></td><td>‧客運專線、城際鐵路</td><td>參股</td></tr>
<tr><td>電信</td><td>‧基礎電信營運</td><td>參股</td></tr>
<tr><td>金融服務</td><td>‧興辦金融機構、農村信用社、城市信用社的改制工作</td><td>參與</td></tr>
<tr><td></td><td>‧商業銀行的增資擴股</td><td>入股</td></tr>
</table>
面對外界的抨擊，身為「民間投資 36 條」的起草人之一、發改委投資司副司長羅國三坦承：「確實存在一些問題」。工作進展出現「不平衡」，包括下列問題。
‧地區實施不平衡
中部及沿海地區快一些。
‧產業不平衡
金融、鐵路、能源和市政公共事業等領域的改革，進展相對緩慢。</td><td>羅國三認為，「民間投資 36 條」政策落實關鍵還是在中央部會。</td></tr>
<tr><td></td><td>5. 2012 年 5 月，《新 36 條》施行細則</td><td>比《新 36 條》更具體，但仍有許多無形障礙。</td></tr>
</table>

八、七大行業「公有公營」

針對涉及國家安全和國民經濟命脈的七個行業（圖 4.4 中第一欄），國資委仍會維持國營。但是國資委要求它們進行公司改革；至於十二五、十三五期間的改革方向如下。

發改委主任表示，十二五期間的政策措施如下。

- 針對公營企業：要大力調整公營經濟，加強國營企業股份制改革，完善國有資產管理和機制。
- 針對民營企業：支持和引導民營經濟健康發展，落實促進民營經濟發展的政策措施，降低准入門檻，優化發展環境，營造各種所有（權）制經濟依法平等且公平參與市場競爭、同等受到法律保護的體制環境。

討論問題

1. 經濟改革為何要採「商品先（市場化），次要素，後金融」三階段順序？要是改變順序會有什麼結果？（提示：以另一國的經改順序舉例）
2. 公營企業逐步民營化，中國大陸做的如何？例如進度夠快嗎？
3. 發改委或工信部對產能過剩大抵是「後知後覺」，但如果太早有「先見之明」，會有什麼後果？
4. 吳敬璉等一再主張「市場化是萬能藥」，你覺得國務院等為何聽不進去。（提示：全面立即市場化、資本主義便是震盪療法）
5. 公營企業產權結構再怎麼調整，只要「經濟掛帥」的政府官員考核方式不變，「投資飢渴症」是永遠無藥可醫的。針對這樣的主張，你的看法如何？

經濟政策規劃與執行
——以十二五規畫為例

汽車生產是製造業的主流之一，圖為上海市上海大眾汽車的車款

（本書照片提供：今周刊）

可見的手

在混合式經濟制度（第四、五章）的前提下，針對公營企業經營、產業政策等，中共中央透過五年計畫作為指導綱領。本章以十二五規畫（2011～2015 年）為例說明其規劃過程，在第四節中說明省市政府首長在經濟建設高執行力的原因。

大公司年底會對明年進行年度經營計畫（含年度預算），對未來三、五年進行中長程規劃。中國大陸經濟體制具有國家資本主義色彩，簡單的說，中國大陸政府可視為一家超大型公司，因此其五年期的經濟和社會規畫，可說是全球涉及人數、金額最大的政府經濟計畫，茲事體大，中國大陸政府使出渾身解數，希望能在決策過程中盡善盡美。

第一節　經濟計畫

中國大陸實施國家資本主義，有部分計畫經濟的性質，必須透過五年、年度經濟計畫，去調節供給與需求。

由表 5.1 可見經濟計畫的發展進程。

表 5.1　國民經濟和社會發展計畫進程

年	計畫	說明
1953 年	第一個五年計畫	以五年為期，規劃重大建設項目、生產力分布和國民經濟重要的比例關係，為經濟發展遠景訂出目標和方向。在社會主義體制下，強調計畫經濟，稱為「五年計畫」。
1966 年	第三個五年計畫	因 1958～1960 年間的「大躍進運動」中斷，導致三五計畫延後三年至 1966 年開始。

表 5.1（續）

年	計畫	說明
2006 年	十一五規畫	2006 年起，改稱為「五年規畫」。
2011 年	十二五規畫	全名是：中華人民共和國國民經濟和社會發展第十二個五年規畫綱要。

一、八五到十一五計畫

由表 5.2 可見，1991～2010 年的四個計畫的政策與實績。

表 5.2　1991～2010 年四個五年計畫成果比較

計畫／年		八五計畫（1991～1995 年）	九五計畫（1996～2000 年）	十五計畫（2001～2005 年）	十一五規畫（2006～2010 年）
經濟成長率	目標值	6.0%	8.0%	7.0%	8.5%
	實際值	12.3%	8.6%	9.5%	10.5%
人均總產值（期末實際值）		605 美元	945 美元	1,700 美元	4,350 美元
重點政策		財政改革、成立國營商業銀行、住宅制度改革、成立外匯調整中心、抑制人口流入都市	全面導入股份制、確保糧食生產、抑制物價上漲、加速住宅建設、振興服務業	確立社會主義市場經濟制度、擴大內需、改善農民所得、西部大開發策略、加速金融改革、石油儲備策略	持續成長、擴大內需、改革社會及經濟制度；節能、省能、環保；技術革新；避免貿易摩擦
對外開放的措施		對外開放上海浦東地區	檢討外資優惠措施	企業海外投資	全面開放金融中心

表 5.2（續）

計畫／年	八五計畫（1991～1995 年）	九五計畫（1996～2000 年）	十五計畫（2001～2005 年）	十一五規畫（2006～2010 年）
重要事件	鄧小平「南巡講話」（1992 年 2 月）	朱鎔基「三大政策」	加入世貿組織	北京奧運（2008 年）、上海世博（2010 年）
國民生活的改善目標	平均每人住宅面積 7.5 平方公尺	電話普及率達 10%	電腦普及率達 10%	城鎮失業率低於 5%
缺點		屬於粗放型經濟，技術層次低，強調產業升級	重工業產能過剩、環境汙染嚴重 2004 年起，沿海開始出現缺工	開始設定、實施環保目標 所得分配惡化

二、從經濟計畫到經濟規畫

1953～2005 年，中共實行的計畫經濟，每五年要編一份計畫。

1. 從「計畫」到「規畫」

十一五規畫是胡溫第一個負責的五年計畫，胡錦濤等提出科學發展觀，據以編製五年計畫，也把計畫改成「規」畫一詞。

2. 補充說明

表 5.3 中第二欄一（二）綠色產值：考慮環保一項，由於版面平衡的考量，其中「資源限制」問題，在本處簡單說明資源越來越捉襟見肘。

三、資源供需

經濟成長的速度必須把資源、環境保護列入考慮。

1. 資源供給

・土地（耕地）

人均耕地只有 1.43 畝，不到世界平均水準的 40%。

・水資源

人均淡水資源量僅為世界人均占有量的四分之一。

・礦產

五種主要礦產資源人均占有量不到世界平均的一半，石油、天然氣、鐵礦石、鋼和鋁土礦等重要礦產資源人均儲量，分別為世界人均水準的 11%、4.5%、42%、18% 和 7.3%。

2. 資源需求

2004 年中國大陸占全球總產值 4.3%，但是卻消耗了全球 30% 的煤炭、27% 的鋁材和 40% 的水泥。

由於國內資源嚴重不足，重要資源對外依存度不斷上升，粗放式的經濟成長方式以及資源的限制，導致對外資源依賴度日益走高。

到 2011 年，中國大陸的石油對外依存度達到 57%，以能源需求為例，在考慮大力節約能源、優化經濟結構的前提下，到 2020 年，需天然氣超過 2,000 億立方米、煤炭 22.2 億噸與進口原油 5 億噸。僅為滿足煤炭需求來看，就面臨儲量不足、生產能力不足、運輸能力不足和環境容量不足四大壓力。煤炭生產要達到 22.2 億噸；需要新增煤炭生產能力 10 億噸，這意味著今後要建設百萬噸級的大型煤礦 1,000 個，按煤炭資源的布局情況，還需要再建七條大秦線級鐵路以及相應的港口。

3. 鑑古知今

十一五規畫在議題項目上更強調「環保」、「所得分配」、「反貪」。由表 5.3 可見，比較不再「經濟掛帥」，而是協調多方利益，以追求社會和諧。在第二節，十一五規畫跟十二五規畫的比較分析，更可以看出胡溫體制施政的延續化。

第二節　十二五規畫的歷史地位

十二五規畫跟過去的「計畫」和十一五規畫，從內容到形式有很多的不同。

十二規畫的編製歷時兩年，動用了大量人力物力進行編製，開了不少大會小會包括中共中央的全會。

一、十二五規畫內容

這份規畫中第一頁第一篇，就有四個大字題「轉變方式」，這標誌著在中共統治下，在第一次的經濟制度轉軌，第二次的經濟體制轉軌之後，步入第三次大轉軌中，這次轉軌成功，就可能真的「大國崛起」。「十一五」雖有首份「規畫」，但剛從「計畫」脫胎，真正開始「換骨」是從這「十二五規畫」開始。

十二五規畫全文十六篇、六十二章、涉及五年經濟政策目標，並在農業、工業、服務業、區域發展、市場體制、文化、政治、軍事及兩岸等領域提出規畫。十二五規畫將可能成為類似十一屆三中全會的歷史性會議，確立發展方式的第三次轉型，拉開第二個 30 年改革大幕。胡鞍鋼對十二五規畫的歷史地位的看法如下：「這為 21 世紀上半葉實現社會主義現代化目標奠定了基礎性和全面性框架。」

表 5.3　十一五規畫的背景、對策與實績評論

經濟目標	問題（背景）	對策（十一五規畫）
一、經濟成長		
(一)總產值目標		
1. 經濟成長率		8%（九五時實績為 8.3%）。
2. 人均總產值		1,700 美元，進入中低所得國家，即人民生活由初步小康過渡到水準較高、比較寬裕的小康。
(二)綠色總產值：考慮環保	經濟成長速度雖然較快，但成長品質和效率卻始終處於一個較低水準。 1. 解決資源限制問題 高投入、高消耗、低產出、低效益的粗放型成長方式導致經濟運作成本上升，已經越來越難以為繼。 資源限制問題是十一五期間經濟發展所面臨的一大難題（中國大陸稱約束）。 以 2011 年為例，中國大陸占全球總產值 10.5%，但是卻占全球石油消耗量的 11%，銅消耗量的 38%、及鋼鐵消耗量的 45%。 2. 環境保護 荒漠化土地面積占國土面積 27.9%，而且每年增加 1 萬多平方公里，廢水排放總量已超過環境容量的 82%。	稱為「人跟自然和諧發展」，中國大陸稱為轉變經濟成長方式。 十一五規畫把重點關注促進生態建設和環境保護，扭轉人跟自然關係趨於緊張的狀態。要突破資源約束這一瓶頸，就必須堅持走新型工業化道路，加快建設再生經濟和資源節約型社會；大力推廣清潔生產、綠色工業和綠色消費模式；加大生態環境治理力度；建立有利於資源節約與合理開發的約束機制和補償機制，引導全社會樹立適度、合理開發、利用資源的觀念。經濟成長方式將由粗放型，朝向集約型進一步轉變，有可能具備比過去更為有利的體制條件和物質技術基礎。

表 5.3（續）

經濟目標	問題（背景）	對策（十一五規畫）
(三)需求面	經濟成長二大需求動力來源為「出超」與「投資」，其中出超的困境如下。 1. 經濟發展對外依賴程度居於高位狀態，2005 年外貿依存度 60%，這使經濟發展遭受風險，即經濟發展日益受到世界經濟週期性波動的衝擊。 2. 國際貿易保護主義盛行的局面將繼續存在，中國大陸經濟將面臨更大的國際競爭壓力和更多的「新貿易壁壘」（例如綠色標準、技術標準壁壘等）。 3. 參與全球化將給中國大陸帶來一系列新的經濟風險，包括市場開放風險、企業競爭風險、社會調適風險等，而中國大陸符合開放型經濟要求的宏觀調節手段和風險防範機制還不健全。	擴大內需，尤其是「消費」，以改善人民生活，中國大陸稱為「以民（或人）為本」。 2005 年 7 月起，開始實施「匯率改革」（簡稱匯改），即放手讓人民幣緩步升值。
(四)供給面		
1. 產業結構		2008 年起，「調結構」的呼聲，首度躍居「促成長」之前；發改委接連發布關於強化農業基礎的「三農振興」方案，實施了新興產業升級規畫；跌跌不休的股市裡，農林漁牧化肥等泛農業股，以及新興科技業，就成了當年領漲的一面旗幟。

表 5.3（續）

經濟目標	問題（背景）	對策（十一五規畫）
(1)服務業	服務業占總產值比重低，原因之一是零售業物流成本過高（約占產品售價 10%）。	大力發展服務業，希望由依靠工業帶動成長，向工業、服務業共同帶動的轉變。因此，把發展服務業作為十一五規畫的重點，不僅是滿足日益成長的人民對服務需求所必要的，而且也是提高國民經濟整體素質以及國家整體競爭優勢的一個重要條件。
(2)工業	中國大陸製造業產值占世界產值比重 19.8%，但製造業的整體水準還不高，擁有專利的技術還很少，主要設備還要依靠進口。	產業升級（中國大陸稱「優化工業結構」），要改造傳統產業、發展高科技產業（中國大陸稱為高新科技產業）、以資訊化帶動工業化，在投入（即生產要素）上，實現向更多依靠人力資源和技術進步支撐的轉變，走出一條新型工業化的道路。新興工業和服務業作為把沿海省分轉型重點，加快產品技術和產業升級。
(3)農業	農村人口占全國人口 50%，農業產值占總產值比重只有 6.7%。由於人多地少的基本矛盾難以解決，加之就業機會難以快速成長，農民所得難以快速提高。	十一五規畫要把「三農（農業、農村、農民）問題」放在更加重要的位置，依序如下。 1. 農業：改變農業基礎薄弱的局面，通過農業產值，擴大農民所得。 2. 農村：政府通過加大對農村的財政轉移支付，使農村居民能夠跟城鎮居民一樣，享有大體相當的基本公共服務，藉此逐步實現「工業」反哺農業，城鎮支援農村的目標。

表 5.3（續）

經濟目標	問題（背景）	對策（十一五規畫）
		3. 農民：透過教育訓練，提升農民的能力，以提高農民工的所得。
2. 生產要素：以土地為例		透過國土規畫，以促進土地資源更有效率配置。 經濟持續快速成長，工業化和城鎮化加速，這些都增加發展空間（即土地）需求，也勢必加大對資源的需求和消耗強度。
3. 生產要素：以勞動人口為例		
(1)勞動人口	工業成長速度越來越慢，對吸納新增勞動人口的能力有限。	
(2)大專畢業生	由於 2003 年以來大專的快速發展（每年畢業生 600 萬人，大專畢業生出現較高失業率，中國大陸稱為就業不足），造成社會穩定的壓力。	
二、所得分配	十五計畫（2005 年） 1. 大島係數（五等分倍數法）：8 倍 2. 吉尼係數：2000 年突破 0.4（聯合國警戒線），2008 年 0.491。2011 年貧窮人口 1.28 億人。	影響所得分配有二項力量：一是左述（一）、（二）兩項，屬於一次分配，一是左述（三）、（四），這屬於二次分配。
(一)國家與人民	簡單的說，國富 經濟成長品質低的深層次原因在於市場經濟（即民營企業）比重低，以及政府對經濟運作的強力干預，主要表現如下。	反貪

表 5.3（續）

經濟目標	問題（背景）	對策（十一五規畫）
	1. 財產權結構體制改革滯後，尤其是國營公司的市場化程度有限，不利於通過市場機制提高投資的經濟效益。 2. 土地資源管理制度缺乏規範、長效，容易引發盲目投資。 3. 環境和資源的使用成本過低，社會軟約束（例如輿論、人民監督）有限，難以形成相應的節約資源的激勵和約束機制，容易導致低水準擴張與重複投資。 4. 金融體制不健全，金融數據失真，不利於產業結構升級、資金配置效率的提高，以及金融體系改革的深化。 5. 財政稅收體制不利於消除政府過多干預經濟的內在動因。	
(二)區域發展	東部沿海地區已不再具備原來發展勞動密集型產業的優勢。	統籌區域發展，在遵循「西部開發、東北振興、中部崛起、東部率先」的大框架下，充分考慮各區域的資源環境承載能力，統籌人口分布、經濟布局、城市格局和基礎設施建設。中西部地區可以承接東部沿海發達地區傳統產業的轉移。

表 5.3（續）

經濟目標	問題（背景）	對策（十一五規畫）
(三)城鄉差距	城鎮居民享受較高社福與政府公共服務資源。	積極穩妥地推進城鎮化，走一條有利於產業聚集、資源節約、環境改善、布局緊湊的城鎮化新路子，引導各地區因地制宜，注重促進產業聚集和完善城市功能，形成合理的城鎮布局和規模結構。 隨著各地區城鎮化水準的提高，人民生活水準有較大提高，區域差距擴大的趨勢有可能放慢，社會和諧程度應當有較大提高。
(四)社會福利制度	社會不公平問題，經濟發展與社會發展「一條腿長，一條腿短」的問題。	統籌經濟社會發展，實施社會「福利」（中國大陸稱為社會保障）制度，例如蓋保障房。

資料來源：大部分整理自胡雲華，「中國『十一五』規畫的經濟戰略與遠景分析」，台灣經濟研究月刊，2005 年 10 月，第 57～61 頁。

二、考慮了兩岸關係

十二五規畫是經濟計畫第一次獨立出港澳台篇章，為什麼要這麼安排？胡鞍鋼強調，港澳因一國兩制，兩個特區政府希望獲得中共中央的支持與定位，因此空前強烈要求中央政府在十二五規畫中給予定位。

專章規劃香港為國際金融、貿易、航運中心，建議澳門成為世界級休閒旅遊中心。未來香港、珠海、澳門大橋的基礎設施一體化，將會加速中港與中澳雙邊貿易，也會強化兩地的國際地位的發展。

至於片面把台灣納入，胡鞍鋼表示，主要是希望十二五規畫能完全落實兩岸經濟合作架構協議（ECFA），積極構建兩岸經濟合作、促進雙向

投資，加強新興產業，金融業等服務業的合作等。短期內，中共主要想促成雙邊經濟一體化。

三、十二五規畫的指導原則

胡鞍鋼認為，五年計畫編製已經形成有效的公共決策機制，體現了決策過程的「三化」：科學化、制度化和民主化。

第三節　十二五規畫的編製程序

十二五規畫編製過程是一個公共政策決策過程，它反映中國大陸特有的政治體系內所發生的一系列政治過程，胡鞍剛、鄢一龍在《紅色中國綠色錢潮》一書中大體上可以分為表 5.4 中相互連接的 11 個步驟；本節針對其中一些步驟詳細說明。

表 5.4　十二五規畫的編製過程

程序	時間	部門	活動
一、規劃			
(一)中期評估：針對十一五計畫	2008 年 3～12 月	發改委	發改委開展、各部會對本部門的十一五專項規畫實施情況進行評估；地方各級（主要是省級）政府也都對本級政府的十一五規畫實施情況評估；第三方獨立評估。 1. 議題 發改委提出 8 個領域 39 個題目的十二五規畫前期重大問題，參與的專家達數千人、研究人員上萬人，形成的研究報告文字在幾百萬字。

表 5.4（續）

程序	時間	部門	活動
			2.第三方獨立評估 清華大學國情研究中心受託，跟國務院發展研究中心和世界銀行駐華代表處三家研究機構，分別獨立對十一五規畫實施情況進行中期評估。到 2008 年底，胡鞍鋼組建「十二五規畫總體思路與目標」課題組。
(二)前期研究：針對十二五規畫	2008 年 12 月～2009 年底	發改委	「十二五前期研究」包括進行基礎調查、資訊搜集、課題研究以及納入規畫重大項目的論證等前期工作。對於同一個重大題目，發改委曾委託 70 餘個國內外機構，針對許多重大發展問題進行的研究，以便廣納善言。發改委提出十二五規畫的前期重大問題，專家及研究成果直接為起草《十二五規畫綱要》。 自 2009 年 9 月開始，國務院確定了由 28 個部會共同對 17 個問題進行深入研究後，成立策略研究組。
(三)基本思路	2009 年底～2010 年 2 月	發改委	1. 根據前期研究結果，發改委起草了基本思路意見稿，在徵求各方面意見之後，向黨中央、國務院彙報。

表 5.4（續）

程序	時間	部門	活動
			2. 中央政治局常委達成政治共識，通報各方，統一認識，進行政治動員。 2010 年 2 月初胡錦濤、溫家寶、習近平、李克強等 4 位中央政治局常委在中央黨校省部級主要領導幹部落實科學發展觀加快經濟發展方式轉變專題研討班上的講話，為十二五規畫的基本思路定調。
(四)中央《建議》起草階段	2010 年 2～10 月	共產黨黨中央（即政治局常委會）	2010 年 2 月，中共中央和國務院聯合成立「五年規畫起草小組」，由李克強擔任組長。起草小組主要是由國務院研究中心、發改委以及各部門人員參與。中央政治局對《建議》進行多次討論。李克強參與 10 次會議，把所有的意見和建議提供給各個部會，才寫出第一稿。從 2010 年 3 月初全國人民代表大會閉幕之後，政治局 9 位常委和其他委員分赴各地進行專題調研；各階段的起草小組工作人員經常性地進行深入調研。同時發改委赴東部、西部、中部 3 個地區專題調研。最後形成《建議》的討論稿。

表 5.4（續）

程序	時間	部門	活動
(五)通過中央《建議》	2010 年 7 月 15～18 日	中共十七屆五中全會	中共 17 屆 5 中全會審議和通過中共中央關於十二五規畫的《建議》，對外公布。 10 月底，公布黨版十二五規畫，共兩萬字、12 部分、56 條文。
(六)制定綱要	2010 年 10 月～2011 年 2 月	發改委	發改委參與中共中央《建議》起草工作，另一方面，發改委也同步起草《綱要》草案。 在中共中央《建議》公布後形成《綱要》文本初稿，之後跟各方協調，且進行不同規畫項目之間的銜接與協調。
(七)國家規畫專家委員會論證	2010 年 10 月～2011 年 1 月	發改委	溫家寶參與了 5 次（每次半天）分組討論，包括經濟、科教文衛、社會各階層、各民主黨派意見，最基層的農民工也參加了討論。且隨《綱要》一起報送全國人代會參考。
(八)廣泛爭取內外部意見	2011 年 2 月～3 月 5 日	從發改委、國務院到人大	分發給各個省市，各省市、各黨派中央、各社會團體進行討論，提出了意見，溫家寶用一整天的時間，聽取這些意見後形成第六稿。 包括發改委網站闢建言專區；國務院召開不同代表性的座談會；全國人大財經委員會初審；各地人大組織全國人民代表提前審議。

表 5.4（續）

程序	時間	部門	活動
(九)全國人大審議與批准《綱要》	2011 年 3 月 5～14 日	全國人大第十一屆全國人代會第四次會議，對政府工作報告十二五規畫等議案，表決。	十二五年規畫綱要（草案），共 16 篇、62 章。提交全國人大第十一屆第四次會議，全國人代與政協委員分組討論、提出修改意見，最後批准，得票率 96%。
(十)公布	2011 年 3 月 16 日	國務院	公布《十二五規畫綱要》
二、執行			
(十一)規畫實施	2011 年 4 月起	國務院	國務院按照職責分工，把《綱要》提出的主要目標和任務分解落實到各地區、各部會，明確約束性指標的責任部會，約束性指標的地區分解，建立約束性指標的公報制度，把約束性指標納入各地區、各部會經濟社會發展綜合評價和績效考核，組織全國實施。

一、步驟一：前期規畫的中期評估

基於政策的延續性，十二五規畫的第一步是針對十一五規畫進行「期中評估」，「期中」名副其實，就是在十一五規畫的五年中的第三年

（2008 年），可以預估目標達成率，來調整十二五的目標水準。十一五規畫的中期評估，我們沒有資料，此次依序說明學者們評論、胡鞍剛打分數和溫家寶自評。

1. 胡鞍鋼等對十一五規畫的評估

清華大學教授胡鞍鋼是學者中參與十一五、十二五規畫頗深的學者。

總結十一五規畫，胡鞍鋼分析，在 24 個關鍵指標當中有 22 個實現，（二個未實現部分詳下段說明），創目標達成率最高紀錄；以「市場」、「政府」兩隻手來說，十一五規畫中有關政府提供公共服務的「約束性」類型指標全部兌現。

2. 溫家寶的總評

溫家寶對十一五規畫的中期評估，可用 2011 年 3 月 5 日，溫家寶在人大會議作政府工作報告來看，他認為十一五時期經濟發展中的不平衡、不協調、不可持續問題有五。

・經濟成長的資源環境約束強化

胡鞍剛的解讀是單位產值耗能指標要減少 20%，實際只達到 16%，此導致「人與自然」的矛盾。

・投資與消費關係失衡；

・所得分配差距大；

胡鞍剛認為這導致「人與人」的矛盾。

・科技創新能力不足；

胡鞍剛的說法是研發密度（即研發費用／GDP）只有 1.01%，未達 2% 的目標。

・產業結構不合理；（註：主要是服務業產值比重低）

另外胡鞍剛還加上二項。

・出口導向成長方式：此導致「中國大陸跟世界」的矛盾。

・低就業成長方式。

二、步驟五：通過中共中央《十二五建議》

2010 年 10 月 18 日，中共十七屆五中全會閉幕，審議通過「中共中央關於制定國民經濟和社會發展第十二個五年規畫建議」，增補國家副主席習近平為中共中央軍委副主席。

據新華社發布的會議公報，重點如下：全會認為，中國大陸仍處於可以大有作為的重要策略機遇期，既面臨難得的歷史機遇，也面對許多可以預見和難以預見的風險挑戰。要增強機遇意識和憂患意識，透過全面改革（詳見圖 5.1），主動適應環境變化，有效化解各種矛盾。

三、步驟七：國家規畫委員會論證

在 2011 年 1 月 20 至 27 日，溫家寶在中南海主持五次座談會，徵求對《政府工作報告（徵求意見稿）》和《國民經濟和社會發展第十二個五年規畫綱要（草案）（徵求意見稿）》的意見。

與會產、官、學界人士認為，人民幣匯率機制改革、糧價問題、科技創新、創立自主品牌及擴大內需等議題，是中央政府下一階段必須高度關注的課題。

四、步驟九：人大通過

人大制度和政協制度是中國特色社會主義民主政治的重要組成部分，合稱「兩會」，有二個層級如下。

- 「全國」兩會；
- （各省市）「地方」兩會。

由表 5.5 可見，全國人大是全國最高立法機關，國務院的五年規畫自然必須由人大拍板定案。

表 5.5　全國人大與政協的職權與法源

	人大	政協
1. 法源	《中華人民共和國全國人民代表大會和地方各級人民代表大會代表法》（簡稱《代表法》）從 1954 年人大建立。	《中國人民政治協商會議章程》（簡稱《政協章程》）
2. 職權	全國人大是最高國家權力機關，也是最高立法機關。 人大代表「依照憲法和法津賦予本級人民代表大會的各項職權，參加行使國家權力」，包括行使選舉權和罷免權等國家和地方重大事務的決定權。 《憲法》規定「全國人民代表大會是國家的最高權力機關，擁有最高立法權、高層任免權、對一府兩院的監督權和重大事項的決定權」。	人民政治協商會議是人民愛國統一戰線的組織，是中國共產黨領導的多黨合作和政治協商的重要機構。 人民政協的主要職能是「政治協商、民主監督、參政議政」，這些委員「有通過本會會議和組織充分發表各種意見、參加討論國家大政方針和各該地方重大事務的權利，對國家機關和國家工作人員的工作提出建議和批評的權利，以及對違紀違法行為檢舉揭發、參與調查和檢查的權利」。
3. 選出方式	根據《代表法》，各級人大代表都是「依照法律規定選舉產生」，象徵選民意志，代表選民利益。	根據《政協章程》，政協委員是經政協常委會「協商邀請」產生的，人民政協是政治生活中發揚社會主義民主的重要形式。

五、2011 年 11 月起，各部會政策出籠

2011 年 11 月起，十二五產業規畫進入密集發布期。工信部印發《鋼鐵工業十二五發展規畫》、《電子認證服務業十二五發展規畫》，商務部會同 33 個部門歷時 2 年制訂的《服務貿易發展十二五規畫綱要》發布；國土資源部印發《礦產資源節約綜合利用十二五規畫》。

各產業規畫虛中有實，這也成為各家業者競爭焦點。市場人士認為，在包括《國家策略性新興產業發展十二五規畫》等重頭規畫頒布後，各個

產業的「淘金期」也將隨之而來。

第四節　十二五規畫的核心——城鎮化

城鎮化是國家工業化的過程與結果，2012 年 12 月 15 日，中共中央經濟會議把城鎮化作為多項經濟社會目標的政策工具。

由圖 5.1 可見城鎮化比率，1978 年城鎮化比率 17.9%，城鎮化的腳步直到 1990 年才快速發展，由 26% 快速上升，到 2012 年 52.57%，大抵是工業化發展的結果；2013 年起，再加上政策助力，政策目標是 2030 年城鎮化比率 65～70%（有些人簡稱 70%）。因此，有許多人把 2013 年稱為新型城鎮化元年。

一、城鎮化導論

本段說明城鎮化的定義和衡量方式。

(一)城鎮化定義

城鎮化比率是指「城鎮人口除以全國人口」，當超過 50%，象徵由農村型社會邁入城市型社會，歐美國家大都在 70% 以上。2010 年，城鎮化比率 50.7%，是社會結構變化的分水嶺。

(二)城鎮化衡量方式

城鎮化有二種衡量方式，詳見表 5.6，差異甚大，以 2012 年為例。

1. 依戶籍人口計算

依戶籍人口計算，城鎮化比率 36%。

2. 依實際居住人口計算

由於農民工入城，依實際居住人口來算，是報刊上最常引用的數字，詳見圖 5.1。

- 「城鎮化」一詞是由中共全國人大常委會委員辜勝阻於 1991 年在「非農化與城鎮化研究」的論文中首次提出，並於 1999 年中共第十五屆四中全會通過的「關於制定國民經濟和社會發展第十個五年計畫的建議」，首度出現在官方文件中。
- 「城鎮化」包括「城」（670 個）、「鎮」，有 19,000 個鎮（人口 5 萬人以上），城鎮的另一邊指的是鄉村。歐美都市化指的是「城」（例如 15 萬人以上），不包括鎮。

表 5.6　城鎮化程度　　2012 年

戶籍區分	人數（億人）	占人口比重	說明
(1)依常住人口	7.1	51.82%	常住人口指「經常居住在某地」的人口，還包括無戶口或戶口在外地而住本地一定時間以上的人，但不包括在本地登記為常住戶口而離開本地一年以上的人。
(2)依戶籍人口	4.85	36%	
(3)=(1)−(2) 流動人口	2.06 ・農民工 1.59 ・小城鎮 0.47	15.27%	2010 年流動人口（離開戶籍地半年以上）2.61 億人，比 2010 年大增 81.03%。一半以上的流動人口在非戶籍地居住 3 年以上，攜配偶、子女、父母一同流動的流動人口已占 66%，近 6 成的流動人口中子女隨父母一同流動。顯示城鎮化比重增加的同時，農民工「舉家遷移」或「長期居留流入地」趨勢明顯。

二、城鎮化對經濟的貢獻

城鎮化對經濟產出有二方面的影響，而且兼籌並顧。

(一)經濟成長

2012 年中共中央感受到經濟成長舊動力來源的老態龍鍾，需求面中出超對經濟成長率貢獻（詳見表 11.2）低，投資前景有限（因產能過剩，詳見表 4.6），因此亟需新動力來源；擴大城鎮化是一帖能達成經濟成長、所得分配平均的政策。在 2012 年 12 月中共中央經濟會議後發表文件中強調：「城鎮化是中國大陸現代化建設的歷史任務，也是擴大內需的最大潛力所在，」2013 年經濟工作的主要任務，是積極穩妥推進城鎮化，著力提高城鎮化品質。

2001 年諾貝爾經濟學獎三位得主之一史蒂格里茲（Joseph E. Stiglitz）指出，21 世紀將影響世界的兩件大事，一是中國大陸城鎮化，二是美國的高科技。城鎮化主要是創造需求，對擴大內需，具有重要的策略意義。

(二)所得分配

所得分配不均主要在於分區發展，沿海地區城鎮化比率高，但內陸（例如雲南省 2012 年 39.3%）低；因此呈現出城鎮農村居民所得比 3.2 倍（詳見圖 5.1）。

鄉村升格為城鎮，農民轉「戶口」分為農村人口和城鎮戶口，戶籍則和福利待遇、就學和就業常掛鉤，通常城鎮居民在 60 種福利待遇優於農村人口，兩者之間共 60 多種不平等的福利鴻溝。

三、城鎮化對產業結構的影響

城鎮化對產業結構有結構變動的效果，可以減緩工業過重所帶來的後遺症（都市擁擠、汙染等）。

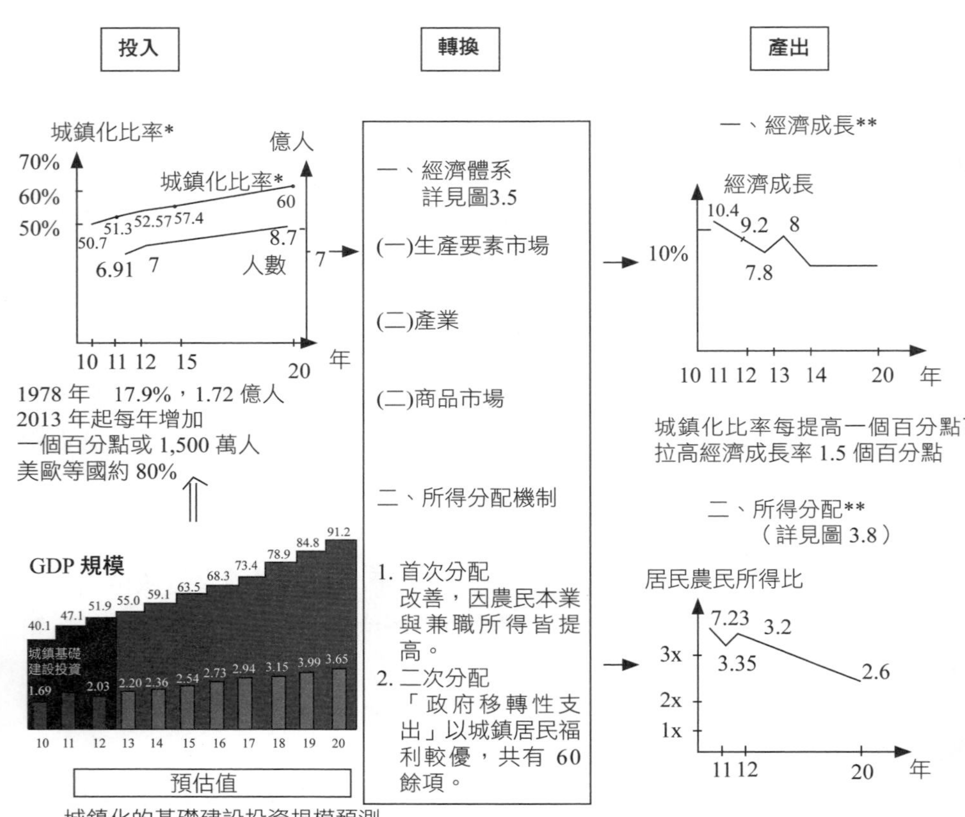

*資料來源：中國社科院城市化藍皮書，2012 政府工作報告

**資料來源：國家統計局、中國銀行相關研究

註：本圖各小圖為了節省篇幅，X 軸（年）省略 20。

圖 5.1　城鎮化對經濟的影響

(一)農業

透過農民入城，土地出讓，整合小塊零散農地為大塊農地，有助於採取機械化耕種的農業現代化。三農問題可畢其功於一役的解決，「農村」

由分散式、浪費農地，變成新穎、節約用地；「農民」透過土地出讓（與出租）而享有一筆錢，而「新農民」（包括農業公司）則藉由機械化耕種而大幅提升生產力，所得提高。

2. 工業與服務業

產業（尤其是工業）發展帶來就業，這是農民進城的必要條件。

(二)對生產要素的影響

因為農業現代化可以釋放大量的勞動力，加快農業勞動力向製造業及服務業轉移，而製造業及服務業的群聚，自然就形成了城市。

四、城鎮化的作法

2013 年第三季，國務院公布《新型城鎮化發展規劃》，但許多省市早已訂定 2013～2017 年城鎮化目標。

(一)戶籍與土地制度改弦更張

戶籍制度改革，取消上學、買房、就業、社會福利的限制，不再跟戶籍掛鉤，降低農民進城的門檻。

(二)城市群發展

該計畫涉及 20 多個城市群、180 多個地級以上城市和 2 萬個鎮的建設。其中，在東部地區優化提升京津冀、長三角與珠三角城市群，把其打造成為更具國際競爭力的城市群；在中西部資源環境承載能力較強的地區，培育壯大一些城市群。

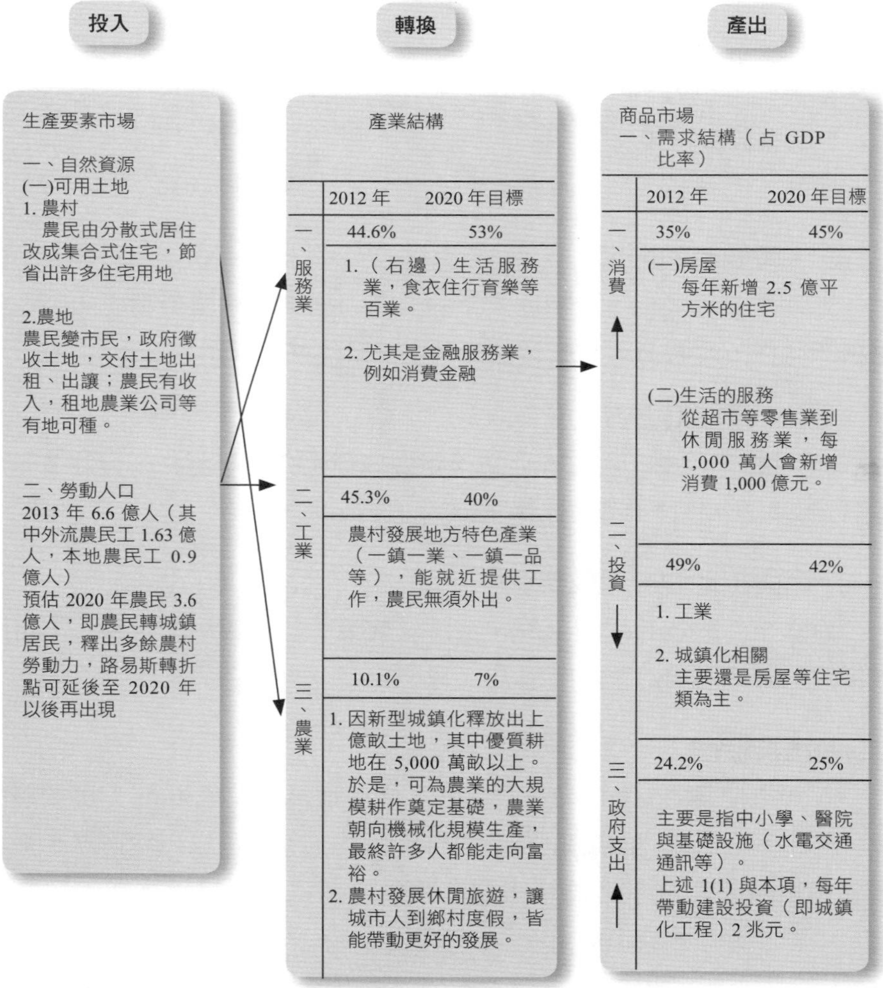

投入　　**轉換**　　**產出**

生產要素市場

一、自然資源
(一)可用土地
1. 農村
農民由分散式居住改成集合式住宅，節省出許多住宅用地

2.農地
農民變市民，政府徵收土地，交付土地出租、出讓；農民有收入，租地農業公司等有地可種。

二、勞動人口
2013 年 6.6 億人（其中外流農民工 1.63 億人，本地農民工 0.9 億人）
預估 2020 年農民 3.6 億人，即農民轉城鎮居民，釋出多餘農村勞動力，路易斯轉折點可延後至 2020 年以後再出現

產業結構

	2012 年	2020 年目標
一、服務業	44.6%	53%
	1.（右邊）生活服務業，食衣住行育樂等百業。 2. 尤其是金融服務業，例如消費金融	
二、工業	45.3%	40%
	農村發展地方特色產業（一鎮一業、一鎮一品等），能就近提供工作，農民無須外出。	
三、農業	10.1%	7%
	1. 因新型城鎮化釋放出上億畝土地，其中優質耕地在 5,000 萬畝以上。於是，可為農業的大規模耕作奠定基礎，農業朝向機械化規模生產，最終許多人都能走向富裕。 2. 農村發展休閒旅遊，讓城市人到鄉村度假，皆能帶動更好的發展。	

商品市場
一、需求結構（占 GDP 比率）

	2012 年	2020 年目標
一、消費	35%	45%
	(一)房屋 每年新增 2.5 億平方米的住宅 (二)生活的服務 從超市等零售業到休閒服務業，每 1,000 萬人會新增消費 1,000 億元。	
二、投資	49%	42%
	1. 工業 2. 城鎮化相關 主要還是房屋等住宅類為主。	
三、政府支出	24.2%	25%
	主要是指中小學、醫院與基礎設施（水電交通通訊等）。 上述 1(1) 與本項，每年帶動建設投資（即城鎮化工程）2 兆元。	

圖 5.2　城鎮化對生產要素、商品市場的影響

第五節　經濟政策的執行

要做到政策跟執行「無縫接軌」，其中關鍵之一在於省市政府執行力要高。在經濟學中稱為「執行時差」短。政府官員如何肯做（本節第一、二段）、能做（本節第三段），本節詳細說明。

一、政府官員努力的動機

在省市政府首長皆為官派情況下，國務院對省市政府便有獎罰權，依此而塑造政府官員努力的動機。

1. 蘿蔔與棍子

省市首長對國務院政策的執行力高，主要原因在於中共中央對地方政府的人事權。也就是地方政府官員為了想升官，會努力做到「使命必達」。

省市首長升官的原因有很多，站在中共中央的角度，「跟中央保持一致」是關鍵、必要條件。既然中央是「經濟掛帥」，因此省市政府努力拚經濟，省市首長親自到海外或國內外資公司招商情況十分常見，而且親自擔任重要投資案的專案主持人，以「統一窗口」方式，快速處理企業的投資設廠事宜。

2. 蘇州市是升官的典型樣板

從地方官一路升官最有名的例子便是江蘇省蘇州市（註：昆山市是蘇州市轄下的縣級市），市委書記往往會晉升到部長級。

一位蘇州市府官員說，蘇州市首長之所以能夠升遷比較快，在於蘇州市經濟發展較快，能夠適合中央政府發展要求，政績顯著。「在當今官員考核機制之下，如果沒有比較快的蘇州經濟發展的話，連續三任市委書記能夠高升省長是難以想像的。」

胡鞍鋼稱此為「地方政府積極性」，既要發揮中央政府的積極性，還要發揮地方政府的積極性，使其兩者的積極性更加激勵相容，從而發揮了集中力量辦大事的社會主義優越性，無論是在提供公共服務，進行公共投資，還是在處理各類災難、應對各種危機都可以做到「一方有難、八方支援」，舉全國之力，興辦全國特大工程。

二、地級市壓指標情況

地方政府首長是官派，首長為了升官，會要求下級政府達到指標，俗稱「壓指標」現象。

1. 行政監督

對地方政府首長的監督，採取行政、財務控制，改革開放前後皆採取「指標體系」，依指標項目來看目標達成率。

2. 指標內容主要來自經濟規畫

各省市還有因地制宜的部分，但經濟性指標仍屬重要項目。以吸引資金（以註冊資本額為指標）為例，省市政府所下達的指標通常會訂一個較中間的數值，不太高也不太低，而下級政府則參考過去的招商經驗以及稍微預測整體經濟的成長狀況來制定指標，而且通常是可以超過省市政府的要求。

3. 由上到下的指標

指標的分解下達主要是由省市發改委員會（省市發改委）來負責，21世紀以來，這些指標的強制性較低，可說是預測性指標。像國際引資的金額取決於國際資本的流動，不是省市政府所能操控的。

4. 壓指標

在省裡，主要是由地級市來下達指標給所轄縣市，而且強制把預測性指標詮釋為「剛性指標」，也就是一定要達成的，中國大陸稱為「壓指標」現象，尤其是縣轄市為了「衝業績」，可能提出比上級政府之預測更高的目標，甚至把指標達成率跟鄉鎮政府幹部的升遷考核綁在一起。

以十一五規畫為例，年平均經濟成長目標 7.5%，但是各級政府「層層加碼」，最後執行結果 10.02%。

三、能做

中央政府透過下列二道機制，讓省市首長「有能力」使命必達。

1. 有能力

在表 2.5、2.6 中，詳細說明中共中央組織部慎選省市幹部，有德有才者有機會出線，「外行指導內行」情況大幅降低。

2. 上下一心

中共領導人深知團隊精神的重要性，第三、四代國家領導人在省市首長的選任，有明顯的組織色彩。

改革開放路線底定後，派系就以現實及利益為主要畫分及考量，江澤民主政時就是上海幫；換成胡錦濤當政，就亮共青團的牌。像上海市長韓正也是出身共青團，經常的替換，卅一省市黨政首長中，曾在團中央及地方共青團任領導者，2013 年 4 月時達 84%，省市書記平均年齡 57 歲。

四、經濟「產出」

自改革開放以來，經濟突飛猛進，持續維持三十年平均 9% 以上的經濟成長率。1978 年總產值 2,500 億美元，是世界第十大經濟國，206 億美元的貿易總額，還落後於台灣 237 億美元。可是在鄧小平大力推動改革開放政策後，經濟實力就以驚人之勢快速成長。

五、中國大陸經驗

「奇蹟」是指比較出奇的事蹟，在經濟奇蹟方面，世界銀行在 1997 年時稱許台灣經濟為東亞奇蹟：1965～1990 年台灣經濟高成長（成長率 10%），吉尼係數維持在 0.28～0.3 的穩定情況。

中國大陸經濟發展，速度夠快，但所得分配惡化（詳見表 5.3 第一欄

二），所以有些人以「中國大陸經濟奇蹟」、「中國大陸模式」來形容中國大陸經濟發展的方式；但有人只以「中國大陸經驗」、「中國大陸發展」來形容。

討論問題

1. 中共政治局跟國務院間針對經濟政策採取怎樣的分權（授權）？
2. 十二五規畫符合科學發展觀嗎？請詳細說明。
3. 站在美國學者福山的角度，中國大陸的政治制度（民主集中式）是「中國大陸經濟快速發展」的必要條件，你的看法呢？
4. 1978 年時，中國大陸有實施「震盪療法」的條件（即全面實施民營企業）嗎？
5. 你覺得中國大陸改革開放的實績可以稱得上「經濟奇蹟」嗎？爲什麼？

第二篇
需求面 I

6

政府支出與財政收入

四橫四縱的高速鐵路是鐵公基基礎建設中的「鐵路」建設重點

（本書照片提供：今周刊）

政府是經濟領頭羊

由於政府在經濟中兼裁判與球員（需求端的固定資本形成與政府支出，而且占總產值比重高），因此本書把四大需求結構中的政府支出擺在消費之前。

第二、三節再說明政府干預經濟運作而失靈情況。

第一節　財政政策——政府支出與租稅政策

對市場經濟情況，政府透過經濟政策（貨幣政策、財政政策）來反景氣循環，在國家資本主義的中國大陸，可用的反景氣循環經濟政策更多（例如行政指導），因此財政政策的重要性就不那麼大，本書只用一節來說明。

限於篇幅關係，本書無法討論「中央與地方稅制」。

一、經濟政策

國務院的經濟政策目標明確，而且經濟政策工具較多，因此往往都能達到經濟目標，底下以圖 6.1 來說明。

(一)菲利普－歐肯曲線的導出

在菲利普曲線（1958）、歐肯法則（Okun's Law, 1962）的基礎上，我們可以導出（詳見本章附錄）菲利普－歐肯曲線（詳見圖 6.1 三）作為討論政府經濟政策的參考依據。

由圖 6.1 二、歐肯法則可見，「保八」的重要目標在於控制失業率在 5% 的上限內。

(二)中國大陸的情況

中國大陸經濟處於中低所得階段，因此國務院對經濟成長率、消費者物價上漲率皆有特定的上（下）限目標，詳見圖 6.1 三，底下說明。

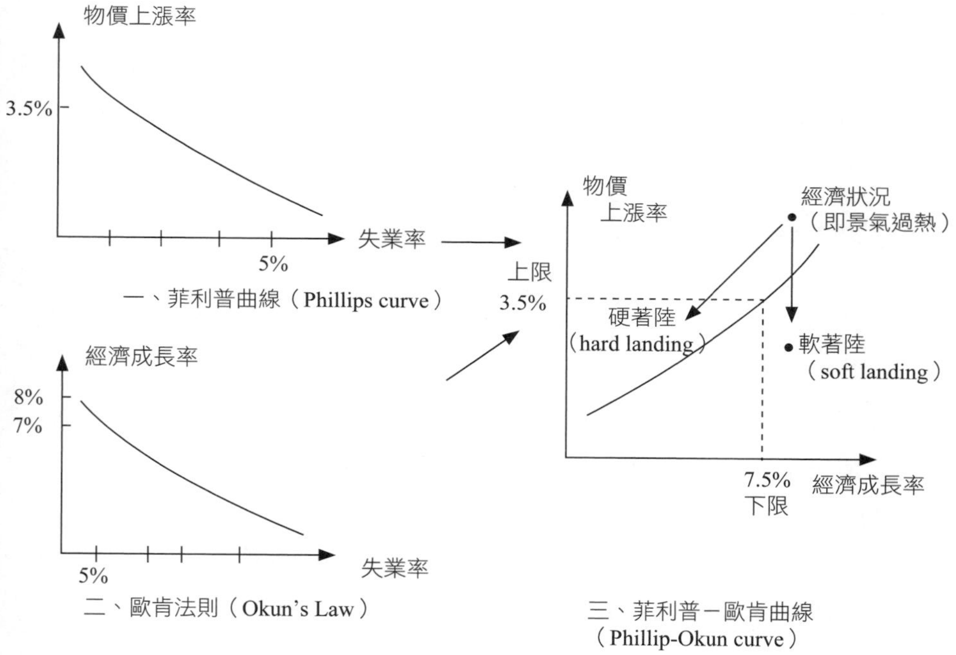

物價上漲率
3.5%
失業率
5%
一、菲利普曲線（Phillips curve）

經濟成長率
8%
7%
5%
失業率
二、歐肯法則（Okun's Law）

物價
上漲率
上限
3.5%
經濟狀況
（即景氣過熱）
硬著陸
（hard landing）
軟著陸
（soft landing）
7.5%
下限
經濟成長率
三、菲利普－歐肯曲線
（Phillip-Okun curve）

圖 6.1　經濟政策以達經濟政策目標

1. X 軸：經濟成長率——7%

2013 年 3 月 17 日，李克強首次以國務院總理身分面對媒體，李克強闡述未來執政方針，強調堅持改革，並以「拚經濟」為首要目標，他表示要實現 2020 年全面小康（詳第十四章第一節）的目標，需要年均經濟成長 7%，並不容易，但是利用內需推動經濟轉型，配合改革紅利，就能達到目標。

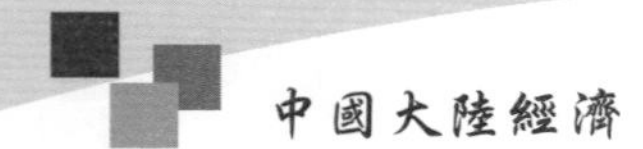

2. Y 軸：消費者物價上漲率上限 3.5%

在 10% 的高速經濟成長率、13% 的薪資上漲率情況下，國務院的消費者物價上漲率紅線為 3.5%。

(三)每年經濟目標

每年 12 月中旬的二天，中共中央、國務院會召開中央經濟工作會議省市首長、國營企業董事長與會，總結一年來經濟工作成績，並定調來年經濟政策、部署經濟工作。

(四)經濟政策（中國大陸稱為宏觀調控）

面臨景氣過熱甚至停滯性物價上漲（stag flation）時，國務院在需求面、供給面採取相關配套經濟政策以使經濟軟著陸（soft landing）。

1. 需求面

在需求面管理方面，主要是透過財政、貨幣政策以分別達到經濟成長、物價穩定的政策目標。

(1)擴張性財政政策以「穩成長」

面對金融海嘯期間（2009～2011 年）、歐債風暴（2012～2013 年），國務院主要透過擴張性財政政策中的擴大公共支出（含公營企業擴廠）來擴大內需。

(2)緊縮性貨幣政策以「穩物價」

主要是透過價格型貨幣政策工具（存款利率公定 3%）、數量型貨幣政策工具（法定準備率 21%、2011～2012 年新增貸款 8 兆元）等，以達成穩定物價的目標。

2. 供給面

針對穩定物價方面，在供給面的經濟政策，主要是擴大農產品的供給，尤其是養豬。

二、財政政策功能

財政政策的功能有三，詳見表 6.1 第一欄中的(一)～(三)，簡單說明於下。

表 6.1 財政政策的功能

財政政策功能	公共支出政策（G*）	租稅政策（T*）
一、經濟成長		
(一)資源配置	經濟建設支出 ・基礎設施建設 ・國營企業技術改革的利息補貼	略
(二)經濟調控	主要作用是反景氣循環 ・擴張性財政政策（expansionary fiscal policy），常見的方式是舉債支出。 ・緊縮性財政政策（contractionary policy），常見的是減少政府支出。	汽車下鄉政策，詳見表 6.2。
二、所得分配		
(三)所得分配	其他移轉補貼支出，或對家庭移轉補貼支出	「來自家庭移轉補貼支出」，簡單的說，民眾繳稅給政府

(一)資源配置功能

「經濟建設支出」是財政支出第一大項目，約占三分之一，在「經濟掛帥」前提下，經濟建設主要是水電交通等基礎設施。這就是「鳥巢說」的精神，把鳥巢弄好，鳥就會近悅遠來，把投資環境中的硬體面弄好，再加上軟體面（行政效率、執法效率），如此便能「人盡其才，貨暢其流」，這是財政政策的主要功能。

1998 年是「資源配置功能」的分水嶺，國務院已逐步建立英美「公共」財政體制，即政府對資源配置以不損害市場機制為準則，並逐步收縮生產建設職能，退出經營性和一般競爭性領域，在保證國家機器運轉等公共需要和提供公共服務的基礎上，把經濟建設支出重點轉到基礎設施、公營企業、公共工程等方面。

(二)經濟調控功能

財政政策在「經濟」（中國大陸稱為宏觀）調控的功能，比貨幣政策的爆光率低，一方面是中央銀行（人民銀行）的貨幣政策操作頻率高（以調高存款準備率來說，幾乎二個月一次）；一方面是財政政策對經濟調控的重要性看似不高。

較近較有名的擴張性財政政策是 2008 年 9 月 15 日，全球金融海嘯後，為了因應全球景氣衰退拖累出口，因此透過下列二項財政政策以擴大內需，彌補外需缺口，詳見表 6.2。

1. 擴大政府支出

以 4 兆元規模，提前把交通建設（主要是鐵路運輸）作好，詳見表 6.8。但其中較有名的是 4000 億元的「家電下鄉」政策，對鄉村購買家電給予二成補貼，誘使農村家庭消費，也把家電業撐住，歷時三年（2009～2011 年）。此舉「保八」有功，2009 年經濟成長率 8.7%。

2. 減稅

主要是針對 1600cc 的汽車（主要是國產車）的營業稅打對折（5%），2009、2010 二年，造成汽車銷售熱潮，2010 年汽車銷量超越美國，成為全球汽車第一銷售量國家，詳見第八章第一節。

3. 效益目標與資金來源

針對投入 4 兆元振興經濟方案，2008 年 11 月 17 日發改委主任表示，該項刺激計畫將使經濟成長率每年提高 1 個百分點，而 2009 年的投資將達 20 兆元，以防止經濟大幅下滑。

資金來源部分包括新增中央政府投資為 1.8 兆元（占比約三成），其他七成來自地方財政、地方債券、銀行貸款、公司發債及民間投資。

外界憂心龐大投資方案將引來貪腐問題，張平強調，國務院組織 24 個檢查組，每個檢查組都有一位副部長級幹部帶隊，分赴各個省加強督促檢查。在實際操作中按程序辦事，在事後檢查中絕不放過任何一個項目、一個細節。

表 6.2 2009～2011 年擴張性財政政策

政府支出*			租稅政策
依 2009 年 5 月 21 日，發改委網站公布。			
對象	項目	金額（億元）	
一、產業			
(一)服務業			
(二)工業	1. 重大基礎建設（主要是交通、水利）	15,000 2,100	
	2. 節能減排（或稱生態環境）	 3,700	
	3. 創新產業（或稱「自主創新和產業結構調整項目」，針對 10 個產業）		
(三)農業	農村民生工程和農村基礎設施		
二、人民生活			*刺激消費措施 以 2010 年為例，（社會）消費品零售總額突破 15 兆元，達 15.46 兆元。
(一)食			
(二)衣			

表 6.2（續）

<table>
<tr><th colspan="3">政府支出*</th><th>租稅政策</th></tr>
<tr><th>對象</th><th>項目</th><th>金額（億元）</th><th></th></tr>
<tr><td>(三)住</td><td>災後重建，指 2008 年 5 月四川省汶川地震
住房改造（主要指保障房，尤其是貧民區的改造）</td><td>10,000
4,000</td><td>(一)家電
期間：2009.2～2012 年，共四年
政府補貼 4,000 億元
此期間家電銷量 2.98 億台、營收 7,204 億元</td></tr>
<tr><td>(四)行</td><td></td><td></td><td>(二)2009 年 3 月～2010 年共二年，2011 年延長一年，實施汽車下鄉政策。</td></tr>
<tr><td>(五)育</td><td>醫療衛生、文化教育事業</td><td>1,500</td><td><table>
<tr><th>項目</th><th>說明</th></tr>
<tr><td>1.政策考量</td><td>汽車業產值第二大。</td></tr>
<tr><td>2.補貼車型</td><td>包括微型汽車（1600cc 以下）、輕型卡車（Pickup truck），但不包括微型轎車。</td></tr>
<tr><td>3.補貼標準</td><td>規定具有農民購買汽車時，會獲得車價 10% 的政府補貼。</td></tr>
<tr><td>3.財政分擔</td><td>補貼資金由中央財政和省級財政分別承擔 80% 和 20%。</td></tr>
<tr><td>實行成果</td><td>車市在產銷數量方面迅猛成長，超越美國，成為世界第一位。以 2010 年為例，汽車銷量 1806 萬輛，其中舊換新金額 518 億元。</td></tr>
</table></td></tr>
<tr><td>(六)樂</td><td></td><td></td><td></td></tr>
</table>

(三)所得分配功能

由圖 6.2 可見，政府在所得分配中，扮演羅賓漢（英國小說中的俠盜）「劫富濟貧」角色，「劫富」是二次分配，指的是家庭完糧「納稅」。「濟貧」是三次所得分配，政府也把財政收入一部分移轉給中低所得戶等。所得分配體制改革總體方案的起草在 2004 年啟動，由發改委主導。2010 年初和 2011 年 12 月，發改委曾兩次把方案上報國務院，但均未通過。 2012 年 10 月，原則性規定公佈，改革步驟是透過政府減稅、企業讓利、提高薪資，讓三方間利益分配結構趨向合理。

1986 年以來，財政支出中的「社會保障和就業支出」、「住房保障支出」大抵穩定，以 2012 年為例。

- 占國內生產毛額比率 3.53%：其值每年微幅提高，顯示政府越來越注重社會福利等。
- 占財政支出 17%：其值每年微幅提高。

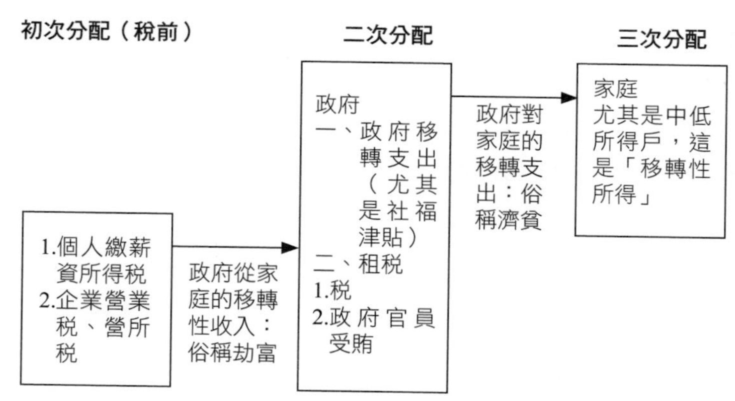

圖 6.2　政府財政政策在二次、三次所得分配的功能

2013 年 1 月，國家統計局公布 2003～2012 年的吉尼係數，由圖 6.3 可見，以 2008 年的 0.491 最高，顯示世界金融危機造成嚴重所得分配不均狀況，尤其使得原本所得就低的族群情況更加惡化，2012 年吉尼係數 0.474，則有緩步改善趨勢。

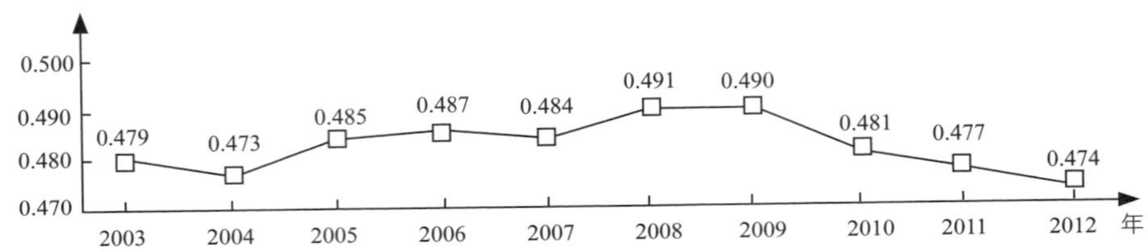

資料來源：國家統計局

圖 6.3　吉尼係數

(四)個人所得稅制的微幅調整

2011 年，財政部推動個人所得稅改革，著眼點在於「減稅」以擴大家庭的「稅後所得」，進而使「民富」，帶動消費，使消費成為繼「出口」、「投資」之後，第三匹拉動經濟「馬車」的「馬」。

1. 調整原因：從國富到民富

許多國家的個人所得稅免稅額訂有物價調整條款，當物價水準累積超過 3%，免稅額自動調高，即在同樣所得水準下，民眾可以少繳稅。

中國大陸的個人所得稅制並沒有跟物價連動，而是採取人為調整，1994 年實施《個人所得稅法》以來個人所得稅免徵額（或起徵點）共調整過三次，第一次是 2006 年 1 月免徵額從 800 元提高到 1,600 元，第二次是 2008 年 3 月免徵額從 1,600 元調整到 2,000 元；第三次是 2011 年 9 月，由 2,000 元調高到 3,500 元。

由於個人所得稅免稅額未與時俱進，名目薪資隨物價調高，在累進所得稅制下，個人所得稅須繳得比調薪幅度多，以致個人所得稅成長率顯著高於居民所得成長率。

不過，上述是只看變動率，以「家庭租稅負擔率」的角度來看，2010年只有 2.9%，算是低稅負的國家。

$$\text{家庭租稅負擔率} = \frac{\text{家庭租稅支出}}{\text{家庭所得}}$$

$$2010\text{ 年} = \frac{0.4837\text{ 兆元}}{16.6648\text{ 兆元}} = 2.9\%$$

租稅收入以間接稅為主，直接稅比重較少，2012 年個人所得稅占租稅收入比重僅 5.78%。

2. 個人所得稅制改革方式

個人所得稅制的改革有下列二措施，詳見表 6.3 說明。

(1)薪資扣除額

個人所得稅免徵額的全稱是「工資薪金所得減除費用標準」，其用途是為了體現居民基本生活費用不納稅的原則。當居民維持基本生活所需的費用發生較大變化時，減除費用標準也應相應調整。

財政部和國稅總局表示，個人所得稅免徵額是根據「城鎮居民消費性支出指標」測算的，按照每一就業者供養 1.93 人的標準測算就業者負擔的平均消費支出。

(2)所得稅累進稅率

由表 6.3 可見，個人所得稅累進級距由 9 級減少到 7 級，目的在減少中低薪者的稅率。

表 6.3　個人所得稅制改革

項目	十一五	十二五（2011 年 6 月 30 日，人大通過）
一、租稅改革		
1.稅率	5～45%，共 9 級，採累進稅率。 2008 年所得 12 萬元以上納稅人自行申報的人數為 240 萬人，約占全國個人所得稅納稅人數 3%；繳納稅額為 1,294 億元，占全國個人所得稅總收入的 35%；自行申報人員多集中在電力、金融、石油、電信等產業和公司股東、企業高階主管等職業。	減少到 7 級 稅率／所得額 45%／80,000 以上 35%／55,000～80,000 30%／35,000～55,000 25%／9,000～35,000 20%／4,500～9,000 10%／1,500～45,00 3%／不超過 1,500
2.起徵點（即免稅額）	2,000 元 65% 的個人所得稅來自勞工受薪階層，跟大多數國家的所得稅稅額結構有一定程度的差別。	3,500 元，以降低中低所得者稅負，納稅人數由約 8,400 萬人減至約 2,400 萬人。這意味著有約 6,000 萬之前須納個稅的人不需要再繳納個人所得稅。以 2 億勞工來說，只有 12% 須繳稅。
二、影響		
(一)稅收		據財政部估算，調整個人所得稅率徵收標準後，全年合計減少財政收入約 1,600 億元，其中調高起徵點使稅收少收 160 億元。
(二)消費		月薪 1 萬元以內人民受益最明顯，增加所得幅度 3～4%。以城鎮居民邊際消費傾向 0.5 估算，可以拉動新增消費支出 800 億元（即 1,600 億元×0.5），跟 2010 年 15.7 兆元的零售額相比，拉動消費成長約 0.50%。

3. 踏出一小步

個人所得稅主要是針對薪資「分類徵收」，還未實施綜合所得徵收，主因是稽徵困難，例如自營事業所得。但有些學者指出財產交易所得（房屋、股票）才應該是主要稅基。要達到所得、財富分配公平，應該從這地方下手，而不是在升斗小民中去區分「小富、小康」。

4. 接著，再加大所得改革幅度

以所得十分類法來說，所得最高 10% 家庭跟最低 10% 家庭的可支配所得倍數，已從 1998 年的 7.3 倍上升至 2011 年 23 倍。

從 2004 年起，發改委就業與收入分配改革司就著手制定《收入分配體制改革總體方案》，其內容包含如何縮小所得差距、壟斷行業收入過高、如何有效控制灰色所得等問題，於 2013 年出爐。

三、財政政策的分類

財政政策可依支出、收入來詳細區分。

(一)財政支出政策

2012 年財政支出占國內生產毛額 24.2%，多年來比重較高的的一年；但跟改革開放前，約低了三個百分點。

一般來說，國務院滿遵守財政紀律，以追求財政平衡。在以黨領政的中國大陸，國務院能有這麼高的自我約束力真是不容易。

英美等國皆立法設定舉債上限以免「公債拖累國家」，常見標準如下。

- 流量限制：例如單年舉債上限：每年舉債不得逾政府預算（支出）的 15%；
- 存量限制：例如債務餘額占前三年平均國內生產毛額的四成以內。

(二)財政收入政策

財政收入 86% 來自稅收，稅收成長率高於經濟成長率，這表示政府是經濟成長的最大受益者。主因在於間接稅占稅收 75%（以 2012 年為例，其中增值稅就占 28.26%、消費稅 7.83%），而汽車交易與房屋交易的營業稅（占稅收 15.65%），因車市、房市熱絡，因此超徵。

*租稅負擔率

中國大陸的租稅負擔率 19.37%（詳見表 6.4），屬中上水準，跟韓國（20.7%）、日本（17.3%）相近，比高標準（像北歐國家中的瑞典）等社會福利國家（34.8%）低。

表 6.4 2010～2012 年中央政府租稅收入

項目	2010 年	2011 年	2012 年
一、租稅	國家稅務總局公布 2010 年財政收入 8.7268 兆元，是全球第二大財政收入國，非稅收入為 9878 億元，年成長 9.8%，主要是把部分原實行預算外專戶管理的行政事業性收費納入預算管理。	財政收入 10.37 兆元，占總產值 22.06%。	1. 財政收入 11.72 兆元
1. 金額	7.739 兆元占財政收入的 88%，為財政收入的主要來源。	8.97 兆元，占 86.5%	10.06 兆元，占 85.84%
2. 成長率	22.4%，但是經濟成長率才 10.3%	22.6%	12.1%，已大幅降低
3. 稅收占 GDP 比重：租稅負擔率	19.4%，世界銀行認為合理上限 20% $=\frac{\text{租稅收入（含金融營業稅與健康福利捐）}}{\text{國內生產毛額}}$	19%	19.37%

表 6.4（續）

<table>
<tr><th>項目</th><th colspan="2">2010 年</th><th>2011 年</th><th>2012 年</th></tr>
<tr><td rowspan="3">二、稅收
(一)租 稅
來源</td><td colspan="3">稅收分八大種，其中的九成，我們依直接、間接性質分成下列。</td><td rowspan="3"></td></tr>
<tr><td>是否可轉嫁</td><td>間接稅（可轉嫁）</td><td>直接稅（不可轉嫁）</td></tr>
<tr><td>對象</td><td>一、交易稅
1. 商品交易稅
中國大陸稱為「流轉稅率」：包括（零售業）增值稅（稅率 17%）、消費稅、營業稅，共占租稅收入 36.3%
2. 行為稅類
證券交易稅、契稅、車輛購置稅等
二、關稅
2012 年 1.48 兆元，占租稅收入 14.7%</td><td>一、家庭
(一)所得稅：個人所得稅，2012 年 5,820 億元，占租稅收入 5.78%。
(二)財產稅類：房產稅、城市房地產稅、遺產稅
二、公司
(一)所得稅：企業所得稅，占租稅收入 19.54%
(二)資源稅：包括資源稅、城鎮土地使用稅</td></tr>
<tr><td>(二)所 得
稅 地
區 分
配</td><td colspan="2">東南 5 省貢獻的個稅占全國一半。
且在區域分布上，東、中、西三個區域稅收收入分別成長 21.1%、23.5% 和 29%。</td><td></td><td></td></tr>
</table>

(三)財政健全

由政府財政收支餘絀狀況，可以衡量財政健全，而這又可分為狹義、廣義兩種計算方式，詳見表 6.5，底下簡單說明。

1. **狹義算法（只考慮中央政府）**

只考慮中央政府的狹義算法是全球通用的，2011 年的公共債務 7.2 兆元占國內生產毛額比只有 15.3%，離國際警戒線還有很遠距離。

國際三大信評公司中的穆迪，2013 年 5 月對中國大陸的外幣與本國幣貨信託等維持在最佳的「Aaa」級，經濟實力為「高」，體制實力為「中等」，政府財務實力為「極高」，對突發事件風險的敏感性相對較低並且可控。

2. **廣義算法（考慮地方政府和公營企業）**

廣義算法是公共債務包括全部政府（中央與地方政府、公營企業），公共債務占總產值比約 77%，那就超越國際警戒了。

地方政府不准發行債券，因此其融通方式，大都透過「特殊目的公司」（SPV），即成立土地開發公司（中國大陸稱為地方融資平台）向銀行借款。

表 6.5　公共債務占總產值比率

比重	計算基準	機構
	廣義算法 77%	包含地方政府，很多大型國營企業（包括鐵路公司）、中央部會所持有的債務。
75%		
60% 國際警戒線		國務院發展研究中心發布《中國政府性債務風險評估與政策建議》中揭露，截至 2010 年底中央和地方政府負債總額為 23.76 兆元，占 2010 年全年總產值 59.7 %，接近國際公認的負債率 60% 的警戒線，這到 2012 年底並沒有大變動。
45%	狹義算法 17%	2010 年底中央政府的債務餘額是 1.03 兆美元，占國內生產毛額的 17% 左右，遠低於美國（2011 年 102.6%）、日本（2011 年 204.2%）和歐盟（2010 年 80%）等主要經濟體的債務占國內生產毛額比重。

第二節　政府失靈——兼論政府官員貪腐

在經濟學中談到，由於市場失靈，因此政府干預市場以拯救經濟。大陸屬於國家資本主義，政府（含公營企業）是經濟中「可見的手」。隨著民營企業的蓬勃發展，對比之下，政府失靈的現象就越來越明顯。

在瑞士洛桑市國際管理學院等的國家競爭力評比中，政府效能是其中一大項，也影響著市場經濟的效率。

一、政府失靈的原因

在自由經濟國家，「政府失靈」往往指的是「政府干預市場來得太晚（認知時差）、太少（決策時差）或太慢（執行時差）。甚至有時政策下錯藥，以致弄巧成拙。」

但是在中國大陸，由於具有地方發展主義、GDP 掛帥兩種特色，因此政府失靈的內涵也不一樣。

二、政府失靈的影響

政府失靈影響經濟的傳遞過程，可參見圖 6.4，詳細說明如下。

(一)投入面分成二方面

中國大陸政府在經濟中，對投入面、需求面都插手，其後遺症如下。

1. 供給面

政府在經濟中扮演裁判（即省市經濟發展局核准公司營業執照），中國大陸稱為「市場准入」、拿到「批文」。另一方面，公營企業扮演球員，公營事業打起球來，就有政府的裁判優勢。

同樣的，有些民營企業賄賂政府官員，讓自己可以加入「贏者圈」（winner's circle），在寡占甚至獨占的市場結構下，賺「準租」（嚴格來說，準租是針對生產要素的超額報酬，而超額盈餘是指公司經營的超額盈餘）。中國大陸把這攀親帶故、賄賂政府官員以圖利自己公司的行為稱為「尋租」（rent seeking，因此正確用詞是尋求超額盈餘）。上榜的企業往往不是一流企業，因此資源的運用比較缺乏效率。

2. 需求面

政府支出是四項需求之一，約占國內生產毛額 24.2%，如果把公營企業（主要是「投資」一項）算進來，至少占 28%。

政府官員挪用公款、職務消費造成政府支出的漏損，使政府支出的運用效率七折八扣，另一方面，由於有些官員國庫通私庫，造成三度分配的不公平。

(二)轉換

在經濟的轉換中，政府失靈會經由這兩項影響「產出」。

1. 資源配置

市場經濟中優勝劣敗，看似無情，但是資源運用效率較高。官商勾結或公營事業獨占往往使資源運用效率較低。

2. 所得分配

在寡占、壟斷的市場結構下，商品定價較高、可選擇種類較少，無異是一種「所得重分配」，從買方（以消費品來說，即消費者）到賣方（即賣方）。

(三)產出

經濟產出有二項：效率面、公平面；政府失靈會造成潛在經濟成長率打折、人民福祉降低。

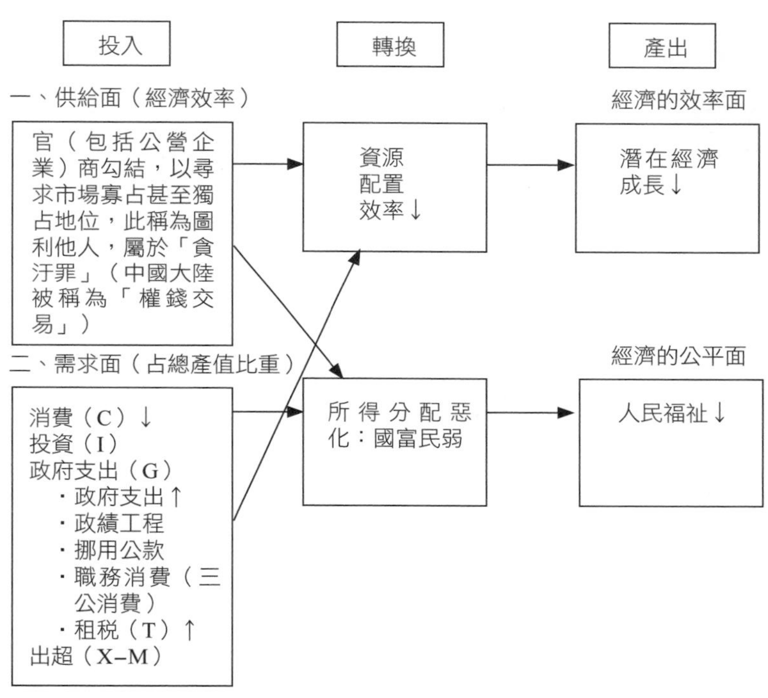

圖 6.4　政府失靈的影響過程

三、政府失靈 I ——政府浪費

在民主國家，政府常透過政策買票（例如福利津貼）、工程綁樁腳（結果有可能是閒置的蚊子館），這種政府砸大錢（有時是舉債，涉及跨代正義）的情形，至少有議會、輿論監督，最後選民會用選票來評對錯。

中國大陸採取地方政府發展型資本主義，有些地方政府透過政績工程等展示政績，一旦建設跟民意脫節，就變成「蚊子館」，可說是政府浪費，詳見表 6.6。

表 6.6 政府浪費方式與影響

公共工程	影響	舉例說明
一、符合地方需求程度	「政策錯誤比貪汙還可怕」	
(一)完全不符合人民需求	2011 年 6 月，報載，湖北省浠水縣村民拆毀價值 100 多萬元的抗旱灌渠。村民稱該工程通過驗收卻一直無法使用，成為「擺設工程」。當地農業開發辦副主任則說，工程驗收合格，未啟動是因為當地沒有旱情，不需要抽水。	每年年底，地方政府為了消化預算，常見方式是把剛舖好的路又挖開，再舖一次，俗稱「拉鏈路」。詳見圖 6.5 中民眾票選第三浪費事。
(二)政績工程：雖符合人民需求，但太豪華	地方政府違規興建豪華辦公樓事件頻傳，其中的「精品」堪與美國白宮看齊，被外界斥之為「中國式奢侈」。	
二、品質	節約網創始人、吉林省社會科學院經濟所研究員李曉群表示，不少城市的建築壽命只有 30 年，就是一種極大的決策型浪費。全國 600 多個城市中，竟有 183 個城市提出要建「國際化大都市」，這意味不知道又有多少房屋要被拆，有多少資源要被浪費。	2011 年吉林省的一條高速公路由廚師得標，比豆腐渣工程更差，施工期間就崩垮了，被媒體踢爆後，官商勾結才東窗事發。

*中共中央自認有長足進步

2002 年 3 月，胡錦濤就任以來，對「反貪腐」更加注重，強調「制度反腐」，走出一條適合國情、具有中國特色的反腐倡廉道路。

在 2010 年 12 月 29 日，國務院新聞辦公室發布《中國的反腐敗和廉政建設白皮書》，這是首次全面、系統性地向國內外介紹中共建政以後，特別是改革開放後中共黨政部門堅決反對腐敗，加強廉政建設的基本情況。

白皮書援引國家統計局民意調查結果顯示，2003 至 2010 年，大眾對反腐敗和廉政建設成效的滿意度平穩上升，從 51.9% 提高到 70.6%；大眾認為消極腐敗現象得到不同程度遏制的比例，從 68.1% 上升到 83.8%。

四、政府失靈 II——貪汙腐敗導論

官員貪汙（corruption）以及生活腐敗（例如包養情婦等），簡稱貪腐。這對一些新興國家看似常態，可是在實施中國特色社會主義的中國大陸，建政以來，便強調廉能政府，因此官員貪腐不僅是公共行政問題，其影響層面還包括經濟成長和社會穩定。

(一)官員貪腐的影響

新興國家的政府官員貪汙腐敗程度較高了，這對社會、經濟的衝擊可由下列說法略見一斑。

1. 諾南

美國學者諾南（John Noonan）在《賄賂》（1994）一書中主張，「貪汙對政府的危害僅次於暴政」。

2. 杭亭頓

美國著名政治學者杭亭頓（Sammuel Huntington）認為，官員貪汙是新興國家一項極為嚴重問題，顯著影響經濟成長。

3. 世界銀行

根據世界銀行和世界經濟論壇（WEF）估計，貪腐成本每年都超過全球總產值的 3.6%，每年賄賂金額超過 1 兆美元。貪腐會使企業經商總成本每年增加 10%。貪腐對生產力會有不利影響，而生產力是經濟長期成長

的關鍵。

(二)國際排名原地踏步

在全球，國際透明組織（Transparency International）1995 年起對各國所編製的「貪腐印象指數」（corruption percention index）可說是歷時最常、最普遍引用的官員貪汙調查，中國大陸政府得分排名如下。

1. 分數走入高原

1998 年是分水嶺，從 2.88 分跳升至 3.5 分，之後，一直原地踏步，2010 年也是 3.5 分，2011 年 3.6 分；2012 年改由百分計分，稱為「清廉度」，分數越高越佳，丹麥第一（90 分）、新加坡（87 分）第五，中國大陸 39 分。

2. 排名緩步上升

分數雖提高，但他國分數進步更快，以致中國大陸的全球排名「因進步太少而退步」，1998 年從第 52 名到 2010 年只剩第 78 名，2011 年第 75 名；2012 年第 80 名。

五、政府官員貪汙腐敗方式及影響

防止官員貪汙不屬於經濟學領域，但是貪汙起因與影響又跟經濟發展息息相關，詳見表 6.7。

(一)貪汙腐敗 I ：接受公司賄賂

在各種貪汙行為中，官商勾結（中國大陸稱為權錢交易）影響經濟最大，因為送賄的公司往往透過偷工減料（成本面）或抬高售價等方式，賺回比賄賂款高數十倍、百倍的利潤。

1. 二種層次的尋租行為

權錢交易的官商勾結對經濟的影響可分為二個層次。

(1)第一層：官員替企業非法勾當圍事

不法事業賄賂政府官員，讓官員不取締，最常見情況是黑心食品、山寨品（例如深圳市華強北商圈）等假冒偽劣情況。

合法經營的公司透過法院希望維護權益、伸張正義，法院作為經濟秩序的終極維護者，要麼就是地方保護主義，要麼就是執行難，企業即使贏了官司也拿不到錢。在這種情況下，維護正常的經濟秩序已經不易，還談何調整與創新。

表 6.7　政府有些官員貪汙

項目	說明*
1.為什麼？	南京市紀委書記認為，經過多年的發展，中國大陸的綜合國力極大增強，其利益誘惑是巨大的。
2.有機可乘	黨政監督機制相對「人微言輕」，在「經濟掛帥」的大帽子下，發展經濟的壓力下，效率是追求結果的關鍵。因此行政權的權力較大（比較不受民意機構約束），「絕對的權力使人絕對腐敗」。
3.問題嚴重性	1.新華網統計，2000～2009 年，受到查處的省部級（省長和部長）高官有 100 多人，處以死刑的就有胡長清（原江西副省長）、成克杰（廣西自治區主席、全國人大常委會副委員長，2000 年）、王懷忠（安徽省副省長）、鄭筱萸（原國家食品藥品監督管理局長，2007 年 10 日，罪名為怠忽職守罪、受賄 649 萬元）等人。 2.中共中央紀律檢查委員會（簡稱中紀委）研究室主任指出，中國大陸處於腐敗現象的高發階段，尤其是表現出了日益多樣化、集團化和向高層次發展的趨勢，例如貪汙受賄等經濟犯罪案件日益嚴重；以權謀私問題突出，部門和行業不正之風問題屢禁屢犯；形式主義、官僚主義作風和弄虛作假現象依然存在。

表 6.7（續）

項目	說明*
	3.中國監察學會副會長、北京大學政府管理學院教授兼廉政建設研究中心主任李成言指出，腐敗現象處於易發、多發的情況下，不曝光腐敗案件，不處理貪官，群眾會更不理解。如果說未來有什麼能夠對中國共產黨造成致命傷的話，腐敗就是一個重要因素。因此，必須堅持始終把反腐敗作為關係黨和國家生死存亡的大事來抓。

*資料來源：新華網，「反腐敗——執政黨生死抉擇在路上」，2011 年 6 月 19 日。

(2)第二層：有些官員替企業護航

官員替企業合法營業護航，常見對象有二。

①公營事業夾帶過關

公營事業的核心事業（例如水電）因有政策任務，往往具有寡占或壟斷的市場地位。有些公營事業開枝散業，針對新事業也要求寡占甚至獨占地位，這種「一人得道，雞犬升天」的方式，排擠了民營公司的經營空間。

②民營公司想享特權

有些民營企業透過賄賂政府官員或跟公營企業勾結，取得某地區、某產品的獨家經營權。從而導致企業不是把重點放在如何改善產品、爭取市場，而是放在如何跟政府搞好關係、「擺平」問題之上，整個經濟成長的品質自然無法提升。

2. 官商勾結的代表性案例

2011 年 2 月，鐵道部長劉志軍被「雙規」（指在指定時間到指定地點報到）後卸任，審計署在月底公佈鐵道部的一些弊案，其中劉志軍至少涉貪 8.22 億元，並於 2012 年 8 月法院審判。鐵道部是超級大部，掌握的工程預算比國防預算、一個省還要多，2013 年 3 月被分拆，行政單位併入交通運輸部，成立國家鐵路局。

(二)貪汙腐敗 II：挪用人民補助款

挪用公款型的貪汙最壞的情況是挪用弱勢團體的政府補助款，那是他們的救命錢。

1. 挪用公款的先決條件

政府預算公開而不透明，也就是明細科目並未列出來，人民也不清楚可以拿到多少補助款，於是有些官員就有上下其手的機會。

2. 挪用人民補助款

水利款、扶貧款，甚至包括對農民的優惠政策的款，都有被截留挪用的現象。

2011 年 5 月 29 日，中央電視台《焦點訪談》報導，四川省綿陽市三台縣境涪江河道是嚴禁占用的河道，卻任意租給房地產企業宏達土地房產開發公司開發，且資金竟來自國務院應專款專用的災後重建專案資金，種種違法行為的背後，都有三台縣政府的影子。

3. 德政變民怨

挪用人民補助款的結果是，有些人民（例如災民）生活沒改善，會找政府算帳，民怨、示威就因此產生。

(三)貪汙腐敗 III：職務消費

「假公濟私」、「公款買單」這是對職務消費最常見的描述，在各國這是程度嚴不嚴重問題。民主程度越高的國家，因為議會、輿論、選票監督，官員職務消費程度比較不嚴重，也比較不敢明目張膽。

1.「三公消費」

中國大陸人們稱呼官員的職務消費為「三公消費」，詳見表 6.8。

表 6.8 政府官員的職務消費

項目	舉例
1. 公務接待	「一根煙二兩油，一頓飯二頭牛，屁股底下坐棟樓」，「三公浪費」行之有年；有些官員出國大買，回國後送禮，下列舉一些例子。
2. 公款公差	‧遼寧省撫順市財政局辦公室採購 iPod Touch4 當隨身碟； ‧江蘇省溧陽市上興鎮新建的辦公大樓被媒體曝光，內部裝修堪比豪華賓館； ‧江西省新餘市等地區出國考察美國加州政府，行程是到賭城和購物。
3. 公務車支出	照規定，除了正部（長）、省級以上幹部外，連副部（長）、副省級幹部都沒有資格享受「一人一車」的待遇。但事實不然，縱使是在村鎮裡，一位村長很可能都配有專車。根據規定，配備越野車的廳級單位購車價格嚴格控制在 45 萬元以內，縣處級單位嚴格控制在 35 萬元以內，但很多單位公務車超標配備嚴重，舉二個例子。 ‧浙江省義烏市交警使用寶馬 X6 越野車，一台近 100 萬元。 ‧遼寧省遼陽市宏偉區、弓長嶺區的車補方案，官員每年平均公務交通費 7.6 萬元。 「公務車私用」現象有多嚴重？英國《金融時報》專欄指出，公務車約 230 萬輛，開支在 1,500～2,000 億元之間，全國政府採購公務車金額每年 6、700 億元，每年公務車購置費支出均成長 20% 以上。公務車配備之濫，表徵大致有三：其一，公車真正用於公務的只占三分之一，公務車私用現象十分嚴重，幾乎成了少部分特權人士的私家車，隨時隨地都看到公務車的影子。

2. 事情嚴重性

2010 年中央電視台報導，「三公消費」每年 9000 億元，比國防預算經費高出一大截，相當於年財政支出的一成。

2011 年 3 月 7 日，英國《金融時報》專欄批評，許多地方官員已經習慣把公權力當成自己的私有財產，公務車（註：中國大陸稱為「公車」）

私用的問題只是冰山一角。

3. 社會觀感

2011 年 3 月中旬，《中國青年報》社會調查中心透過民意中國網和搜狐新聞中心，針對社會的浪費現象進行調查。對 2,707 人（1980 年以後出生者占 40%、1970 年代生的占 35.2%）發出問卷，其中 94.3% 感覺身邊浪費現象普遍，47.5% 表示「非常普遍」。至於浪費較嚴重的項目詳見圖 6.5，前二名是「三公消費」。

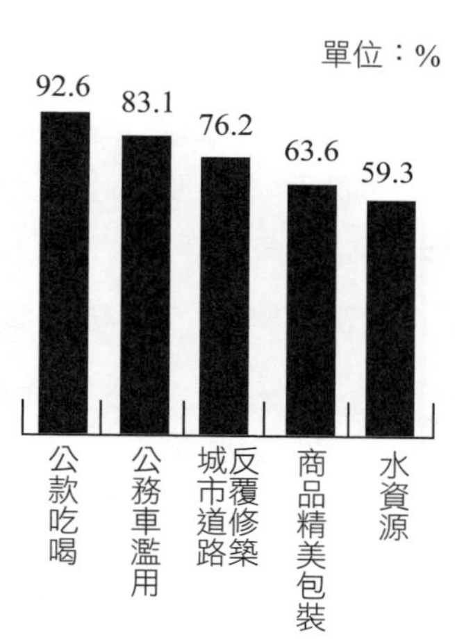

圖 6.5　民眾票選五大浪費項目

4. 貪汙金額預估

針對官員貪汙的錢外流金額有多大，有許多機構估計，其中 2012 年 12 月國際金融監督組織「全球金融廉正」（Global Financial Integrity）的報告，2001～2011 年間，新興國家因犯罪、貪汙、逃脫等非法行為而外流的資金近 6 兆美元，外流最多的是中國大陸，金額達 3.79 兆美元，其中 2011 年，6,020 億美元。

5. 政府反貪腐

民眾發現海外精品消費多是公家單位，有些官員濫用公款、豪奢風氣與貧富差距等成為社會「不和諧」隱憂，更是民怨之一。

近年實施的黨內監督條例，標誌著反腐敗鬥爭在策略上出現下列「三個轉變」。

・由被動防禦轉向主動進攻；

・由權力反腐轉向制度反腐：主要是中共中央中紀委負責，旗下監察部派駐各部會設有紀檢組；2007 年起，在國務院下成立「國家預防腐敗局」，一半以上省市政府皆設有此單位。

・由事後監督轉向事前監督：加強對「一把手」（指的是首長）監督，以免「一把手」變成「一霸手」，進而「上行下效」，最重要的是讓權力受到制衡，不能出現黨內個體戶。

南京市紀委書記認為，在新形勢下，想讓反腐敗的體制機器更高效地運轉起來，需要下列動能。

・增強決策的透明度和公眾參與度；

・透過深化政務公開、強化政府資訊發布等制度；

・更加廣泛地動員社會力量、加強新聞輿論監督、引導群眾參與與反腐敗鬥爭。例如 2012 年 10 月，出現由網路反貪腐組織的揭發而被紀委調查、解僱的官員。

2011 年開始，國務院要求各部會必須主動公開部會的「三公」經費。

2012 年 11 月，習近平就任總書記，隨即在 12 月 4 日的中共中央政治局會議，通過改進工作作風、密切聯繫群眾的 8 項規定，其中特別提出，要「厲行勤儉節約，反對鋪張浪費」，俗稱「戒奢令」。對高檔餐飲、精品銷售等三公消費有立竿見影效果。

六、為什麼需要政治改革？

政治是「治理人民之事」，政治往往影響經濟、科技、社會，本書是站在經濟角度來討論中國大陸政治改革。

(一)中共的定調

2010 年來，中共少數人強調「須政治體制改革，否則無以為繼」，2012 年 7 月 23 日，胡錦濤在省部級主要領導幹部專題研討班發表重要講話，強調「推進政治體制改革，必須堅持黨的領導、人民當家作主、依法治國有機統一」。這三點內容，跟他在 2011 年「7．1」黨慶講話吻合。這原始講話來自胡錦濤 2010 年 9 月 6 日在深圳特區 30 周年慶發表的講話。媒體稱此為「十八大後政治體制改革定調」。

1. 制度的分類

制度體系依序分為三個層次，詳見表 6.9 中第一欄，其下還有中分類內容。

2. 政改幅度

套用鄧小平的說法，評價一個國家的政治體制、政治結構是否正確，關鍵看三條：第一，看國家的政局是否穩定；第二，看能否增進人民的團結、改善人民的生活；第三，看生產力能否得到持續發展。如此看來，必須堅持前兩個層次的制度，也就是前二個層次是「國之根本」，不容動搖，政治改革指的對第三個層次進行改革，即對各項具體制度進行完善和改進。

(二)許多學者的解讀

中共談政改多指行政上的政治體制改革，主要是行政效率及防腐等行政體制改革；並不是西方民主概念的政治改革，尤其是民主選舉及新聞自由等。

表 6.9　政經方面的制度分類

大分類	中分類	可能改革方向
第一層：根本制度，指的是人民代表大會制度		1. 擴大直選，實行差額選舉，賦予代表或選民以候選人的提名權； 2. 改革人民代表大會的組織制度； 3. 進行職能改革，擴大全國人大常委會的立法權和監督權。
第二層：基本制度	1. 包括下列三項 (1) 中國共產黨領導的多黨合作和政治協商制度； (2) 民族區域自治制度； (3) 基層群眾自治制度等。	日益制度化、規範化、程式化。
	2. 中國特色社會主義法律關係；	法律體系方面，從有法可依到有法必依，再到執法必嚴；
	3. 公有制為主體、多種所有制經濟共同發展的基本經濟制度。	從完全的公有制轉變到公有制為主體、多種所有制經濟共同發展。
第三層：具體制度，這是建立在第一、二層制度上的各項制度	1. 政治體制 2. 經濟體制 3. 文化體制 4. 社會體制	對於具體制度，進行人事制度的改革，公務員制度的初步建立，行政機構的多次改革等等。上述兩個層次的改革一直在逐步推行，後續也仍將延續。

第三節　公營企業的失靈

上述，我們分段說明政府失靈，公營企業可說是政府的化身，在討論公營企業失靈的時，我們用一個表（表 6.10），一次說明公營企業的弊病。

表 6.10　公營事業「失靈」的情況

層次	方式	嚴重程度
一、輕公益，重私利	北京科技大學教授、國營企業研究專家劉澄認為，公營企業之所以變成公眾的「眼中釘」，本質上是公營企業變質了：公營企業本該為全民利用服務，但有些卻變成藉壟斷地位為一些部門和個人謀利的工具，沒有盡到社會責任，跟公眾的期待差很多。	2006～2009 年，國營企業合併報表盈餘分別為 7,682 億元、1 兆 56 億元、6,962 億元和 8,151 億元；上繳國庫只占 45%，其餘盈餘均自行留用，用於擴充或轉投資等甚至員工分紅。
二、貪汙		
(一)接受賄賂	《每日經濟新聞》報導，國營企業高階主管的所得更多來自於灰色所得，以 2011 年初曝光的中石化原總經理陳同海受賄 2 億元為例，顯見國營企業腐敗現象極其嚴重。	
(二)挪用公款	陳同海每月公關交際費 120 萬元，錢不曉得花到那裡去了。	審計署審計長表示，1998 至 2010 年 10 月，在經濟責任審計中，審計黨政領導幹部和國營企業領導人員共 41 萬多人，其中移送紀檢、監察部和司法機關處分的共 7,200 人。查出由領導幹部直接責任造成的違規違紀和損失浪費問題金額 684 億元。

表 6.10（續）

層次	方式	嚴重程度
(三)職務消費	經濟學者華生認為，老百姓心裡有氣，大眾對國營企業的不滿所表現的是對所得分配、財政收支方面的不滿，例如對三公消費的不滿等。	2011 年 5 月，審計署審計中國聯通、中國長江三峽集團等 17 家國營企業 2007 至 2009 年財務收支，發現部分企業出現主管職務消費不清、假發票、薪酬出現問題等。 2011 年 4 月 27 日，安徽省電力公司（國家電網公司安徽分公司）近年來以「車改」（公務車改革）之名，為約 300 名副處級以上幹部配備公務車。 2010 年 9 月中秋節，中石化廣東分公司總經理未經核准，私自花費 300 萬元購買茅台酒和其他高檔紅酒送禮。
(四)自肥	1.工資獎金（高） 2.隱形福利 3.紅利分配	中海油被指人均年薪 38 萬元。 中石華雲南公司亂發獎金事件。 安徽省電力公司被揭發為職工集體資建房，在合肥建造豪華社區。

附錄　菲利普—歐肯曲線的導出

圖 6.1 菲利普—歐肯曲線的導出，主要是套用美國學者希克斯（Hicks）1937 年導出 IS、LM 曲線的四象限作法。由第一、第二象限的菲利普曲線—歐肯法則，透過第三象限的 45 度線，便可以得到第二象限

的菲利普—歐肯曲線，詳見圖 6.6。

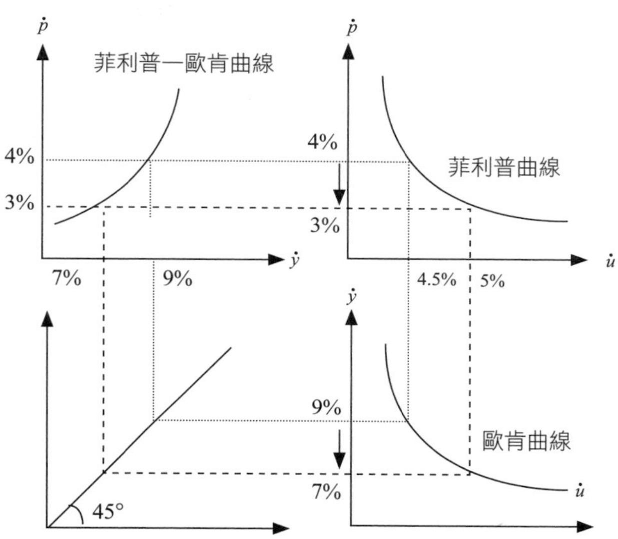

圖 6.6　菲利普—歐肯曲線的導出

討論問題

1. 人民對經濟目標達成率，跟官方是否有不同？那些重大認知差異？爲什麼？
2. 經濟發展對社會穩定有那些影響？有沒有其他直接數字（例如所得分配惡化造成幾起群眾性事件）？
3. 政治制度對經濟發展有那些影響？
4. 財政政策對經濟發展是「正向」或「負向」國果關係？
5. 財政政策對經濟宏觀調控是功是過？

7

家庭消費

量販店、超市已成為都市居民、消費的主要通路

（本書照片提供：今周刊）

消費才是民富的表徵

工業國家，消費率（家庭消費占國內生產毛額比重）約七成，背後隱含著在國民所得帳的收入面中薪資所得也大抵相稱。2010 年，消費率 32.76%，可說相對偏低，中國大陸稱為「國富民弱」，政府想在 2015 年，把此比率提高 2 至 3 個百分點，勉強可說「國富民富」，至少到小康階段，即全民享受經濟成長的果實。

中國大陸消費成長率高，2006 年來，已成為全球市場之一，2012 年居全球第三，次於美日。

本章從政策、商機兩個角度，來了解家庭消費、儲蓄（第八章第二節）行為。鑑於人口因素影響需求和勞動供給，在第二節中，說明第六次（2010 年底）人口普查的結果，進而對消費的影響。

第一節　家庭消費

消費是人民直接享受商品／服務的效益，也可以說是政府發展經濟的目的，也就是「讓人民過好生活」。可是，消費在需求結構等都有很大成長空間，本節說明國務院（尤其是商務部）如何擴大消費。

一、全球重要性

外國人想了解中國大陸的消費，主因是中國大陸是「全球市場之一」。

1. 2010 年，全球第五

2010 年，中國大陸家庭消費 2.174 兆美元，次於美（12.5 兆美元）日德法，居全球第五，中國大陸只有美國金額的六分之一。

中國大陸國內生產毛額占全球總產值 8.5%，消費只占世界 5.8%；中共中央財經領導小組辦公室主任、十二五規畫《建議》主要執筆人劉鶴在接受記者專訪時強調，「中國大陸要成為世界最大的需求方，要創造位居世界名列前茅的大市場。」

2010 年，美國《新聞周刊》以「從中國大陸製造（made in China）到為中國大陸製造（made for China）」為封面故事，說明了中國大陸在全球經濟角色的轉變。

中國大陸在十五計畫（1991 至 1995 年）中努力吸引外資，使中國大陸成為「世界工廠」，在十一五規畫致力於出口，使中國大陸打敗德國，成為全球最大商品出口國。

從 2009 年起，中國大陸汽車、電視機銷售量，已經是世界第一，簡單的說，中國大陸已成為「全球市場」之一。

2. 2015 年預測

依照 2001～2012 年消費年成長 11.6% 估算，到 2015 年消費達到 5 兆美元，超越日本，成為世界第二大市場。

3. 2020 年，全球第一

根據瑞士信貸預估，2020 年中國大陸占全球消費比重 23.1%，超越美國市場的 22.9%，詳見表 7.1。2012 年 12 月，中國銀行發布的報告指出，2020 年消費金額 10 兆美元，占總產值 60%。

表 7.1　全球四大消費國占比　　單位：%

國家	2008 年	2009 年	2010 年	2015 年(F)	2020 年(F)	2025 年(F)
美國	30.5	30.3	29.7	26.4	22.9	20.5
日本	8.6	8.3	8.1	7.1	6.2	5.6
德國	6.2	6	5.8	5	4.3	3.8
中國大陸	4.7	5.2	5.8	11.1	23.1	28.8

資料來源：瑞士信貸

二、影響平均消費傾向的因素

城鎮家庭平均消費傾向 80%（農村約 75%），即賺 100 元花 80 元，平均儲蓄傾向 20%（詳見第八章第二節），平均消費傾向中等，影響因素詳見圖 7.1。

(一)一個大圖看全部

經濟學中強調消費是（家庭）所得、財富與商品價格的函數，實際生活比這稍微複雜一些，詳見圖 7.1；其中「需求面」是依總體環境中的三項「經濟／人口環境」、「文化／社會環境」和「政治／法律環境」，我們把社會福利制度放在後者中。

其中商務部可以促進消費的便是設法降低商品價格，這涉及稅（財政部）、物流費用（交通部與各省市）等，但都不在商務部的掌握中。

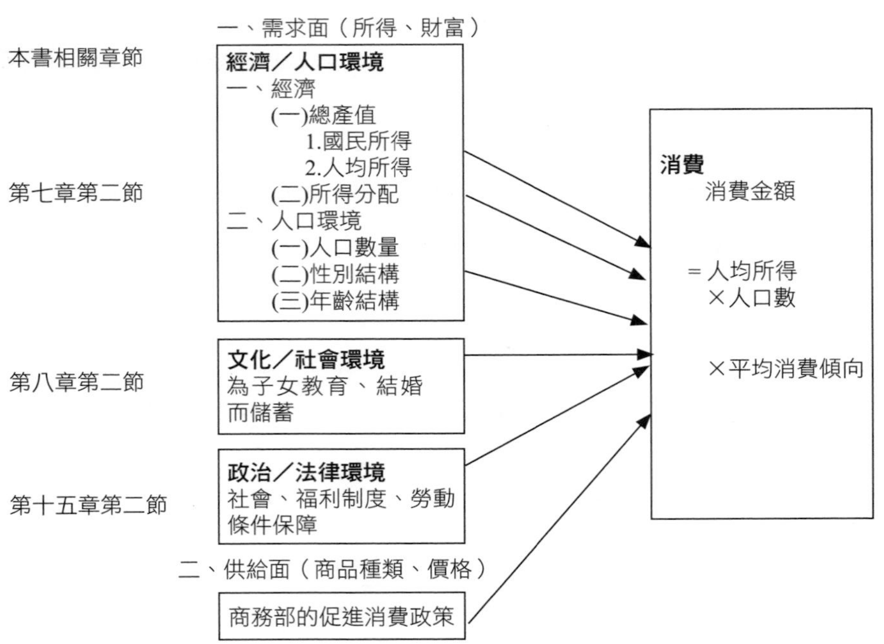

圖 7.1　影響消費的重要因素與本書相關章節

(二)所得對消費的影響

有工作的人消費主要靠所得，其次靠儲蓄，由圖 7.2 可見，由於薪資（家庭六成所得來源）占國民所得比重每況愈下，迄 2010 年只剩 42%，那麼消費率就自然隨之走低，2011 年只有 32.76%。

(三)所得分配對消費傾向的影響

所得分配的不平均也壓抑了平均消費傾向的提高；2012 年 5 月，由人民銀行和一所大學的調查顯示，前 10% 最富有家庭的收入，占整體家戶收入的 57%，而最貧窮的 10% 的人口所占有的財富僅為 1.4%。2011 年把貧困標準上調到年人均收入 1,500元，窮人數 1.28 億人以上。在十二五規畫中，貧困標準還要上調，預期貧困人口數量將增至 2.45 億人。

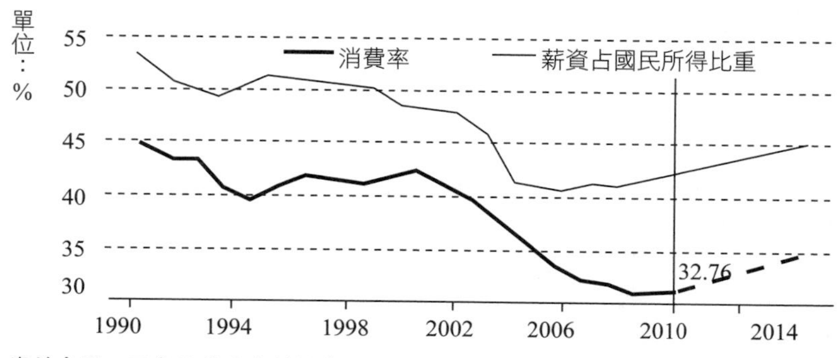

資料來源：國家統計局資料推算

圖 7.2　薪資比重 vs. 消費率

三、政府的促消費政策

由表 1.13 可見，「投資」占總產值 46%，有泡沫化之虞，2011 年「出超」占總產值 1.01%、政府支出占 23%，皆已到頂，未來能可長可久的帶動經濟成長的需求面力量只剩「消費」。

如同前述，2011 年消費率 32.76%，以日本的 55% 為目標，還有 22 個百分點成長空間，至於美國 2010 年為 71.4%、全球平均 62.3%。

(一)消費一向是經濟成長率的主要動力

消費對經濟的重要性可由表 7.2 中二個角度來看，以對經濟成長率的貢獻來看，消費常是第二名，2010 年占 37.3%（投資 54.8%）、2011 年 51.6%（投資 54.2%）。

表 7.2　消費對經濟的重要性

角度＼年	1979	2008	2009	2011	2015(F)
1.消費率＝消費／GDP	60%	32%	32%	32.76% 美國 70.1% 日本 55% 歐元區 56% 全球平均 62%	41.7%
2.對經濟成長率的貢獻	81.2% （7.6% 中有 6.1% 來自於消費）	45.7%	52.5% （8.76% 中有 4.6% 來自於消費）	51.6%	
3.消費品零售金額（兆元）	－	10.84	12.53	18.4	30

(二)消費的乘數效果大

投資每增加 1 個百分點，可拉動經濟成長率 0.22 個百分點，但消費每增加 1 個百分點時，卻可拉動經濟成長率 0.87 個百分點。

(三)商務部的「擴大國內貿易政策」

金融交易歸三會（證監會、銀監會、保監會）管，商務部無用武之地，因此商務部在擴大消費方面偏重「國內貿易」，2012 年 9 月 10 日，第一次推出國內貿易發展計畫，即「國內貿易發展十二五規畫」，詳見表 7.3，底下仔細說明。

表 7.3　發展「國內貿易」的政策

單位：兆元

項目	十一五狀況（2010 年）	十二五目標（2015 年）	政策
1. 社會零售品金額	2007 年 8.9 2008 年 10.84 2009 年 12.53 2010 年 15.45	2011 年 18.4 2012 年 20.72 2015 年目標 32	國內貿易主要涉及批發業、零售業、住宿和餐飲業、居民服務業和其他服務業等商貿服務業。引導企業提供適合老年人、80 後、90 後消費的商品和服務；支持發展文化消費、健身消費，拓展群眾多樣化消費，滿足多層次的消費需求，進一步釋放城市居民消費潛力。
2. 批發零售餐飲	4	7	
3. 旅遊（億人次）			2009 年 12 月 3 日，國務院公布「關於加快發展旅遊業的意見」（簡稱「意見」），旅遊業資源消耗低、帶動係數大、就業機會多、綜合效益好。 旅遊活動涉及的消費種類非常廣泛，從飲食、旅館到景點都有，但旅遊的本質就是龐大人群的移動，離不開交通工具。 力爭到 2020 年，無論旅遊產業規模、質量或效益，都能基本達到世界旅遊強國水準。
(1)境內旅遊	21	33.1	
(2)國外觀光客		0.9	
(3)出國旅遊	0.7	0.83（2011 年）	
(4)產值	1.44	2.3 城鄉居民年均出遊超過二次 旅遊消費占家庭消費總量 10%	

表 7.3（續）

項目	十一五狀況（2010 年）	十二五目標（2015 年）	政策
		占服務業增加值 12%、占 GDP 4.5% 每年新增旅遊就業 50 萬人	為達成目標，「意見」提出多項政策措施，包括：放寬旅遊市場進入，打破行業、地區壁壘，簡化審批手續，鼓勵社會資本公平參與旅遊業發展，鼓勵企業依法投資旅遊產業，並且積極引進外資推進公營旅遊企業改組改制，支持民營和中小旅遊企業發展，支持各類企業跨行業、跨地區、跨所有制兼併重組，培育一批具有競爭優勢的大型旅遊企業集團。
4. 就業人數	1.027 億人	1.3 億人	平均每年新增 500 萬人就業

資料來源：部分整理自中國政府網，2012.9.10

(四)貨暢其流

貨暢其流既可以擴大市場供應量，也可改善偏遠地區農民所得。2010 年起，商務部大力推動「產地到超市」的銷售方式，引導大型連鎖超市直接跟農產品產地的農民合作社對接，與蔬菜產地簽訂協議，直接從田間地頭把新鮮蔬菜運到超市，減少中轉環節，提高蔬菜從「菜園子」到「菜籃子」的速度，保持農產品的鮮活程度，解決農民「賣菜難」和市民「買菜貴」並存問題，不僅農民所得增加，市民得利，超市也受益，實現三方共贏。

以武漢市中百超市為例，2005 年採取「源頭採購」，在郊區建立農產品示範基地，帶動當地農民實施標準化生產，讓「菜園子」直通「菜籃子」。「農超對接」讓武漢市民的「菜藍子」更加物美價廉，而且讓 30 萬戶農民的「菜園子」更加物有所值。2010 年起各地的「農超對接」也逐步開展起來。

有 28 個省（區、市）開展「農超對接」，涉及十多類農產品。農超對接推動農產品流通成本平均降低 10～15%，參加對接的農戶年均增收 4000 多元，效益顯著。

到 2012 年，「農超對接」試辦企業農產品產地直接採購比例將達到 50% 以上，十二五期間大中型城市生鮮農產品經超市銷售比重有望成長一倍，達到 30%。

(五)降低物流費用

物流費用較高，主因在於地方政府收取高速公路過路費（含過橋費）太高，此外稅制也有重複課稅之嫌。

1. 物流業產值

由表 7.4 可見 2011 年物流業產值 8.4 兆元，占物流商品金額 5.6%，但是有人估計以消費品來說，物流費用占零售價 9.9%，美國只占 6%。物流業的發展相對落後，大多數物流公司規模偏小、經營分散、組織化程度低，橫向聯合薄弱，管理低效、缺乏規模效應和整體協同效應。市場集中度遠低於美國等發達國家，營業額排名前 8 大的企業市場集中度不到 10%。面對巨大的競爭壓力，未來部分規模較大、實力較強的物流企業將通過併購加速整合與重組，必將導致物流企業集中度進一步提高，有效提高資源利用率。

中國物流與採購聯合會協助商務部籌畫 2011～2020 年物流業發展中長期規畫，預計到 2015 年，將基本形成布局合理、技術先進、節能環保、便捷高效、安全有序並具有一定國際競爭優勢的物流服務體系，物流業由注重基礎建設向全面提升服務品質轉變。

表 7.4　物流業產值

單位：兆元

項目	2005 年	2010 年
1.物流金額	48	125
2.物流業產值		7
3.物流費用占 GDP 比率	7.3%	7% 表明物流運行品質和效率有待提高。
4.單位 GDP 對社會物流需求係數	1：2.6	1：3.2，即每單位 GDP 產出需要 3.2 個單位的物流總額來支持，表示社會經濟發展對物流的需求呈加速成長態勢。

資料來源：中國物流與採購聯合會

2. 政策

2011 年 6 月，國務院頒布物流業「國八條」，即《物流業振興實施辦法》，物流業 2020 年的總體發展目標為：建立起統一開放、競爭有序、安全高效、城鄉一體的現代流通體系，降低物流總費用占總產值比率。具體作法如下：支持中小物流企業專業化、特色化發展，並培育大型物流企業，支持有實力的物流企業跨行業、跨地區兼併重組。從減輕稅收負擔、加強土地支持與降低過路收費等八方面促進物流業健康發展。其中主要造成物流費用高的因素有二，詳見表 7.5。

2012 年 8 月 7 日，國務院公布「國務院關於深化流通體制改革加快流通產業發展的意見」，規定新建社區商業和綜合服務設備占總建築面積比例不得低於 10%，並鼓勵地方政府出資購買部分住宅支持社區基礎設施。用於支持憲區菜市場、平價商店、家政服務點等居民生活必備的商業網點建設；對物流業提出包含減稅與用地優惠等支持政策。

表 7.5　物流費用高的政府稅費因素

項目	十一五期間	對策
一、公路收費	中國物流與採購聯合會副會長戴定一說，2010 年，貨物運輸總量 75%是由公路承擔的，過路過橋費占了運輸成本的 20～30%。根據中國物流資訊中心所提供的資料，以物流費用率（物流費用與物流物品價值之間的比值）來說，2010 年，物流費用率 9.9%，日本只有 4.8%。 央視 2011 年 5 月 8～12 日，在財經台播出一系列「聚焦頑疾：物流堵在最後一公里」專題，探討物流業發展所存在的沉痾問題，公路收費過高，早已民怨沸騰，更被輿論戲稱為「公路印鈔機」，被批是在搶錢。 2.高速公路過路費高的原因 有很多省市成立高速公路公司（即以公司作為融資平台）去蓋高速公路，透過公司股票上市方式籌措資金。因此高速公路可以養活自己，稱為「經營性公路」。「由於路我開，要過此路錢拿來」，首先，過路費非常高，以毛益率來說，高速公路公司的毛益率 50% 以上，最高的重慶路橋公司 88.26%，跟貴州茅台 90% 的毛益率僅一步之遙；其獲利程度超過了普遍認為是暴利行業的房地產業。更有不少地方，更把高速公路公司當作地方政府的印鈔機。	2010 年起，國務院為了控制物價水準在目標範圍內，從供需面多管齊下。其中之一是從供給面降低成本，物流費用偏高，便被盯上，物價目標遠比交通部與各省市麾下高速公路公司的盈餘還重要。 2011 年 5 月底，發改委、商務部、工信部、鐵道部、交通部五部高層官員在北京市釣魚台國賓館參加一場論壇，物流、倉儲、貨運、交通運輸四個協會會長也與會，共商解決之道。 據審計署調查顯示，18 個省市 19 萬公里中的 8.68 萬公里收費公路中，用來還貸款的錢不及所收過路費的一成，遠遠低於規定的比例。 國務院公布的「收費公路管理條例」，公路發展應以收費為主。交通運輸部、發改委、財政部等 5 部會 2011 年 5 月下發通知也強調「公路作為公益性基礎設施的基本屬性」。但收費權掌握在路權的省市政府手上，國務院的條例宣示性質較大。

表 7.5（續）

項目	十一五期間	對策
二、稅	2010 年 A 股 19 家高速公路公司的財務報表，發現公司皆賺錢，盈餘 120.58 億元，平均營收成長 20%。其中寧滬高速公司以 25.39 億元的盈餘，成為最賺錢高速公路公司，贛粵高速、山東高速和四川成渝盈餘超過 10 億元。 高速公路數十億元資金閒置、挪用，還有大量服務設施收入、廣告收入被轉到帳外，其中一些被用於發放獎金。 物流業的營業稅分為下列二種。 1.服務類 服務類（倉儲、配送、代理等）營業稅為 5%。 2.運輸類 物流業運輸類（裝卸、搬運等）營業稅為 3%。	在實際經營中，綜合型物流企業各項業務上下關聯，很難區分運輸與服務收入，各類業務稅率不同，有礙於企業的一體化運作，也不利於稅收徵收，還存在不同環節重複納稅等問題。 發改委 2012 年起逐年把物流業營業稅改變為以增值稅徵收，並調降物流業的土地使用費。 2012 年起，由上海市先試點，陸續推廣，2015 年全國實施，簡稱「營改增」，由生產性服務業（例如鐵路以外的交通運輸業），最後擴大到生活服務業（例如 KTV）。

(六)降低零售公司收取的費用

品牌公司小，但零售公司（2011 年，量販店依序為沃爾瑪 267 家店、家樂福 203 家店、大潤發 185 家店）大，可說屬於「買方市場」，即零售業管理書上的「零售惡霸」時代。

零售公司憑其寡占力量，兩頭賺，對品牌公司收取較高的零售商費用（上架費、促銷費等，中國大陸稱為進場費），一方面有可能對消費者訂高一點價格，詳見表 7.6。

表 7.6 零售公司設法兩頭賺

對象	問題	政策
一、零售公司對品牌公司「豪奪」	零售業的商品定價因各業競爭，導致利潤較薄，零售業只好把箭頭指向品牌公司，索取上架費、進店費、條碼費等，俗稱後台利潤（中國大陸稱為「進場費」）。 2010 年年底以來，家樂福因收費談判問題屢屢上新聞版面，許多品牌公司與民眾批評家樂福胡亂收費，包括名目繁雜，這也是康師傅（2010 年 12 月 12 日迄 2011 年 2 月）、中糧（2011 年 1 月 18 日）、九三糧油（2011 年 1 月 24 日）與家樂福槓上的主因之一，前三大食用油企業之一的「九三糧油工業集團」跟家樂福爆發不和，影響所及，在東北哈爾濱地區也已全面停止供貨。 家樂福在東北地區的量販店中，收費的名目最為多，高達 18 種以上。九三糧油相關人士表示，跟家樂福合作的品牌公司都被剝削得很嚴重，幾乎是「穿著衣服進去、光著身子出來」，不僅消費者沒有得到實質優惠，供應上更沒有應有的報酬，絕大部分都是被家樂福給賺走。 娃哈哈集團董事長宗慶后接受彭博社記者專訪時指出，零售公司巨頭過去掌握主要商品流動管道，導致「店大欺客」的現象層出不窮，巧立名目收取費用來轉嫁經營成本，因此，娃哈哈將直接開設 100 間百貨公司進軍零售業。	商務部舉行的例行發布會上，發言人表示，近來家樂福事件反映出的問題，包括進場費和零供關係，是零供關係問題的核心矛盾，就是製造業發達、服務業落後，所以造成品牌公司要「有求於」大型零售公司。 商務部 2006 年就已關注這個問題，因為商業企業是市場化、民營化程度最高的，政府需要進一步規範，先前商務部已會同發改委、公安部、工商總局等部門頒布兩個規定，一是「關於零售商、供應商公平交易管理辦法」，二是「零售商促銷行為管理辦法」。 2011 年 12 月 27 日，商務部、發改委、公安部、稅務總局、工商總局等 5 部會發布「清理整頓大型零售商企業向供貨公司商違規收費工作方案」通知，時間從 2011 年 12 月至 2012 年 6 月止，針對大型零售企業利用市場通路優勢地位，巧立名目向供貨公司收取的不合理費用，展開整頓。

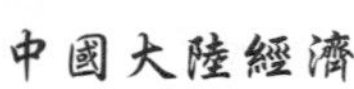

表 7.6（續）

對象	問題	政策
二、對消費者「巧取」	每次逢年過節，市場上會出現許多舉報者，批評某某超市、某某百貨存在亂收費、價目標籤與結帳價格不一的情況，可見這是零售業長期存在的「歷史共業」。 發改委價格監督檢查司副司長舉例，像長春市家樂福新民店銷售內衣套件，標示原價每套 169 元、促銷價每套 50.70 元，但其實原價每套才 119 元；另外上海市南翔店銷售的球形茶壺，標示每個 36.80 元，後來結帳卻要 49 元，還有宣傳海報上寫老樹普洱茶每盒 60 元，結帳時候卻要 120 元。	發改委發布新聞稿，直指家樂福、沃爾瑪等量販業者存有虛構原價、不履行價格承諾等損害消費者權益問題。 2011 年 1 月 26 日，發改委表示，左述行為違反《價格法》相關規定，構成價格欺詐的違法行為，嚴重侵害消費者權益，發改委已責成相關地方價格主管部門，依法予以嚴肅處理，沒收違法所得，並處違法所得 5 倍罰款，沒有違法所得的或無法計算違法所得的，最高處以 50 萬元的罰款。 這次也對南寧市和瀋陽市的沃爾瑪進行抽查，也發現類似的問題，包括虛構原價、低價招徠顧客高價結算、不履行價格承諾、誤導性價格標示等多種價格欺詐行為。 發改委要求全國所有超市、百貨等商品零售經營者，要立即組織自查，來核對所售商品是否存在價籤標價和結算價格不一致、或促銷原價不真實、明碼標價不規範等問題。發改委甚至要求「多收消費者價款的，要全額予以清退」，規定各級發改委價格局等在春節期間嚴加掃蕩，最重的還可能吊銷其營業執照。

(七)2010 年的消費政策

2010 年商務部重點推動「五大消費」：熱點消費、農村消費、服務消費、循環消費、信用消費，其中有幾項詳細說明。2012 年 11 月，六大擴大消費措施（草案）也是大同小異，其中建立品牌消費，詳見下下一項的精品消費。

1. 熱點消費

「熱點消費」主要把重點放在汽車和家用電器上，繼續執行、落實家電下鄉、汽車摩托車下鄉、汽車以舊換新以及家電以舊換新的政策和小排氣量車購置稅按 7.5% 優惠徵收等政策。

2. 網路購物

2012 年，上網人口達 5.64 億人（註：2012 年年增 5,000 萬人），其中 2.1 億人經常網購，消費型電子商務年成長率 80%，是一塊像發餅一樣成長快速的市場，詳見表 7.7。2013 年，網路購物占零售額比率 6%，中國大陸成為全球線上零售購物第一大國。

表 7.7　網路購物規模

單位：億元

年	2007	2008	2009	2010	2011	2012	2013(F)
金額	561	1282	2630	4755	7230	10750	12692

資料來源：中國電子商務研究中心，另中國商業聯合會數字略有差異。

3. 金流之一：信用消費

美國有 3.15 億人，信用卡使用量 20 億張，每人平均一年刷卡 142 次，信用消費付款占消費付款方式近七成。

2012 年底中國大陸信用卡使用量 35.3 億張，信用卡付費方式占零售額的 43%。萬事達國際組織預計，到 2020 年，中國大陸將超越美國成為全球最大的信用卡市場。

為提升刷卡消費的金額，中國銀聯透過人民銀行發文，於 2013 年 2 月 25 日，要求所有銀行調降銀行向商店所收的刷卡手續費如下。

- 餐飲娛樂業 2% 降至 1.25%；
- 一般類（百貨批發）1% 降至 0.78%；
- 民生類（超市、量販店、交通水電）0.5% 降至 0.38%。

居民在超市櫃檯前結帳

（本書照片提供：今周刊）

(八)降低關稅、交易稅

財政部針對進口精品課較高關稅，以致人民透過出國掃貨、透過跑單幫代購，以致「消費外逃」，財政部、商店沒沾到任何好處。從 2008 年起，商務部透過發改委等協調財政部，2011 年有動作，底下詳細說明。

1. **精品商機**

精品主要指手錶、珠寶（黃金、鑽石）、化妝品、皮包服裝，但不包括奢侈汽車、遊艇、私人飛機和服務（旅館、餐廳）。中國大陸在全球「精品」（中國大陸稱為奢侈品）消費，2010 年約 107 億美元，穩居第二名，僅次於日本。

買精品購買力主要有二。

(1)送禮占 25%

主要是企業買來送官員、官員買來送長官。

(2)炫富等

年輕人很多都是中產階級（2011 年占 1.04 億人），買名牌來炫富。

表 7.8　中國大陸買海外精品金額

單位：億美元

項目＼年	2007	2008	2009	2010	2011	2012
一、組織						
1.世界奢侈品協會（WLA）	80	86	94	107		146
2.貝恩顧問公司（Bain & Company）	69	86	96	114		
3.出國觀光客人數（萬人）			4,767	5740，即奢侈品消費 56% 在國外	7,000	8,300
二、地位			全球第二（超越美國，占 15%）	日本占 34% 中國大陸占 25% 全球銷值 2,352 億美元	全球銷售 2,540 億美元	全球第一（2015 年，1 億人出國）

由於對精品的定義範圍不同，因此下列二個基準數字都有人使用。

(1)以貝恩顧問公司的數字爲例

以 2010 年為例，中國大陸精品消費金額 114 億美元，其中有 56% 是在國外消費的。據麥肯錫公司（McKinsey） 2012 年 12 月發布的調查報告預測，大陸人在精品上的支出每年成長 18%，到 2012 年達到 392 億美元、全球市占率 27%，躍居世界第一。

(2)以世界精品協會的數字爲準

以 2010 年為例，全球產值 2,352 億美元，以中國大陸消費市占率 25% 來計算，中國大陸約消費 588 億美元，在中國大陸購買占 15%、海外（主要是歐洲，尤其是原產地法國）購買占 85%，詳見表 7.8。

2. 問題：肥水落外人田

精品消費大抵都讓歐日賺走了，可說「肥水落外人田」。

(1)全讓歐日企業賺走了

大陸人崇尚外國名牌，買的都是歐（主要是法義）日貨。

清華大學中國與世界經濟研究中心主任李稻葵指出，2010 年光是精品消費，一年就捲走中國大陸人 684 億元（註：這是本書修正數字），洋貨入侵擠占中國大陸消費品市場，使陸製消費品面臨更加嚴酷的生存環境。

(2)85% 在海外買

聯合國世界旅遊組織的統計數字，2012 年中國大陸觀光客在海外旅遊消費金額高達 1,020 億美元，超越美、德躍居首位，更是第一個突破千億美元的國家；出國旅客人次達 8,300 萬人次。大陸人是「最會花錢的國際觀光客」，這代表的是大陸觀光客為旅遊國帶來的消費與經濟助力。

由於對精品課徵 15～25% 進口關稅（化妝品和高檔酒甚至 50%），再加上 17% 的消費稅，即精品至少比香港（零關稅）貴 45%，比法國（原產地）貴 72%，因此導致「消費外流」；中國大陸什麼錢（包括關稅）都賺不到。

除了人民自己出國買外，另一種方式是「海外代購」（免關稅），2010 年金額 120 億元，主要是以化妝品、箱包、鞋帽、服裝、電子產品為主。

3. 政策

商務部透過表 7.9 中第三欄中五個方式，改善某些消費品（指精品）國內比國外貴的現象，把消費留在國內，讓精品成為刺激消費的突破品。

表 7.9　促進精品國內消費的政府措施

項目	問題說明	政策（以精品為例）*
一、價	名牌，特別是歐洲名牌精品，還有一些日本名牌，中國大陸價格確實比外國高得多。	物美價廉
(一)物流費用		完善物流配送體系建設，正在制定十二五期間的商貿物流規劃，使第三方物流和大型連鎖配送能夠充分發揮作用，降低所有商品的交易成本。
(二)零售費用	高檔消費品分銷體制剛剛建立，層次多、費用大，整個高檔消費品的交易費用還是相當高。	
(三)稅	消費稅 17%，精品進口關稅 15～25%，二者使精品比香港貴 45%。	轉變和創新零售方式，需要對那些外銷產品轉內銷提供直接的、便利的方式，特別是大型百貨公司和零售業。對精品的銷售監管政策，例如 2011 年 10 月起，降低化妝品、高檔酒進口關稅稅率 2～15 個百分點。
二、量	貨暢其流	貨暢其流
三、質		打假
(一)品質		營造公平有序的競爭環境：集中掃蕩半年左右，收到部分明顯的效果，但還存在著不少現象。應加重保護知識產權和打擊假冒偽劣。

表 7.9（續）

項目	問題說明	政策（以精品為例）*
(二)其他		
四、時 (一)精品 (二)品牌	人民的生活水準和所得提高，80 後、90 後群體更崇尚名牌消費。世界上出口最有名的前 100 個品牌，中國大陸還是零，中國大陸的民族品牌、高檔消費品品牌還不能滿足日益成長的物質需要。	2011 年 6 月，商務部旗下的中國國際貿易促進委員會推廣中心在北京市，跟世界精品協會聯合成立「中國精品貿易委員會」。此委員會為打造本土精品牌提供一個更高的官方平台。

長遠之計則為「愛用優良國貨」，商務部旗下的中國國際貿易促進委員會推廣中心在北京，跟世界奢侈品協會聯合成立「中國奢侈品貿易委員會」，以官方資源推動中國大陸精品消費市場健康有序發展。該委員會還進一步打造中國大陸自有精品品牌，並將之推向國際市場，而首推的項目就是蘊含中國千年文化的茶葉、瓷器、玉器等。

(九)2012 年 3 月，發改委的促消費措施

2012 年 3 月，發改委也推出一些促消費措施，詳見表 7.10。

表 7.10　發改委的促消費措施

項目	說明
1. 有錢消費	提高所得水準、擴大就業、提高農產品收購價格、調整最低工資標準、建立工資正常成長機制
2. 敢於消費	建立社會保障制度
3. 樂於消費	推出鼓勵消費政策與措施
4. 便於消費	改善基礎設施，如城市、農村的銷售網路、寬頻以及交通設施的建設、發展新型的消費業態
5. 放心消費	加強市場監管、防欺詐行為、防止假冒偽劣產品

第二節　人口對消費的影響

人口的數量等在需求面主要影響消費與社會福利，在供給面主要影響四種生產因素中的勞動供給（即勞動經濟學）。本書畢其功於一役，在一開始時，便先說明人口狀況，至於對勞動人口的影響，留待第十五章第三節說明。

一、人口普查

「查戶口」、「丈田畝」是任何政府施政的基本工作，「查戶口」做得越踏實，對勞動供給、徵兵等就越精準。

1. 國情國力的了解

中國大陸對人口進行普查，主要目的是對「國情國力的了解」。

2. 逢十進行人口普查

每十年（西元尾數〇）進行一次人口普查，2010 年這次是第六次，詳見表 7.11。

表 7.11　2010 年人口普查相關事宜

項目	說明
為何調查	國家統計局局長表示，普查資料就是做為統計用，不會用來追究法律責任。超生人口因會遭官方罰款，不少父母更是擔心遭秋後算帳，隱瞞多生子女。
誰	普查對象首次納入外籍人口，包括長期居住的港澳台、外籍人士及在境外但未定居的中國大陸公民。 普查領導小組組長：常務副總理李克強。
調查項目	大部分民眾接受普查進，要回答十八項問題。
何時	調查 2010 年 11～12 月 公布：2011 年 4 月 28 日
如何進行	・逐門逐戶：共 4 億多戶

表 7.11（續）

項目	說明
	・見人就查：流動人口怕普查害他們被房東趕走或丟工作，雇主因怕違反勞動法被處罰。普查員的技巧是，私下從屋內床數跟牙刷數量來解人口數。 最後再與流動人口戶籍地調查雙重核對，確定移居人口，與旅館訂有長約住客，也會被查。
多少人	600 萬名訪員
多少錢	80 億元，主要由各地財政分級負擔。

資料來源：整理自國家統計局。

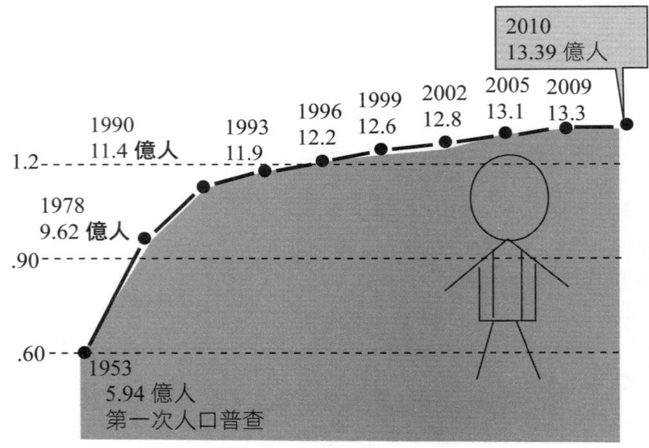

圖 7.3　人口數推移

3. 結果解讀

國家統計局公布第六次人口普查結果顯示，老年化嚴重，城鎮化加速，人口結構失衡。局長說：「這些都會給人口、經濟、社會的發展帶來重大影響。」詳見表 7.12，說明於下。

表 7.12　人口狀況與對經濟的影響

項目	趨勢（2000 年跟 2010 年比較）	影響
一、數量		
(一)人數	2000 年：12.6582 億人	10 年來，人口增加 7390 萬人過去十年的出生人口每年約 1,600 萬人，僅及 1979 年的三分之一，預計 2015 年勞動人口將開始負成長。
(二)男女性別結構（男女比率）	2010 年：13.3972 億人 1. 男女出生比率如下 （正常標準是 105 比 100）： 1980 年：106 比 100 1982 年：108 比 100 1990 年：111 比 100 2004 年：120.3 比 100 2010 年：118 比 100 2. 男女人數失衡情況越來越嚴重 2010 年男女：51.27 比 48.73 男性：6.8685 億人 女性：6.5287 億人	低出生率 1.2%，原因如下。 1.「一胎化」政策 2. 人口性別結構 2011～2012 年出生性別比率已穩定在 2012 年水準。 2020 年預計有 2,400 萬「剩男」娶不到妻子。 「出生人口性別比長期失衡帶來婚姻擠壓之痛。」
(三)死亡	2010 年 0.5% 低死亡率	
(四)成長率=出生率－死亡率	2000 年 1% 2010 年 0.7% = 1.2% – 0.5%	2033 年，人口 15 億人 2011 年，婦女生育率（婦女一生生兒女數）1.7，低於維持人口正常狀態的 2.1。
二、供給面		

表 7.12（續）

<table>
<tr><th>項目</th><th>趨勢（2000 年跟 2010 年比較）</th><th>影響</th></tr>
<tr><td>(一)年齡結構</td><td>人口年齡層結構
<table>
<tr><th>年齡層（歲）</th><th>人口數（億人）</th><th>占比（%）</th><th>比上次人口普查（2000 年）</th></tr>
<tr><td>0～14</td><td>2.22</td><td>16.60</td><td>降 6.29 個百分點</td></tr>
<tr><td>15～59</td><td>9.40</td><td>70.14</td><td>升 3.36 個百分點</td></tr>
<tr><td>60 及以上</td><td>1.78</td><td>13.26*</td><td>升 2.93 個百分點</td></tr>
<tr><td>65 及以上</td><td>1.19**</td><td>8.87</td><td>升 1.91 個百分點</td></tr>
</table>
*2009 年世界平均值 7.5%
**2010 年人數突破 1 億人，2015 年 1.3 億人</td><td>從 1946 至 1964 年嬰兒潮（戰後嬰兒大量誕生），65 歲以上老年人口數占總人口數的比例由 4.41% 下降到 3.56%，出現了人口年輕化；然而 1982 年起，上升至 4.91%，出現了持續的人口老齡化。老齡化進程逐漸加快，經濟很快將面臨「未富先老、未盛即衰」的困境。這對健全養老、醫療等社會保障制度和公共服務體系，造成沉重的財務壓力。
2012 年日本全國年齡中位數約 51.7 歲，是全球最年長的，中國大陸則為 35.9 歲、美國 37.1 歲。</td></tr>
<tr><td>(二)勞動人口</td><td>勞動年齡人口為 9.2 億人，十年增加近 1 億人，2011～2012 年，勞動年齡人口穩定在 9 億人左右，十二五期間至少「勞動力供應總體是充裕的」。</td><td>人口紅利將從 2013 年後逐步下降，人口加速老齡化意味著年輕人迅速減少，2004 年沿海逐漸出現「用工荒」。勞工數量在 2020 年呈現負成長，缺工人數 1,760 萬人。</td></tr>
<tr><td>(三)文盲率</td><td>2000 年 6.72%

2010 年 4.08%
即文盲 5,466 萬人</td><td>這體現了全面普及九年義務教育、大力發展高等教育的成果，也反映人口素質在不斷提高。每十萬人中擁有大專學歷的人數，則由 2000 年的 3,611 人大幅提高至 8,930 人，即大專學歷人數 1.1964 億人。</td></tr>
</table>

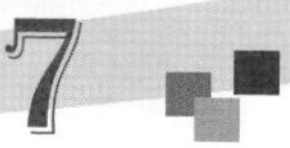

表 7.12（續）

項目	趨勢（2000 年跟 2010 年比較）	影響
三、需求面		
(一)家庭戶數	2000 年每戶平均 3.44 人 2010 年 4.0152 億戶 每戶 3.1 人	單身化趨勢
(二)城鄉人口比率	2000 年城鎮比農村 39.82：60.18 2010 年城鎮比農村 49.68：50.36 城鎮 6.6558 億人（10 年成長率 13.46%）。 農村 6.7115 億人	這說明過去十年城鎮化進程加快，主因來自工業化。
(三)民族結構	漢族：91.51% 少數民族：8.49%	
(四)流動人口	2000 年 1.107 億人	按常住人口分，前五位是廣東、山東、河南、四川和江蘇省。
	2010 年 2.6139 億人	成長率 81.03% 居住地與戶口登記地所在的鄉鎮不一致，且離開戶口登記地半年以上的人口約 2.61 億人。 扣除市轄區內人戶分離的流動人口達 2.21 億人，比 2000 年增加了 1 億人。即總人口的 16% 必須為了工作或其他因素長期離鄉背井。 沿海發達省份的常住人口比重增加，內陸欠發達地區的常住人口比重在下降。也就是說，過去十年有更多的人從內陸往東部發達地區遷移、流動。這種趨勢反映人口的流動和經濟的格局協調一致。

資料來源：第六次全國人口普查公報

二、人口數量

中國大陸人口數量全球第一，但由於成長率低，因此人口數已到成長高原期。

1. 人數

人口數 13.4 億人，依表 7.12 中的人口成長率 0.7% 來看，每年人口增加 939 萬人。

依這種速度，2033 年人口 15 億人，而在 2030 年，印度人口數就會超越中國大陸。

2. 全球比重

2011 年 5 月聯合國「經濟和社會事務部」公布《世界人口展望—2010 年修訂版》，全球人口於 10 月底突破 70 億人，至 2060 年，達到高峰 92 億人。

由表 7.13 可見，中國大陸人口占全球 20%，每五人就有一位大陸人。由於印度未實施一胎化政策，約在 2030 年將成為世界人口第一大國。

表 7.13　人口數前五名國家　　2011 年 12 月

排名	國家	人口（億人）	占全球人口比
1	中國大陸	13.4132	19.5%
2	印度	11.9177	17.3%
3	美國	3.1095	4.51%
4	印尼	2.3755	3.45%
5	巴西	1.9073	2.77%

資料來源：維基百科，全球人口 70 億人

3. **影響人口數的最重要因素：人口政策**

為了避免人口膨脹到環境無法負荷，1980 年 9 月 25 日，中共中央發出關於控制人口成長問題致全體共產黨員、共青團員的《公開信》，提倡一對夫婦只生育一個孩子（簡稱「一胎化」）。農村和少數民族地區，如果第一個是女孩兒，政策允許生第二胎；這代表以「一胎化」為中心的計畫生育人口政策啟動。30 年來，這項政策全面實施，人口過快成長的問題得到有效控制。**早年口號：「打出來！墮出來！流出來！就是不能生下來！」**2002 年 9 月 1 日實施《人口與計畫生育法》，一對夫妻生子超過 1 名，相關單位會以夫妻前一年度總收入或當地城鄉人均所得為基準，要求繳納基準的 30% 為「社會撫養費」，罰款則是基準的 2～6 倍；如果重婚或外遇生子，罰款可能高達基準的 6～8 倍。

在之前，婦女生育率 2.5%，2010 年只剩 1.2%，年均增加人口從 1,350 萬人減少到 626 萬人，簡單的說，實施 30 年共少生 4 億人。

2011 年 2 月，國家人口計生委（註：部級）副主任在廣州召開的南方十二省人口計生委主任座談會上，傳達「生育政策」絕不動搖的訊息。

三、家庭戶數

家庭規模繼續縮小，主要是生育率不斷下降，流動人口增加、年輕人婚後獨立居住等因素影響。

四、性別結構

一胎化政策再加上中國人「重男輕女」的傳統觀念，配合 1980 年代的超音波技術普及，讓人更容易在嬰兒出生前預知性別，並對胎兒進行「性別選擇」。儘管「性別選擇」在中、印都不合法，但這種行為很難得到有效遏制。

新生兒男女比例約 117 比 100，男多女少問題嚴重，高居全球第一。

到了 2010 年以後，1980 年代中後期性別結構失衡（表 7.11 中可見）

下出生的男女漸次進入婚育期，「男多女少」的婚姻擠壓現象開始顯現。加上人口流動，導致農村、貧困地區的婚齡女性大量流出，高齡未婚男性增多；而在城市，女性擇偶條件大幅提高，如房屋、所得都要一定的高標準等，也導致城市未婚女性增多。

南開大學經濟學院人口與發展研究所教授原新說，出生人口性別比長期失衡與人口老齡化交織，將加劇人口結構的不合理性，未來的社會階層結構、消費結構、組織結構等都將更為男性所主導，其深遠危害，將不亞於 1950、1960 年代嬰兒潮的人口膨脹。

五、年齡結構

以 2010 年來說，人口平均年齡 34 歲，可說是輕熟男、輕熟女階段。但是以年齡分析來看，老人（以 60 歲為標準，是退休年齡而定）逐年快速變多，主因在於「一胎化政策」，造成小孩數減少，而醫療水準提升，又讓人延年益壽。

底下說明人口的年齡結構對需求、勞動供給的影響。

(一)人口老化衡量方式

一個國家人口老化程度可分為四個程度，表 7.14 列出其進入老齡化後的三階段，中國大陸逐年進入下列三階段。

表 7.14　一個國家或地區人口老化程度

人口老化程度	衡量指標：老化指數（aging index）	大陸
1. 高齡化社會（aging society）	(1) $\frac{\text{老年人口}}{\text{總人口}} \geq 7\%$ 「老年」指 65 歲，但在中國大陸，2012 年起是指 60 歲	2000 年，進入高齡化社會。根據 2007 年《中國城鄉老年人口狀況追蹤調查》的結果顯示，七成的老人住在或是設籍在農村。但最嚴重的地方包括上海市（14%）、重慶

表 7.14（續）

人口老化程度	衡量指標：老化指數（aging index）	大陸
		市（11%）、四川省（11%）、北京，市（11.2%）和江蘇省（11.1%）。
	(2) $\frac{14\text{ 歲以下人口}}{\text{總人口}} \leq 30\%$	2010 年，老化指標 12.8%，即 1.7 億人。
2. 高齡社會（aged society）	$\frac{\text{老年人口}}{\text{總人口}} \geq 14\%$	2013 年，老年人口 2.02 億人，比率突破 14%。
3.超高齡社會（super-aged society）	$\frac{\text{老年人口}}{\text{總人口}} \geq 20\%$ 即每五個人就有一個老人	2035 年，老人比率破 20%；2050 年，破 25%。

其中，針對「老年」的定義，有二個標準：全球通用的是 65 歲，大陸 2012 年起用 60 歲，這涉及退休年齡。

(二)撫養人數

人口老化後，就社會福利的角度，便是老人退休，開始領退休金、沒有工作的老人領國民年金。即從「生之者眾，食之者寡」中的「生」（勞動年齡人口）變成「食」（被撫養人口）。

由表 7.15 可見，針對被撫養對象（即第二欄公式中的分子）共有三種撫養比率，本處討論的是「老年撫養比」（簡稱扶老比）。

由第三欄可見，勞動年齡人口的負擔越來越重，2009 年，100 人養 11.59 位老人，2030 年 100 位養 50 位老人。

表 7.15　三種撫養比率衡量方式　2010 年

撫養定義	公式	中國大陸情況
1. 兒童撫養比	$=\frac{\text{小孩}}{\text{勞動年齡人口}}$	$=\frac{2.22}{9.40}$ = 23.6% 即 100 位勞動年齡人口養 23.6 位小孩
2. 老年撫養比	$=\frac{\text{老年人口}}{\text{勞動年齡人口}}$	$=\frac{1.78}{9.40}$ = 18.94% 即 100 位勞動年齡人口養 18.94 位老人
3. 撫養比	$=\frac{\text{小孩加老年人口}}{\text{勞動年齡人口}}$	$=\frac{2.22+1.78}{9.40}$ = 42.55 即 100 位勞動年齡人口養 42.55 位受撫養人

(三)人口未富先老

人口變化的一個特點是「未富先老」。

1. 先老

清華－布魯金斯公共政策研究中心主任王豐表示，「未富先老」的標準是相對的，參照其他國家在人口老齡化達到相同程度時的情況，中國大陸的人均所得水準和其他已進入高齡社會的國家相比，的確有段差距。2012 年，人口年齡中位數是 35.9 歲，按照生育率 1.2% 計算，到 2050 年時，有半數人年齡高於 50 歲。這將大大限制經濟的發展，並可能威脅到經濟發展的基礎。

2. 未富

當 65 歲以上人口達到跟中國大陸一樣水準時，日本和美國的人均所得是中國大陸的 1 倍之多，「從這點上看，中國大陸是首個未富先老的大國。」

北京師範大學金融研究中心主任鐘偉表示，2011 年人均總產值 5,432 美元，相當於日本的 13%。跟日本相比，中國大陸人口老年化速度更快，銀髮浪潮來得如此迅疾，以至於留給經濟成長轉型、社會保障體系建設等的斡旋時間已非常急促。

(四)對消費的影響

日本 1.26 億人，年齡中位數 51.7 歲，早已經是超高齡社會。60 歲以上老人擁有 70% 的金融資產，仰賴銀行存款利息生活，不敢隨意花錢，一旦銀行利率下降，更是看緊荷包，人口高齡化成了日本長期問題。

日本是中國大陸的前車之鑑，人口老化降低全國的平均消費傾向。

(五)對勞動供給的影響

如果把中國大陸視為股份制有限責任公司，跟所有的公司一樣，它擁有一個「人口資產負債表」；套用資產－負債的觀念，在 2015 年以前，還處於「人口紅利」階段（詳見表 7.16），詳見第十四章第一節中說明。

表 7.16　人口資產負債表

財務管理	(1)負債	(2)總資產	(3) = (1)/(2)負債比率
人口總經濟	(1)被撫養人口	(2)總人口	(3) = (1)/(2)撫養比
推論：	撫養比	≥ 50%，稱為人口負債 ≤ 50%，稱為人口紅利	

六、區域分佈

此外東部地區人口占 31 個省（區、市）常住人口的 37.98%，中部地區占 26.76%，西部地區占 27.04%，東北地區占 8.22%。

討論問題

1. 台灣消費率 60%、美國 70%，中國大陸 32.5%，中國大陸的消費率爲何如此低？
2. 中國大陸消費何時才會超德趕日？（提示：詳見表 7.1）
3. 中國大陸的運輸費用率算高還低？如何解決（提示：詳見表 7.5）
4. 中國大陸的老年標準常見是 60 歲，其他國家大都是 65 歲，爲何？
5. 取消「一胎化政策」利弊如何？

8

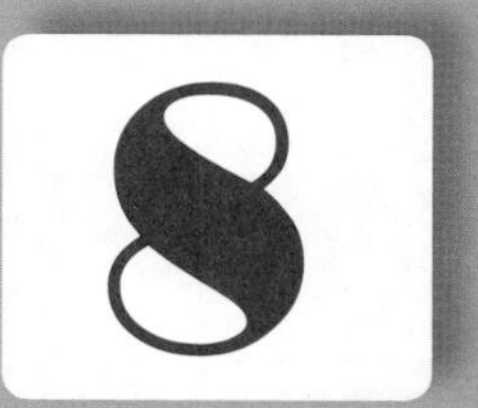

消費與儲蓄

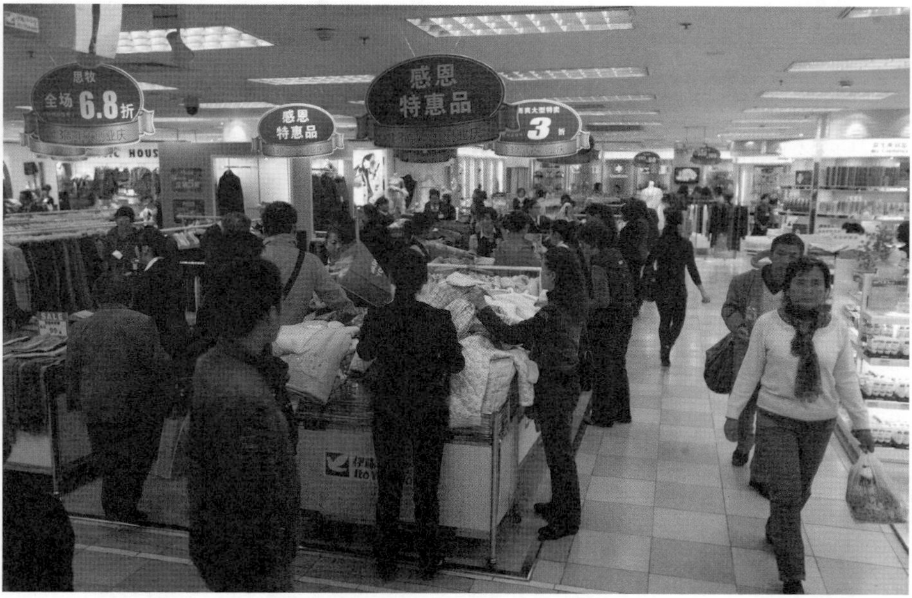

都市居民在量販店購買特價商品

（本書照片提供：今周刊）

節儉是不得不的美德

中國大陸的平均消費傾向 60%，主要是父母為子女存大專教育費用、為子存娶妻的購屋款。最後，也考慮退休後，勞保退休金給付金額（即所得替代率）低。本章詳細說明。

第一節　消費結構

家庭消費結構（即食衣住行育樂所占比重）是計算消費者物價指數中各項目比重的依據，此外，隨著所得水準的提高，消費結構也會跟著調整。本節說明大陸的消費結構。

一、消費型態

生活六件事「食衣住行育樂」的順序，貼切說明人們的消費先從「吃飽穿暖」開始，先求活著；再求「活得好」。

(一)2010 年，已到「吃好住好」階段

影響消費行為最主要因素是所得水準。

1. 人均所得 2000 美元

由表 8.1 可見，2006 年人均所得 2,000 美元，但恩格爾係數（食物占所得比重）34%，住（居住類占 13%、家庭設備及維修服務類占 6%）占 19%，是第二大支出項目。

2. 人均所得 3,000 美元

根據美日經驗，當人均所得 3,000 美元時，居民消費升級成為常態。住房和汽車等大額耐久品消費開始進入普及階段，而教育、醫療、通訊、旅遊與文化等消費支出的比例也迅速增加；中國大陸開始進入大眾消費的新成長階段。

3. 人均所得 4,000 美元

2010 年，人均所得 4,260 美元，日常消費（除了食以外）快速成長。2011 年，家庭平均支出 3.8 萬元，比 2010 年成長了 5,710 元。家庭平均住房面積 116.4 平方公尺，人均住房面積 36 平方公尺。2011 年城鎮家庭恩格爾係數比 2010 年上升 0.6 個百分點，達 36.3%，說明平均家庭所得沒有很大改善。

(二)購屋（或租房）排擠其他項目

房價高，連帶的，居住（自住還本息、租屋付房租）費用占消費比重 20% 以上。而且 2009～2010 年，人均所得成長率約 10%，房價成長率 20%，更使居住費用比重逐年攀高。

房地產研究機構易居中國的報告顯示，房價所得比在 2009 年達到 8.1 倍高峰，2011 年降至 7.4 倍，隨著調控的持續以及人民所得的成長，2012 年大中城市的房價所得比回落至聯合國 6 至 7 倍的合理區間。在一線城市中，這一比值仍較高；上海市為 12.4 倍，北京市為 11.6 倍、深圳市 15.6 倍。

在所得成長有限情況下，「城市居，大不易」，以北京市西南二環的考拉社區為例，2011 年底居室的月租價格 2,600 元，比 2011 年 2 月前上漲 200 至 300 元，2009 年租金普遍低於 2,000 元。

因此，北京市（註：人口 2,000 萬人）出現 800 多萬的外來客「蟻居」、「繭居」情況，住宅空間小，月薪一半都拿去付房租，平常只好省吃儉用。

(三)依所得分配來區分

中高所得階層偏重房地產、汽車等「投資型消費」，還有珠寶、紅酒、文化娛樂等奢侈品、高等級的教育及醫療服務是主要消費品項。消費之餘，理財信貸規模也會增長。

中所得家庭以白領階級居多，「改善型消費」是主要消費項目，自住用的房子、實用型汽車、文化娛樂等是主要消費商品。

低所得群由二線城市的貧困階層以及五、六線城市與農村居民組成，消費特性是耐久品增加和升級。

表 8.1　人均所得對消費結構影響

年			2006	2008	2010	2012
一、人均所得（美元）	500	1,000	2,000	3,000	4,260	5,100
二、消費						
食	✓					
衣	✓			精品		
住		家電			房屋	
行	腳踏車	摩托車		汽車		遊艇、飛機
育		高中教育		大專教育		
樂						國外旅遊
三、代表性公司與企業家	杭州娃哈哈集團：宗慶后 華彬公司：嚴彬	國美：黃光裕 蘇寧：張近東		比亞迪汽車公司王傳福 碧桂園：楊惠妍家族	銀行 三一重工：梁穩根，該公司主要生產水泥攪拌車，屬於水泥業中的運輸設備業	房地產 萬達商業地產公司的王健林

(四)富豪名單跟著消費結構走

由胡潤研究院編製的「胡潤百富榜」可以看出，富翁排名反映著消費結構的改變，中國大陸出口產業中的電子業大都掌握在外商手中，因此「電子新貴」不容易入榜，金融業中的大銀行皆為國營，銀行業董事長只

是領薪水的「公務人員」，也不會入榜。因此，富豪大都從事內需中的「食」、「住」。2011 年富豪的特色是營建業企業家排名大幅後退，像龍湖地產吳亞軍家族掉到第七名。但 2012 年，前十大富豪中房地產公司董事長占五位。

二、汽車銷售

居住支出是家庭消費支出中最大一項，食物是第二，交通支出往往是第三大，本段說明影響交通支出中的汽車銷售。

2011 年消費成長率低，主因是汽車銷售不振（兩個原因：2009～2010 年汽車購置稅優惠期結束，與北京市限購令）。

(一)汽車的重要性

2010 年北京市的消費金額 6,229 億元，一連三年都是最大消費城市，其中汽車（85 萬輛）消費占 26%，對消費金額成長率的貢獻度四成。

基於高關稅、人民購買力有限，再加上銷量全球第一，歐美日大汽車公司也在中國大陸設廠。因此，汽車銷售對拉動汽車製造業（員工數 250 萬人）有很大貢獻。

中國大陸 2009 年起成為全球最大汽車產銷國

（本書照片提供：今周刊）

(二)汽車銷售跟所得亦步亦趨

由表 8.3 可見，2009～2012 年汽車市場呈現「井噴式」發展。2012 年汽車銷售量達 1,931 萬輛，連續四年蟬聯全球第一大汽車銷量市場。

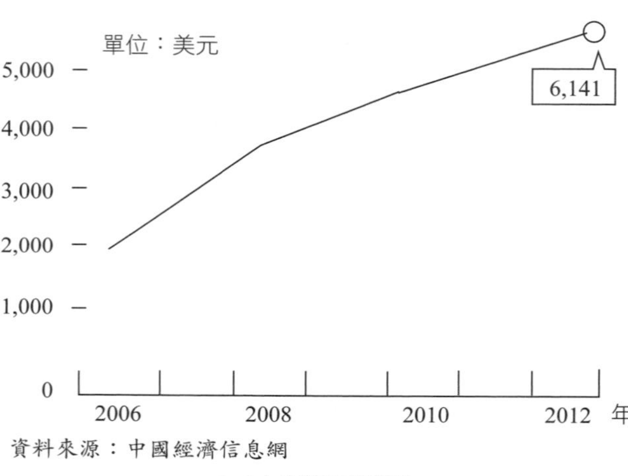

資料來源：中國經濟信息網

(一)人均總產值變化

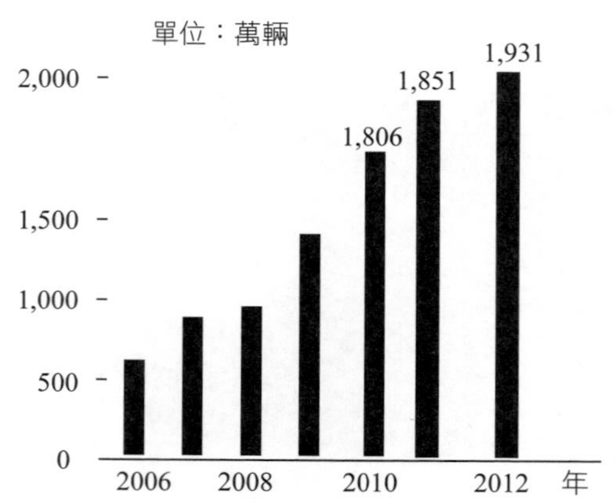

資料來源：中國汽車工業協會

(二)汽車銷量

圖 8.1　人均國內生產毛額跟汽車銷量對照

主因之一是政府：「汽車購置稅減徵」、「汽車下鄉」和「以舊換新」三項優惠政策。

(三)影響汽車銷量因素

汽車可說是金額第二高的耐久品，汽車與互補品價格對汽車銷量有負面影響，替代品正好相反，詳見圖 8.2。

(四)汽車銷售營業稅的影響

在表 5.3 中，曾說明 2009～2010 年國務院對汽車銷售採取減稅等擴張性財政政策，以擴大消費。

由於降稅主要是針對小車（中國大陸稱為微型車輛，1600cc 以下；日本是指 600cc 以下），所以由表 8.2 中「中國大陸」一項中的「小車占比」可見，2009 年時上升到 53%、2010 年時甚至 69%。

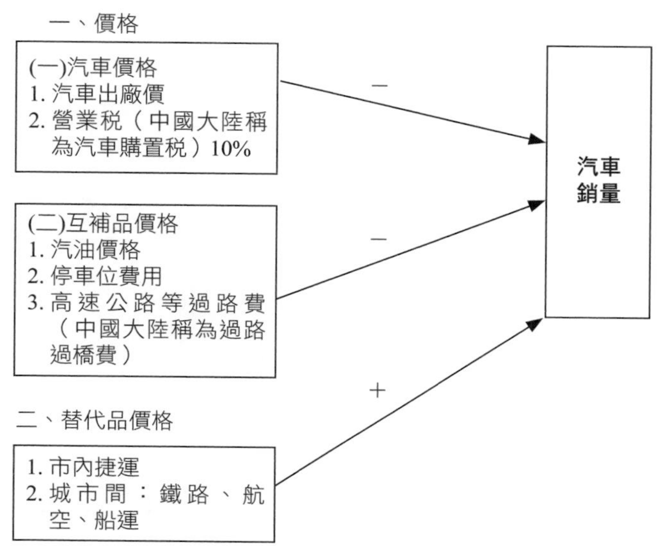

圖 8.2 影響汽車的銷量的價格因素

車輛購置稅是指下列。

車　輛：包括汽車、摩托車、電車、掛車、農用運輸車等。
購置稅：本質是新車交易時的營業稅
稅　率：售價的 10%，2009 年針對微型車輛（1600cc 以下）降為 5%，2010 年 7.5%，2011 年優惠稅率截止。

表 8.2　汽車產銷量

單位：萬量

國家＼年	2007	2008	2009	2010	2011	2012	2013(F)
一、中國大陸							
1. 生產			1379	1826	1841	1927	
2. 銷量*	879	938	1364	1806	1851	1931	2065
			超越美國		全球 8003	全球 8414	
3. 小型車占比率	—	44.81%	52.78%	68.77%	—	—	
二、美國**							
1. 生產（北美）	1543	1292	876	1216	1347	—	
2. 銷量	1646	1346	1040	1177	1304	1450	1550

*資料來源：中國汽車工業協會（1987 年成立），「汽車」指的是「乘用車」（9 人座以下的輕型客車）。銷量包括乘用車（約占 66%）、公司用車（約占 34%）。

**資料來源：Wards Auto Group，北美包括美加墨。銷量包括汽車和輕型卡車，合稱輕型汽車。

(五)從成長期到成熟期

由表 8.4 可見，2012 年汽車存量 1.05 億輛，被人口數除，每千人才 76 輛車，是巴西的六成，是俄羅斯的二成，在美國千人汽車擁有量高達

950 輛（存量 2.85 億輛）。

美國汽車市調公司鮑爾公司（J. D. Power & Associate）預估，到 2030 年，中國大陸每千人擁有 452 輛車，汽車年銷量近 4,000 萬輛，在之前，2018 年銷量 2,440 萬輛、2023 年到達飽和。

1. 北京市限購令

汽車銷量有個限制因素，即「每公里汽車數」，當汽車成長速度比（市內）公路快，堵車會造成一些人不開車、不買車，轉而搭捷運、公車。2011 年，北京市政府頒布「限購令」，主因是市內公路的成長用地有限，市政府為了疏通交通，有別於墨西哥市、新加坡的限制單雙車牌上路的規定，北京市則採取限購。

北京市有 450 萬輛車，交通壅塞情況之糟，上班通勤時間（往返 71.32 小時，居全國之冠），連北京人都自嘲，「首都」又稱「首堵」。為從數量源頭控制汽車過快速成長，國務院已原則同意「新車限購令」納入「北京治堵方案」。

為了紓解市區嚴重塞車問題，北京市政府於 2010 年底公布治「堵」新政，每個月限發 2 萬張小客車車牌，只有參加搖號（抽籤）取得配額的車才能掛車牌上路。

2010 年北京市共賣出 85 萬輛汽車， 2011 年 24 萬輛汽車，只剩不到三分之一。針對政府公務用車也採取嚴格管制，迄 2012 年 5 月，汽車總量 502 萬輛，多少讓堵車問題不再惡化。

2. 限購令逐漸蔓延

2010 年農村居民人均所得 5,919 元，比 2009 年成長 14.9%，高於城鎮居民的 11.3%。大幅增加的農民所得，成為農村汽車市場強而有力的後盾，越來越多的汽車公司把目光投向廣闊的農村，視為「潛力最大的汽車市場」。

江西省南昌豐城市隍城鎮、湖塘鄉等農村，2011 年春節車滿為患，綿延數公里的車陣，讓許多有車一族也紛紛上網發文感嘆，「原以為堵車只屬於大城市的『城市病』，想不到現在已蔓延到農村，堵起來甚至比城市更厲害。」

北京市的限購令逐漸蔓延，依序如下：上海市（2011 年 7 月）、貴州省貴陽市（2011 年 8 月）、廣東省廣州市（2012 年 7 月）；據國家資訊中心統計，深圳、杭州等 10 幾個城市醞釀相關限購政策。

3. 對汽車銷量的影響

2001～2010 年，汽車銷量成長率 30%，但受限購令、塞車等影響，銷量成長率掉到 10%，汽車銷售逐漸進入成熟期，詳見表 8.3。「新購」主要偏重三、四線城市，「換購」（小換大）主要偏重一、二線城市。

表 8.3　汽車銷售成長與成熟期

階段	成長期	成熟期
一、期間	2001～2010 年	2011～2023 年（飽和）
二、成長率	30.4%	9%
三、車款	平價車（國產），1600cc 以下占 69%	往高價車發展
四、千人擁有汽車	2010 年時，52 輛	100～450 輛

三、城鄉消費結構

城鄉消費結構不一樣，這主因來自所得水準的不同，詳見圖 3.8。簡單的說，2012 年，當城市人均所得 24,000 元時，農村才 7,500 元。以表 8.1 上的消費型態來說，鄉村仍以「食」為主，城市以「住」為主，甚至育樂占較大比重。

(一)依行政區域劃分

中國大陸的行政區域共分四級，詳見表 8.4，其中省級主指分為二層：直轄市（4 個）、省級（含自治區政府），「縣」主要指的是縣治所在。

(二)依購買力劃分

依購買力把城鎮分成六「線」（有人用「級」一字），詳見表中第三、四欄，這主要是根據 IBM 商業價值學院（IBM Institute for Business Value）在 2007 年的調查報告。各線城市的消費結構、購買力（詳見表 8.4 中第五欄）不同，簡單說明於下。

1. 一線城市帶動時尚流行

一線城市打品牌，二、三線城市衝刺店數。

2. 二～六線城市

二到六線城市占人口 43%，卻占產值的 78%。

3. 三～五線城市

三到五線城市共 305 個，俗稱「新興中國」（Emerging China），許多沿海工作的人回老家第一件事就是加購家具或修繕房子，直接帶動商店勇敢前進三、四線城市銷量。這些地方的道路不但修通且品質很好，有利汽車下鄉，並使商業活動「突然加速起飛」。

4. 六線城市加鄉村

六線城市共 324 個，加上廣大農村，消費型態被稱為「塔基市場」（所得金字塔的基層市場）。

表 8.4 行政區域與城市購買力分級

行政層級	行政區域	依購買力區分	人口（萬人）	人均所得（美元）
一、省級	31 個 1. 27 個省級：含少數民族自治區，例如廣西壯族、內蒙古			8,000 以上 房地產差異化，豪宅興起
	2. 4 個直轄市：北京、天津、上海與重慶	．一線城市（四個直轄市去掉重慶市，加上深圳市）	1,000 萬人以上	6,000
*副省級市	31（主要是指省會）	．二線城市（代表性都市是廣州市、福州市、鄭州市、哈爾濱市）	800～1,000 萬人	5,000 中產階級形成，房地產興旺起來
		．三線城市，19 個河南省洛陽市、廣西的南寧	500～800 萬人	
二、地級市	333 個	．四線城市，77 個	300 萬人	4,000
三、縣	2,862 個	．五線城市，209 個	100～300 萬人	3,000 溫飽無虞
四、鄉鎮（建制鎮）	41,634	．六線城市：縣級鄉鎮，324 個		3,000 以下
合計	44,800	654 個	20 萬人 占人口比重 45%	

第二節　儲蓄行為

儲蓄跟消費是一個硬幣的兩邊，在圖 7.1 中已大抵說明人民的平均消費傾向的影響因素，本節詳細說明。

一、平均儲蓄傾向

家庭的平均儲蓄傾向約 20%，一般來說，儲蓄的目的是為了遠期消費，這包括為自己、為子女。「積穀防飢」可說是儲蓄的主因，背後反映著退休金尤其是社會福利制度未上軌道，因此人們必須自己努力。

這些因素會逐漸消失，平均儲蓄傾向會逐漸降低到 15% 左右；釋放出部分遠期購買力到即期。

二、《經濟學人》的調查

2010 年 8 月中，英國《經濟學人》資訊部（ETU）發表中國大陸的消費者態度調查顯示，在上海市和北京市一線城市內，有 66.7% 的受訪者會把 25% 以上的所得儲蓄起來，有 33.3% 的居民會把 35% 以上的收入儲蓄起來。儲蓄的動機依序是：滿足子女的教育需求、保障退休生活和應對突發醫療需求，詳見表 8.5。

表 8.5　影響儲蓄行為的因素

目的	說明
一、為自己	醫療和退休後的預防性儲蓄，是高儲蓄率的一個重要原因。
(一)跨期消費：存老本、保障退休生活	一部分即期消費轉化到了遠期消費。
(二)應付突發需求： 醫療、失業	社會保險基金人均水準只有 1,000 元，占家庭財富的 2%，而美國占 20%，保險金額的不足，令很多人必須自求多福。 社會保障金額之於農民仍然是杯水車薪。

表 8.5（續）

目的	說明
二、為子女：隔代消費	
(一)子女教育	父母存錢，作為小孩高中與大專教育，因為學生貸款計畫並不盛行。
(二)子女結婚視為父母對子女的贈與	詳見本節第三段。

*人生各階段的儲蓄動機

社會新鮮人從第一個工作開始到退休，約 35 到 40 年的工作壽命中，人生各階段的儲蓄目的皆不一樣，一開始是為自己結婚，接著養小孩，最後是養老（包括夫妻的父母們），詳見表 8.6。

表 8.6　人生各階段的儲蓄目的

年齡	說明
20～30 歲	擁有自己的房子是步入婚姻的第一步，高房價造成社會新鮮人在結婚更早之前的很長一段時間就開始儲蓄，包括他們的父母，或許還要加上新娘那邊父母都需要為之付出。中國式婚禮非常盛大，由新郎承擔主要費用。約為月薪的 19 倍，美國只需 3 倍。
31～45 歲	為子女的教育基金而儲蓄。
46～60 歲	照顧年邁的父母是中國很強的傳統觀念。出生於獨生子女年代，社會新鮮人需要在今後的日子裡為 6 個人（自己、妻子、自己父母和妻子的父母）累積醫療和養老金，許多時候父母還是需要依靠自己過去的儲蓄維持經濟獨立、贍養自己。
61 歲以後	「吃老本」。

三、原因一：社會福利制度保障低

改革開放後，1998 年公營事業改革造成 2,000 萬人下崗，二波改革潮，使政府大幅減少社會福利（包括公家宿舍、就學和就醫），使人民的平均儲蓄率逐年攀高。中國大陸財政支出中約只有 10% 用於「其他移轉補貼支出」，美國 35%，北歐國家甚至 55%。

社會福利保障範圍小、金額不足，因此人民只好為「存老本」而平時省吃儉用。

再加上 1997 年以來，不斷降低利率，在退休金固定情況下，存款利息減少，更使得人們努力存款，退休人士不敢隨便花錢。

***消費的資金來源**

為因應各國經濟發展及隨之而來的消費型態變遷情勢，聯合國與經濟合作發展組織（OECD）自 1995 年起共同著手修訂用途別個人消費分類（Classification of Individual Consumption According to Purpose，簡稱 COICOP），相關結果於 2000 年發布。由表 8.7 可見，中國大陸家庭消費 98.65%是自己買單。

表 8.7　家庭消費的資金來源

付費者	占比重	項目
一、家庭自己	98.6%	1～12 項稱「家庭消費支出」即消費者物價指數中的項目
二、民間非營利機構	1.35%	1～13 項合稱「民間消費支出」
三、政府 例如政府負擔的假牙補助、幼兒津貼	－	1～14 項合稱「民間實際消費」

四、原因二：為子女結婚而省吃儉用

2009 年 6 月下旬，美國哥倫比亞大學教授魏尚進和世界糧食研究所研究員張曉波，在美國國家經濟研究局（NBER）的網站發表一篇名為「競爭性儲蓄動機：來自中國大陸性別比的解釋」的文章。他們對此提出了一個有趣的解答：「這都是中國大陸男多女少惹的禍」。

他們分析 122 個鄉鎮及 70 個城市的統計資料，得到了「生男孩家庭的儲蓄率比女孩家庭為高」的結論；他們認為就是為了讓兒子能有足夠的錢討媳婦，結婚費用男方必須支應較多，父母親才提前開始增加儲蓄，因為光靠兒子自己的力量，討媳婦錢是不夠的。

他們認為就是失衡的性別比，導致各家庭推遲消費，增加儲蓄，這是 1990 到 2007 年平均儲蓄率由 15% 提升到 20% 的主因。

他們還使用了不同地區的娶妻成本，與當地的性別比、儲蓄率、存款增加量、住屋面積、住房價格的關係進行分析，發現都有高度正相關，例如男女性別比例越懸殊的地區，房屋價格越高，顯示男性必須要付出更高的娶妻成本。

特別是大城市，在男方為儲蓄買房結婚的過程中，增加了對購屋地需求，引起房價急遽上升（2005 年房價開始大幅攀升，正好是 1985 年出生男女性別比開始變高的出生年份子女進入結婚階段的日期），而男方家庭的其他消費因此嚴重抑制。〔本書註：這可說是中國大陸版的卡托納效應（Katona Effect）〕

張曉波在中國大陸走訪研究時，有一個必問的問題－「你工作的目的是什麼？」基本上大家答案都跟「天下無賊」電影裡頭的民工傻根說法一樣：「蓋房討媳婦」，一位來自河南省的民工就跟張曉波說，在河南省娶老婆必須要蓋 2 層樓房，要花 10 來萬元，因為別人都是這麼蓋的，如果自己沒有，那麼無法娶老婆。

這種男性結婚成本不斷上升的情況，在城鄉都普遍存在，激增的結

婚費用不是適婚男性所能負擔。2006 年北京市結婚平均費用為 15 萬元，2009 年漲到 17 萬元，上海市約 20 萬元。在城市中，必須有父母資助，子女才能結婚，而父母親一輩子省吃儉用，為的就是小孩結婚這幾天。

北京市流行一個生動的說法：「生子建設銀行、生女招商銀行」，意思是說生個男的，如同建設銀行，生個女的等於招商銀行。因為男方要存錢準備結婚，女方則可以收取彩禮，可以招財引資。

80 後的年輕人是經濟起飛後、一胎化政策下的天之嬌子。雙方家長為了唯一的一場喜宴，因此婚禮當然是傾兩家之力，竭盡所能地以盛大豪華的形式進行，詳見表 8.8。結婚花費如此高，一方面是長輩希望新人「一生一次」的儀式風光體面，另一方面也是新人的父母要在親友面前掙足面子。

據商務部商業改革發展司以及中國國際婚姻博覽會結婚產業調查統計中心，聯合製作的「2006～2007 年中國婚姻市場發展調查報告」指出，婚禮消費總額 1.5 兆元，上海市 2006 年的結婚消費金額 801 億元，占上海市消費金額的 24.31%，間接拉動產業消費金額達 1,245 億元。

調查對象為六萬對新婚夫妻，有 81.6% 新婚夫妻婚禮得仰賴父母不同程度的贊助。

表 8.8　婚禮費用

費用項目	金額（單位：萬元）	說明
一、婚禮費用	還不包括拍婚紗照	以 20 桌來計算，全國平均價。這部分可從喜宴賓客所包的禮金（上海市是 500 元）中賺回來
1. 喜宴	1.5	
2. 嫁妝		
・家電	1.75	

表 8.8（續）

費用項目	金額（單位：萬元）	說明
・家具	8.41	
3. 蜜月旅行	1	上海市人的蜜月旅遊常去歐洲
小計	12.66，跟美國水準接近，但美國人均所得是中國大陸 8 倍。	夫婦雙薪的平均月所得為 6,249 元，僅僅是平均婚禮消費的 5% 而已，兩個人要不吃不喝兩年，才存到結婚所需的費用。當一個女孩真正考慮結婚問題時，房子、車子就成了她們口中的「基本生活保障」。
二、耐久品 (一)房子 (二)車子		上海市民間有「丈母娘推高房價」的笑談，約七成的丈母娘要求男方有房才肯嫁女兒。

五、家庭財富

2010 年 11 月底，瑞士信貸銀行發布「全球財富報告」，全球依序如下。美國 54.6 兆美元、日本 21 兆美元，和中國大陸 16.5 兆美元（2001 年 4.7 兆美元）。每位成年人平均財富已達 1.8 萬美元。把中國大陸稱為「繁榮的龍」，由於高儲蓄率及相對健康的金融機構，財富中有 44% 為金融資產。每名成年人平均擁有 9,600 美元的房地產（住宅及農村土地），是擁有財富的主要形式。

家庭負債相當低，每人平均只有 136 美元，幾乎可以忽略不計，這跟負債累累、每人平均負債五萬美元的美國人相比，形成鮮明對比。

討論問題

1. 中國大陸想擴大消費率（消費占總產值比率），最有效的措施是哪一項？爲什麼？（提示：答案之一是提高城鎮化比重）。
2. 2011 年大力推動社會福利制度，是否會提高人民平均消費傾向？（註：幾年內可能不會，因爲人均金額太低）
3. 人口年齡結構的變化對平均消費傾向有怎樣影響？
4. 挑一個一線城市（人均所得 15,000 美元）跟三線城市（人均所得 6,000 美元）相比，分析消費結構有何不同。
5. 爲子結婚而儲蓄的行爲，容易改變嗎？爲什麼？

第三篇
需求面 II

投資

汽車工廠的裝配線

（本書照片提供：今周刊）

固定資本形成是經濟成長主要動力

以需求結構來說，「固定資本形成」（中國大陸稱為固定資「產」形成）在歐美國家約占22%。但是 21 世紀以來，中國大陸的固定資本形成（本書簡稱「投資」）占國內生產毛額比重在 45%，一支獨秀；且每年成長率 20% 以上，占經濟成長率比重五成以上。中國大陸經濟本質上是「投資驅動」。

本章說明改革開放以來，投資的分期（詳見表 9.1）與其後遺症。

第一節　固定資本形成

公司的業務代表靠銷售金額抽取銷售佣金，國務院授權省市去拚經濟，且以省市產值為惟一考核指標（十一五規畫以後才考量環保等），省市首長只好卯起來引進公司來直接投資（簡稱引資），可說是國家資本主義制下的業務代表。另一方面，透過地方公營企業去拚經濟，則更有把握。

本節分析經改的「投資」相關事宜。

一、投資政策

「投資」的切入角度很多，本節以供需來切入，請先參考表 9.1，底下詳細說明。

在第四章中，我們已經詳細說明經濟發展階段，在本節，我們從產業發展角度來詳細說明，由表 9.1 可見，經改後的投資可分為二個階段。

二、階段一：進口替代階段

大部分國家一開始經濟發展皆採取「進口替代」，這可從需求、供給面二個方面來分析。

表 9.1　經濟改革的投資分期

一、需求結構				
(一)期間	1979～2000 年		2001～2015 年	
(二)階段	進口替代階段		固定資本形成階段	
(三)重要性				
1. 占產值	1979～2000 年，消費率 50% 以上，消費是需求面中最大項目，但是投資率快速成長，1981 年 19.6%，1992 年 30%，成為需求面第二大項目。		2001 年以後，「投資」占產值比重一路攀升至 47%，投資成為需求面中最大項目。	
2. 經濟成長率貢獻度	1979 年是最高點，消費占 81.2% 迄 1990 年最低點 43.6%，但長期皆在 50%左右。 1990 年，出超占 37.6%		1979 年只占 20.6%（1990 年最低 18.8%），之後就一路攀高。 2003 年以後，開始持續出超	
(四)市場經濟	消費品（食品、衣）	原料 住（1992 年，容許商品房）	公營企業帶頭衝石化、鋼鐵投資	公、民營企業衝刺營建、汽車產業
二、供給面				
(一)產業政策	輕工業	輕工業為主、重工業為輔	重工業	房地產、汽車
(二)經濟成長率	1988 年 11.3%	1993 年 13.1%	2003 年 10.1%	2009 年 7%
(三)宏觀調控政策	—	1994 年 ・打房	2003 年 9 月～2004 年 7 月	2010～2011 年 ・打物價 ・打房
(四)公營機構財產權制度	占 80%	占 60%	占 40%	降至 20%

1. 需求面

在 1979～2000 年，投資主要是為了滿足家庭消費（消費占產值 50% 以上），學者稱為進口替代階段。

2. 供給面

由於人民所得低，因此在產業的發展，仍然是依生活六大事「食衣住行育樂」的順序。

3. 供過於求

日積月累的發展民生工業，到了 1988 年，紡織業產能供過於求的程度，已經到了非得「走出去」，以利用國外的特殊貿易地位（出口配額等）或低廉工資。

三、階段二：固定資本形成階段

進口替代階段使人民到達「有衣有食」的溫飽階段，滿足了「生存」需求，接著就更上一層樓，要求生活過得好，投資就偏重「固定資本形成階段」。

(一)需求面

就需求面來說，2000 年，人均產值 850 美元，對汽車、住宅的需求都到了爆炸性成長階段。政府也卯起來，進行基礎建設（中國大陸稱為城市建設，簡稱城建）。政府舖橋造路，建商蓋民宅，都是偏重土木工程。

2010 年，投資率（投資占產值比率）52%，消費率只占 32.96%，整個國家可說是個「大工地」。投資對經濟成長率的貢獻 2010 年為 54.8%、2011 年為 54.2%，中國大陸經濟本質上是投資驅動型。

(二)供給面

到了 21 世紀，投資已由「輕工業為主，重工業為輔」轉型到「重工業為主」。

以 2010 年來說，「投資」22.4 兆元中三項依序如：「建築安裝工程」61.58%、設備工具器具購買占 22.64%、其他占 15.58%。

1. 理論基礎

在借鑒西方國家發展經驗的時候，中國大陸採取「霍夫曼理論」，主張重工業發展對經濟持續高成長有長期刺激作用。

2. 產業關聯圖

一國之中，哪些產業有火車頭的作用？哪些產業具牽一髮動全身的關鍵地位？經濟學者李昂提夫（W.W. Leontief）所編製投入產出表，為我們提供了一些方向。

由圖 9.1 所見，關聯效果可作為判別發展某一產業能否兼而促成其他產業同時發展之指標，一般來說，產業關聯效果相當穩定。

(1) X 軸：向後關聯

向後關聯效果大，表示易帶動其他（註：常指更上游）產業發展，例如生產衣服需要紗布，紗布來自人纖，人纖又是產自石油，這些產業同氣連枝，當成衣需求提高，自然會帶動人纖、紡織及石化等產業的景氣。

(2) Y 軸：向前關聯

向前關聯效果大，代表易隨其他（註：常指更下游）產業而發展。依全體產業向後及向前關聯係數平均值劃分各產業為四個象限。

在第一象限的化學材料、鋼鐵及石油及煤製品等產業易帶動其他產業發展，且為支援其他產業不可或缺的關鍵性產業。

3. 重工業時期

依據重工業占工業的比重來分，2003 年，圖 9.2 中五個行業占工業產值 58.8%，中國大陸在 2000 年第二次進入重工業階段。

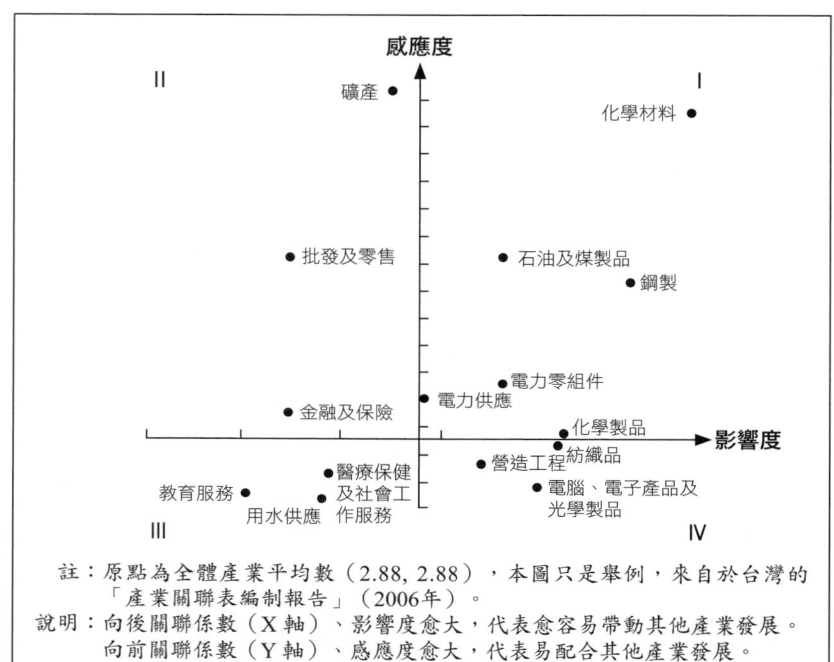

圖 9.1　產業關聯型態圖

4. 以資源使用來區分成長方式

從供給面來看，依「單位資源消耗」來劃分經濟「成長方式」（development type），由表 9.2 可見，中國大陸經濟屬於粗放經濟，2003 年，中國大陸高耗能行業每單位產品消耗能源，平均比工業國家高出 47%。

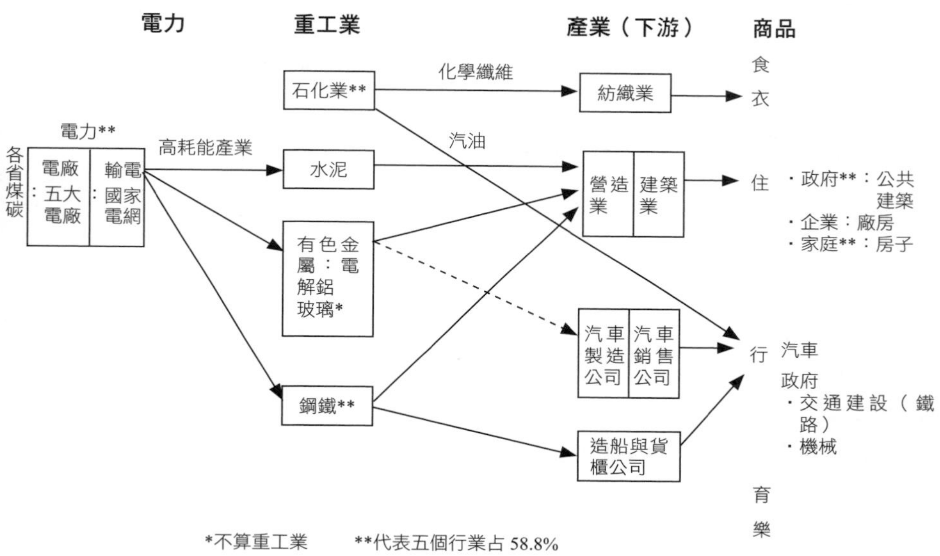

圖 9.2 主要工業的產業鏈

表 9.2 依耗能水準來區分產業階段

成長方式	粗放	效率集約式
一、以單位資源消耗為衡量方式	高	低
二、生產要素		
1. 勞力	勞力密集	技術密集
2. 資本	資本密集	研發密集
三、代表國家	中國大陸 1978 年以前 2001 年以來	美日 中國大陸 1979～2000 年 1979 和 1982 年兩次調整經濟政策，恢復農業、發展輕工業和商業，降低重工業的投資比重，希望解決以往經濟成長方式帶來的弊病。

(三)供過於求

到了 2003 年，重工業（除了電力以外）皆處於嚴重供過於求，消化多餘產能方式，一是出口（例如粗鋼），要是無法出口（例如品質水準差），只好採取宏觀調控措施來降溫，詳見第二節第三段。

四、房地產業是投資主力

1998 年，國務院開啟住房商品化改革，從此開始房地產經濟時代。房地產市場的快速發展，成長為經濟支柱行業，房地產業對經濟成長的貢獻率持續保持在兩個百分點以上，房地產業和建築業占總產值的比重在一成以上。

房地產連帶牽動有色金屬、水泥等建築材業行業的快速成長。

五、民營企業動力有限

2012 年 8 月初，中國社科院公布的「中國投資發展報告（2012）」表示，隨人口紅利逐步消褪、產業轉型壓力遠大於融資困難，再加上公營企業繼續在七大行業壟斷（即民營企業生存空間有限），民營企業經營困難，將使民營企業、特別是製造業民營公司投資成長率繼續下滑。

第二節　國家資本主義經濟制度的後遺症——投資飢渴症

一、投資飢渴症原因

「重賞之下，必有勇夫」，這是省市政府首長拚投資的主因，由表 9.3 可見，「重賞」包括於「公」於「私」二個方面。

表 9.3　省營企業的效益

效益成本分析	說明	政府政策或學者評論
一、動機		
(一)官員升官	由於中共中央對地方黨政官員的考核主要是「經濟掛帥」，造成「衡量引導施政」，各省市政府卯起來拚經濟，其中透過手中的工具（政府支出中的城市建設，地方公營企業蓋房子），最容易掌握。	國務院從十一五規畫起，加入環保等多樣評量指標，希望省市政府能均衡發展經濟。
(二)官員發財	惟有一再投資，官員才有更多官商勾結機會。	這是「防貪腐問題」，詳見第六章第二節。
二、代價	省市政府以旗下公營企業（稱為融資平台）向國營銀行等貸款，一旦公營企業經營不善，國務院擔心發生金融風暴，只好編預算（即全民買單）來打消銀行呆帳。 對省市政府首長們來說，四大國營銀行的呆帳率高達將近五成不干他們的事，呆帳的確是問題，不過是中央的問題。	美國普林斯頓大學經濟系教授克魯曼（Paul Krugman）在 1999 年出版的《蕭條經濟學重現》（*The Return of Depression Economics*）一書中表示，借來的錢本來就可能引發道德風險。

二、產能過剩後遺症

公營企業是經濟成長的供給面主要動力來源，有其歷史典故，但也帶來相當嚴重的併發症。

光從景氣循環的角度來看，當省市政府踩油門太用力，以致汽車有可能因超速而失控，國務院只好採取宏觀調控措施來踩煞車。於是整個經濟就處於「快輕踩煞車」的過程，形成「政策性景氣循環」。

表 9.4　國家資本主義的弊病

層面	說明
一、總體經濟	1. 造成「政策性景氣循環」 自從凱恩斯於 1930 年發表《致繁榮之道》倡議政府主動擴大建設、消費提振景氣以來，如今各國遭逢衰退時，大多遵循這一法則。 政府的反景氣循環經濟政策，往往因為「認知、決策、執行」時差，以致弄巧成拙。 2. 大致情況：逢三逢八，景氣過冷 以五年計畫為例，通常計畫開始的前兩年國務院管理較鬆，省市政府投資大幅增加，經濟成長率往往在 11% 以上，但也伴隨著物價上漲，因此第三年起，國務院通常改採降溫的政策，造成第四年第五年投資下降及經濟趨緩的情況。
二、資源配置	以投資率來看，2003 年為 47%，已經達到東亞國家投資率的歷史高點。
(一)供過於求的資源閒置	每天產值投資金額比率或累積資本產出率（Incremental Capital Output Ratio，簡稱 ICOR）是一種測量投資效率的方式，「每增加一元的金額所需增加的投資」。自 1992 年起，有逐年增加的趨勢。當年，如果要增加一元產值，只需增加約 2 元的投資。及至 2003 年，此一數目上升至 5 元，表示投資效率越來越低。
(二)不公平競爭：與民爭利	
1. 管制行業的壟斷利潤	公營企業占總產值比重只占 20%，而且國營企業所賺的壟斷利潤也是國家的財產。
2. 尋租行為	集權促成管制，管制可以生財，不需要管制的經濟活動，也會有人去創造管制，以官商勾結藉以享受準租，此稱之為「透過權力管制的經濟尋租行為」。

表 9.4（續）

層面	說明
(三)過度投資	1. 過度投資 「過度投資」（over investment）是指「沒有獲利」（財務管理稱為「負財務槓桿」，即資產報酬率低於貸款利率）的投資。 以公營企業經營階層（董事會）來說，惟有繼續擴廠甚至轉投資，才可以透過蓋廠、營收變大的過程中採購等，進行商商勾結，（中國大陸稱為以權謀利），即圖利他人以圖利自己。 2. 殺價競爭 由於供過於求，只好殺價競爭，反映在產業的便是產業價格指數下挫。

三、政府政策

針對公營企業、地方政府的投資飢渴症，以致過胖有礙健康，國務院往往事後聰明地出來進行「減肥」。由圖 9.3 可見，國務院採雙軌措施。

(一)市場的歸市場

已經市場化的部分，例如需求面（消費、投資、出進口），要想升溫、降溫，最好透過政策去影響。

(二)行政的歸行政

國家資本主義的部分，或者說「政府扮演有形的手」的部分，主要是地方政府及公營企業，國務院比較容易採取行政措施來避免前者衝太快。

「上有政策，下有對策」，地方政府和公營企業也很會鑽，想方設法地去弄專案，因為「凡有規則就必有例外」，把自己的擴產弄得「不可缺」，大走巧門。

至於供給面中的民營企業部分，政府還是有「行政指導」的尚方寶劍，較有名的是三方面的產業行政命令：進入、公司併購與退出，詳見底下三段依序說明。

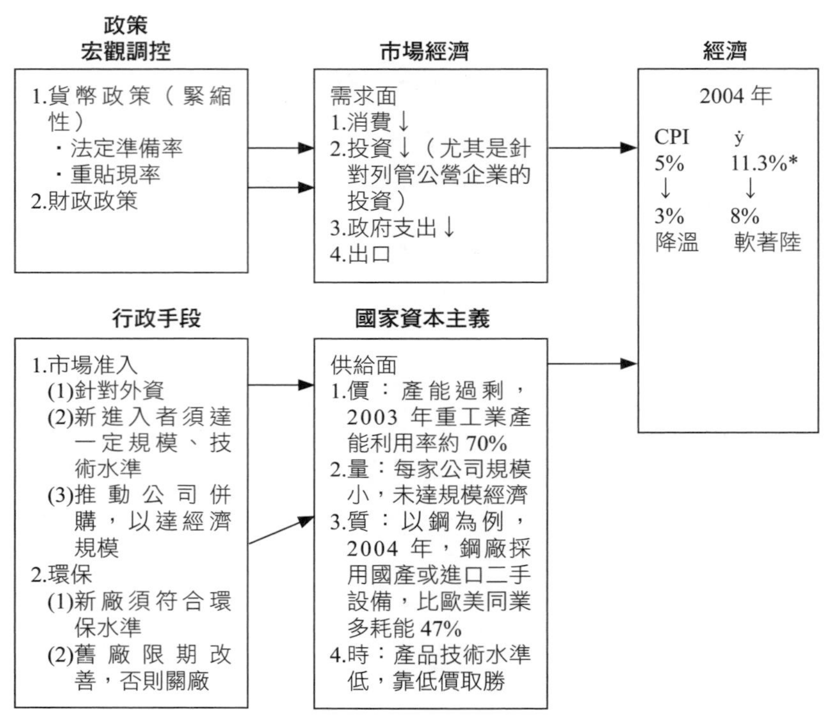

圖 9.3　經濟降溫的政策措施

1. 針對新設立的企業

針對產能（即將）過剩的產業，工信部（2008 年從發改委分割出來）是工業的主管機構，會發文，明定哪些行業「禁止」、「限制」投資。由於民營企業要投資設廠，必須取得主管機構的審核（中國大陸稱為批文），工信部擋住新進入者，以避免產業內「人擠人，踩死人」。

表 9.5 工信部針對新加入者的營業執照

項目	中央政府的發改委*	地方政府對策
一、營業執照	2004 年 2 月末、3 月發改委二次發文要求降溫，5 月 26 日公布明細。 1. 禁止投資（359 項） 電解鋁、水泥窯不再審批，並還嚴禁這項產業項目化整為零、越權、違規審批和未經審批擅自開工建設。 發改委發出通知，要制止鋼鐵、水泥、汽車等行業投資過熱形，並派出檢查小組到各地檢查有無投資不當的情形。 2. 限制投資（175 項） 針對鋼鐵業則限制投資，如果確有必要，則必須按規定，經過充分論證與綜合平衡後報國務院審批。 3. 取消不當的地方租稅優惠	地方政府一味地採取鼓勵甚至是縱容的態度，使一些違規工程遲遲難以暫停。對於違法、違規人員要查處，就有人出面關說，或者一拖再拖，理由往往是「為了發展，能有多大的罪過？」，讓國務院的產業政策在執行中大打折扣。
二、對於違規者	對於違規者，發改委針對生產要素予以停止供應。	
1. 土地	發改委加強用地管理，繼續清理開發區並整頓規範土地市場。對不符合國家產業政策和行業標準的建設專案一律不批准用地；黨政機關和國營企業辦公大樓、員工訓練中心等建設專案審核趨嚴。	
2. 用電	取消地方政府自行擬定的高耗能產業的優惠電價。	
3. 銀行貸款	要求銀行不得貸款給不符合條件的新建或改擴建項目。	

2. 針對現有企業

縱使產業沒有產能過剩，但是由於縣（甚至鄉鎮）政府財力有限，因此設立的公營企業大都是中小型企業，30 家合併都還不到規模經濟。因此其產品的價格高、品質差，連在國內都有可能無法跟外國貨比。

從 2003 年始，國務院成立國資委，公營企業的「兼併重組」一直是核心任務，詳見第四章第四節。2012 年 11 月初，由發改委會同八個部會，打算針對八個行業進行「兼併重組」和「淘汰落後產能」作為新項目審批的前提。

討論問題

1. 新興國家在經濟成長過程中，爲何常以「固定資本形成」作爲經濟成長的動力來源？
2. 「進口替代」的本質是以內需市場來培育本土產業，試以一個產業中的一家代表性公司爲例來說明。
3. 在固定資本形成階段，試以一個產業中的一家代表性公司爲例來說明。
4. 「固定資本形成」階段的第一次期（2001～2007 年），以出口的電子業等爲主，爲什麼？
5. 「固定資本形成」階段的第二次期（2008～2015 年），是以房地產、汽車業爲主，爲何有如此轉變？

10

引進外資與對外直接投資

鴻海集團在中國大陸的分身富士康科技集團，雇工 100 萬人，幾乎隨時徵人

（本書照片提供：今周刊）

士別三日

本章的主體是外資在中國大陸「固定資本形成」（中國大陸稱為固定資「產」形成）過程中的地位，這題目在第一、二節中分四階段說明（詳見表 10.1）；第三節，我們說明中國大陸對外直接投資，即對外國「固定資本形成」的貢獻。大約在 2014 年，中國大陸將成「淨資本輸出國」，即對外資投資金額大於吸引外資金額。

表 10.1　引進外商直接投資階段

階段	I（導入期）*	II（成長初期）*	III（成長中期）*	III（成長末期）
一、期間	1979～1985 年	1986～1991 年（1989 年有天安門事件）	1992～2003 年（1992 年鄧小平南巡）	2004 年迄今
二、地區				
1. 經濟特區	深圳、珠海、汕頭、廈門			希望外資投資地區由沿海內遷到內陸
2.對外開放城市	1984 年，上海、天津十四個城市	1990 年開放上海浦東新區	開放沿長江城市 6 個、13 個內陸邊境城市、18 個內陸省會城市	
3.經濟開發區	1985 年，長三角、珠三角、廈漳泉三角洲	1988 年開放山東半島、遼東半島		
三、平均金額	11.3 億美元	33 億美元	每年至少 100 億美元	每年至少 500 億美元
四、產業	勞力密集的傳統產業，例如紡織、玩具、觀光旅館業。	1987 年制定吸引外商投資方向的規定，明確區分「鼓勵」、「限制」、「禁止」進入的行為。	1995 年發布「指導外商投資方向暫行規定」和「外商投資產業指導目錄」	1. 工業升級：偏重高科技產業，2009 年開始注重智財權的保護 2. 產業結構調整：放寬服務業

表 10.1（續）

階段	I（導入期）*	II（成長初期）*	III（成長中期）*	III（成長末期）
五、外資規定	1. 出口：規定出口比率，以創造外匯收入。 2. 公司型態：1979 年「中外合資企業法」，合資期間有限制，屆期歸公。 3. 公司管理者：須由大陸人擔任公司管理者	1. 1986 年頒布「關於鼓勵外商投資的規定」，對外商出口和引進先進技術給予最優惠待遇。 2. 1986 年頒佈「外商獨資企業法」1988 年頒佈「合作企業法」 3. 允許外國人可以擔任公司經理階層	1. 1996 年，財政部取消外資企業進口設備免徵進口稅的優惠。不再鼓勵外商投資於房地產和出口產業 2. 商務部對省市授權：外商投資金額 3,000 萬美元以下者，由省市政府自行審批。2012 年 8 月起，擴大至 3 億美元。	2001 年 12 月，中國大陸加入世貿，2008 年對外資企業實施「國民待遇」。

*資料來源：整理自鄭政秉等（2006），第 56～57 頁。

第一節　外資投資：導論與第一、二階段

1979 年，經濟改革「開放」，開放是指開放外資到中國大陸投資（主要是指「固定資本形成」），至於公司收購類經營方式，開放時間較晚、門檻較高。

一、外資導論

在「改革開放」時，鄧小平知道國力不足，必須吸引外資（中國大陸簡稱引資）才能有足夠資金、技術、人才，以發展經濟。

(一)為何要找外資

工業國家的人們比較難想像整個國家會缺資金、缺外匯（以進口國外機器），但是中國大陸在經濟改革開放時，可說是缺資金、缺外匯。經濟發展過程中，有用國民所得方式去推衍「資金缺口」（即負儲蓄，儲蓄小於投資）、貿易缺口（進口大於出口），詳見表 10.2。

突破雙缺口的終南捷徑便是吸引外資。

表 10.2　Chenery & Strout（1966）雙缺口模型

項目	資金缺口	貿易缺口
說明	由於所得低，因此全國資金不足（即儲蓄小於投資）。此時，引進外資，可以彌補「資金缺口」，通俗的說，「外資」扮演個人創業中「第一桶金」的功能。 外資帶來資金，經濟學中資金的下一步便是購買機器、發展工業、提升人均產量。 跟著機器引進的，便是技術的引進，這有「外溢效果」（spill-over effect）。	由於全國產值低，沒什麼東西可出口，因此外匯存底低，沒錢進口。引進外資，二階段發展。 1.進口替代階段：少花點「稀少」的外匯。 2.出口促進階段：不僅消極的減少外匯使用量，更積極的創造外匯（簡稱創匯）。

(二)投資來源國

外商的國籍符合「80：20 原則」，即「亞洲占八成，歐美占二成」，這原因也很簡單，即把中國大陸當成「世界工廠」。

1. 亞洲占八成

歐美在全球經濟分工中，主要扮演進口者角色，特別美國是「全球市場」。反之，亞洲扮演出口者角色，尤其是日本、亞洲四小龍。

基於比較利益原則，1980 年代，亞洲各國與地區掀起「利用中國」風潮，逐漸的，到了 21 世紀初，中國大陸已成為「世界工廠」。

前十大外國地區占外資金額九成，主要是港澳（約占 34%）、英屬維京群島（占 11%）、日本（9.45%）、美國（7.85%）、南韓（占 8.38%）、台灣（占 9%）。

2. 歐美只占一成

以 2010 年為例，美國對中國大陸直接投資 40.52 億美元、歐盟 27 國 65.89 億美元，合計只占中國大陸外資一成。

(三)產業結構

以產業結構來說，2011 年可說是服務業的分水嶺，在此之後，服務業成為主流。

1. 工業

一開始，外資到中國大陸投資主要是「設廠」，接單生產再出口，因此工業是外資的主要投資產業。

2. 服務業為主

2004 年起，由於人均所得達到 2000 美元，消費力爆發，中國大陸逐漸成為「世界市場」之一。再加上中國大陸必須履行加入世貿組織的承諾，即對會員國給予國民待遇，簡單的說，便是「開放」市場。因此，外資在服務業比重逐漸提高，2010 年，服務業占國內生產毛額已達 40%。

(四)工業的產業政策

在引資的產業的選擇方面，從寬鬆到緊縮，分水嶺在第三階段。

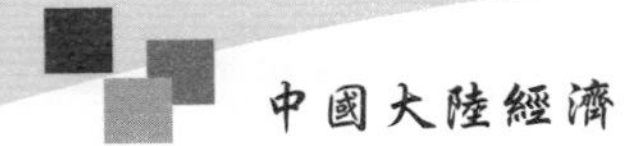

1. 第一、二階段「來者不拒」

在第一、二階段時，因為「需錢孔急」，只要「撿到菜籃子的全是菜」，可說是來者不拒。像紡織業中的布料染整製程便是高汙染（註：當時皆把廢水排到河裡）。

2. 第三階段「有選擇」

進入第三階段，由於中國大陸在全球引資方面已站穩腳步，有一定談判能力，因此 1995 年起，發改委、商務部推出《外商投資產業指導目錄》，希望外資能照中國大陸的產業政策走。

(五)地區性

「開放」依地區性順序可分為四階段，即「南東北西」，依序發展的原因是財力（包括外資金額）不繼，只能一次集中財力發展一個地區。前三階段的地區都在沿海，這是因為外資八成都是外銷代工業，需要鄰近港口，以便出口到歐美日。

・第一階段：華南（廣東省、福建省）

挑這二省的原因是可以藉由港口設施健全的香港做轉運港去出口，此地區簡稱珠江三角洲（珠三角）。

・第二階段：華東（江蘇省、浙江省）

當華南發展起來，接著是往北，發展江蘇與浙江省，主要是昆山市、蘇州市和上海市，簡稱長江三角洲（長三角）。

・第三階段：華北（京津、山東省）

第三階段是在華北發展，主要是電子業，山東省是人口五大省之一，人口近億人，北京市、天津市（有河港）有大學，可仿照美國矽谷、台灣新竹科學園區，發展成中國大陸版的科學園區，例如北京市的中關村；此地區稱為渤海三角洲（簡稱渤三角）。

・第四階段：大西部（四川省、重慶市爲主，陝西省爲輔）、中部

基於地方的政治壓力，1996 年，國務院擬定大西部開發計畫，並且有一些動作；但金額放大，主要是 2008 年開始。由於 2011 年年中，中歐鐵路預期會開通，3C 產品從重慶市搭火車到德國，只要 13 天；比上海市搭船省 14 天，而且運費也沒貴多少。

在 2004 年以來，廣東省由於「缺工」、「缺土地」，非常積極實施「產業升級」，最具體措施便是「騰籠換鳥」。把工廠土地比喻成「島籠」，把企業比喻成「鳥」，也就是把一些傳統產業的外商用地徵收，以供高科技外商或都市發展之用。

總的來說，外資七成集中在沿海的華東（長三角中的上海市、江蘇省、浙江省）、華南（廣東省）和華北（山東省）。

(六)中國大陸在全球引資的重要性

根據聯合國貿易和發展組織（UNCTAD）發布數字來分析。

1. 1995 年起，成為全球第二名

2010 年，新興國家成主流，全球外國直接投資總量的 1.12 兆美元中，有 53% 流入新興國家，首度超過工業國家，詳見表 10.3。

表 10.3　亞洲數國外國直接投資金額

國家	金額（億美元）		增減幅（%）
	2009 年	2010 年	
中國大陸	950	1,057	+6.3
香港	484	626	+29.2
新加坡	168	374	+122.7
巴西	259	302	+16.3
印度	346	237	-31.5
印尼	49	128	+162.7

表 10.3（續）

國家	金額（億美元）		增減幅（%）
	2009 年	2010 年	
泰國	59	68	+14.2
全球		11200	

資料來源：聯合國貿易暨發展會議（UNCTAD）

2. 中國大陸的地位

1995 年，中國大陸吸引 375 億美元，次於美國，成為吸引外資第二大國家。2010 年，全球吸引外資第一名國家為美國，其次是中國大陸（占全球 8.42%）。由表 10.3 可見，中國大陸遙遙領先各國，例如印度引資金額只有中國大陸的四分之一，至於香港金額達 626 億美元，可說是重複計算，因為資金進出中國大陸，有大部分以香港為註冊地。2011 年中國大陸引資 1,160 億美元，年成長率跌破 10%。2012 年，中國大陸引資金額 11,170 億美元，接近美國，突顯美國吸引力下降；其中服務業占 48%、工業占 43.7%；投資來源 85.7% 來自亞洲鄰國，美國只占 2.8%、歐盟占 5.47%。

二、外國公司對中國大陸經濟的貢獻

「外商對中國大陸直接投資的經濟貢獻」一直是顯學，但是這是個高難度的工作，準確度不容易提高，原因如下。以圖 10.1 為基礎來說明，簡單的說，較有把握的是圖中斜線部分，其餘皆不容易估計。由於研究資料（投資來源國或地主國中國大陸）、範圍（多數股權 vs. 少數股權）的不同，因此研究結論相差懸殊。

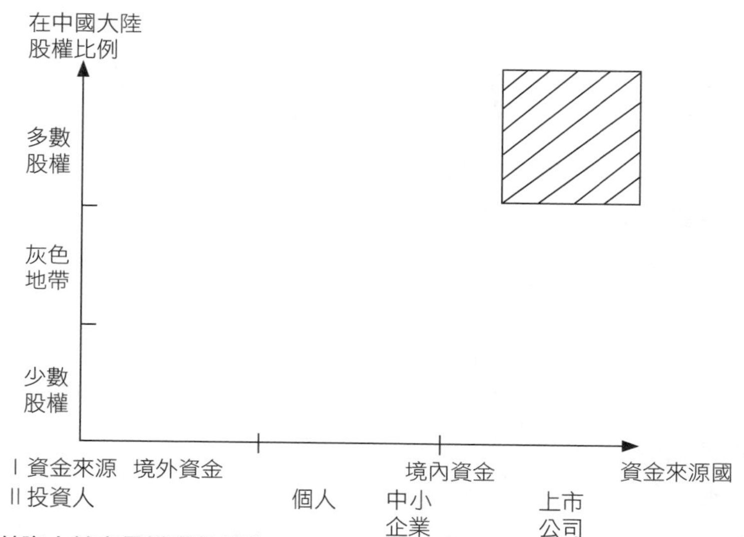

圖 10.1 外資中較容易辨識的部分

(一)X 軸：直接投資的資料來源

外資的資料來源至少有二，一是來源國，一是去向國（此例是中國大陸），以後者會較直接，因為資金已到位。

1. 商務部的登記只是下限

由於中國大陸對外資企業有較多規定（其中主要是結匯限制），因此商務部的統計數字只是外資直接投資大陸的下限。

2. 商務部的數字中有不可辨識部分

外資進軍中國大陸，常會透過租稅庇護區，以進行跨國租稅規劃甚至取得政治保護，此時，有很大部分便不可辨識外資的原始來源國。

不要說中國大陸，就以台灣的上市公司外資持股比率來說，也不易區分「假外資」的成分。

3. 投資來源國不易辨識

基於節稅等考量，外國在中國大陸的投資主要以香港（2012 年占 1,117 億美元的 63.8 %）、新加坡（占 5.85%）為主，日本占 6.61%、台灣占 5.53%、美國占 2.8%、韓國占 2.74%。

4. 來源國的投資金額也天差地遠

針對外資對中國大陸經濟貢獻的影響，地主國（以台灣為例）的研究常採取地主國的經濟部、中央銀行的資料，但是衡量誤差很大。

・經濟部的申請核准金額是最低金額

經濟部對公司一定金額的對外投資會要求事前核准或事後報備，但是有些公司則偷跑。

・中央銀行結匯金額

這數字比經濟部的數字大數倍，但是公司在結匯用途也可能低估。

此外，這二個數字都無法確知地主國個體（個人或公司）在海外資金進軍中國大陸的狀況。

(二)Y 軸：外資股權比率

以南韓三星集團對中國大陸的經濟貢獻為例，這涉及幾個難題。

- 南韓三星以旗下好幾層的子孫公司去投資，光是這家族樹的追本溯源就需花很多功夫。
- 租稅庇護區過水後，國籍更不易區分，中國大陸外資資金來源依序為：港澳、英屬維京群島、日本、韓國、新加坡，其中除日韓外，可說都是租稅庇護區或第三地。
- 進入中國大陸後，要想以某公司持股比率來區分究係哪一國之投資，實屬不易，再者，多數跟少數股權間也有灰色地帶，即「友好投資人」的股權要算哪一邊？

(三)外資貢獻越來越低

引進外資有其階段性需求，一旦達成，外資的重要性就越來越低（衡量指標之一是外資金額占產值比）。以表 10.4 上兩個引資動機來說，從 2000 年以來，由於中國大陸國內資金充沛、出超，以致外匯存底快速累積，這二個引資需求逐漸變淡了。

至於透過引進外資以求提高產業的技術水準，這方式並不容易達成。因為外資會透過獨資、「根（研發）留母國」方式，把技術維護得如鐵桶一般。

三、第一階段：引進外資導入期

在 1979～1985 年，中共開放外資赴中國大陸投資，由於外國與境內政經等考量，只能採取「開小門」的試點方式，在廣東省（深圳市、珠海市）、福建省（汕頭市、廈門市）各開一個經濟特區，引進外資。

由於一開始，歐美日各國仍處觀望態度，所以赴中國大陸投資的主要是港商、澳門商。限於香港的工業專長，因此此階段產業主要是輕工業、旅館業。

(一)吸引外資的優勢

大部分國家在吸引外資方面的措施都是大同小異，由圖 10.3 損益表科目可以看得清清楚楚，簡單的說，降低公司的成本費用，公司覺得有賺頭，自然會聞香下馬。

這些優惠條件對外商來說，可說是「掛在低處的水果」，當然，會吸引一些外商來採，因為相當容易採。

***工業區土地外商免租金——以農業支持工業**

在發展工業的初期，農業產值仍大，看似農工同步發展，有些人稱為「雙元模型」（dualistic model），鑑於「雙元」一詞用途太廣泛，本書不準備採取此名詞。

政策 措施	公司損益表 科目
出口「退稅」「針對原料進口關稅與出口時的加值型營業稅 17%」 原料進口零關稅 壓低薪資成本，其中迄 2005 年才鬆手 工業區土地零租金	營收 – 營業成本 ・原料 ・直接人工（薪資成本） ・製造費用 ⋮
	＝毛益 －管理費用 －銷售費用
給予優惠貸款（即貸款利率較低）	稅前純益 ＋營業外收入 －營業外支出（主要是利息）
1.二免三減半 （公司開始有盈餘後的第一、二年免稅，第三～五年公司所得稅率減半） 2.城市維護建設稅與教育附加費迄 2010 年 12 月開徵之前，外資享「超國民待遇」。	＝稅前盈餘 －所得稅費用 ＝稅後盈餘

圖 10.2　政府吸引外資的政策措施

南韓、台灣等發展工業的方式，大都是「以農業支持工業」，詳見表 10.4。處理不當情況，則變成「犧牲農業扶植工業」。其中最常見的「犧牲農業」方式則為低價方式徵收農地作為工業用地，農民無地可耕，又沒有能力轉行，衍生農業、農村、農民「三農」問題。

表 10.4　以農業支持工業

損益表	農業	工業
一、土地	省市政府徵收農地，但是一般被批評為「賤價徵收」，即農民沒有獲得適當補償。	移轉成工業區，以「零」（或低）租金方式，誘引外資
二、勞動力	農村「剩餘勞動力」 1.沿海農民 沿海農民失去農地，無地可耕，只好到工廠做工。 2.內陸農民 內陸省份（四川省、河南省等）農民，因田小賺不到多少錢，離鄉背井到沿海工廠做工。	農村剩餘勞動力移轉到工業，稱為農民工（即具有農民身分的工人），2011 年為 2.5 億人（平均年齡 36 歲），外出工作者 1.59 億人。 農民工特色如下。 1. 教育水準低 縱使到 2003 年，人均受教育年限 7.6 年（即國二上學期） 2. 年輕 平均年齡 29 歲。 3. 男性（占 66%）

(二)地方政府的積極性

由於招商引資、產值等經濟政績是特區政府官員的主要績效指標，因此各地方政府努力辦「投資貿易洽談會」（簡稱投洽會），以吸引外商來投資作貿易。迄 1998 年，各省才聯合起來辦「中國國際投資貿易洽談會」。

由於政績佳者，如坐直升機般升官，於是官員積極性很高，主動替申請的外商解決申請執照等行政問題。

(三)引資的劣勢——一石兩鳥的想法

在此階段，發改委有個「一石兩鳥」的想法，想「人財兩得」，即畢其功於一役的同時取得外資的資金與技術。因此對外商做了一堆限制，可說是機關算盡。

1. 公司組織

1979 年通過的「中外合資經營企業法」，要求外商不能獨資，必須跟中資合資，成立三資企業；中資股東大都是省市公營企業，大都以土地出資。

2. 管理階層

規定管理階層中必須聘用中國大陸人士。

3. 屆期歸公

所有合資企業皆有一定期限，屆期後，公司所有權歸官方。

4. 「以市場換技術」

規定「自製率達 70% 以上」，才能內銷，希望藉此誘導外商把技術移轉到中國大陸，不要留一手。

(四)外資的貢獻

針對第一階段引資對中國大陸的經濟貢獻，在 2010 年 8 月 20 日，四個經濟特區成立滿 30 周年，國務院總理專程來到廣東省深圳市調研，在此間，他的二次講話，可以代表中共中央對第一階段引資的肯定。

1. 經濟特區的貢獻

深圳經濟特區成立 30 年來，各項事業都取得重大成就，創造了世界工業化、城市化發展史上的奇蹟。深圳不僅迅速改變了自身的面貌，而且對全國的改革和發展做出了重要貢獻。深圳經濟特區的發展變化，是改革開放以來中國大陸社會滄桑巨變的縮影，也是中國大陸特色社會主義強大生命力的生動體現。

2. 經濟要繁榮，靠的是改革開放

經濟特區 30 年來的實踐，充分顯示改革開放是決定當代中國命運的關鍵抉擇，更是實現國家強盛、人民幸福的必經之路。不僅過去 30 多年中國的發展變化，靠的是改革開放，未來要實現中華民族的繁榮復興，仍然要靠改革開放。

四、第二階段：外資成長初期

引資第一階段可說是「試點」，舉凡特區、資金來源國、金額（每年約 11 億美元）皆有限。試點的目的是為了了解大方向有沒有錯，找問題，把後續做好。

1986 年，國務院把引資地區、資金來源國擴大一倍以上，於是每年投資金額達到 33 億美元。其間，雖然 1989 年六四天安門事件，但是外資仍有增無減，只有外國貸款幾乎下降為零。

資金來源主要是亞洲國家，主要行業為出口加工行業，電子業有一些，但要到第三階段才成主流。

(一)吸引外資的優勢

此階段，引資的對手增多，泰國拚石化、紡織、汽車，印度逐漸開放。這時國務院「截長補短」（長指的是優勢，短指的是劣勢），以確保非全球引資的競爭優勢，詳見表 10.5，底下簡單說明。

1. 外資需要什麼？—決定投資的因素

影響外商到新興國家直接投資的因素，根據 Hsiao & Snen（2003）針對 23 個新興國家，研究期間 1976～1997 年，結論顯示因素依序如下：基礎建設、城市發展、人力資源、實質工資與存貨累積。

2. 中國大陸的優勢

在此階段，國務院積極發展交通等基礎建設，把「鳥巢」蓋好，鳥自然會飛來。國務院發展研究中心對外經濟研究部長隆國強強調，中國大陸擁有全世界獨一無二的投資優勢。已超越美國，成為世界最值得投資的環境。工業化國家雖有廣大市場，但缺乏成本優勢；新興國家雖有低成本優勢，但相對市場也小。惟有中國大陸具有低成本、大市場的雙重優勢。投資優勢包括擁有良好的基礎建設、完善的產業配套能力，以及高效率的服務支援。

中國大陸還有一項優勢，即表 10.5 中第一欄第二項「供應鏈完整」，元件（上游）、模組（中游）、組裝（下游）產業垂直整合高，對降低生產成本、加快出貨速度上大有助益。

表 10.5　全球幾個世界工廠類的國家條件比較

國家	中國大陸	印度	巴西	越南
一、政府				
(一)行政效率	高	低	中	中
(二)行政成本	低	高	中	中
(三)基礎建設				
1.水電	中	低	低	中
2.港口、機場	優	劣	劣	中
(四)汙染防治	高	低	低	中
二、原料取得				
(一)供應鏈完整	高	低	低	低
三、勞動力				
(一)價（月薪美元）2012 年	560	中國大陸的一成		250
(一)量（工業）	2.5 億人	2 億人	0.5 億人	0.3 億人
(三)質	大專畢業生 2012 年約 680 萬人。技術工人多	教育水準低	同左	中低
(四)時	研發能力強	弱	弱	弱

3. 印度的劣勢

印度人口跟中國大陸相近，薪資只有其四分之一。但由於政府行政效率差（貪汙、牛步化），再加上基礎設施差（機場、港口嚴重不足），更不要說缺水電，因此印度「吸金」金額不到中國大陸的四分之一。

(二)扭轉劣勢

中國大陸在全球吸引外資第一階段的劣勢有二，一是基礎設施不足，一是對外資限制太多（詳見上一段(三)），針對後者，國務院改弦更張，詳見表 10.1 中第二階段的「外資規定」。

不過國務院也不是通通給糖吃，其作法如下。

1. 1986 年，發布「關於鼓勵外商投資的規定」

對外商出口和引進先進技術給予更優惠待遇。

2. 1987 年，產業指導目錄芻形

制定吸引外商投資方向的規定，包括鼓勵准許、限制、禁止外商進入行業，都有明確規定。《目錄》經過 1997 年、2002 年、2004 年、2007 年及 2011 年的反覆修訂，進一步表明了對外商行業准入的態度。每次修訂的內容反映出當時大陸地區產業結構升級的趨勢及鼓勵新興產業的方向。因此，《目錄》每次修訂的變化內容也將影響外商到中國大陸投資行業的選擇。

第二節　外資投資第三、四階段

印度於 1990 年起也起努力引資發展經濟，中國大陸在第二階段的吸引外資的基礎上，加快開放幅度（地區），因此引資金額快速成長；本節詳細說明。本節以台商發展為主，詳見表 10.6。

一、第三階段：以台商為例

第三階段外資的亮點在於台商，中國大陸加大開放地區，因此外資金額快速成長，1992 年 110 億美元、1995 年 375 億美元，1997 年突破 450 億美元，中國大陸成為全球引資第二名，僅次於美國，「磁吸效應」一詞用以形容中國大陸像磁鐵一樣吸引太平洋各國來此投資；中國大陸也在此時成為全球製造大國，「世界工廠」一詞正說明「中國大陸製造」產品的無所不包。

(一)政策

1992 年，中國大陸對內「改革」是允許民營企業成立，對外開放的重點在於「全面重點城市開放」。

1. 1992 年，鄧小平南巡

1992 年 2 月，鄧小平南巡，回應省市政府的要求，擴大開放外資投資地區。

2. 引資措施

國務院下放了外商投資的審核批准許可權，投資金額低於 3000 萬美元的項目可由地方政府自行審批。

(二)產業

由於輕工業（紡織、家電）已經供過於求（詳見表 10.11），因此在此階段，國務院對引資產業提出清單。1995 年，國務院發布「指導外商投資方向暫行規定」和「外商投資產業指導目錄」。簡單的說，偏重資金、技術密集的大型投資案，外資政策從「招商引資」轉變到「招商選資」階段。

(三)主要外資來源：台灣

電子業台商西進有二個分水嶺，詳見表 10.6。

1. 1988 年，**鴻海在深圳市設廠**

台灣營收最大公司鴻海，在 1988 年便於廣東省深圳市龍華園區設廠，這還屬於引資第二階段。

2. 1997 年，**仁寶在昆山市設廠**

台灣筆電代工雙雄中的仁寶自稱是筆電業者中最早西進的，1997 年在江蘇省昆山市設廠，這屬於引資第三階段。

3. **台商對中國大陸的貢獻**

台灣台商對中國大陸投資占中國大陸外資平均比重一成，尤其在廣東省更是超過 5 成，根據 2012 年 2 月，商務部統計，8.6 萬家台商在中國大陸「遍地開花」，帶動了當地的經濟發展。依台灣經濟部投審會的統計數據，台灣對陸投資電子相關製造業比重占總體投資 34.05%，以鋼鐵為主的基本金屬製造及製品業占 7.25%，以水泥為主的非金屬礦物製造占 4.04%，機械產業占 4.02%，汽車及零組件產業占 1.75%，藥品製造占 0.63%，上述合計占 51.74%。

以江蘇省蘇州市為例，2011 年總產值1.05 兆元，成長率 12%，是地級市晉升「兆元俱樂部」的第一個；之前，在 2010 年一線城市深圳市、天津市突破兆元。

蘇州市能在經貿與金融業有如此亮眼表現，台商長期的深耕經營居功厥偉。蘇州工業園區區內 4000 多家外資企業中，台商企業就占二成，其中鴻海集團在中國大陸的分身富士康科技集團所占比重很大。2012 年 9 月，台資企業突破萬家，其產值占蘇州市總產值 15.6%，投資占全市的 15.3%，上交稅金占全市涉外稅金的 20.7%，進出口額占全市的 40%。另一個統計數字為蘇州市國台辦 2012 年 10 月底資料，實際利用台資 260 億美元；全市台資企業總投資超過千億美元，台資企業數量、投資規模均居各大中城市首位。台資企業初期發展以輕工業中建材、紡織服裝等小規模企業為主，1998 年出現以一定規模加工製造企業的階段；到 2004 年形成以產業龍頭型為主的資訊科技大型企業群。

表 10.6　台商投資中國大陸的分期

分期	說明
一、1990 年以前中小企業為主	1983 年，台商開始到中國大陸投資，情況如下。 ・產業：以傳統工業為主，主要是勞力密集行業（紡織、鞋業代工、製傘等）。 ・企業規模：中小企業為主。 ・官方角度：這期間的西進，可說是「偷跑」，事後台灣的經濟部開放「補登記」的補救措施。
二、1991 年以後大型企業為主	台商自 1990 年起，前仆後繼地前往中國大陸投資，其中關鍵是 1988 年解除戒嚴，開放中國大陸探親，兩岸往來逐漸鬆綁。
1992 年	台商赴中國大陸投資的項目達到 6,430 項。
1993 年	台商到中國大陸投資項目 10,948 項，成長幅度 7 成。
1994 年 3 月 5 日	第八屆全國人民代表大會常務委員會第六次會議通過，「台灣同胞投資法」，該法是外資法中的特別法，這是政策宣示，對台商比外商更優惠，例如台資企業可以開發土地。
2010 年	台商對中國大陸投資金額的三個統計如下，主要差別在於認定標準。 ・台灣的經濟部投審會，到 2012 年 12 月約 1,241億美元，只統計有向該會申請核准的 4 萬家台資企業。 ・台灣的中央銀行估計約 8,501 億美元，約 8.2 萬家台商，只統計台資企業匯出款項的用途項目。 ・中國大陸的統計，2012 年底，商務部統計數字如下： －台資家數 86,032家。 －直接投資 600 億美元，這是台資企業在中國大陸申請公司設立時的勾選，有些擔心政治風險，多勾選港資或其他國。
2010 年 6 月 29 日	兩岸簽署「兩岸經濟合作架構協議」（ECFA）
2012 年	台商對中國大陸投資金額 109 億美元，年減 16.61%，製造業逐漸轉往東協設廠。

二、第四階段：服務業開放成為主流

2001 年，中國大陸加入世貿組織，重要精神是對外資要給予國民待遇，這反映在外商投資方面，但至 2012 年，在服務業（對貿易協定國家）開放程度 37.1%，略高於新興國家的 17%。截至 2011 年底，累計設立外商投資企業逾 73.8 萬家，實際使用外資 1.2 兆美元。2012 年，服務業占外資投資比重 48.2%，高於工業 4.5 個百分點。

(一)引進外資政策目標

2010 年 11 月 6 日，發改委副主任在中外跨國公司 CEO 圓桌論壇時表示，對外開放策略已轉變為「引進來」加上「走出去」（go global）。

1. 引進來

讓外資推動國內的產業升級、結構優化、科技創新、區域均衡發展。

2. 走出去

引導企業有秩序地到境外投資合作，擴大在能源、資源、高科技和先進製造業等領域的投資，提高企業的國際化經營水準。

(二)商機

2001 年以來，外商投資的產業結構特色如下。

1. 服務業成主流

由表 10.7 可見，由於「政治／法令」、「經濟／人口」環境的配合，中國大陸成為全球第三大（十二五期間成為第二）消費市場，外資蜂擁搶食此新開放市場商機。鑑於中國大陸的房地產熱潮，外商在服務業中的主軸是房地產業，占一半，之後才是能源供應業、社會服務業等。

2. 工業往中西部發展

由於沿海投資條件惡化（缺地、薪資成本高、限電），外資在工業方面的投資地區漸往中西部移動。以2012 年為例，沿海占 82.8%，內陸占 17.2%。

表 10.7　第四階段外商投資中國大陸的特色

產業	說明
一、服務業	世界市場
(一)購買力	人均所得在 2000 年突破 1,000 美元，消費力爆發性成長。
(二)政策：調整產業結構	逐漸「去工業化」（de-industrilization），即減少工業產值占總產值比重，增加服務業占比。
(三)加入世貿組織	給予外商國民待遇，其中關鍵在於服務業的「開放」。
(四)投資成長	直接投資以內部成長方式為主，兼採外部成長方式（主要是公司併購）。
二、工業	世界工廠 2007 年，重慶市委引進汽車業，2008 年引進資訊業，帶動外資大幅投資大西部。

(三)授權省市政府

2012 年，外商投資金額成長趨緩（註：主要是 2010 年 4 月起打房政策，以致外資缺乏房地產開發機會），衝擊經濟成長，引起國務院重視，決定加速簡化審查手續並大開方便之門，積極向外資招手；8 月 17 日發改委公布外資管理規範，放寬外資審核門檻，3 億美元以下（之前為 1 億美元）項目授權地方政府發改委審核批准。

(四)引進外資增加二道審核過程

由於外商爭食中國大陸的消費市場，為求迅速卡位，終南捷徑便是進行公司併購，買現成的，省掉從頭自己來的曠日廢時。

由於外資採取公司併購方式以進軍中國大陸市場，中國大陸把從 1987 年起草的《反壟斷法》起死回生，於 2008 年 8 月實施。

由表 10.8 可見，此時極少數（不到 1%）的外資投資案必須經過三道審核程序。第一關已於第一段中說明，本段說明第二、三關。

表 10.8　國務院對直接投資的審核規定

關卡	主管機關	審核重點
第一關	各省商務廳或各市商務局	是否符合產業政策，例如工信部發佈的「禁止」、「限制」投資
第二關	商務部反壟斷局	針對公司併購，是否會造成剝削消費者權益或同業間不公平競爭
第三關	外國人投資審議委員會	涉及中國大陸國家安全等

針對大型外資收購中大型中資企業，則必須經過商務部反壟斷局的審核。許多情況下，都是買方「知難而退」（詳見表 10.9），底下詳細說明。

表 10.9　商務部否決外商收購或控股中資企業案例

年	外資買方	中國大陸目標公司	理由
2007 年	印度阿賽洛米塔爾	中國東方集團	
2008 年	美國凱雷集團	徐工集團工程機械公司	徐工是省營大型機械企業，在地方有指標性，引起網友抗議，收購案因而失敗。網友影響力日益提高，可能影響到政府決策。
2009 年	美國可口可樂	匯源果汁	可口可樂以 179 億港元（或 24 億美元）收購匯源果汁的案件曾經轟動一時，但最終仍被商務部以反壟斷法否決。
2009 年	俄羅斯 Evraz 集團	德龍控股	

1. 條件

根據反壟斷法的規定，凡參與併購的企業，上一年度全球營業額超過 100 億美元，且至少兩個經營者在上一年度於中國大陸境內的營收逾 4 億元，就要接受反壟斷審查。

2. 民族情結

外商在華併購金額僅占中國大陸吸引外資總量的 5% 左右，將呈上升趨勢。中國社會科學院研究生院副院長文學國以「中國外商投資法律制度分析」為題，發表專題演講，他指出，併購申請案很大的風險是民族主義。

第三節　對外直接投資

從 1983 年起，引進外資；但從 1991 年起開始，每年大金額的赴外直接投資（中國大陸用詞「非金融類直接投資」），2012 年 772 億美元，商務部的目標是 2015 年 1,500 億美元，對外直接投資金額大於引進外資。花了 35 年，從仰賴外資，到變成許多國家爭相競相爭取的投資大國。

以 10 億美元為分水嶺，從 1988 年起，開始有較顯著的對外直接投資，但為了方便記憶起見，我們以十年為一次期，把對外直接投資分成三階段，詳見表 10.10，底下詳細說明。

表 10.10　海外直接投資的發展階段

階段	I（導入期）	II（成長期初期）	III（成長期末期）
一、期間	1991～2000 年	2001～2010 年	2011 年以來
二、金額每年平均（億美元）	23	210	700

表 10.10（續）

階段	I（導入期）	II（成長期初期）	III（成長期末期）
三、投資地區	非洲為主	亞洲為主	亞洲為主，但歐美成長率高
四、投資主體	兩種企業對外直接投資的目的不同。		
(一)國營企業			
1. 鐵公基等工程	主要考量，基於政治外交利益，以非洲、拉美為主，	主要考量	次要考量
2. 農工原料	次要考量	主要考量，以加拿大、澳洲為主	同左
3. 獲利	—	—	主要考量
(二)民營企業			
1. 規避貿易障礙	主要考量	同左	同左
2. 取得品牌、技術	—	取得技術、品牌	同左
五、投資方式比重			
(一)內部成長：設立子公司	95%	80%	58%
(二)外部成長			
1. 公司收購與合併	5%	20%	40%
2. 合資			2%

有關中國大陸對外直接投資，常見的資料來源有二，此外，外國學者常以其本國公務資料來進行研究。

- 商務部、國家統計局、國家外匯管理局發布的「中國對外直接投資統計公報」，這是 2002 年起建立「對外直接投資統計制度」。
- 聯合國貿易發展會議（UNCTAD）發布的「世界投資報告」。

一、階段一：導入期（1991～2000 年）

這時期，中國大陸對外直接投資屬於初學乍練階段。

(一)公營企業

公營企業對外直接投資以政治外交考量為主，以經濟考量為輔。

1. 政治外交考量

中國大陸積極對中南美、非洲等國進行投資開發，獲取其政經利益。

2. 經濟考量

Buckley et al.（2007）利用 1984 至 2001 年中國大陸對外投資資料進行假設檢定，研究發現，中國大陸對外投資跟當地市場規模、當地自然資源稟賦，具有高度相關性。由於中國大陸資源耗用率高，因此，以對外直接投資方式，積極在國外尋求天然資源，以確保供應來源。

曹海濤、葉日崧（2008）彙整 1984 至 2006 年 55 家代表性企業的 100 件對外直接投資個案，跟總體統計資料相比，國營企業對外投資大都以製造為主，而礦業投資是國營企業對外直接投資的重心，其主要動機就是為國家搶占策略性資源和增加對外談判籌碼，而地方公營企業對外投資是為了獲取關鍵性技術。

(二)民營企業

部分產品市場已趨飽和，有些行業（主要是紡織、家電）出現生產能力相對過剩，其中，部分行業以擴大出口因應時，產品又會受到貿易障礙（進口關稅、配額與外匯管制）的限制。因此，儘早轉移到經濟發展水準比中國大陸更低一檔的新興國家，或繞過貿易壁壘直接進入工業國家，向國外輸出剩餘生產能力，把成熟的技術轉移到其他有需求的市場，有助於增加產業獲利。根據小規模技術理論和技術地方化理論，中國大陸民營企業透過以小規模生產技術和創新的引進技術等比較優勢，參與國際生產和經營活動，可以藉投資後的產業技術交流與示範，提升技術水準，藉以優化國內整體經濟產業結構。

(三)投資金額

這十年對外直接投資金額 230 億美元，平均每年 23 億美元。

二、階段二：成長初期（2001～2010 年）

由於有導入期的學習效果，再加上本階段銀彈充足（以外匯存底來說），因此，2001～2010 年中國大陸的對外直接投資進入成長初期。這時期因時空環境不同，政府層級的考量加大了。

(一)政府層級的考量

這時期中國大陸開始出超（2003 年），快速累積外匯存底，且中共中央自覺「大國崛起」（2003 年，詳見第一章第三節），因此政府開放企業走出去，可分別達到下列二個目的。

1. 緩解人民幣升值壓力

透過企業對外直接投資，跟主權基金的功能一樣；緩解人民幣升值壓力，並實現國有資產增值保值的目的。

根據發改委估算，把每年外匯存底增量以當年美元兌人民幣平均匯率，到 2010 年末（外匯存底 2.85 兆美元），2003 年以來新增的外匯準備帳面損失為 2,711 億美元。

商務部 2006 年在海外選定十多個工業區，作為中資企業走出去的重要根據地。

2009 年 7 月，國務院總理指出，必須把外匯存底運用搭配企業「走出去」的政策，把對外投資與商品出口予以結合。滙豐銀行中國區首席經濟分析師屈宏斌指出，這是首次聽到官方支持企業購買海外資產的政策宣示。

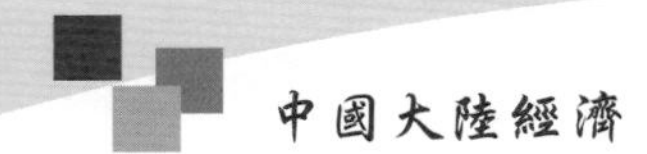

人民銀行、外管局放鬆外匯管制，簡化了境內企業從事境外直接投資的審批程序，企業可以直接向銀行申請換匯額度，政府原則上不會限制金額。

2. 國際政治考量

中國大陸對外直接投資甚至貿易，有時只是把經濟作為支持政治外交的手段，以強化跟外國政府的關係。

美國國防大學拉美問題專家埃文・埃利斯（Evan Ellis）表示，以拉美國家為例，中國大陸藉由大量基礎工程投資，拓展其海外政經勢力，影響力近年來大大加強，減低這些國家對美國的依賴。但因中國大陸產品也排擠當地的產業及就業機會，拉美國家和中國大陸的各種摩擦和猜忌也不斷增加。

由於中國大陸的國旗是紅色的，並以「紅色」來自居。因此在外國，常以「紅色資本」來稱呼中國大陸的海外直接投資。

(二)公營企業

1. 確保原料進口來源

中國大陸重點發展重工業，由於原料消耗量大，無法自給自足，2003年起從農工原料淨輸出國，變成淨輸入國。以 2012 年為例，石油淨進口量 2.84 億噸，對外依存度 58%，天然氣對外依存度 58%。

為了掌握料源（油料、工業礦料，中國大陸稱為自然資源），國營企業（中石油、中石化、中海油，以及寶鋼、中鋁等）在政府的經濟外交政策指導下，開始赴國外，跟地主國公司合資，以購買機器設備採礦。為了確保海外油源，2008 年起國營石油公司密集進行海外收購，重點投資澳洲、加拿大等地資源性企業。

2. 國營企業全球化

隨著中國大陸經濟實力逐漸壯大，配合國務院欲提升企業整體技術水準的強烈企圖心，國營企業全球化主要目的，在於尋求技術和品牌資產，以提升國際市場的競爭地位，形塑中國大陸「強國」之國際形象。

(三)民營企業

民營企業對外投資發展快速，以貿易型境外企業比重過高，約占對外投資總額的七成，而生產型境外企業、資源開發型等較具競爭力的企業比重偏低。

依據鄧寧（Dunning）的投資階段理論，民營企業對外直接投資具有「較高的貿易壁壘和關稅規避性」特點，從對外投資的目標地區來看，屬於關稅規避型的對外直接投資占較大比重。近年來，中國大陸許多產業都面臨著被控訴傾銷等貿易壁壘的問題，致使愈來愈多的中國大陸產品銷路不暢、企業處境困境、生產能力過剩。透過對外直接投資的方式，可以使還不算落後的技術、產品與資產繼續正向成長，又可以繞過進口國的貿易壁壘，直接在進口國生產銷售，以解決困境。

(四)實證研究

針對對外直接投資（outward FDI）的目的與影響因素，Chou、Chen & Mai（2011）的實證研究如下；其研究期間為 1993～2008 年；其對外投資國包括 61 國，占對外直接投資國的 97%；實證資料來源為商務部等；其研究方法為迴歸分析。

實證結果如下：

- 海外直接投資有助於突破地主國的貿易壁壘，即中資企業赴地主國直接投資以迴避地主國的貿易障礙。
- 中國大陸跟地主國間的經濟整合（例如自由貿易協定）有助於降低國際間貿易壁壘，降低中資企業赴地主國直接投資動機。
- 地主國的政治風險會嚇阻中資企業來地主國直接投資。

(五)金額與世界地位

礦產類的投資金額大，因此此階段的對外直接投資金額大很多。在2005 年，金額破百，達 122 億美元，2011 年 600 億美元、2012 年 772 億美元，2001～2012 年十一年累積 3,882 億美元，平均一年 350 億美元，約是上一個十年的 15 倍。在人民銀行編製的國際收支表（中國大陸稱為國際投資頭寸表）到 2010 年底，國際收支表上的對外直接投資 3,823 億美元，占對外金融資產的 12%。

2010 年全球外國直接投資流量 1.32 兆美元，年底存量 20.4 兆美元，而中國大陸在全球流量、存量的比重與排名，分別為 5.2%（流量居第五位）、1.6%（存量居第十七位），其當年流量已超過日本，但存量仍不及日本的一半，詳見表 10.11。

表 10.11　2010 年中國大陸對外直接投資重點

項目	說明
一、金額 （how much）	以 2010 年為例 ・流量：686.4 億美元，佔全球 5.2%，居第五名 ・存量：3264 億美元，佔全球 1.6%，居第十七名
二、目的 （what）	1. 貿易替代效果 2. 資源取得 3. 政治考量
三、地區 （where）	・亞洲　65.3% ・拉丁美洲　15.3% ・歐洲　0.8% ・其他　9.8%
四、投資人	・公營企業： ・民營企業：

表 10.11（續）

項目	說明
五、投資方式	・設廠　56.8% ・收購與合併　47.2% 主要是採礦業、商務服務業、製造業、電力生產和供應業、專業技術服務業、金融業等。

(六)投資行業

對外投資行業依金額大小依序如下。

1. **油礦為主**

初期能源收購的標的以原油採掘業為主，2009 年在亞洲各國開始轉向天然氣，原因有二：天然氣發電時汙染較少，其二天然氣價格持續在低檔。

在油、礦的海外投資方面，下面是一些常見的案例。

・中海油 7 億美元買下澳洲 Gorgon 天然氣油田；

・華能集團買下澳洲蒙托煤礦 25% 股權；

・在智利，中國大陸五礦集團與智利國家銅礦成立合資事業；

・在巴西、阿根廷、古巴，簽定多項資源開發協定；

・在伊朗、哈薩克，投資裏海與伊朗的油田與設施；

・在蘇丹，開發蘇丹油田；

・在奈及利亞，擴大在奈及利亞的貿易與投資；

・在獅子山，開發獅子山近海的油田並擴大貿易投資。

尤有甚者，為了確保油礦順利從地主國出口，中國大陸連地主國的交通建設（尤其是港口碼頭）也投資，順便取得工程訂單。

2. 高科技公司為次

2001 年，隨著中國大陸加入世界貿易組織，市場開放，讓中資企業面臨更大的競爭壓力，企業經營階層認為藉由收購國外公司以取得技術、品牌、銷售管道，來協助他們回頭在國內市場對抗來自全球敵手的競爭。國際收購案，絕大部分是著眼於補強自身的弱點，而不是展現強項；先安內，練好兵，再走出去。

在國務院「走向世界」的政策鼓舞下，中資企業相繼在海外市場開疆闢土的大動作，有些學者把它們與 1970、1980 年代推行國際化的日本公司相提並論。部分人甚至預言，聯想、華為科技、海爾等品牌，有希望成為未來征服全球的「中國大陸『索尼』」。

日本企業在全球市場上攻城略地，憑藉的是新產品與生產方式，像是索尼推出輕薄短小的消費電子產品，如「隨身聽」，以及豐田汽車的「及時化」生產方式。中資公司仍然是技術的追隨者，競爭優勢大部分來自國內低廉的工資成本。

(七)對外直接投資方式

公司成長方式一般分為自行發展與外部發展（包括合資與公司收購），中資企業針對外國政府的限制與投資目的，採取適配的的投資方式，底下以三種行業為例來說明。

1. 油礦公司「多少皆可」

三家國營油礦公司對於海外油礦，依序採取下列取得方式。

(1)上策：買資產

由於探勘有其風險（包括挖不到油氣或是成本過高），因此國營油礦公司以取得油礦產出為對象，2009 年 8 月，中石油以 413 億美元購買美國艾克森美孚石油公司未來 20 年天然氣。

(2)中策：收購多數股權

要是上策無法實施，國營油礦公司則儘可能採取中策，取得地主國油礦公司多數（50% 以上）股權。

(3)下策：收購少數股權

有些國家為了保護國內油、礦，皆希望外國公司來投資是採取合資方式，如此，才能在開採成功後，還有後續利潤可賺。中國大陸國營企業出外，大都扮演少數股權投資人角色，透過跟地主國油礦公司合資，以確保油礦的供應量無虞，往往在競標過程中，中資企業或許出高價，但是在油礦逐漸耗竭時，「量」才是中資企業的首要考量。

外國企業願意合資原因很單純，即有錢採礦以分攤風險，一旦開採成功，也不怕沒人買（中資資方一般取得跟股權比率相近的優先採購權）。

2. 高科技公司等以公司收購為主

中國大陸高科技企業在技術面略遜一籌，企圖以收購歐美公司（或其事業部），以取得全公司的能力，包括機器設備等硬實力與組織能力等軟實力。其中代表性案例是 2005 年，聯想花 12.5 億美元，收購美國 IBM 的個人電腦事業部，2012 年，聯想成為全球個人電腦第二大公司。

- 中國大陸是全球第二大國際企業買方；
- 中國大陸從賣方變成買方。

3. 海外收購的絆腳石

許多地主國基於國家利益的考量，對於外國企業在當地的收購公司，皆有特定組織予以審查，由表 10.12 可見，大抵都集中在油礦、高科技、國防工業，有些還包括傳播業甚至金融業。

中資企業在許多國家的公司收購案遭到駁回，詳見表 10.12，中國大陸商務部一直呼籲美國政府放寬投資限制。

表 10.12 地主國對中資企業的收購案樹立的限制

行業	地主國的考量
一、油礦	中資企業的海外之路也並非順遂，以經常功敗垂成案例如下。 ・向一家印度公司提供貸款； ・中鋁收購澳洲力拓案； ・首鋼擬收購澳洲必和力拓 19.9% 股權； ・上海汽車收購韓國雙龍； ・北汽收購德國歐寶。 2005 年 5 月，中國海洋石油公司擬以 183 億美元競標優尼科（Unocal），美國第九大，中海油看上優尼科油田資產七成分布在東南亞。 隨著中資企業大軍深入全球各地市場，特別是美國，也激發出一股「中國威脅論」的氛圍，保護主義氣氛，炒熱到最高點，中海油收購優尼科案於 2005 年 8 月 2 日宣告破局。
二、高科技	2011 年 2 月 17 日商務部發言人姚堅例行記者會表示，美國外國投資委員會對有多起中資企業投資美國案例，都遭美國以安全審查為由拒絕。例如，2011 年華為收購三葉系統公司（3Leaf System）、西色國際收購尤金公司、還有鞍鋼曾跟美國鋼鐵進行的鋼鐵合作項目，都受到阻撓，應當説在一定程度上，影響了中美的合作。希望美方能夠增強審批的透明度，為中資企業赴美投資提供公平待遇。
三、國際工業	某些國會議員威脅要阻止中資企業收購有策略價值的美國資產，以致外國投資委員會駁回中資企業的某些案子。

4. 提供外國買主貸款以取得國外訂單

中資企業進軍國外，除了直接投資，還有金融帳方式，即以貸款方式，以取得國外政府和企業訂單，金額跟直接投資金額差不多。

英國《金融時報》的研究指出，2009 和 2010 年，中國國家開發銀行（China Development Bank）及中國進出口銀行（China Export-Import Bank）向新興國家和公司核准 1,100 億美元的貸款，超過了世界銀行，舉幾個例子說明。

- 提供貸款，使其能購買中資企業的電力設備；
- 在迦納貸給基礎設施款項；
- 在阿根廷達成鐵路協定貸款等，
- 中方跟俄羅斯、委內瑞拉和巴西都達成大規模貸款換石油交易。

(八)海外投資盈餘的重要性

到 2010 年，國營企業的海外直接投資已由概念階段到收成階段，由於 10.13 可見，海外子公司占國營企業資產 19%，但盈餘貢獻度 37.7%，基於獲利考量，國營企業會加速「走出去」。

表 10.13　海外直接投資對國營企業的重要性

服務項目	2009 年
一、資產	有 108 家國營企業投資涉及境外單位 5,901 家
・金額	4 兆元
・占資產比重	19%（21 兆元中的 19%）
二、盈餘	
・金額	略
・占盈餘比重（盈餘貢獻度）	37.7%

三、階段三：成長末期

2011～2020 年可說是對外直接投資的成長末期。

(一)政策考量

政策是延續的，此階段經濟考量比重提高。

1.占有一席之地

此階段的政策考量，除了延續過去資源取得的考量，最重要的是因透過國際直接投資，以在全球企業中搶占前茅。

2. 政策上目標金額

國務院的目標是這十年對外直接投資 2 兆美元，約是 2001～2010 年的十倍。

$$\frac{\text{國際收支}}{\text{帳中的金融帳}} = \frac{\text{對外}}{\text{直接投資}} - \frac{\text{引進外}}{\text{國直接投資}}$$

預估 2015 年：70 億美元 = 1,500 億美元 – 1,430 億美元

簡單的說，中國大陸從資本（淨）輸入國，變成資本（淨）輸出國。

3. 政策更積極

為了加速企業國際化腳步，2011 年 5 月，國資委邀集發改委、外交部、商務部、審計署等相關部會，首度召開大規模的國營企業「走出去」工作會議。「走出去」的最大困難是融資問題，因此中央政府對國營企業「走出去」的支援，將著眼於解決企業資金調度問題。

按照財政部、商務部下發的「關於做好 2011 年對外經濟技術合作專項資金申報工作的通知」，未來「走出去」的企業，可透過直接補助和貸款貼息方式獲得專項資金支援，同一企業支援最高額度 3,000 萬元。

(二)公營企業

公營企業對外直接投資仍以取得工礦原料，取得地主國鐵公基等工程案為主，後者的目的之一，在於方便地主國把工礦原料出口至中國大陸；2013 年起，逐漸偏重向中國大陸進口。

中國石油集團經濟技術研究院發布《2012 年國內外油氣行業發展報告》，2012 年全球油氣上游領域併購（包括買油田的產油國）交易金額超

過 2,500 億美元，中國大陸占 340 億美元，七成在美加雖。

2012 年 12 月，國營企業中國海洋石油公司，以 151 億美元，收購加拿大尼克森天然氣（Nexen）公司。

(三)民營企業

民營企業透過收購歐美企業，以取得技術、品牌，以提高產品品質、品牌形象，以便提高中資企業產品全球競爭優勢。

(四)對外投資地區

商務部數據顯示，2012 年中國大陸境內投資人共對 141 個國家和地區的 4,425 家境外企業進行直接投資，成長最多國家為俄國。

台灣的政府 2009 年 6 月開放中資企業來台，依據經濟部投資審議委員會統計資料顯示，2012 年大幅成長核准來台投資件數 138 件，核准投資金額 3.28 億美元，投資業別主要集中在海洋運輸（占 42.6%）、銀行（占 28.4%）、海洋運輸與電腦及電子產品及光學製品。

(五)投資方式

2011 年中資企業的海外併購交易 207 案件，成長率 10%，交易總金額達 429 億美元，成長 12%；居全球第四大，市占率 7%。其中有一半集中在北美歐洲。

四、公營企業對外投資的弊病

公營企業對外投資的弊病，跟在國內一樣，只是問題可能更嚴重，因為時間距離因素，詳見表 10.14。

表 10.14 國資委針對公營企業海外投資的管理

層次	問題	政府政策
一、核心能力	國資委 2009 年開始盤查近 6,000 家國營企業所有的境外國有資產，發現下列問題。	2011 年 7 月 1 日，國資委實施二個辦法。
(一)研發飢渴症	由於缺乏管理機制，盲目投資造成國有資產流失。 國資委內部會議檢討時，批評部分國營企業主管「為創造政績」、「營造自己的王國」、「打造知名度」、「情況不明決心大」，盲目投資造成國有資產流失 ・未經批准在境外進行高風險投機經營造成巨額損失； ・未經批准或未辦理有關法律手續； ・像是商標、企業信譽、專利等的流失狀況也很嚴重。	(一)「中央企業境外國有資產監督管理暫行辦法」 國營企業是其境外國有資產管理的責任主體，國資委將按照法律、行政法規及國有資產監督管理有關規定，追究相關責任人的責任。 詳細辦法會陸續推出，包括國營企業海外子公司股票上市等。
(二)部門、山頭主義	中國大陸涉及海外國有資產監督的單位如下。 ・依據國營企業性質的不同，各種類行業主管機構也可能成為監管國營企業海外資產的主體。 ・國資委負責國有資產的保值增值； ・商務部根據技術發展、產業發展的引導要求決定海外投資審批等； ・人民銀行、外管局關注海外國資的國際收支平衡。	2011 年 6 月財政部在人大常委會議上表示，將逐步提高盈餘的收取比例，對國營企業展開一連串規範管理。

表 10.14（續）

層次	問題	政府政策
	一位國營企業海外投資主管的話，指企業「走出去」最怕的不是國外對手，而是國內的兄弟企業「挖牆腳」。南車集團的一位高層表示，國營企業在海外投標時屢次發生「窩裡鬥」，為了拿到專案「不擇手段」。「一家公司旗下的兩家分公司為搶奪同一個項目，報價可以相差 1 億元」。	左述兄弟鬩牆情況下，2011 年 6 月國資委已採取行政指導方式介入。
二、品德 (一)貪汙	國營企業的資產管理有很多盲點，像是一些企業在境外作業的現場管理較差，容易發生事故；境外資金運行沒有納入集團統一的資金管理中；一些企業在境外營運中，由國營企業獨資逐步失去經營權地位，可能造成國有資產流失。	(二)「中央企業境外國有產權管理暫行辦法」
1.圖利他人（即官商勾結，中國大陸稱為以權謀私）	任用外籍人員不當導致國有資產流失等。	
2.圖利自己（即自肥）	把國有資產以個人名義在外註冊。	
(三)三公消費	國營企業海外國有資產的流失情況大致分為，境外人員揮霍、浪費、攜款潛逃。	

五、美國研究的評語

2012 年 7 月，美國智庫布魯金斯東北亞政策研究中心外交政策高級研究員沈大偉（David Shambaugh），發表在《東亞季刊》的一篇文章指出，中資企業全球化過程有許多劣勢，詳見表 10.15。

表 10.15　學者對中資企業國際化的劣勢分析

架構	沈大偉的看法
○、目標	
一、策略	
1. 成長方向	1. 企業及其領導層無力擺脫本國企業文化及商業運作模式。此外，企業高度的政治化，絕大多數的著名國有企業的董事長都是由中共中組部任命。 2. 絕大部分企業沒有制定全球化的商業計畫及策略。 3. 經常忽視潛在夥伴及對手的長處和弱點。
2. 成長方式	4. 中資企業喜歡通過兼併和收購來實現走向世界的目標，但很大比率都是失敗的。
二、核心活動	
1. 研發	5. 在尋找國外合作夥伴時，很多卡在互惠條件問題上。
2. 生產	略
3. 行銷	6. 中資企業的全球品牌影響力非常弱。
三、支援活動	
1. 人力資源	7. 最大劣勢在於人力資源，尤其是管理者能力，熟練使用多種語言及多元文化融合的管理者非常短缺。
2. 財務	8. 適應國外的法律、監理、稅務及政治環境的能力尚有不足。
3. 資管	9. 企業缺乏明晰的業績指標、激勵計畫以及提供職業保障，其他管理領域能力很低。

討論問題

1. 由發改委主管經濟制度、工信部管工業產業政策、國資委管國營企業，要怎麼取得協調呢？
2. 外資對中國大陸的邊際效用遞減，有那些指標可看出？
3. 薪資水準在各國引資中扮演程度有多重要？請以一年爲例來說明。
4. 請找論文，分析來自台灣直接投資對中國大陸經濟的貢獻。
5. 中國大陸的主權基金（中投公司）純以金融投資爲主嘛？

11

國際貿易

2010 年起，中國大陸汽車小幅出口（2012 年，102 萬輛）

（本書照片提供：今周刊）

「中國大陸製」無所不在

21 世紀起，中國大陸製產品（Made in China, MIC）在全球幾乎無所不在，從填充玩具到蘋果公司的 iPhone 手機、iPad 平板電腦都是「中國大陸製」，中國大陸因此有「世界工廠」之稱。

「中國大陸製」背後指的是中國大陸的商品出口，2009 年中國大陸成為全球第一大商品出口國、第二大進口國；比 2010 年超越日本，成為全球第二大經濟國，還早一年。

由於國際貿易對中國大陸、各國的影響很大，本書以二章篇幅來討論，詳見表 11.1，底下綱舉目張的說明。

第十一章偏重中國大陸國際貿易的狀況（第一節），第二～第四節詳細說明國貿發展的四個階段。

第十二章比較著重中國大陸對區域經濟整合的進程，聚焦在國貿第三階段（即 2001 年迄今）。

表 11.1　國際貿易發展階段與第十一、十二章架構

國際貿易發展階段	I	II	III一	III二	IV
一、期間	1979～1985 年	1986～2000 年	2001～2007 年	2008～2020 年（舉例）	2021 年起
二、第十一～十二章相關章節	第十一章第二節	第十一章第二節	第十一章第三節 第十二章第一節入世 第十二章第二節中美貿易摩擦	第十一章第四節 同左 第十二章第三節東協加一 第十二章第四節兩岸經濟合作架構（ECFA）	

第一節　國外需求對經濟的貢獻

出超又稱為國外需求，改革開放後，1990 年起，進入出超狀況，出超成為拉動經濟成長的一匹馬車；有人稱中國大陸經濟為「外需牽動型經濟」。本節說明國外需求對經濟的貢獻。

一、出超的重要性

以「占 GDP 比率」、「對經濟成長率來說」，2002 年以前，消費居首，之後，資本形成居首。出超占 GDP 比率來說，在四項需求中一直居末，對經濟成長率的貢獻度也僅有幾年超過 20%（例如 1990 年占 37.6%、1997 年占 21.3%）；2010 年為 7.9%，2011 年為 –5.8%（因商品出超金額衰退）；2012 年為 17.2%，詳見表 11.2。

在本段中，我們「開門見山」的先說明「出超」一向不是經濟需求結構的主角。接著再詳細說明國際貿易對經濟的貢獻。

(一)問題

1978 年，人均總產值 230 美元，不管就個人或國家來說，購買力皆極有限，可說「國貧民貧」。

(二)目標

經濟發展的目標一向很明確，即「全面達到小康社會」，套用 2011 年世界銀行的水準，至少要達到中高所得的頂，即人均所得 12,475 美元，在全球 200 國，約是第 80 名。

(三)政策

中國大陸採取「以出超來拉動經濟成長」的策略，1918 年起，日本、德國都是透過出超，藉由全球市場的大需求，來養壯國內產業；接著，國富、民富之後，內需市場才會逐漸成長。「外貿掛帥」政策的分水嶺在 2008 年。

1. **「促出口，壓進口」政策**

2007 年以前，中國大陸傾向於採取 18 世紀重商主義時的「促（進）出口，壓（抑）進口」政策，出超越大越好。

2. **「壓出口，促進口」政策**

2008 年以後，因內外壓力，國貿政策的油門不再重踩，對外宣稱「壓出口，促進口」，詳見第四節。

二、實績——出超對經濟的貢獻

一般來說，分析一個經濟數字有幾種切入角度：金額（或稱水準值）、（金額）變動率、比率（單項占總和的比重）。這在分析國際貿易對經濟的貢獻時更是清楚，詳見表 11.2，底下詳細說明。如果用附加價值基礎（Trade in value added, TiVA），2012 年，「出超」對經濟成長率（7.8%）的貢獻為 –0.2%。

表 11.2　國際貿易對經濟的貢獻　　單位：兆美元

層面	公式	以 2012 年為例
一、國內生產毛額（GDP）		
1. 貿易依存度	$=\frac{\text{貿易總額}}{\text{GDP}}$	$46.4\%=\frac{3.867}{8.335}$
2. 出口依存度	$=\frac{\text{出口}}{\text{GDP}}$	$24.6\%=\frac{2.05}{8.335}$
3. 進口依存度	$=\frac{\text{進口}}{\text{GDP}}$	$21.8\%=\frac{1.8169}{8.335}$
4. 出超依存度	$=\frac{\text{出超}}{\text{GDP}}$	$2.79\%=\frac{0.2331}{8.335}$

表 11.2（續）

層面	公式	以 2012 年為例
二、經濟成長率 1. 貢獻率	占 GDP 比重×單項變動率（註：即〈11.1〉式的分子部分）單項指的是四項需求	
2. 經濟成長率貢獻度	$$\text{經濟成長貢獻度}=\frac{\text{GDP 比重}\times\text{單項變動率}}{\text{經濟成長率}} \quad \cdots〈11.1〉$$ $$\text{以 2012 年為例}=\frac{2.79\%\times48.1\%}{7.8\%}$$ $$=\frac{1.342\%}{7.8\%}=17.2\%$$	
三、就業 1. 增加雇用人數 2. 維持失業率目標		
四、租稅 1. 關稅 2. 營業稅 3. 營所稅	進口原物料大都免（或低）關稅，在加工出口後，可退稅，在加工出口區的營業稅可高比率退稅。	

(一)對國內生產毛額

國際貿易對國內生產毛額的貢獻主要分析方式是看其比重。

1. 占 GDP 比率

國際貿易共有四項觀念：國貿（出口加進口）、出口、進口、淨出口（出口減進口），這占國內生產毛額的比例，稱為「某某依存度」，最常見的出超依存度（出超是淨出口為正，入超是淨出口金額為負的）。

以公司損益表為例，出口類比為公司營收、進口類比為原料成本，營收減原料成本等於公司的「附加價值」。因此本書只說明出超依存度。

不過，出口依存度只是最低值，背後是假設來料加工，然而實則「進口」的某部分是為了由原料到製成工業品（或稱中間產品），對經濟成長也有貢獻。

以 1990 年代為例，出口每增加 10 個百分點，可推動經濟成長率一個百分點。

2. 出超依存度

由長期時間序列來看，在中國大陸加入世貿組織前（1990～2001 年），貿易依存度 30～40%；之後，由於開放政策效果明朗、積極拓展貿易的結果，使得外貿額與總產值均顯著增加，貿易依存度迅速上揚，尤其 2004～2007 年貿易依存度升至 60% 以上，其中，2006 年達高峰（65.17%）。

以 21 世紀來說，出超依存度最高的一年為 2007 年的 7.4%，白話的說，每 100 元的產值便有 7.4 元是「賺外國人的錢」。出超依存度數字一直在 10% 以內，這是因為四個需求中，「投資」一直占比重 40%、消費占 35%、政府支出占 17%。

但不能因為此比率低，就看輕出超的重要性。出口行業帶動一億人直接、周邊就業；再進而帶動消費、政府支出、投資（但其中一半是房地產投資）。服裝、電子等出口產業可說是外來的泉水，讓中國大陸這池水一直成為活水。

(二)對經濟成長率的影響

出超對經濟成長率的貢獻分成二種角度切入，一是貢獻度、一是占經濟成長率的比重（即經濟成長率貢獻度）。

1. 對經濟成長率的貢獻

出超對經濟成長率的貢獻度一直不高，主因可從〈11.1〉式（在表 11.2 中）看出，一是分子中的第一項（出超依存度）一直很小；第二項是出口變動率，這項有可能是負成長率，如此一來出超的貢獻率是負的（2009 年便是）。1990 年出超的貢獻率 37.6%，2007 年可說是次高（32%），詳見下列說明。

2. 1990 年起才有正貢獻

1979～1989 年期間，中國大陸皆處於入超狀況，「淨出口」（註：如同變動率一詞）對經濟成長率的貢獻是負面的，以入超最高紀錄的 1985 年為例，入超 148.82 億美元，淨出口的影響如下。套用〈11.1〉式可分為二部分。

(1)出超對經濟成長率貢獻

套用〈11.1〉式，可說是分子部分，這部分是 –3。

(2)出超對經濟成長率貢獻度

1985 年經濟成長率 13.3%，出超對經濟成長率貢獻度為 –22.6%。

1990 年起，中國大陸才見到出超，金額 87.56 億美元，對經濟成長率的貢獻度 37.6%，可說是小兵立大功。也就是當年有出超撐著，貢獻 1.6 個百分點的經濟成長率，占 4.2% 經濟成長率的 37.6%，僅次於消費。

(三)對就業的影響

由於 1986 年迄今，中國大陸出口主流產品都屬勞力密集的，再加上進口初級產品、中間產品以進行出口產品的生產。所以進出口公司對經濟最大的貢獻在創造工作機會，以 2011 年 2.5 億農民工為例，約一半在工業，從事跟國際貿易相關行業。

(四)對租稅收入的影響

由於出口有一半掌握在外商手上，再加上政府對出口、外商的優惠，因此出口對政府租稅收入的貢獻跟其產值不成比例。

1. 進口關稅

出口導向的國家，針對出品所需的進口「初級產品」、「中間產品」

大都零關稅，以免有損出口產品的價格競爭優勢。

2. 加值型營業稅

出口是賣給外國人，也是營業行為，出口公司按法令須繳加值型營業稅 17%（稅目上有些還須繳消費稅）。在表 11.12 中詳細說明出口退稅的進程，本段簡單的說，這 17% 加值稅公司先繳，一段期間後，海關總署幾乎 100% 會退還給出口公司。

3. 營所稅

2008 年以前，對外商在營所稅實施優惠措施，最優惠的該屬「兩免三減半」，即外商有盈餘起，前二年仍不須繳稅，第三～五年，營所稅率減半，以稅率 33% 來說，適用稅率 16.5%，第六年以後才適用一般營所稅率。

2008 年起，內外資營所稅稅率（25%）一致，財政部對外商開了一道巧門，即「高科技公司營所稅率 15%」，這是因為許多外商都從事電子業；變相的再給予大部分外商租稅優惠。

「讓稅」、讓土地、讓市場（合稱三讓）是中國大陸政府吸引外資的政策工具，圖的是對就業的「大利」！

針對內外資營所稅均一的影響，Chen、Mai & Hsu（2012）的比較靜態模型指出下列結論。

- 提高外商的營所稅（或者說取消對外商的租稅優惠），會降低外商的投資意願與外商的稅後盈餘；
- 內外資稅率均一，有利於社會福祉，惟一例外情況是中資企業邊際成本遠高於外商。

4. 個人所得稅

由於出口產業一半屬於加工貿易，員工薪資較低，個人所得稅繳的也不多，因此這方面稅負貢獻比重較低。

三、全球中的地位

如同第一章第一節說明中國大陸的國內生產毛額一樣，先說明其在全球中的地位，再說明其對國內的重要性。

一般討論一國在全球貿易中的地位，會從三個角度：貿易總額、出口和進口市占率，本段也依這樣順序說明。

(一)貿易總額

以表 11.3 中的 2010 年為例，貿易總額第一、二名如下：美國金額 3.25 兆美元、中國大陸 3 兆美元。2011 年，中國大陸貿易總額居全球第二，出口占全球出口 17.76 兆美元的 10.69%，2012 年，地位維持不變。

(二)出口

1979～2007 年這三十年間，中國大陸的經濟成長大部分採取重商主義，透過出超以帶動百業發展。

1. 金額和變動率

中國大陸出口金額於 2007 年突破兆美元（1.218 兆美元），十多年來，出口一直處於成長情況。2009 年全球出口衰退 23%，中國大陸衰退 15.88%；2010 年，全球出口成長率 24.86%，中國大陸出口成長 31.3%；跟全球比，中國大陸可說「漲多跌少」。

2. 全球地位

2007 年，中國大陸出口超越美國，成為全球第二大商品出口國。

2009 年，中國大陸超越德國（2003～2007 年全球第一），成為全球第一大商品出口國，日本、德國、中國大陸三國在全球出口市占率的變化詳見圖 11.1。

由於出口港集中在東南沿海，因此，全球十大貨櫃出口港中，中國大陸就占了五個。

表 11.3　中國大陸在全球商品貿易的地位

單位：兆美元

項目	2009 年	2010 年	2011 年	2012年
一、貿易（全球）	23	26.335	35.846	36.846
(一)中國大陸金額	2.2073	2.9727	3.642	3.867
(二)全球市占率	9.6%	11.28%	10.16%	10.49%
二、出口（全球）	12.15	15.17	17.803	18.2946
(一)金額	1.2017	1.5779	1.8986	2.05
(二)全球市占率	9.89%	10.4%	10.67%	11.2%
(三)地位	全球第一，首次超越德國（1.1213）	全球第一，領先美國 0.3	全球第一 領先美國 0.45	全球第一
三、進口（全球）	12.57	15.375	18.043	18.551
(一)金額	1.0056	1.3948	1.7434	1.8169
(二)全球市占率	8%	9.07%	9.66%	9.8%
(三)全球地位	次於美（13%）	次於美（12.8%）	比美國少 0.3	美占 12.6%

資源來源：海關總署、世界貿易組織

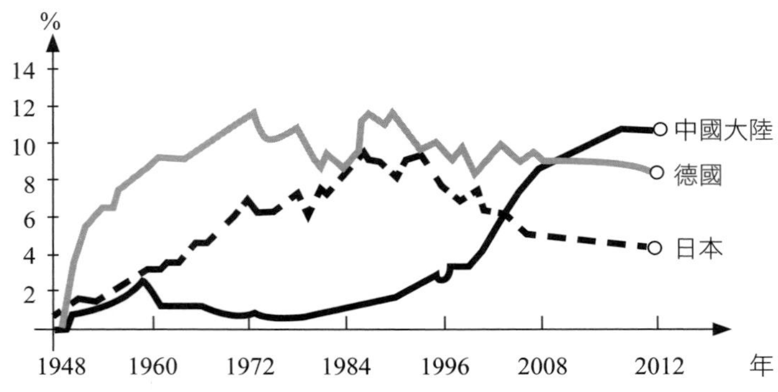

圖 11.1　中日德全球出口市占率變化

(三)進口

在第四節提到 2008 年起中國大陸實施「壓出口，促進口」貿易政策，在此之前，進口相關情況如下。

1. 金額和成長率

中國大陸出口型態以加工貿易為主，原料、工業品大都從國外進口，在 2008 年以前，進口／出口比率（進口金額占出口金額比率）約 80%；以公司損益表來作最單純的比喻，原料成本率 80%。

2. 全球地位

2009 年，中國大陸成為全球第一大商品出口國，搭著前述「進出口比率」，但是在進口全球市占只居第二名，少美國 6,300 億美元，這是因為美國是「全球市場」，需要大量的進口品才足以滿足需求。

3. 剔除石油進口金額

有些人在討論進出口金額時把「原油」一項剔除，原因之一是石油大都由少數石油出口國家組織（OPEC）賺走。

以近三年為例，金額與占進口比重皆大幅上升。

・2009 年 892.6 億美元，占進口比重 8.88%；

・2010 年 1,351.5 億美元，占進口比重 9.69%；

・2011 年 1,967 億美元，占進口比重 14.1%。

(四)出口比較優勢

中國大陸政府在促進出口方面非常積極，Chou、Chen & Mai（2012）的實證研究證實此一般看法；其研究對象為中國大陸的 40 個貿易夥伴國；其研究期間為1991～2008 年；其實證資料來源為國際貨幣基金會、中國大陸商務部、美國 Freedom House 等；其研究方法為修正 Bergstrand（1989）等人的空間模型。

主要研究結果如下：

・經濟整合（例如自由貿易協定）有助於中資企業出口；

・以高政治風險的國家（例如非洲的安哥拉、尚比亞）來說，由於中國大陸與其悠久的政治良好關係，再加上中國大陸的進出口銀行提供出口保險（保費 1% 以下），因此中資公司仍能大幅出口；其他國家較缺乏此比較利益。

(五)貿易夥伴國的趨勢

針對中國大陸的貿易夥伴國所在區域等分佈，Chou、Chen & Mai（2009）從新經濟地理（new economic geography）角度切入。其研究期間為1991～2008 年；其研究對象為中國大陸的 40 個出口國；其實證資料來源為台灣的經濟部國貿局、國際貨幣基金貿易統計導引；其研究方法為Moran I 統計、空間關聯的地方指標（Local Indicators of Spatial Association）分析。

其主要研究結果如下：

・基於貿易成本（運輸成本等）的考量，中國大陸主要貿易國主要是亞洲鄰國、美國；

・以保羅・克魯曼（1991）的核心—周邊模型（core-periphery model）來說，拉丁美洲離中國大陸甚遠，但由於中國大陸需要大量進口原物料，因此巴西、阿根廷跟中國大陸的貿易額與日俱增。

四、數字因地而異

在進入這二章之前，由於國際貿易至少涉及兩國（例如出口國中國大陸與進口國美國），同一筆貨，因時空不同，出口、進口金額也會不同，本書是站在中國大陸角度，因此除非特別說明，否則以中國大陸官方數字為準。

(一)國際貿易的範圍

在討論全球貿易、出口、進口金額時，宜留心討論的對象是指下列二者的哪一者。

1. 習慣是指「商品」

一般為了方便起見，都把「商品」出口、「商品」進口等「商品」省掉。

2. 但重點是全部

以出口來說，包括商品出口、勞務貿易（包括智慧財產權、航運、旅遊等）二項，以 2009 年為例，二者 15.46 兆美元，二者之比，約呈「80：20」。

(二)數字大不同

長期以來，各國衡量貿易皆以海關統計為準，這是因為貨品的輸出、輸入都得通過海關的查驗，據此所得到的統計自然最為可靠。

在討論出進口數字時，出口國比進口國海關總署統計數字常少一成，原因如下。

1. 出口國：中國大陸

中國大陸的貿易數字是由國務院海關總局所提供，這只能計算到到深圳市等出口港的離岸價格（FOB）。位在瑞士的世界貿易信息服務公司再收集各國數字，對外公布。

2. 世貿組織

世界貿易組織、國際貨幣基金採用的數字有可能是進口國海關數字，這是出口國的離岸價格加上運費、保險、關稅（進口國海關）。

(三)計價幣別

縱使以中國大陸海關總局數字為基礎，還有涉及幣別的差別，以美元或以人民幣表示，由於人民幣匯率升值緣故，因此以美元計價的出口金額成長率會較高。

第二節　國際貿易發展階段——導論與第一、二階段

改革開放已超過 30 年，滄海桑田，因此，國際貿易至少已經歷三階段發展。知古鑑今，知今才能鑑未來。本節第一段說明國際貿易四階段劃分（詳見表 11.4）方式，第二、三段詳細說明國貿發展第一、二階段。

第三階級分成二個次期（以 2008 年為分水嶺），由於是現況，有必要詳細說明，分成 1.5 節，第三節討論國貿發展第三階段第一次期（可說是近況分析）。

第四節討論國貿發展第三階段第二次期（可說是現況分析）與第四階段（即國貿展望）。

一、國際貿易發展階段

一般在討論一國的國際貿易時，往往把出口、進口拆開來討論，但是這比較出現在極少數國家（像美國），在以出口導向的國家，甚至可以一家公司來比喻，購料（一國的進口）以加工，做成產品再出售（一國的出口）。因此，本段中先把中國大陸的國際貿易分成四階段，基於篇幅平幅的考量，在第二節中詳細說明這四階段的出口、進口情況。

表 11.4　出進口四階段發展

單位：%

階段	I 資源密集型產品	II 新興工業化經濟初期	III 新興工業化成熟期	IV 工業先進產品
一、期間	1979～1985 年	1986～2000 年	2001～2020 年	2021 年以後
二、工業化程度	低	中低	中	中高、高
三、出口				
(一)商品結構				
1. 主流	資源密集產品	勞力密集產品	→勞力密集產品	資本、技術密集產品
2. 次主流	勞力密集產品	資源密集產品	資本、技術密集產品	勞力密集產品
(二)產業結構*	1985 年為例	1995 年為例	2008 年為例	
1. 工業品	50.6	85.6	94.55	
2. 初級品	49.5	14.4	5.45	
四、進口 最終產品		25.7	21.7	
1. 消費品		4.5	4.7	
2. 資本品		21.2	17	
(二)中間產品	87.5	63.7	52.6	
1. 半成品		36.2	26.5	
2. 零組件		27.5	26.2	
(三)初級產品	12.5	10.6	25.7	

*資料來源：整理自商務部、國家統計局。

(一)步驟一：工業化程度影響出口產品結構

在創意市集中，擺攤攤位所賣的商品，反映的是攤販的創意與加工程度，有些攤販較有錢，肯花錢買機器，商品精緻程度也較高。

同樣的，一國的出口產品反映出其工業化程度，程度越高，產品加工程度也越高。

1. 跟羅斯托經濟成長階段的對映

在羅斯托經濟成長第二～五階段（起飛前、起飛、成熟、大量消費）跟工業化四階段有四個是一一對映的。

至於經濟成長第一階段「傳統社會」又稱「落後的」階段，工業化程度極低（即工業占總產值可能低於 30%），農業占勞動人口 75% 以上，工業處於原始手工業狀態。

2. 工業化程度

羅斯托的工業化程度是依一個國家產品結構，予以由低到高分成四級。

(1)資源密集型產品

資源密集產品主要是指農、礦（化石燃料、金屬），此階段由於工業化程度低，只能撿先天稟賦的商品去賣，主要是拉丁美洲、非洲等國。

(2)新興工業化經濟初期

工業化程度芻形粗具，像東歐等國，全球五大洲都有一些靠勞力密集產品為主的國家。

(3)新興工業化成熟期

此階段比上階段，多增加次主流出口產品為資本、技術密集產品。

(4)工業先進產品階段

工業國家（主要是歐盟、美、日）等 30 國，工業化程度高，出口產品都是工業先進產品。

3. 產品結構

進出口產品的分類方式常採用聯合國按大類經濟類別分類標準，即依生產階段分成三大類、五中類，詳見表 11.5。

・初級產品：主要指農礦等原料。

・中間品：又分為半成品、零件和組件二中類，其中在用詞時宜特別半成品是企業界的「零件和組件」（簡稱零組件），「零件和組件」是資本品的中間品。

・最終產品：又分為消費品、資本品二中類。

這個表的第一欄經過本書安排，背後隱含著下列二件事。

4. 產業鏈

由下往上即是產業鏈，上游（初級產品）、中游（中間產品）與下游（最終產品）。

表 11.5　按大類經濟類別（BEC）的產品分類

三大類	五中類	編碼	名稱
最終產品	資本品	41	運輸設備以外的資本品
		521	其他的工業運輸設備
	消費品	61	燃料消費產品
		62	耐用消費產品
		63	非耐用消費產品
		62	其他非工業用的運輸設備
		1	載客摩托小汽車
		112	家庭消費用的初級食品
		122	家庭消費用的加工過的食品
中間產品	零件和組件	42	運輸設備以外的資本品
		53	運輸設備的零件和附件
		22	供工業應用的加工產品
	半成品	32	加工的燃料和潤滑劑
		121	主要為工業服務的加工食品及飲料
初級產品	初級產品	21	工業供應用的初級產品
		31	燃料和潤滑劑（初級）
		11	工業生產用的食品及飲料

說明：根據貿易產品的主要用途，聯合國統計處在第三次修訂的產品的國際貿易標準分類（SITC. Rev.3）的基礎。

資料來源：聯合國經會理事會統計司，「按經濟大類分類」，統計叢刊，2002 年。

5. 技術水準

表中第三、四欄隱含 Y 軸（技術水準），例如最低的為「111 的為工業生產用的食品及飲料」，到技術水準最高的「42 運輸設備以外的資本品」。

6. 斷代：出口發展階段——以出口產品結構來劃分

在表 11.4 第三列中，可看出在各工業化程度階段，出口產品結構中的主流和次主流產品的種類。依此來劃分中國大陸的出口發展進程，詳見表中第一列，各階段期間（表中第二列）長短不同，主要是依主流、次主流產品的演進而定。底下分段詳細說明這四階段。

(1)資源密集型產品階段

此時主流出口產品是資源密集產品，次主流是勞力密集產品。

(2)新興工業化經濟初期

此時上階段的主流出口產品退化成次主流，次主流晉級，即勞力密集產品。

(3)新興工業化成熟期

此時主流出口產品仍是勞力密集產品，次主流出口產品變成資本、技術密集產品。

(4)工業先進產品階段

此時出口主流產品為資本、技術密集產品，這可拆開而成二個產品。

資本密集產品：像全球第二大商品出口國德國，出口項目中前三項「汽車、化學品與專業機械工具」，「機械設備」就是一種資本品；在台灣常見的是晶圓廠、面板廠相關機檯。

技術密集產品：像瑞士出口高檔手錶，偏重工匠層級，可說是代表性國家。

7. 比較優勢

有許多學者提出比較優勢指標，藉以說明一國哪些產品具有出口的比較優勢，例如較常引用的是 Gerhard Lafay 1992 年提出的 Lafay 指標。

不過，這些指標大都是「看結果說話」，即如果一項產品是淨出口，其值大於 0，即具出口比較優勢，值越大，代表優勢越明顯，即該產品的專業化程度越高。當其值小於 0，即該國該產品缺乏比較優勢。

這些指標不適用於新產品，因沒有出進口數字。

因此本書不擬採取指標，來說明哪一階段（或哪一年），中國大陸在哪一種產品具有比較優勢。

(二)步驟二：出口產品結構影響進口產品結構

在經濟進入「大量消費」（例如消費占國內生產毛額七成的美國）之前，即 1986～2020 年，中國大陸仍為勞力密集產品為出口主流，由圖 11.2 可見，此種出口型態也會影響進口型態；以 2010 年為例。

1. 出口產品結構

出口產品中主要是最終產品中的消費品（占 56%）。

2. 進口產品結構

初級原料占 26%、中間產品占 53%，二者合計近八成。

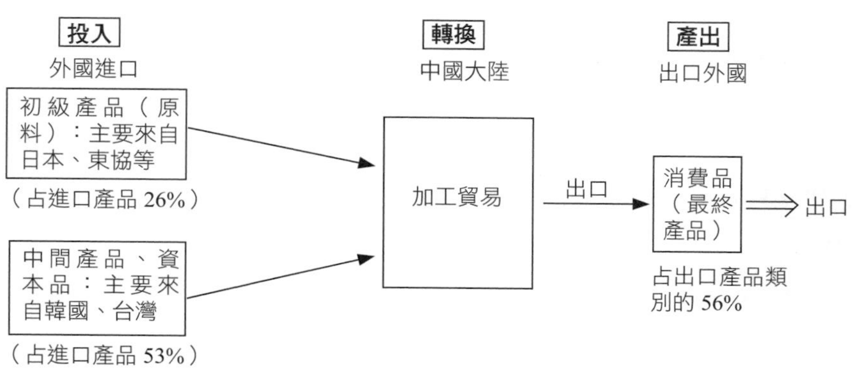

圖 11.2　加工貿易形態——俗稱兩頭在外

二、第一階段國際貿易（1979～1985 年）

經改初期迄今，工業占產值比重一直在 50% 左右，也就是中國大陸早已是「工業社會」，但在改革開放後出口第一階段，因工業製品水準有限，無法成為出口主力。

(一)出口

新興國家在出口第一階段大都是靠農工產品，以資源去換取外匯，可說最原始的交易方式。

在 1979～1985 年，初級產品占出口值比重一直在 50% 左右，1986 年跌到 36.4% 以後，便一路下滑，2007 年出現低點（5%）。

這也可從農業占總產值比重看出，1978 年占 28.18%，1979～1984 年至少都在 31%。1985 年占比重大跌至 28.19%，便一路下滑，2009 年跌破 10%。

以如今中國大陸是全球農礦（石油是美國）第一大進口國來說，很難想像曾經有七年（1995～2001 年），中國大陸農礦產品多到可以出口。

1. 貢獻

靠農礦出口賺外匯，站在國家角度有幾個好處。

(1)取得外匯

取得外匯才有錢進口國外二手機器，進而發展進口替代的消費品，以減少外匯支出，一來一往間，外匯更快累積。再進口更高階機器，為邁入出口競爭階段作準備。

(2)促進就業

初級產品以全球為市場，需求增加，農戶、礦業公司會增加勞動人數去生產。

2. 缺點

對於經濟成長初期，需錢（包括外匯）孔急。只好讓人民幣值低估，藉以在全球市場取得價格優勢。農工產品賤價出口，有人以「流血輸出」、「賤賣祖產」（尤其是耗源性的礦產）來批評。

另一方面，以內銷（盈餘）來補貼外銷（虧損），有些媒體會批評「獨厚外人」，更難聽的是「寧與外人，不與家奴」。

(二)進口

因所得水準低、幣值低估、關稅稅率高，此階段的進口值很小，可說壓抑進口階段。

(三)入超

在此階段，貿易年年入超；其間 1985 年入超 148.8 億美元，是入超的歷史紀錄。

(四)第一階段進口替代階段

在出口擴張階段之前或同時，一國往往會「壓抑進口」，以保護國內幼稚產業（例如家電、汽車），稱為第一次進口替代（import substitution）。

三、第二階段國際貿易——新興工業化經濟初期（1986～2000 年）

1986 年起，中國大陸的輕工業產品在港台等外商的支持下，已變成主流出口產品。

(一)出口

由表 11.4 可見，這階段出口產品以勞力密集產品為主，以資源密集產品為輔。此時，中國大陸已成「製造大國」。

勞力密集產品主要是生活中的三類。

食品類：初期以港商為主，台商食品公司西進主要是 1990 年以後的事。

衣飾類：例如以港商為主的成衣（主要是佛山市、東莞市的牛仔褲等），以台商為主的包括帽、傘、鞋（女鞋主要在福建省、運動鞋在廣東省）。

住宅類：主要是木頭製家具。

1. 貢獻

在全球化過程中，商品無障礙的自由貿易，價格變成全球比價，全球企業會尋求勞動優勢較強的國家去下單或設廠。中國大陸有「世界工廠」之稱，顧名思義就可以在全球化過程中——「全球企業是大贏家，中國大陸是小贏家」。勞工做出廉價商品，賺點薪水，至少比失業或務農的微薄收入好。

2. 缺點——以勞力賺的錢，都是血汗錢

2005 年 5 月 3 日，上任不久的商務部部長，赴法國巴黎市參加「中法中小企業合作洽談會」。就在那幾天，七千多萬件紡織品滯留在歐洲各大港口，無法進入歐盟市場，歐盟委員會決定對中國大陸出口的九類紡織品進行調查，當地主要媒體都呈現一邊倒的傾向。當被問及中國大陸對此的態度時，部長舉例說明中國大陸紡織品的低薄利潤，「各位也許沒有計算過，中國大陸必須賣出八億件襯衫，才能進口一架空中巴士 380 飛機。」

國際分工的結果使中國大陸處於「微笑曲線」最低端，也就是僅僅是「世界加工廠」，而不是「世界工廠」，在貿易的鏈條上，全球企業只是把中國大陸當作其龐大的全球生產體系的最後組裝地。以前述八億件襯衫來說，中國大陸也只是代工，賺的只是代工錢。

許多代工公司為了賺錢，想方設法降低成本，因此有些新興國家的工廠有血汗工廠之稱，這包括二方面。

- 「血」：這形容公司壓榨員工，每天工作常超過 12 小時的勞動法上限，農民工為了多賺，也肯接。員工很容易「爆肝」，更嚴重的則是「過勞死」。

「血煤炭」：電影「血鑽石」賣座之後，「血」變成形容詞，形容靠人的流血、賣命而獲得的，例如經常發生礦災而坑死礦工的「血煤炭」。尤有甚者，工業廢水汙染而造成人民死亡的則稱為「血汙染」。低環保成本傷害的不止是大地，而且包括人命。

- 「汗」：這形容工作環境不佳，為了省冷氣（或暖氣）錢，員工揮汗如雨地工作和住宿（宿舍也沒有冷氣）。

(二)進口

此階段的主要進口產品是原材料（藉以生產出口產品），其次最終產品中的資本品。以 1995 年為例，中間產品占進口比重 58.7%、最終產品占 31.5%（其中資本品 25.9%）。

(三)出超

在這 15 年內，商品出超 1,440 億美元；其中 1986～1989 年、1992～1993 年入超；1994 年以後，便一直處於出超。

第三節　國貿第三階段第一次期——2001～2007 年的「促出口」政策

2001 年迄 2020 年（舉例），中國大陸進入新興工業化成熟期，由表 11.4 可見，這階段出口產品特色是以勞力密集產品為主，以資本、技術密集產品為輔。由於產品範圍已涵蓋大部分消費品，此時，中國大陸在全球製造的地位已成為「世界工廠」。

一、二分法：一般 vs. 加工貿易

以 2012 年中國大陸的海關數字為例，由表 11.6 可見，出超 2,311 億美元，其中最大功臣是加工貿易出超 5,068 億美元，一般貿易入超 338 億美元。

以一般貿易為例，中國大陸以自有品牌為主，手機（中興通訊 2012 年 6,800 萬支出口）、汽車等，出口到新興市場，靠低價取勝。底下以外銷汽車第一名的民營汽車公司為例來說明。

表 11.6　2012 年出超明細

貿易項目	出超	金額（億美元）	出口公司國籍	出口地區
一、商品				
(一)加工貿易	出超	5,068	外商占 50%	歐美日占 41%
(二)一般貿易	入超	–338	中資公司為主	新興國家占大比重
二、服務	入超			
・航運	入超			
・旅遊	入超			
小計		2,311		

資料來源：海關總署

二、加工貿易

「台灣接單，中國大陸生產」這句話貼切形容中國大陸加工貿易，中資企業進口中間產品（主要是半成品），予以組裝，再出口，這在 3C（個人電腦、手機和消費電子）產品上，中國大陸幾乎占代工市場八成以上。

(一)加工貿易二分法

把加工出口貿易（processing trade for export 或 processing export）再

粗分二：來料、進料加工，詳見表 11.7，來料加工是純賺加工的錢，公司業務稱為加工事業部；進料加工是由代工公司負責進料，出料的可能是代工公司的子公司，此情況下代工公司賺到料錢、加工利潤。

以 2010 年為例，進料加工貿易占出口 33.27%、來料加工貿易占 7.83%，呈現「80：20 原則」中的比率關係。

2012 年，出口公司結構出現較大改變，外商占出口比率跌至 50%，2013 年將跌破 50%，中資公司躍升出口主流。

表 11.7　加工貿易的型態

2010 年

分類	附加價值	公司		
		民營	合資公司	外商
一、進料加工貿易占 33.27%	賺料價差、加工的利潤。例如筆電代工的仁寶、廣達等。	5%	20%	70%
二、來料加工貿易占 7.83%	只賺代工利潤，所以損益表上並沒有「原料成本」一項，典型例是富士康替蘋果公司 iPhone、iPad 代工。	30%	-	46%

(二)靠電子加工貿易賺錢

根據市調機構 iSuppli 統計，光是 2010 年全球電子代工業，整體營收達 3,400 多億美元，其中中國大陸就貢獻了 75%，預計在製造業越來越興盛之下，2014 年全球電子代工產值將推升至 4,700 億美元。

(三)本質上，中國大陸仍處於第二階段

出超全部靠加工貿易，而加工貿易六成是掌握在外商手上；因此中國大陸的出口金額和產品結構，比工業化程度（顯現在技術層級上）落後一階段。也就是，把外商加工貿易拿掉，中國大陸仍處於「新興工業化經濟

初期」。

(四)出口地區

「錢往高處爬」，一國的出口地區結構大抵跟全球產值比重若合符節，中國大陸也差不多是如此，由圖 11.3 可見：前三大是歐美港，合占 50%。

其中香港占 15.79%，這屬於轉口貿易，轉手又出口到其他國家。

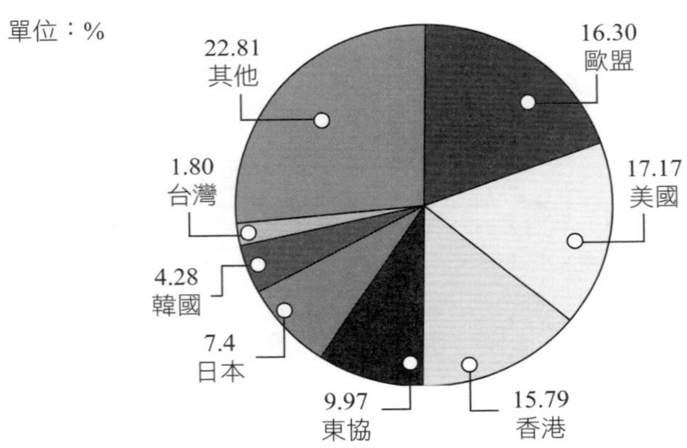

圖 11.3 2012 年中國大陸主要出口市場

資料來源：海關總署

三、一般貿易

加工貿易以外的稱為一般貿易，這方面主要由陸資企業掌握。本段以對非洲的出口、直接投資為例來說明。

由表 11.8 可見，中國大陸在國際貿易（尤其是出口）、海外直接投資編織成一個綿密的網，而且在資金支援方面，盡量做到中資銀行在地主國提供服務。

表 11.8　中國大陸對外直接投資與貿易

投資、貿易＼公司	初級產品	中間產品	最終產品
一、直接投資	國營企業為主		民營企業為主
(一)產品	礦物		消費品
(二)資金			
1. 權益資金	由國家開發銀行成立各區域基金		
2. 銀行貸款	中國工商銀行等		
二、貿易			
(一)出口			
1. 產品種類			1.消費品：例如中興通訊的手機
2. 出口融資	國家開發銀行提供國外買方的資本品進口貸款、匯兌風險保險。		2.資本品：例如華為的基地台
(二)進口			
1. 產品種類	✓	✓	
2. 進口融資	一般銀行皆有辦理進口融資（開立信用狀、押匯、貸款等）		

(一)劣勢

在全球市場中，中國大陸品牌產品一般屬於中低品質，而且品牌力較弱（即在歐美日市場中屬於雜牌或三線品牌），因此無法跟工業國家的中高階產品抗衡。

(二)出口地區

產品無所謂好壞，只有適不適合，中國大陸自有品牌產品優點是平價（甚至低價），而且有一定品質，因此頗適合（所得）金字塔底部人們（占人口比重 60%，約 42 億人），這包括二個市場。

1. 歐美日市場中的中低所得戶

以美國為例，在中低所得地區、某些業務用市場（例如汽車旅館的用品講究廉價），中國大陸貨超強的價格優勢，因此市占率很高。

2. 新興市場的中所得戶

新興市場的很多國家（例如非洲、南美洲）人均所得比中國大陸低，對於產品的要求，大都停留在「有」就好（enough is good），還不需要到「好」的狀況。

這跟中國大陸農村的消費條件較像，中資企業在這方面「熟門熟路」，簡單而平價產品頗適合出口到新興市場國家賣給中產階級。

1990 年代，中資企業努力經營這（所得）金字塔底層的市場，「如入無人之地」的成為一霸。

1990 年 1 月初，世界銀行經濟分析部研究員 Greenaway & Milner 發表報告「南南貿易」論文中指出，以北半球南部（亞洲中的東協加一、印度和中東）與南半球中的南美洲、非洲為範圍的貿易，稱作「南南貿易」（South-South trading）。

中國大陸對非洲的經營，起源於 1960 年代，主要是透過醫療團、建鐵路。非洲國家（共 54 國）是 1972 年中國大陸加入聯合國與各種國際社會活動的最大支持來源。國務院在外交方面採取「對外援助」方式以拓展外交版圖，大體上只用於新興國家，大部分以非洲國家為對象。在 2000 年，中國大陸勾消非洲國家 12 億美元的債務。2002 年，國務院給非洲國家 18 億美元開發援助，包括承諾培訓 1.5 萬名非洲專業人士，蓋 30 家醫院和 100 所鄉間學校，增加中國大陸政府提供給非洲學生的獎學金名額。2003 年，國務院又免除 9.5 億美元債務。「先政後商」替中資企業舖下順利展業的大道，中、非雙邊貿易額從 2000 年的 100 億美元，2006 年增加到 550 億美元，到 2009 年達 900 億美元。

渣打（Standard Chartered）銀行的研究顯示，到 2015 年，中國大陸每年對非洲（主要是南非）投資額 500 億美元，雙邊貿易總額 3,000 億美元，非洲市場已成為中資企業海外布局的新興亮點。

(三)進入市場方式

進入國外市場方式（entry mode）視條件而定，可分為下列二種方式。

1. 適合貿易的

適合貿易的，由中國大陸直接出口。

2. 不適合出口的，當地直接設廠

有些新興市場國家不利進口（例如缺外匯、關稅稅率過高或通路排外），因此宜採當地設廠方式。中國大陸企業在這方面很靈活，而且政府在投資融資方面支援力量夠強。

南非對家電的關稅稅率 20%，2000 年，海信集團以 150 萬美元收購南非一家公司，打入南非市場，2007 年彩色電視市占率 15%，2010 年藉助南非世足賽的熱潮，海信成為當地市場的第一品牌。海信在南非、阿爾及利亞和埃及都設有工廠，生產自有品牌家電，光是非洲區域就占了海信海外市場四分之一比重。

(四)出口產品

一般貿易中，依產業發展順序有幾個大宗。

1. 1980 年代

紡織品（成衣、帽鞋、雨傘）為主，食品為輔。

2. 1990 年代

例如白色家電（冰箱、洗衣機）中的海爾，彩色電視的海信、TCL、長虹，冷氣機中的美的電器。

3. 21 世紀

2000 年代，手機等成為大宗，尤其 2005～2012 年，中國大陸白牌手機全球市占率破 10%。

(1)手機

非洲人口 10 億人，雖然國家比較窮，國內生產毛額不高，對於國外企業來說沒有太大的吸引力，對於多數中資企業來說則是商機無窮。

根據慧典市場研究報告網公布的「2010 年非洲電信市場概況」報告指出，在電信領域，非洲電信市場潛力巨大，2010 年手機普及率為 40.3% 左右。

華為從 1995 年開始進入非洲市場，而中興通訊在 1997 年跟進。非洲電信市場大都由西方企業所壟斷，但高昂的通訊價格成為華為、中興等中資企業進入市場的最佳契機。

根據 2010 年華為財報數據顯示，其海外營收 1,204 億元，成長率 34%。數據／語音業務和固定接入在北非保持領先地位，西非新增網路設備市占率排名第一。

中興通訊 2006 年來自非洲的年營收 26 億元、2007 年 55 億元、2008 年 93 億元，2009 年受金融危機影響下降至 69 億元，但仍是公司重要獲利區域之一，占公司營收 11.4%。2010 年，中興通訊對非洲由原來北非、南非兩個區域中，新增中第三大區中西非。

西退東進的現象在非洲上演，《21 世紀經濟報導》指出，中興通訊南非分公司總經理李曉東認為，歐美公司逐步淡出非洲，並被中資公司取代。

(2)汽車

奇瑞汽車是中國大陸出口外銷最大的汽車公司，在 2003 年開始進軍非洲市場，2010 年於埃及和南非等主要市場的年銷量約為 1.5 萬輛。

2011 年 8 月 19 日，奇瑞汽車跟中非發展基金在安徽省合肥市舉行策略合作協定簽約儀式，雙方成立一家合資公司奇瑞海外實業投資有限公司，登記資本額 12.65 億元，隨業務發展情況，逐步增資到 32.5 億元，其中奇瑞出資比例占 55%，中非基金占 45%。

奇瑞海外公司在非洲重要國家投資設廠或汽車金融公司，並作為唯一主體，管理並持有非洲國家各項子專案的權益，為非洲汽車市場提供汽車金融、諮詢服務等。

中國汽車工業協會統計，2008 年中國大陸出口 64.4 萬輛汽車。2011 年 8 月，在美國密西根召開汽車年度會，美商克萊斯勒執行長 Sergio Marchionne 指出，隨中國大陸汽車業開始搶攻海外市場，歐美汽車業恐怕要面臨強勁的競爭。過去中國大陸汽車業偏向內銷市場，但他們已越來越重視海外市場潛力，只要中國大陸產量的十分之一外銷，就會對歐美汽車公司造成殺傷力。中資汽車自有品牌吉利與奇瑞加強海外市場部署，主要是內銷市場需求不振，希望加速海外擴張來彌補內銷的不足。奇瑞在巴西斥資 4 億美元建廠，吉利在印尼投入 20 億美元，興建年產能 3 萬輛汽車工廠。

(五)資金支援

政府對企業走出去，有許多扶助措施，其一是由政府出面跟地主國簽定投資貿易協議。其二是在資金方面的協助，這包括權益、貸款兩方面。

1. 2006 年 11 月，權益資金上膛

2006 年 11 月，中非合作論壇北京峰會，國務院宣布推動中非新型策略夥伴關係發展的 8 項措施，其中包括設立中非發展基金。

中非發展基金有具備獨特指導委員會，由商務部、外交部、發改委、財政部、人民銀行、銀監會、證監會、外管局以及國家開發銀行各一名部級代表組成。

中非基金是中國大陸首支專注於非洲投資的股權投資基金，以私募股權投資基金的模式操作，通過直接投資引導和支持中資企業到非洲投資，該基金初期規模 15 億美元、2011 年底達 20 億美元、2015 年目標 50 億美元。通過跟中資企業在境內外成立合資公司，以此為投資平台共同投資非

洲項目。

中非發展基金是國家開發銀行的全資子公司，可以跟國開行共享項目資源，很多項目都得到其母公司的貸款。與此同時，國家開發銀行也為基金投資項目提供融資支持，發揮投資與貸款的協同效應。

許多中資企業前進非洲的過程中，背後都有中非基金協助的影子，包括一汽、鎳生產商金川集團等在非洲設立生產銷售據點。

2. 提供進口國進口融資

中國大陸借越來越多的錢給其鎖定的地主國公司，以讓對方有錢購買中國大陸產品。例如在 1995 年，美國輸出入銀行提供 200 億美元的授信額度，中國大陸只有一家出口信貸銀行（即國家開發銀行），放款 40 億美元。2012 年，美國提供外國公司的進口貸款額度不變，但中國大陸共放款近 2,500 億美元。

四、國際貿易 II：進口

這階段進口的特色是「初級產品比重上升」、「中間產品和最終產品比重下跌」，底下詳細說明。

(一)初級產品比重上升，占 26%

進口初級產品占進口比重從 2000 年 10% 逐年爬升，到 2010 年已屆 26%，依農礦產品來詳細說明。

1. 農業產品

農產品則因供給減少（農業用地轉作工商住用地）、需求大增（主要是所得水準），也在 2002 年時，從出超變成入超；甚至連一向有剩餘可供出口的玉米，因是雞豬飼料主成分，所得提高，對雞豬肉需求大增，2010 年起，玉米也仰賴進口。

2. 礦業產品

2002 年，中國大陸第二度進入重工業階段，金屬礦（鐵礦石為主，銅為輔）、化石能源礦（主要是煤礦，用於火力發電）從出超變成入超。這些主要是供內需市場（例如汽車、房屋用鋼鐵、鋁，通訊、家電用的電線電纜，主要成分為銅）。

(二)中間產品 I：半成品比重下滑，占 26%

這十年內，半成品（占進口）比重減少十二個百分點，從 2001 年 37% 跌到 25%。

1. 比重下滑的主因：投資取代貿易

來料加工的特色是來「料」（包括初級產品、中間產品）來自國外，2002 年達到進口金額比重最高點 63.17%。之後，便一路走低，迄 2010 年約只剩 50%。原因是 2003 年起，外商為了進一步降低成本，又為了兼顧品質，因此紛紛要求母國中上游公司到中國大陸設廠；此稱為「投資替代貿易」。

2. 台灣首當其衝

明顯的例子是台灣，台灣歷年對中國大陸（含香港）貿易順差長期呈現成長，但自 2008、2009 年出現負成長，2010 年大幅成長 30%，但 2011 年 475 億美元，又負成長 6.1%；2012 年 954 億美元，成長 1 倍。

3. 第二次進口替代

這可說是中國大陸第二次進口替代，在台灣，在 1958 年採取出口擴張政策，進行進料加工；為了想提高附加價值，政府在 1968 年推出第二次進口替代政策，以晶片為例便是代表性半成品，具體措施有：1968 年，在工研院成立電子所、1980 年 5 月設立聯華電子、1987 年 2 月，設立台積電。

第二次進口替代的結果是改變了中國大陸在產業鏈中的角色。

(1) 2008 年以前，垂直分工

中國大陸跟台韓在 2005 年以前是垂直分工，台韓企業專注中間產品

（半成品），出口去中國大陸組裝，彼此間呈現垂直分工，彼此間可說是互補關係。

(2) 2005 年以後

2006 年以後，中國大陸半成品產業逐漸茁壯，產業鏈完整，垂直整合程度高，對台韓半成品的依賴程度降低，詳見圖 11.4，連韓國在 2005 年以後，在中國大陸進口市場市占率都逐漸降低。中國大陸跟台韓間已逐漸轉向「競爭又合作」關係。出口值全球第一的背後，也隱含著大部分出口品在全球出口中市占率居第一，以 2011 年為例，中國大陸有 1431 項，主要是 3C 產品、化學和鋼鐵等，其中許多超越韓國。韓國政府也體會到中國大陸的競爭壓力。

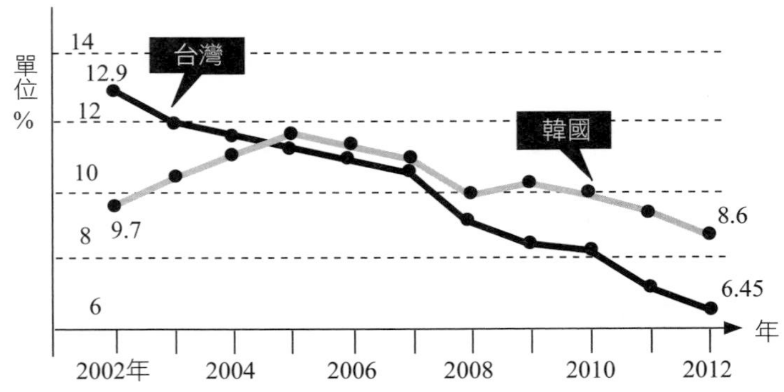

資料來源：海關總署

圖 11.4　台灣、韓國在中國大陸進口市占率

(三)中間產品 II：零件和組件比重上升，占比重 27%

在表 11.4 中，「零件和組件」主要是指運輸設備（例如飛機和船）、設備的「半成品」，以供生產運輸設備、設備之用。

這部分是第二次進口替代的部分，會反映在「最終產品中資本品」比重的下滑，詳見下段說明。

(四)最終產品比重下滑，占 21%

最終產品中分二中類，走勢各不相同。

1. 消費品比重持平

消費品進口金額在上升，但是占進口比重持平。主因是初級產品成長率過快，因此占進口比重大增。

2. 資本品比重下滑，占比重 17%

最具代表性的是中國大陸工具機產業產值大增，因此進口資本品比重下滑。

(五)進口地區

中國大陸以加工貿易為主，進口原料（礦業）、工業品（中間產品），原料主要來自東協（尤其是印尼、其次是馬來西亞）；工業品主要來自日韓台，甚至歐盟、美國。

由表 11.9 可見，六個地區國家占中國大陸進口六成。

表 11.9 2012 年中國大陸進口來源

地區	金額（億美元）	進口市占率比重（%）
歐盟	2,121	11.67
日本	1,778	9.78
東盟	1,958	10.6
韓國	1,686	9.27
台灣	1,322	7.27
⋮	⋮	⋮
	18,180	100

資料來源：國家統計局

(六)中國大陸進口對他國的重要性

從 2002 年到 2012 年，進口規模由 2,953 億美元擴大到 1.8 兆美元；進口額占全球進口比重由 4.4% 提高到 9.8%，進口規模年均成長率 51.5%，中國大陸成為全球第二大進口國。

海關總署統計司長說，中國大陸進口金額每成長一個百分點，就可以拉動世界上其他國家 100 億美元的商品出口，這對世界經濟成長有極大的貢獻。

(七)出超

2001～2012 年這十二年，商品出超 1.6683 兆美元；其中 2008 年，出超 2,954 億美元，是歷史新高。

第四節　第三階段第二次期與第四階段——現況與展望

本節說明 2008 年以來，中國大陸採取「壓出口，促進口」的基本平衡政策，全球經濟成長平淡（3.5% 以下，2010 年是跌深反彈），全球貿易也跟著遲緩；大環境不利中國大陸再採取「促出口政策」。

至於國貿發展第四階段則還未具備條件，但時間將屆，在第二段中討論。

一、第三階段第二次期（2008 年以來）——壓出口，促進口

2008 年 9 月，全球金融海嘯，2009 年全球景氣衰退，美國失業率 9.6%，創 20 年來新高。歐美紛紛展開「搶救失業」大作戰，矛頭之一是批評國外（像中國大陸）出超搶了就業機會。

歐美大規模推出反傾銷稅等貿易保護措施，在壓力罩頂情況，再加上國內經濟考量，2008 年起，中國大陸逐漸採取「壓出口，促進口」的貿易政策。

(一)問題

中國大陸累積多年的巨額出超，又想維持匯率不變（或稱為穩定），在貨幣政策上，只好以國內貨幣供給過剩為代價，衍生出需求牽引的物價上漲、資產價格狂飆。再加上，最大出超國美國強大的要求中國大陸減少「賺美國人錢」、「搶走美國工作」的層層壓力。中國大陸為了減壓，在貿易政策必須改弦更張。

底下以 2009、2011 年來說明全球保護貿易主義盛行的情況。

1. 2009 年

2009 年 12 月 27 日，商務部副部長在北京市舉辦的「2009 中國大陸開放經濟高層論壇」上表示，2009 年中國大陸遭遇的貿易摩擦為歷年之最，案件數目超過百起、案值約 120 億美元，兩者皆比 2008 年增加一倍。主因是國際市場需求嚴重不足，及國際貿易保護主義仍在蔓延。

2. 2011 年保護主義抬頭

2011 年 7 月 20 日，智庫「全球貿易預警組織」（GTA）出版的報告顯示，全球貿易保護主義抬頭，愈來愈多國家為了幫助本國經濟，封鎖外國競爭。

這是因為許多國家在政策選擇上空間不多，利率已降低（即流動性陷阱，貨幣政策無效）、政府舉債到頂（已無能力採取擴大政府支出的財政政策）。想減少失業，只能從減少入超方面下手，多賣一些給外國，出口公司增加些就業，或少買一些外國貨，進口公司多買一些本國貨。

再加上採取貿易保護主義往往都是行政部門的權衡措施，不需立法機構同意。

全球貿易預警組織發現，實施不公平貿易措施的前二名為歐盟（占 21.5%）、俄羅斯（占 10%）。

(二)目標

針對出口、出超，國務院並沒有明確的目標，或許是擔心貿易夥伴國「以鄰為壑」的批評。由表 11.10 第三欄可見，從 2008 年起，在貿易方面的目標轉向，變成「基本」平衡，這個方向各國會給予掌聲。

表 11.10　2008 年起，國貿問題、目標與政策

年	問題	目標	政策
2007 年	出超 2,622 億美元，成長率 48%。	重商主義，出超越多越好	
2008 年	出超金額 2,954 億美元，創歷史紀錄。	減少出超，尤其是對美出超	「壓出口」：其中措施之一是「走出去」，尤其是國營企業到海外（尤其是亞洲和新興國家）設廠，「以投資代替貿易」，在地主國自產自銷。
2009 年	出超 1,960 億美元，衰退 33.6%，三分之一原因是全球貿易衰退。	同上	「擴進口」： 改以「擴進口」來平衡貿易，商務部外貿司司長指出，擴大進口有利推動產業結構升級、保證能源安全並擴大消費，更能促進中國大陸與他國貿易關係的平衡。
2010 年	出超 1,831 億美元衰退 6.6%。	同上	中國大陸消費 15.7 兆元，是全球第三大，擁有擴大進口的本錢。進口 1.39 兆美元，成長率 38.7%，出口 1.58 兆美元，成長率 –6.4%。

表 11.10（續）

年	問題	目標	政策
2011 年	出超1,551億美元，衰退14.5%	同上，中國大陸加入世貿組織十周年，將以此為起點，實現更大的開放。 中國大陸將發揮進口對總體經濟平衡和經濟結構調整的重要作用，促進貿易收支基本平衡，為各國擴大對華出口提供重要機會。	2011 年 4 月 15 日，胡錦濤出席博鰲亞洲論壇年會，發表題為「包容性發展：共同議程與全新挑戰」的主題演講，針對國際貿易的政策方向如下。 1. 致力參與全球經濟治理和區域合作，將加強與周邊國家在交通、能源管道、資訊通訊、電網等基礎設施建設合作。 2. 將繼續積極參與「10+1」、「10+3」、「東亞峰會」及中日韓合作，推動中國大陸東盟自由貿易區穩步發展。建立共贏多邊貿易體制，反對各種形式的貿易保護主義。 3. 推進國際經濟金融體系改革。
2015 年		進口金額 2.78 兆美元，其中美國 2,000 億美元。	2011 年 1 月 27 日，商務部長在瑞士達沃斯參加世界經濟論壇時表示左述目標。

(三)政策

中國大陸的貿易政策以 2008 年為分水嶺。

- 2007 年以前「獎出限入」，即「獎勵出口、限制進口」；
- 2008 年以後「壓出口，促進口」，即「壓抑出口，促進進口」，詳見表 11.10 中第四欄，底下分項說明；2012 年，因全球經濟低緩，中國大陸暫緩「壓出口」。

(四)壓抑出口

2001 年 12 月，中國大陸加入世界貿易組織以後，促進出口的措施逐漸全面停止，只剩出口退稅等少數措施。

1. 出口退稅定義

出口退稅（export tax rebates）是國家（或地區）對已經報關離境的出口貨物，把出口前在生產和流通各環節已經繳納（或記帳）的進口原料關稅、國內增值稅或消費稅等，退還給出口公司。這是政府鼓勵出口，避免跨國商品流動重複徵稅，強化價格競爭優勢，本質上可說是政府以財政補貼出口。

針對中國大陸財政部以出口退稅方式以促進出口的效果，Chen、Mai & Yu（2005）在 Cournot 數量競爭模型（1838 年）的基礎上，導出出口退稅對中資公司出口有利、不利於貿易對手國出口；且實證結果支持此結論。

其研究對象為中國大陸；其研究期間為1985～2002 年；其實證資料來源為中國大陸統計年鑑、財務年鑑；其研究方法為無母數檢定；其主要研究結論為出口退稅跟出口、家庭消費、外匯存底呈顯著正相關。

2. 進程

由表 11.11 可見出口退稅的進程。

3. 減少出口退稅，以壓抑出口

2010 年起，財政部逐漸降低出口退稅率，例如鋁擠壓材（註：主要用於房屋鋁窗等）出口退稅率 9%，簡單的說，加值稅率只剩 7%（17%－9%）。這措施一石二鳥，一方面稍微減低出口品的價格競爭優勢，少出口些，否則歐美已經威脅很久要採取反制措施（例如 2009 年 8 月 31 日，美國對中資企業忠旺等徵收 137.65% 懲罰性關稅，對廣東省四家公司課徵 10% 的反補貼稅）。

一方面「少出口」，代表少生產，這可減少「用電荒」的壓力，「煉

鋁」可說是數一數二耗電的。

表 11.11　出口退稅政策進程

年月	說明
1985 年 3 月	國務院批准「關於對出口產品徵退產品稅或增值稅的規定」。
1994 年	稅制改革，確立在商品流通環節普遍課徵增值稅，選擇性課徵消費稅，出口商品則應退增值稅和消費稅。 政策涵義是對出口貨物實行零稅率政策，即貨物在出口時整體稅負為零，實行「應退盡退」的中性原則。 1994 年後，對出口貨物稅收實行零稅率政策：出口貨物適用的退稅率為 17% 和 13%；對小規模納稅人購進的特准退稅出口貨物退稅率為 6%。 平均出口退稅率為 16.13%，出口退稅政策對中國大陸出口貿易發展具舉足輕重作用。
1995 年	由於出口退稅超出中央政府財政承受能力，開始出現「欠退稅」（一般是先徵 17% 的增值稅，貨物出口後一段期間再退稅）現象。
2003 年	出口退稅欠款 2,000 億元，為減低出口退稅對財政的巨大壓力，多次大幅度調低出口退稅率。
2008～2009 年	但退稅率幅度上調，尤其在金融危機時期，政府大幅提升出口退稅率，以促進出口。
2011 年	為了限制高汙染、高耗能和資源型產品出口，針對鋁加工製品中的鋁擠壓材出口退稅率從 13% 降為 9%，支持低碳、高新技術和勞力密集型產品的出口。

(五)促進進口

針對促進進口，在第二節第七段以政府帶動企業團赴美採購為例，透過大張旗鼓方式，以減輕美國人民的不滿（中國大陸對美巨額出超）情緒，甚至博得好感（訂單會帶來美國各地就業機會）。

由表 11.12 可見，針對進口公司在意的「價量質時」四項考量因素，商務部等相關部會提出一些「促進口」措施。

表 11.12 擴大進口的政策措施

層面	措施
一、價	
(一)稅	1. 2011 年 5 月 16 日，發改委會同財政部、商務部修訂印發《鼓勵進口技術和產品目錄（2011 年版）》。其目的在於改善工業結構，在於積極擴大先進技術、關鍵零部件、國內短缺資源和節能環保產品進口，以培育發展策略性新興產業。 2. 該目錄一般從國內需要的先進技術、重要裝備、重點行業、資源性產品及原料四部分對相關進口項目加以鼓勵，列入目錄的相關項目相關產業將給予貸款優惠利率、減免稅等方式的支持。
(二)利息	加大金融支持進口力度，常見措施如下。 1. 進口貼息：增加對企業進口高端技術設備的貼息投入； 2. 進口信貸； 3. 進口信用貸款保險。
(三)外匯	2010 年 10 月，北京市、廣東省、江蘇省、山東省開始試行，2011 年放寬對出口公司的外匯收入管制，允許出口公司把外匯收入存放於境外，不再強制兌換成人民幣。以方便企業直接用外匯在境外採購原料及設備，降低匯兌成本。
二、量	擴大消費品、醫療設備與節能環保產品進口，尤其是擴大從自由貿易區成員、逆差較多國家（例如美國）及最不發達國家進口。
三、質	商務部產業司司長表示，十二五期間，將提高先進技術設備和關鍵零部件進口比重、生產型企業進口與一般貿易方式進口比重、提升進口對研發貢獻度。政府組織企業利用展會，跟國外先進設備製造商合作；敦促歐美國家放寬對中國大陸出口技術設備的管制。
四、時	1. 進口便利化 2. 以汽車零組件進口為例 2005 年來國產汽車產品越來越豐富，進口汽車在中國大陸汽車市場中的地位逐漸降低。十二五期間將對進口汽車實施積極的進口促進策略。自 2011 年起，部分汽車零部件自動進口管理由商務部簽發轉為由地方政府機電辦簽發，包括汽車底盤、制動器、驅動器等 16 個 10 位編碼產品；汽車進口管理進入全面放開、規範管理階段。

(六)績效

「貿易平衡政策」的績效可用二個數字來分析。

1. 進口／出口比率

「進口出口比率」（即進口金額除以出口金額）在 2008 年以前，大約在 80%，即進口占出口的八成；2009 年，上升到 83.68%、2010 年 88%。可見，進口相對值在增加，從成長率也可看出，2010 年出口成長率 31.3%，進口成長率 38.17%。

2. 出超金額與比率

2010 年出超衰退 6.58%，剩下 1,831 億美元，2011 年出超 1,551 億美元，跟 2006 年水準差不多；原因已如前述，進口成長率大於出口成長率。2012 年，出超 2,311 億美元，大幅成長五成。

二、第四階段國際貿易——工業先進產品期

中國大陸最快到 2020 年進入工業先進產品期的國際貿易階段，但是在進口方面，則已經先升級，初級產品比重大增，可見內需（例如資本形成）孔急，已經有點「大量消費」社會（羅斯托經濟成長第五階段）的影子。

(一)出口

在出口商品方面，國務院希望藉由產業升級加上品牌化，賺取研發利潤、行銷利潤。

1. 問題：還不是貿易強國

商務部政策研究室主任指出，中國大陸已成為名副其實的貿易大國，但「大而不強」是老問題。需要在保持穩定成長的同時，加速從規模速度型轉變為品質效益型。

2. 目標：中國大陸創造

工業（先進）化國家（例如常見的七大工業國）主要是出口工業先進產品，例如美國蘋果公司 iPhone、iPad，或日本任天堂 Wii、索尼的液晶電視，或德國的高檔汽車。

中國大陸也希望能從「中國大陸製造」升格為「中國大陸創造」（invented in China）。2012 年，研發支出 1990 億美元，占國內生產額 2.49%（即研發密度），已越過 2% 的門檻。占全球研發支出 14.2%，比 2007 年提高 4.7 個百分點。

3. 政策：三管齊下

國務院透過下列三個部，從投入（科技部主管研發）、轉換（工信部掌管工業）到產出（商務部負責產品品牌化），以提高出口品的附加價值。

2011 年 12 月 14 日，商務部、發改委、工信部等九部會聯合發布「促進加工貿易轉型升級的指導意見」，宣示要從「世界工廠」轉型進行技術升級，由原來的「代加工」轉型為「代設計、代加工」一體化。這是有關加工貿易轉型首次公布的國家級政策。

產業鏈開始向上、下游拓展延伸，鋼鐵、石化、有色金屬、造紙等消耗資源產業的加工貿易業務都已經停止發展。

4. 落實「中國大陸創造」目標

政府在落實「中國大陸創造」方面很敢投入，再加上世界工廠、世界市場的地位，許多外商 2005 年起積極赴中國大陸設立研發中心。

2012 年 12 月 11 日，聯合國世界知識產權組織（WIPO）公布《2010 世界智慧財產權指數報告》，中國大陸超越美國，成為全球專利申請數最多國家，詳見表 11.13 第二欄。

2012 年 12 月 18 日，在 R&D 雜誌上，美國巴特爾紀念研究所（Battelle Memorial）所撰寫的報告中，指出由於中國大陸研發支出成長率比美國高七個百分點以上，預測中國大陸研發金額最快在 2019 年超越美國。

表 11.13　美中研發比較

金額：億美元
申請數：萬件*

國家＼年	2011 年 申請數	2012 年 金額	2013（F） 金額
美國	50.3	4186	4237
中國大陸	52.6	1973	2202

*聯合國世界知識產權組織（WIPO）

(二)進口

在經濟成長第五階段「大量消費」，進口主流產品是消費品。

中國大陸居全球消費第三大（次於美、日），但由於人均所得（2010 年 4,260 美元）仍屬中低所得水準，因此 2010 年，進口消費品占進口比重 5%，比重仍低。縱使把初級產品中的石油加過來（汽車燃料）也只有 13%。2012 年 12 月，〈經濟學人〉雜誌預測 2014 年中國大陸成為全球最大進口國。

進口消費品占進口比重至少要達到 30%，才能說進入「大量消費」時期。

討論問題

1. 出超只有在就業方面貢獻較大，其餘（例如占 GDP 比率、對經濟成長率貢獻度）都小，爲何會有「中國大陸經濟是外需牽動型」的說法？（提示：可從「投入－產出」關聯表等角度切入）
2. 中國大陸自有品牌的出口商品主要出口地區在哪裡？爲什麼？試舉手機、汽車、家電等爲例說明。
3. 美國對中國大陸的貿易「摩擦」、「衝突」頻率跟什麼事有密切相關？（提示：注意美國由誰擔任總統與失業率）
4. 台灣對中國大陸的出超 2008 年起逐漸減少，試舉一些產品爲例說明。
5. 中國大陸何時會進入工業先進產品的國貿階段？你的依據是什麼？

12

中國大陸全球化與區域整合進程

市場中有來自各國的商品，消費者享受全球化的效益

（本書照片提供：今周刊）

全景、中景與近景

出口牽動型經濟一直是國務院發展經濟的主軸（2008 年後略有修正），想落實此，就得做到「改革開放」中的開放。「開放」的白話解釋便是「全面開放市場」，這包括投資、國際貿易兩方面，外商直接投資已於第九章中說明，本章說明國際貿易的自由化。依範圍大小分成三個層級、四節來說明。

加入世界貿易組織，一次便可跟全球 149 國進行自由貿易，詳見第一節。在第二節中，說明在世貿組織的規範下，中美如何解決貿易衝突。

第三節中，說明「東協中國大陸自由貿易區」（有時簡稱東協加一），這是 2010 年啟動的第三大區域經濟整合。

第四節中，我們聚焦討論海峽兩岸的貿易協定。

由圖 12.1 可見，貿易自由化只是國際經濟整合程度最低一項，由低往高，有五種情況，其中有一項不在本章討論，即政經整合。

第一節　全球化導論
——專論加入世界貿易組織

中國大陸的貿易全球化進程，可分為三階段。

- 1979 年，美國片面給予中國大陸最惠國的優惠；
- 2001 年，成為世貿組織會員國；
- 2010 年，「東協加一」自由貿易區啟動，這是區域經濟整合的大案，至於國與國家間的自由貿易協定（FTA），中國大陸幾乎「無役不與」，本書不擬說明。

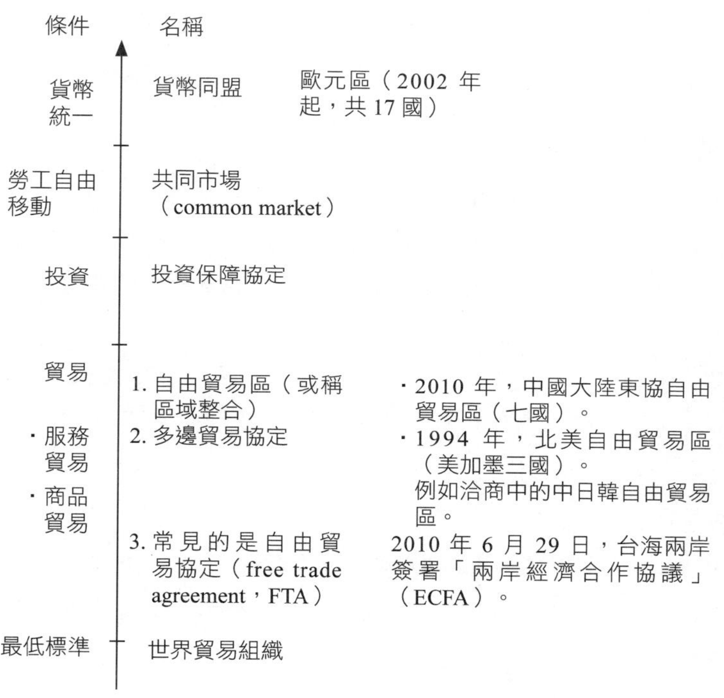

圖 12.1　國際間經濟整合程度

一、關貿協定時代——中國大陸初嚐自由貿易好處

在關貿協定時代（1948～1994 年）採用多邊貿易談判（multi-lateral trade negotiation）方式，促進自由貿易，中國大陸因條件不符，因此一直無法成為締約方（contracting party）。

(一)關貿協定

二次大戰後，有二個國際組織確保人類和平發展，一是政治組織，即聯合國；二是銀行組織，包括世界銀行、國際貨幣基金；一個自由貿易機制，即關稅貿易總協定（General Agreement on Tariffs and Trade, GATT）。成立於 1947 年 10 月 30 日，1948 年元旦生效。

(二)美國單方對中優惠

關貿協定是一個大精神，各締約方可以互相簽約，給予彼此最惠國（Most-Favored Nation, MFN）待遇，締約方把進、出口關稅、法規所給予的最優惠待遇，立即且無條件地給予源自任何締約方的同類產品。

1. 美國法令限制

美國「傑克森－瓦尼克修正案」（Jackson-Vanik Amendment）拒絕「限制移民的非市場經濟國家」取得美國的最惠國優惠，但總統有權給予年度豁免。

2. 尼克森總統

1979 年中美建交後，美國政府每年均給予中國大陸最惠國優惠，中國大陸在展開改革開放的同時與美國建交，美國市場成為中國大陸出口成長的主要動力。

3. 初嚐自由化的結頭

受益於美國的貿易優惠，總計 1 億美元以上、167 個產品項目，中國大陸對美出口共減輕 511.5 億元的關稅費用。

二、世界貿易組織時代

1995 年，世貿組織成立，中國大陸內部掀起產官學是否入會的大辯論。在有前述自由貿易甜頭的經驗下，對政府來說，入會利大於弊（詳見表 12.2），因此積極達到入會資格（即取得歐美等主要會員的支持），本段說明其過程。

(一)世貿組織

世界貿易組織可說是關貿協定的具體化，透過組織以求更有力推動全球貿易自由化。在關貿協定的基礎上，再衍生出一些規範，詳見表 12.1。

表 12.1　世界貿易組織的規範與救濟措施

五大規範	進口救濟措施
一、不歧視 俗稱國民待遇，在關貿總協定時稱為「最惠國待遇」（most-favored-nation treatment, MFN）	一、市場擾亂條款 ——過渡時期特定產品防衛機制，暫停其減讓義務，以便爭取時間，進行產業調整。
二、自由化規範 主要指減少貿易障礙	二、反傾銷 下列二者稱「雙反」。
三、相互性規範即互惠原則（reciprocity），貿易減讓的交換	1. 反傾銷稅（antidumping）
四、透明化規範 包括關稅（貿易保護的唯一手段）和貿易法規的公開	2. 平衡稅（countervailing）：這是針對補貼情況，俗稱反補貼。
五、發展規範 針對新興國家的貿易優惠待遇。	

(二)策略——先上壘，再得分

中國大陸在 1990 年代採取政策作為以「促出口，壓進口」，這跟世貿組織的精神有出入，因此在入會申請上便花了 14 年，入世的得與失，詳見表 12.2。

表 12.2　中國大陸入世的「得」與「失」

效益成本分析	說明
一、效益（即「得與失」中的「得」）	(一)外國直接投資 1. 2002 年外來直接投資首次超過 500 億美元（即 527 億美元），外資大幅增加的原因是市場開放，加上商機可望擴大，這些都歸功於中國大陸入世。 其中，8 月 29 日，日本豐田汽車跟第一汽車簽署廣泛合作協議，9 月 19 日，日本日產汽車跟東風汽車宣佈廣泛合作。 (二)貿易 1. 出口擴大的好處，遠大於進口擴大所帶來國內產業的負面衝擊。 2. 2001 年中國大陸是全球第六大出口國，2009 年起，全球第一大。
二、成本（即「得與失」中的「失」）	1. 進口關稅由平均 15.3% 降到 2011 年的 9.8%。 2. 被迫接受「非市場經濟」地位。 3. 2002 年元旦，允許台灣入會。

1. 問題

世貿組織要求各會員必須實施自由浮動匯率，因為匯率全面性地影響出口品的價格競爭優勢。

2. 2001 年年底入會

中國大陸於 2001 年 12 月 11 日入會，成為第 143 個成員，台灣在 1990 年代也積極入會，且獲得美國支持，也於 2002 年元旦入會。2002 年元旦，美國對華永久性正常貿易關係法案生效，免除了美國國會每年一度的對華貿易地位的審議，從而保證了中國大陸商品進入美國市場時能夠享受與其他國家相同的低關稅待遇，使得兩國貿易量呈現爆式增長，從 2001 年的 800 億美元左右上升至 2010 年的近 4000 億美元。

3. 付出代價

世貿組織擔心中國大陸採取「非市場經濟」措施來暗助其企業出口，因此對中國大陸下了四個限制。

‧非市場經濟地位（第十五條），有效期 15 年，詳見第三段說明；
‧市場擾亂條款（第十六條），有效期間 12 年；
‧紡織品特殊防衛條款（第十七條），有效期間 7 年；
‧過渡（期間）審議機制（第十八條），每年檢查對世貿入世條件的檢查，有效期間 8 年。

(三)「非市場經濟」條款的

在〈中國加入 WTO 議定書〉第十五條「確定補貼和傾銷時的價格可比性」中，針對外國對中國大陸出口產品進行反傾銷案調查時，中國大陸的一般情況是「非市場經濟」地位。

1. 一般原則：非市場經濟

中國大陸承諾以非市場經濟地位入會。

2. 例外原則：自行舉證符合市場經濟

如果中國大陸企業能證明自己在製造和銷售該產品方面具備市場經濟條件，那麼就可以採用中國大陸國內的價格或成本來計算商品正常價格。

3. 落日條款

本條款有「落日條款」，即有效期 15 年，2016 年自動終止。

4. 這是入世的代價

「市場經濟地位」（market economy status）對中國大陸的重要性，主要是展現在貿易摩擦領域。中國大陸所受到的貿易救濟調查占全球的三分之一，有些名列世界第一，其中反傾銷案件數占中國大陸貿易摩擦比重六成以上。

5. 警告意味

2009 年 10 月 21 日，英國《金融時報》上一篇報導，艾倫‧貝帝（Alan Beatte）指出，依據世界銀行的研究顯示，在貿易爭端處理的過程中，雖然限制進口的案例激增，但實際提高關稅的情況少得多，只影響到全球貿易小部分，貿易救濟措施僅占美國和歐盟進口額的 0.4%，即使是由中國大陸和印度啟動的調查，最多也只會分別影響 0.6% 和 1.8% 的進口。這意味著，只要世貿組織爭端解決機制運作良好，可避免全球貿易摩擦所造成的不利影響擴大。

6. 透過自由貿易協定解套

中國大陸努力透過跟外國簽訂自由貿易協定時，爭取承認「完全市場經濟國家」地位。自 2004 年 4 月紐西蘭第一個承認，已有 97 國承認，然而，中國大陸的前三大貿易夥伴（歐盟、美國、日本）仍未承認。

三、組織設計

2004 年商務部成立國際貿易談判代表辦公室，2010 年 8 月 16 日，公告設立國際貿易談判代表（China International Trade Representative）。

四、尋求擴大貿易聯盟

中國大陸入會後，鞏固灘頭堡後，積極擴大戰果，努力跟各國簽定自由貿易協定，由表 12.3 可見，中國大陸跟外國簽定自由貿易協定，額外還有兩項考量。

為了快速簽約，中國大陸採取「務實的手段，彈性的做法」，歐美跟他國簽的自由貿易協定內容標準化且動輒上千頁，尤其偏重智慧財產權，爭端解決制度以及競爭政策。

整體來說，中國大陸對於參與區域整合的態度可以稱之為「務實」（pragmatic）的手段，即針對個別國家的特性而釐定自由貿易協定；內容較為簡化，且非常具有彈性，且中國大陸相當重視技術合作的議題，技術合作為核心部分之一。

表 12.3　中國大陸跟外國簽定自由貿易協定的考量

特色	說明
一、取得市場經濟地位	中國大陸在加入會時被認定為非市場經濟地位的身分，所以入會後，即積極爭取各國承認中國大陸的市場經濟地位。
二、睦鄰政策，資源導向：	1. 中國大陸把自由貿易協定視為其睦鄰策略之一環，藉此以強化其與鄰國的關係，作為其外交政策的延伸。 2. 為了要確保原物料的穩定來源，中國大陸選擇一些天然資源豐富的國家為簽自由貿易協定為結盟對象。例如跟海灣國家合作聯盟（GCC）、南部非洲關稅同盟（SACU）及澳大利亞等國，皆是著眼於重要原物料的取得。 3. 國內區域經濟的考量：中國大陸也希望藉由中韓自由貿易協定以促進環渤海灣地區的發展，進而振興東北地區經濟。例如「東協+一」特別有利於廣西、雲南的經濟。

第二節　中美貿易摩擦

1970 年代起，美國開始出現貿易、財政赤字，國內氛圍是「貿易赤字是因外國貨搶走美國貨市場，外國勞工搶走美國勞工的工作」。

當美國出現高失業率（6%）時，此種聲浪會更高，督促聯邦政府採取強硬措施（主要是美元貶值、對出超國實施保護貿易政策等），以減少入超，增加就業機會。

2003～2008 年間，德國是全球第一大出口國，但出口地區主要集中在歐盟，且歐元匯率自由浮動。因此，美國找不到多少切入點去盯德國。

(一)中國大陸賺美國的錢最多

2000 年起，中國大陸（對美出超 838 億美元）超越日本（對美出超 689 億美元），成為美國最大出超國。依據美國商務部的數字，中國大陸占美國商品與服務入超的比重逐年上升，2006 年占 31%、2009 年達到最高點 59%，簡單的說，外國人賺走美國人 100 美元，便有 60 美元是由中國大陸賺走。

(二)兩強相爭

樹大招風，因此，中國大陸成為美國要求公平貿易甚至減少出超的首要對象。

在中國大陸之前，被美國盯上的出超國（日本、台灣）大都以貨幣升值（日圓升至 80 日圓、台幣至 27.5 元），開放市場等以縮小對美出超。但是 2003 年起，中國大陸自覺「大國崛起」，不願意聽別人的指導棋。兩強利益擺不平自各不相讓，於是貿易摩擦頻傳。

由 12.4 可見，我們依消費者採購時考慮的四要素（價量質時），來說明美國政府對中國大陸政府的要求，以及中國大陸的回應。

表 12.4　中美雙方在貿易方面的爭議點

層面	美國要求	中國大陸的回應
一、價		美國誇大美國貿易赤字數字，美國才是中美貿易逆差最大受益者。
(一)優惠利率（大陸稱利息補貼，貼息）		中國大陸不滿美國濫用貿易救濟措施，此為貿易保護主義。
(二)關稅		
(三)匯率	從財政部長到美國總統，經常發言主張人民幣大幅升值。	人民幣匯率不是美國貿易赤字的主因，人民幣匯率穩定

表 12.4（續）

層面	美國要求	中國大陸的回應
		有助於全球穩定。 一國的匯率政策會全面影響該國的國際貿易；如果只是兩國之間存在貿易不平衡，那就不是匯率的問題，而是兩國應該坐下來談貿易障礙和如何讓貿易更便利。
二、量	・中國大陸市場准入 ・障礙太多（即經貿政策缺乏透明度）	
(一)進口數量配額	中國大陸對美國電影進行數量管制（本書註：中國大陸票房 2011 年 130 億元，約 20 億美元）	2012 年，擴大進口配額由 2011 年 20 部增加到 34 部；2012 年票房 170 億元，外國片市占率 52%；預估 2020 年，成為全球最大電影消費國。
(二)對農產品	美國農業部資料顯示，2010 年美國農業出口額 1,158 億美元，創歷史新高；其中中國大陸首次成為美國最大的農產品出口市場，進口額 175 億美元，加拿大以 169 億美元位列第二。	
三、質		
(一)黑心產品	中國大陸偶爾會出口一些黑心產品到美國，弄得美國人缺乏安全感。	這可分為二種情況，加工出口品大都是依據美國訂單施工；中國大陸自主產品已加強檢查。
四、時		
(一)智財權	中國大陸對保障智財權不是很努力	在智財權保護方面，中方承諾將建立查核制度，強化管理。2010 年 6～12 月，由中央政府帶頭查緝深圳市的仿冒手機，效果顯著。

一、美國對中國大陸巨額入超的不滿 I——價

中國大陸商品以低價在全球搶占市場，人為扭曲出口價的價格因素有三：對出口商品補助（例如優惠利率或利息補貼）、退稅、幣值低估。

美國覺得被中國大陸賺了不少錢，中國大陸的反應是：出超數字只有美方所說的六成五，而且 55% 都是美國公司賺走，底下詳細說明。

(一)對美出超金額雙方各說各話

2006～2010 年中美雙方貿易出超家的認知差異甚大，以 2010 年為例，中方海關總署統計對美貿易順差 1,813 億美元，只有美國商務部統計數字 2,731 億美元的六六折（66%）。這 34% 的差異，一半左右來自計算基礎的不同。

1. 53% 來自計算基礎的不同

中方出口的計算基礎是以出口商品運到上海洋山港等的離岸價格（FOB）為基礎。

美國海關的計算進口值基礎是抵岸價格，這包括跨國的運費、運輸保險費。

2. 運費、保險費大都是美國公司賺走

依世貿組織統計，美國在航運、旅行或保險等服務貿易歷年來皆居世界之冠，2008 年航運服務收入 907 億美元，比航運業頗發達的丹麥 475 億美元高出一倍，更高於中國大陸的 384 億美元與台灣的 71 億美元。美國服務輸出 5,213 億美元，高居世界第一，世界第二的英國 2,830 億美元。

(二)外商是加工貿易的最大受益者

由表 11.4 可見，外商占進料加工貿易 70%（還不包括合資公司占 20%）、占來料加工貿易 46%，依出口貿易額為比重，加權平均得到外商

占加工貿易 65%。

以 3C 產品來說，筆電八成以上代工訂單掌握在台商手上。

(三)以「附加價值」來計算

為了解決出超國與入超國間對於貿易不均衡數字的認知差異，2013 年 1 月 17 日，世界貿易組織與經濟合作發展組織以「投入產出表」關係來計算各國出口的附加價值金額，以取代「毛額」的概念。以 2009 年來說，中國大陸對美的出超金額會降低 25%（由 2,731 億美元減為 2,048 億美元），因為中國大陸出口至美的商品有很大比重進口原料來自美國。

(四)美國政府也知道「問題不大」

甚至這二成中，一半又是外商（直接投資、設廠）所賺走。

美國政府 2010 年大幅查緝美國公司逃漏稅，把大型美國公司海外直接投資（例如到英屬維京群島註冊然後進中國大陸）查個一清二楚。得到一個大概數字：中國大陸對美出超有 55% 是由美國公司賺走，透過盈餘分配，最後還是回到美國。

(五)對出口商品貼息情況幾乎不存在

中國大陸第一大通訊設備公司華為，華為近年的急速擴張，在美國、歐洲及印度等國引發擔憂，認為中國大陸政府在私下對兩家公司進行強大財力支援。2010 年歐盟委員會檔案披露，中興通訊、華為從中國大陸國營銀行獲得大量信貸額度，使其能在出口市場中領先對手奪得生意，並把來自客戶的付款風險轉嫁給中國政策性銀行（即國家開發銀行）。

中方回應，歐盟委員會的擔憂完全是誤解，該信貸額度用於經營業務，跟客戶交易沒有直接關係。

(六)人民幣匯率

2004 年，中國大陸對美出超 1,620 億美元，平均每個月都超過百億美元。21 世紀的前四年（2001～2004 年）累積出超 4,720 億美元。2004 年，中國大陸外匯存底 7,400 億美元，僅次於日本，在龐大的外匯存底下，不升值而要維持國內貨幣均衡難度越來越高。

2005 年 7 月 21 日，中國大陸實施匯率改革（簡稱匯改），美元兌人民幣 8.2，美元逐漸對人民幣貶值，迄 2011 年，匯率改革六周年，人民銀行高度讚賞人民幣匯率改革（註：對美元升值 25.67%、對歐元升值 9.38%）。

2011 年 10 月 11 日，美國參議院通過《2011 年貨幣匯率監督改革法案》，要求美國商務部把匯率被低估的貨幣視為補貼，同時依 2009 年 9 月生效的美國《貿易法》課徵反傾銷稅，其目的明顯為懲罰中國大陸政府操縱人民幣匯率。隨著人民幣匯率爭端的升溫，歐巴馬總統與希拉蕊國務卿也先後譴責中國大陸蓄意壓低人民幣匯率。

二、美國對巨額入超的不滿 II——「量」

針對貿易「配額」（或管制），中美雙方都對彼此有所要求。

美國電影居全球龍頭，但中國大陸基於鞏固意識形態、保護國片等考慮，對外國片的配額只有 20 部。但是美商（例如華納兄弟國際影視公司總裁米勒）預測 2020 年，中國大陸票房可望超越美國成為全球第一。以 2011 年 130 億元來看，年成長率約 25%。這背後也隱含著美國電影票房的停滯甚至萎縮，主因來自電影網路租片的風行。

三、美國對巨額入超的不滿 III——黑心產品（質）

美國對中國大陸製產品在品質面最大批評是「黑心產品」，有些品質差就算了，甚至有些（例如毒牙膏）還會致命。

(一)問題嚴重性

美國疾管局（CDC）估計，每年約有 7,600 萬件因食物感染而造成的疾病案例，其中住院 32 萬件、五千人死亡。美國有六成新鮮蔬菜水果、八成海鮮為進口產品，其中有很大比率都來自食品安全有問題的國家（包括中國大陸），讓美國對如何把關頭痛不已。

2011 年初，美國國會通過《食品安全現代化法案》，加強對進口及國內食品的檢驗，這是七十年來最大的體制改革，其中一項，就是對食品藥物局（FDA）提供 14 億美元預算，加碼雇用數百名員工，全面前往海外供貨公司查緝食品安全。

(二)歸因究責

「黑心產品」至少可以二分成下列二種情況。

1. 美國進口公司是始作俑者

中國大陸的公司只是依產品仕樣書施工，例如木製玩具火車因油漆造成含鉛，原因出在美國進口公司的產品仕樣書，不在中國大陸的生產公司。

2. 黑心產品還是有的

中國大陸出口商品中，可歸因於中方的，還是有少數害群之馬。

(三)由副總理親自上陣

中國大陸食品安全也已升級為國際問題，如何吃得安心成為一大課題。

2011 年，總理公開指責黑心食品層出不窮，足以表明「誠信的缺失、道德的滑落已經到了何等嚴重的地步」。4 月起，政府從上到下全面對黑心食品宣戰，人大常委會更展開《食品安全法》執法檢查工作，兵分三路前往四川省、上海市、湖北省等地，大力整頓食品安全。

四、美國對巨額入超的不滿 IV——時

「時」指的是「創新、殺手級產品」，反面指的就是「仿冒」，中國大陸有點「千夫所指」的味道。

(一)問題

仿冒只是侵犯商標、智慧財產權的一種方式，本段把視野由全景擴大到特寫，來分析仿冒這個問題。

1. 全球

國際商業會議所的統計指出，2001 年全球因仿冒品受損的金額達到 3,780 億美元。2010 年 12 月 10 日，日本《產經新聞》指出，根據日本貿易振興會（JETRO）的統計，日本企業因中國大陸仿冒品而蒙受損失的金額，光是摩托車和數位影音光碟（DVD）領域一年就高達 1 兆日圓。

2. 美國

在不少中國大陸外商眼中，中資企業仿冒風氣依然猖獗，而且能力隨著時間「升級換代」。

上海羅思法律事務所的專利律師帕佩佐治（Elliot Papageorgiou）說：「真正傷害到美國及歐洲（企業）的是竊取技術，我們觀察到，侵權行為已經從商標轉移到較複雜的專利侵權。」

2009 年美國查獲仿冒品近八成來中國大陸，可知美國為何一直敦促中國大陸做好智慧財產權的維護。

(二)大力打假

2007 年起，國務院大力「打假」，其中以深圳市政府對山寨手機公司查稅打假最具代表性。2010 年 5 月，國務院加重力道。

第三節　中國大陸區域經濟整合

貿易自由化的組織（例如關貿協定及世貿組織）只是寬鬆的自由貿易的規範，有些國家基於地緣關係，透過簽約，以塑造共同市場（主要指商品、勞工自由移動）或自由貿易區（free trade zone），以享受互補、規模經濟等好處。對會員國一視同仁，對其他國則看起來不那麼「自由貿易」。

歐元區 1980 年代便帶頭跑，其他區域也紛紛如法炮製。時至 2000 年，中國大陸認為時機成熟了，推動「東協加一」（ASEAN Plus One），2010 年啟動。本節說明其始末與美國推動「泛太平洋策略經濟夥伴協定」。

一、問題

1990 年代，中國大陸出口突飛猛進，1994 年破千億美元（1,210 億美元）、2000 年破 2000 億美元（2,492 億美元）、2012 年破 2 兆美元，快速成為貿易大國。但是往貿易強國邁進時，卻發現前二大出口地區紛紛搞貿易壁壘。

表 12.5　中國大陸的區域經濟整合地圖　　2012 年

區域經濟協定	東協十三	東協十六	東亞
一、年	2010 年	2015 年預訂	
二、國家	1. 第一階段 東協六國加中國大陸	東協加三 ・大陸、日、韓	中日韓 又稱中日韓自由貿易區

表 12.5（續）

區域經濟協定	東協十三	東協十六	東亞
	2. 第二階段 東協十國加中國大陸	外加三：紐、澳、印度「區域全面經濟夥伴關係（Regional Comprehensive Economic Partnership）協定」	又稱「東北亞經濟合作體」，規模將是僅次於北美自由貿易區和歐盟的世界第三大經濟合作體。
三、經濟實力			
1. 人口	15.46 億人	31 億人	15.5 億人
2. 土地面積	1160 平方公里	1700 平方公里	1008 萬平方公里
3. GDP	18 兆美元	21.365 兆美元	15.5 兆美元
占全球 GDP 比重	25%	29.67%	21.5%
4. 商品貿易占全球	2	27.7%	17.5%
三、進度	詳見表 12.6。	1. 合擊 印尼已被推舉為主導協商國，希望 2015 年簽署協定。 2. 紛進 2013 年，中國大陸跟澳大利亞談判自由貿易協定。	2012 年 5 月 13 日，中日韓 3 國在北京舉行第五次中日韓領袖會議上，決定簽署 3 國自由貿易協定。 2013 年 3 月 26 日，第一次談判在韓國首次舉行，5 月在首爾舉行中日韓 3 國領袖峰會。 此外，中韓自由貿易協定也同步進行。

二、東亞貿易集團自然形成

針對東亞的區域經濟整合的影響因素，Chen、Mai & Shih（2007）的實證研究指出「水到渠成」、「中國大陸超日」的結論，其研究對象為東亞 10 國；其研究期間為1990～2005 年；實證資料來源為國際貨幣基金、台灣的主計總處資料庫；其研究方法為迴歸分析、Bergstrand（1989）等人的重力模型。

主要研究結論如下：

- 由於距離近、市場規模夠大，東亞已自然演變成一個貿易集團（trading block），次於歐盟（EU）、北美貿易協定（NAFTA）；
- 中國大陸逐漸取代日本，成為東亞的最大出口國；
- 東協（ASEAN）在東亞貿易的份量仍有限。

三、中國大陸政府積極推動

2000 年，中共中央思考著仿歐盟、北美自由貿易區，成立區域經濟聯盟。最快方式是搶現成的跟東協結盟，這在之前，結盟弊大於利，但是 2000 年起，彼此結盟利大於弊，詳見下面說明。

至於消費市場方面，東協為全球人口最多的自由貿易區域，總人口達 5.3 億人，尤其在人口結構年輕及所得基期低的情況下，正處於經濟加速成長初期，所得將大量用於食衣住行，並創造龐大消費市場。

此外，對內來說，跟東協經濟往來，最大受益是廣西壯族自治區，其次是雲南省。

(一)2000 年以前，競爭大於互補

在 2000 以前，中國大陸跟東協在投資和貿易兩方面看似競爭大於互補。

1. 外國直接投資

中國大陸吸引外國直接投資，發揮「磁吸效應」，搶走一部分到東南亞的直接投資。

2. 貿易

中國大陸和東協皆以勞力密集產品為主要出口產品，出口地區也相同。

(二)2001 年以後，互補大於競爭

2001 年以後，中國大陸內需大幅成長，需要大量進口原料，跟東協的關係邁入競合（競爭合作）。

1. 互補面（即利）

由表 12.6 可見，東協可說處於「新興工業化經濟初期」，次主流出口產品是資源密集產品。這對處於「新興工業化成熟期」的中國大陸，需要進口大量的資源密集產品，這方面，雙方可以互通有無。

尤有甚者，中國大陸觀光客大舉出國，泰國、新加坡受益最大。

2. 競爭面（即弊）

雖然雙方仍以勞力密集產品為主，但是（表 11.4）中國大陸資本、技術密集產品成為次主流產品，雙方競爭程度大幅降低。

表 12.6 東協跟中國大陸貿易結盟的考量

項目	中國大陸方的考量	東協方的考量
一、投資		2001 年起，中國大陸進入對外投資成長期，當年投資金額 68.84 億美元，2005 年突破百億美元（122.61 億美元），2010 年近 700 億美元。一位中資家電公司駐泰代表就說，當地的銷售管道都被少數大公司寡占了，嚴格控制市場准入。泰國的產品規格標準和中國大陸不一樣，使得許多便宜的電視、冰箱、空調等陸製家電，難以打入泰國市場。美的日用家電、格力兩家冷氣公司，2009 年往東協設廠以迎接 2010 年東協加一的來臨。
二、貿易		中國大陸汽車公司到東南亞設廠以規避高關稅，以逐鹿東南亞。
(一)出口	在 1997 年 7 月 2 日，東南亞金融風暴前，東南亞是大陸貨很重要的出口地區。面對零關稅優惠的東南亞市場，中國大陸的汽車和家電業者最為雀躍，因為東協這些產業最薄弱，給予大陸企業很大的發揮空間。儘管幾個主要東協國家仍把整車列為敏感商品，未開放零關稅，但是底盤、車身等汽車半成品率先享受零關稅優惠。	中國大陸 2000 年進口金額 2251 億美元，其中初級產品占 20.8%，這是東協的強項。 ・馬來西亞：錫、棕櫚油； ・印尼：煤、木材； ・泰國：食品（含米）、紡織品、化妝品、珠寶。 (2)中國大陸觀光客 中國大陸觀光客是很誘人的商機 原本採取高關稅保護的印尼與菲律賓消費品產業，衝擊較大。
(二)進口		東協的贏家之一，是倚賴中國大陸供應原物料以及半成品的加工公司，例如，成衣公司可取得便宜的中國大陸布料。

(三)效益成本分析

由表 12.7 可見，東協、中國大陸在投資、貿易方面仔細評估，發現利大於弊，有意願就往下談結盟。

(四)循序漸進的談判過程

由表 12.7 可見，2002 年 11 月，東協跟中國大陸簽署經濟合作框架協定，這是雙方經濟合作的目錄，以作為後續討論施行細則的基礎。

韓國看著東協中國大陸自由貿易區成立，也要求加入，此時稱為「東協十加二」；後來，日本怕被邊緣化，也申請加入，此時稱為「東協十加三」，詳見圖 12.2。未來發展方向是「東協加六」，正式名稱為「區域全面經濟夥伴關係（Regional Comprehensive Economic Partnership, RCEP）」。再加上紐澳與印度，成為全球最大貿易聯盟，其總國內生產毛額達 21.365 兆美元，總人口 31 億人；歐盟 3.9 億人、國內生產毛額 13 兆美元。IHS 環球透視亞太分析部主管貝斯瓦斯（Rajiv Biswas）說：「這個協定可提供加速區域貿易與投資流動的架構，減輕東亞國家對傳統歐美出口市場的依賴，並提振亞洲開發中國家間的貿易。」

表 12.7　東協十加三進程

時間	說明
2000 年	國務院總理朱鎔基提出，中國大陸希望拓展區域經濟實力，而東協國家著眼於中國大陸廣大市場，因此一拍即合，隨即進行為期二年的談判。
2002 年 11 月	雙方簽署「全面經濟合作架構協定」，在 2010 年 1 月 1 日全面完成自由貿易區的建設。2004～2009 年（詳見下述）又進行相關協定，並陸續進行部分產品關稅減讓。
2004 年 11 月	「商品貿易協定」：區內 7,000 項，約 90% 商品實施零關稅。
2007 年 1 月	「服務貿易協定」：對旅遊、金融、建築、電信、銷售、教育、衛生等服務領域的市場准入，進行架構性的規範。
2009 年 4 月	「投資協定」：雙方給予對方投資者國民待遇和最惠國待遇、投資項目之開放及便捷化。至於兩雙邊貨幣換匯協定有助於降低換匯成本。

雙邊貨幣換匯協定

簽署時間	簽署國家	換匯規模
2009 年 2 月	馬來西亞	800 億元
2009 年 3 月	印尼	1,000 億元

時間	說明
2010 年	·上路的是東協六個創始國（或稱老東盟成員國，泰馬星菲印（尼）、汶萊）與中國大陸的自由貿易區。 ·700 項產品實行零關稅，中國大陸對東盟六國平均關稅從 9.8% 降到 0.1%，東協六國對中國大陸的平均關稅將從 12.8% 降到 0.6%。 ·中國東協自由貿易區涵蓋六國、人口 18 億人、總產值 7 兆美元。 ·雙方服務業的開放水準也放寬，包括投資政策和環境，將得到法律保障，生產因素的流動效率顯著提高。
2011 年	東協+二，第二個加入者為韓國。
2012 年	東協+三，第三個新加入者為日本。
2015 年	新東協四國（越南、緬甸、柬埔寨與寮國）到 2015 年跟進。
2018 年	對東盟自由貿易區和中國大陸－東盟自由貿易區所有成員國零關稅。

三、政策

中國大陸在此自由貿易區，扮演大國，推動貿易幣別、鐵路交通建設等，以促進區內投資貿易活動的進行。

(一)給予會員國金援

在表 12.7 中可見，中國大陸政府為了推動「人民幣貿易結算」，2009 年 2 月、3 月，分別跟馬來西亞、印尼進行人民幣換匯交易，之後，國務院外匯管理局認為，這類協議可增加其他國家銀行能提取的人民幣金額，同時服務運用人民幣交易的本國企業。可以提振雙邊貿易及投資，同時提供短期流動性以穩定金融市場。

至於涉及「東協十加三」的外匯準備的（泰國）清邁協議，則已超過本書範圍，不贅敘。

(二)改善交通建設

中國大陸大西部跟東協十國中有七國（除菲、印尼、汶萊）陸地相連，以鐵路等方式運輸，會比海運更便利。因此，中國大陸推動泛亞鐵路的建設，詳見圖 12.3。

1. 規避麻六甲困局

中國大陸進口原油八成來自中東、非洲，油輪必須經過麻六甲海峽，但因海盜、恐怖主義和意外等因素，使得麻六甲海峽航道偶爾受阻，稱為「麻六甲困局」。

待中緬高鐵（詳見下一段，即泛亞鐵路西線）2014 年完工後，連同已完成的中緬油氣管道，及泰國往印度洋的鐵路，便可避開「麻六甲困局」的風險。

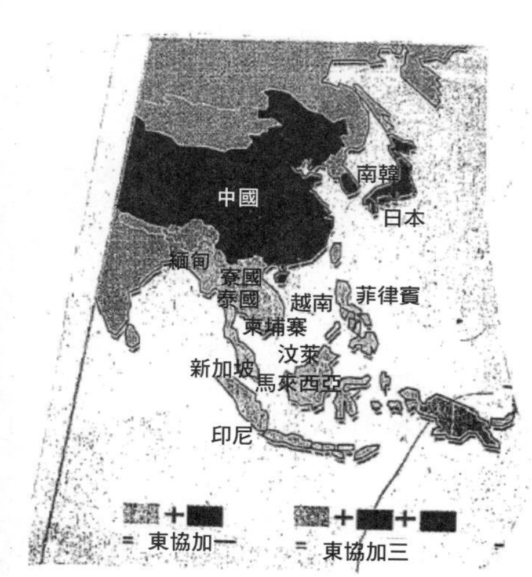

圖 12.2　東協加三

圖 12.3　泛亞鐵路各路線示意圖

2. 泛亞高速鐵路

2010 年 8 月，中國大陸、柬埔寨、寮國、緬甸、泰國、越南等 6 國通過「大湄公河次區域鐵路銜接計畫」，中國大陸稱為泛亞鐵路，「東南亞走廊」分為東（中越）、中（中寮）、西（中緬）三線，全長約 4,000 公里。2011 年上半年動工，2014 年起陸續完工。

中國大陸大力推動泛亞鐵路的舉措，外國媒體稱之為「鐵路外交」。有國外分析人士指出，泛亞鐵路強化中國大陸跟東協一體化的程度，還在地緣策略上有所突破，中國大陸勢力可直達印度洋。

四、實績與展望

2010 年底，中國大陸東協自由貿易區滿一年，成績斐然，詳見表 12.8 第二欄。

2011 年 4 月下旬，美國《時代周刊》指出，中國大陸經濟正成為一股漣漪，其所形成的「中國大陸效應」（the China Effect），相應帶動亞洲內貿易，重啟亞洲經濟繁榮。

表中第三欄列出中共中央領導人的展望。

表 12.8　中國大陸東協自由貿易區績效與展望

年	2010 年		2015 年（目標）
項目	中國大陸	東協	
一、投資（直接）	東協到中國大陸投資 22 億美元。	中國大陸赴東協直接投資 54 億美元，成長率 35%。	2011 年 4 月 15 日，胡錦濤出席博鰲亞洲論壇 2011 年年會，胡錦濤表示，亞洲國家合作至關重要，中國大陸將促進貿易平衡，更多投資亞洲和新興國家，並透過友好談判以解決鄰國的領土紛爭。亞洲繁榮離不開中國大陸的，將更積極推動東協「10+3」等自由貿易組織的作用，「中國大陸永遠做周邊地區的好鄰居、好夥伴！」
二、貿易	2010 年下半年起，東協成為中國大陸第三大出口地區，超越日本，詳見圖 11.3。	中國大陸成為東協第一大貿易夥伴，雙方貿易總額 2,928 億美元，約占中國大陸貿易總額 10%。	2010 年 10 月，總理溫家寶出席中國大陸與東協領導人會議時，提出 2015 年實現雙邊貿易額達 5,000 億美元的目標。

五、東協加六——區域全面經濟夥伴關係

在東協加三的基礎上，附近國家擔心被邊緣化，自然爭先恐後的加入，在 2012 年 11 月，東協加六領袖會議中，各國有意往區域經濟方向整合，俗稱「東協加六」，正式名稱為「區域全面經濟夥伴關係（Regional Comprehensive Economic Partnership, RCEP）」。IHS 環球透視亞太分析

部主管貝斯瓦斯（Rajiv Biswas）說：「這個協定可提供加速區域貿易與投資流動的架構，減輕東亞國家對傳統歐美出口市場的依賴，並提振亞洲開發中國家間的貿易。」

六、東亞自由貿易區

中日韓位處東北亞，大體來說，日韓對中國大陸出口工業零組件，且對中國大陸直接投資，因此能夠跟中國大陸組成區域經濟協定（regional trade agreement），將有點類似全球第二大自由貿易區北美貿易協定（NAFTA）的功效。

七、泛太平洋策略經濟夥伴協定

經濟整合的前提往往是地緣關係，在 2001～2002 年，中國大陸政府跟東協談判自由貿易區時，在「亞太經濟合作組織」（APEC）的基礎上，有些會員尋求更進一步發展貿易關係，由表 12.9 可見，2003 年時，由智利、新加坡、紐西蘭提出，後續陸續加入，2013 年時已達 12 國。這個協定有個長期目標，即亞太經濟合作組織 21 個成員成立亞太自由貿易區（FTAAP）。

東協跟「泛太平洋協定」間略有重疊。有此一說，美國擬藉此協定跟「東協加一」的中國大陸相庭抗禮。

2011 年 11 月 12 日，美國總統歐巴馬在夏威夷舉行的亞太經合會領袖會議宣布，「泛太平洋經濟夥伴協定」廣泛框架已達成共識，將可做為跨太平洋自由貿易區的藍圖。這代表的是美國宣告要以 TPP 一舉破中國大陸獨霸的「東協加六」，重返亞洲經濟龍頭地位，中美兩國在亞洲經濟龍頭的競逐將趨白熱化。

表 12.9　泛太平洋策略經濟夥伴協定（TPP）

時間	說明
2003 年	是以「亞太經濟合作組織」（APEC）會員為範圍的自由貿易協定。
2005 年 6 月 3 日	由汶萊、智利、紐西蘭與新加坡四國（簡稱 P4）簽訂，主要是往亞太貿易自由化邁進。
2006 年	該協定成立，商品與服務、智慧財產權以及科技合作等等，九成出口產品享有免關稅優惠。
2008 年	美國加入，此協定成為美國在亞太地區佈局的重要一環。
2009～2010 年 10 月	澳洲、祕魯、越、馬陸續加入，共 9 國，人口 4.72 億人。
2011 年	韓國、日本尋求加入，但是日本的農民反彈聲音很大。
2011 年 9 月 12 日	亞太經合會在美國夏威夷召開，美國等 TPP 會員國有「TPP」綱要聲明。
2012 年	加拿大、墨西哥宣布加入。
2013 年 3 月	日本宣布加入談判，已有 12 國。
2015 年	目標：完成全面性的零關稅；甚至人員自由移動。
	長期目標：希望納入 APEC21 個成員，成立亞太自由貿易區（FTAAP）

第四節　兩岸間貿易投資——專論兩岸經濟合作協議（ECFA）

台灣是中國大陸最主要電子產品零組件來源之一，和外來直接投資第六大地區。因此，兩岸簽署自由貿易「協議」，有助於提升兩岸貿易、投資發展。

一、台商西進貿易投資進程

在 1979 年改革開放之始，台灣以貿易的方式向中國大陸提供電腦、成衣、紡織原料等商品。

1983 年，福建省廈門市有了中國大陸第一家台資企業，1984 年，另一家台資企業落戶上海市，它們是台商投資中國大陸的先鋒。到了 1987 年，台灣開放赴中國大陸探親，台資企業開始成群結隊地西進進行規模化投資，且投資家數、金額持續年年擴張。迄 2012 年，依台灣的經濟部投審會統計，台商在中國大陸投資總家數 4 萬家，登記投資金額為 1,210 億美元，2012 年的兩岸雙邊貿易金額 1,690 億美元。

二、「九二共識」

台灣海基會跟中國大陸海峽基金會，1992 年達成「九二共識」，具體內容只有八個字，就是「和平共濟，發展經濟」；這是 2010 年兩岸簽定經濟協議的基礎。

三、服務業投資方面

商品可以進出口，但服務貿易的進行主要是靠人，因此必須至對方直接投資設立服務據點。2013 年，兩岸可望簽署服務貿易協議。

1. 台灣金融業者西進

兩岸的金融合作在 2009 年 11 月 16 日，台灣的金管會跟中國大陸銀監會、證監會及保監會以《金融監理合作瞭解備忘錄》之簽署，同意兩岸金融機構從事跨境經營業務時，允許母國監理機關與地主國監理機關相互交換意見，並協助彼此履行金融監理職責。

由表 12.10 可見，以台灣金融業西進為例，涉及台灣金融監督管理委員會（簡稱金管會）「放行」與中國大陸國務院「一行三會」的市場准入。

其中台資銀行是熱點，2010 年已有 5 家，2011 年累積 8 家，2012 年累積 12 家分行、6 家代表處。

表 12.10　台灣金融業西進的雙方官方規定

規定＼行業	台灣金管會的放行	中國大陸的規定		
		主管機構	規定	市場准入
一、金融控股公司	旗下子銀行、證券、保險、投信可直接投資中國大陸設據點	銀監會	分行業認定	
	可設中國大陸租賃、財顧公司、		開放	
	創投管理公司	商務部	開放	
二、銀行	1. 設分行、子行、參股 2. 國際金融業務分行（OBU）、海外分行承作人民幣業務，且對中資企業、人民授信，與中資銀行拆借、往來。	銀監會		設立滿一年的台資銀行，2012 年起可承作人民幣業務
三、保險	1. 壽險可設 50% 合資子公司、參股 2. 產險可設 100% 獨資子公司	保監會	開放	
四、證券公司	投資中國大陸券商最高 33.3%	證監會	中國大陸實施「資本管制」，這包括海外直接投資，甚至延伸至證券業	
五、證券投資信託公司	投資大國大陸基金管理公司最高 49%	同上	同上	

2. 中國大陸對外商銀行的優惠措施

中國大陸把外商銀行作為發展區域經濟的政策工具，對於赴特定地區設點的銀行業大開方便之門，台資銀行也適用，詳見表 12.11。但截至 2011 年，以放款市占率來說，僅 1.93%，成長有限。

表 12.11　中國大陸對台資銀行設點的優惠措施

內容	說明
一、適用對象	台灣經濟部投審會核准到中國大陸投資的企業，才算「台商企業」。
二、適用地區	中國大陸「中西部」、「東北部」。
三、優惠措施	中國大陸政策鼓勵外商銀行業到「綠色通道」城市設點，以帶動當地發展。
1.加快審核批准速度	仿照機場人員入關時快速通關的用詞，銀監會對台資銀行在中西部、東北部地區設立分行及經營業務，給予快速核准且不限分行家數的優惠，被稱為是對台銀行業的「綠色通道」。
2.其他優惠	—

3. 台灣對中資銀行的限制

中資銀行在台設立分行，2012 年 2 家，由於中資銀行比台灣的銀行規模大數十倍，因此台灣金管會規定，單一陸銀參股上限 5%，陸銀及中國大陸合格境內機構投資者（QDII）持股上限 10%。2013 年 4 月，提高至 10%、15%。

4. 台灣對中資企業管制甚多

由於擔心「大船入港」，因此台灣對中資企業來台直接投資有很多限制（包括正面表列的 480 項行業、持股比率上限 50%），尤其對七項關鍵技術產業（半導體、面板等），需經由經濟部產業發展局關鍵技術小組審核。因此中資企業來台金額少，詳見表 12.12。2013 年第四波開放往「負面表列」方向改革。

四、兩岸經濟協議

兩岸磋商經濟協議耗時一年多，項目包括四項：商品貿易、服務貿易，直接投資與爭端解決。由圖 12.4 可見其項目與進程，底下說明。

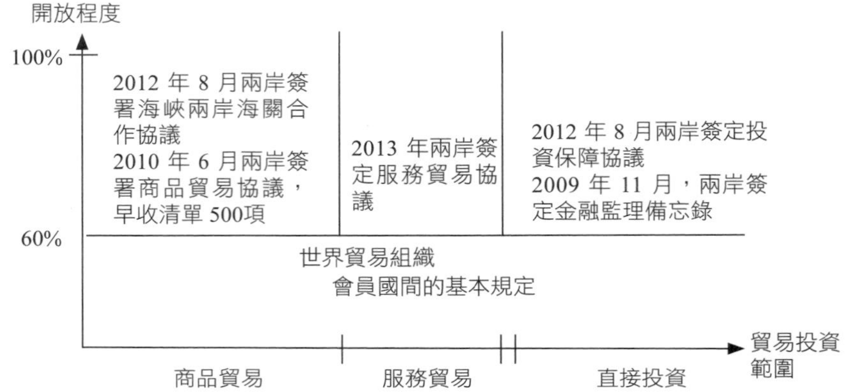

圖 12.4　兩岸貿易投資開放進程

表 12.12　陸資企業赴台直接投資金額

項目	2009 年	2010 年	2011 年	2012 年	合計
件數	23	79	102	138	342
金額（億美元）	0.37	0.94	0.437	3.28	5.036

資料來源：台灣的經濟部投審會

1. 國務院的指導原則

在總理溫家寶「對台讓利」一說定調後，弱勢、敏感產品暫時擺一邊，兩岸針對迫切降稅需要的產品，採取「早期收穫清單」（簡稱早收清單，即第一波）方式，先求上壘，再求後續發展。

台灣開放的等同於世界貿易組織待遇，陸方開放給台灣是「超 WTO」待遇。

對中國大陸來說，此協議使其取得中資公司（或稱陸企）登台的門票，開啟兩岸走向雙向投資、經貿正常化的時代。

2. 簽訂「兩岸經濟合作協議」進程

此協議從簽署、生效迄實施，耗時六個月（詳見表 12.13）。

・2010 年 6 月 29 日，第五次「江陳會」（台灣江丙坤、陸方陳雲林）於中國大陸重慶市舉行，雙方簽署本協議。

・2010 年 9 月 12 日，本協議生效；

（海峽）兩岸經濟合作架構協議的用詞字斟句酌

・經濟（economic）：此字界定此協議的範圍為經濟層面（更精確的說其中的貿易）。

・合作（co-operation）：此字界定雙方的關係是「合作的」，架構（framework，中國大陸用詞「框架」）：ECFA 中的架構比較像書的目錄，「早期收穫清單」是第一章，以後還會有第二、三…章。

・協議（arrangement）：中國大陸堅持用 arrangement 這個字，因其認為 FTA 的 A 指的協定（agreement）是用於國與國間。

・2011 年元旦實施，其中「金融業早收清單」（即兩岸金融合作協議及監理合作備忘錄（MOU））早於 2009 年 11 月簽署，但為了同步出發起見，商品貿易、服務貿易同步走。

3.商品貿易方面

中國大陸關稅稅率 9.2%、台灣 4.2%，2013 年，早收清單稅率全降為 0，台灣方面受益較多。

表 12.13　兩岸經濟合作協議的內容

方面＼雙方	台灣對中國大陸開放	中國大陸對台灣開放
一、直接投資	即開放中資企業來台	即「市場准入」
(一)項目	9 項	11「項」（行業）
(二)行業		
1.金融業	銀行等	保險銀行、証券。
2.非金融業	・電腦訂位系統（例如航空） ・研發服務業 ・會議服務業 ・經濟商業服務業 ・電影配額 10 部	・電腦服務業 ・研發服務業 ・會議服務業 ・會計 ・電影配額 ・專業設計服務 ・醫院 ・飛機維修
二、貿易─ECFA 的部分	下表是台灣對中國大陸的降低關稅進程	下表是中國大陸對台灣的降低關稅進程，只是左下方關稅稅率乘以 2，例如 15%<x
(一)項目	268 項	539 項（占台灣出口至中國大陸商品金額二成）
(二)出口金額	29 億美元，占台灣自中國大陸進口金額 10.5%。	140 億美元，出口至中國大陸金額依金額大小：石化（約 60 億美元）、紡織（約 16 億美元）、機械（11 億美元）

(三)關稅稅率	2011 年	2012 年	2013 年	2011 年	2012 年	2013 年
1. $7.5\% < x$	5%	2.5%	0	10%	5%	0
2. $2.5\% < x \leq 7.5\%$	2.5%	0	0	5%	0	0
3. $0 \leq x \leq 2.5\%$	0	0	0	0	0	0

*世界貿易組織對服務業的定義共有 12 大類、100 多項服務業

以中國大陸對台降低關稅的 18 項農產品為例，2011 年大部分農產品的稅率從 10% 以上直接降為 5%，廣大台灣農民從中受益。按照兩岸經貿數據，2011～2012 年早收產品出口值 120 億美元，對台灣節省稅金額 6.24 億美元。

充滿台灣人情味的「雞排英雄」成為第一部在中國大陸上映的電影。

五、後續談判

「早收清單」只是兩岸經濟合作架構的第一波成績單，為便於後續磋商，2011 年 1 月 6 日，台灣海基會、中國大陸海協會以換文方式，成立兩岸經濟合作委員會（簡稱兩岸經合會），下面設立七個工作小組。

六、投資保障協議

在「爭端解決機制」的建立方面，具體項目是簽訂「兩岸投資保障和促進協議」，六項詳見表 12.14，2012 年 8 月簽署此協議。

表 12.14　兩岸投資保障協議六大項

項目	說明
一、投資人定義	適用對象： 1. 直接赴中國大陸投資者 2. 經由第三地，間接赴中國大陸投資的台商也適用
二、匯兌	給予台商與陸商自由轉移資金、利潤及任何投資收益等
三、徵收	政府徵收應給予適當補償
四、損失補償	政策更迭、發生戰爭、武裝衝突或暴動致台商或陸商產生損失時，應給予補償
五、投資待遇	1. 涉及人身安全保障，明文保障及落實。 2. 台商關切人身自由及逮捕程序，陸方遵守「公民與政治權利國際公約」第九條具體規範保障台商權益。 3. 逐步降低兩岸投資限制 4. 例外條款

表 12.14（續）

項目	中方／台灣	一、投資人（公司）	二、政府
六、爭端解決	一、投資人（公司）	投資人對投資人（P2P），主要是透過商務仲裁	台灣投資人對中國大陸政府，分五種方式：協商、協調、協處、調解與司法途徑。
	二、政府	中資投資人對台灣政府	政府對政府（G2G）主要是經合會為平台

討論問題

1. 中國大陸貿易全球化的策略爲何？（註：切入點包括地區、國家、全球化速度等）
2. 美國政府眞的會以自己海關進出口數字來認定中國大陸對其出超金額嘛？
3. 中美貿易摩擦是「動槍動炮」還是有自律的「小打小鬧」（註：警告意義爲主）？試舉例說明。
4. 中國大陸加入世貿組織後，立刻洽商、簽訂「東協加一」，著眼點是什麼？
5. 中國大陸是否會加入「泛太平洋策略經濟夥伴協定」（TPP）？
6. 兩岸經濟合作協議實施績效如何？第二波清單效益如何？
7. 台資銀行在中國大陸發展的展望如何？
8. 其他服務業在中國大陸的展望如何？
9. 中資銀行在台發展的展望如何？
10. 其他中資企業在台發展的展望如何？

第四篇
供給面

13

土地供需

江蘇省蘇州市下轄昆山市的國家級高新區（類似台灣的科學園區）

（本書照片提供：今周刊）

問渠那得清如水，為有源頭泉水來

由圖 13.1 可見，經濟學中的四種生產要素跟公司損益表的成本、盈餘是相對應的，公司經營目標在於「在既定的成本水準下，追求利潤極大」。

同樣的，國家在發展經濟過程中，則設法把全國生產要素的價格符合前述「既定成本」的前提。如此企業才會因有利可圖而近悅遠來。

圖 13.1 左側是第十三～十六章相關章節，我們把「勞動」以二章篇幅討論，同時說明總體經濟中的「失業」與個體經濟中的薪資（勞動成本）。

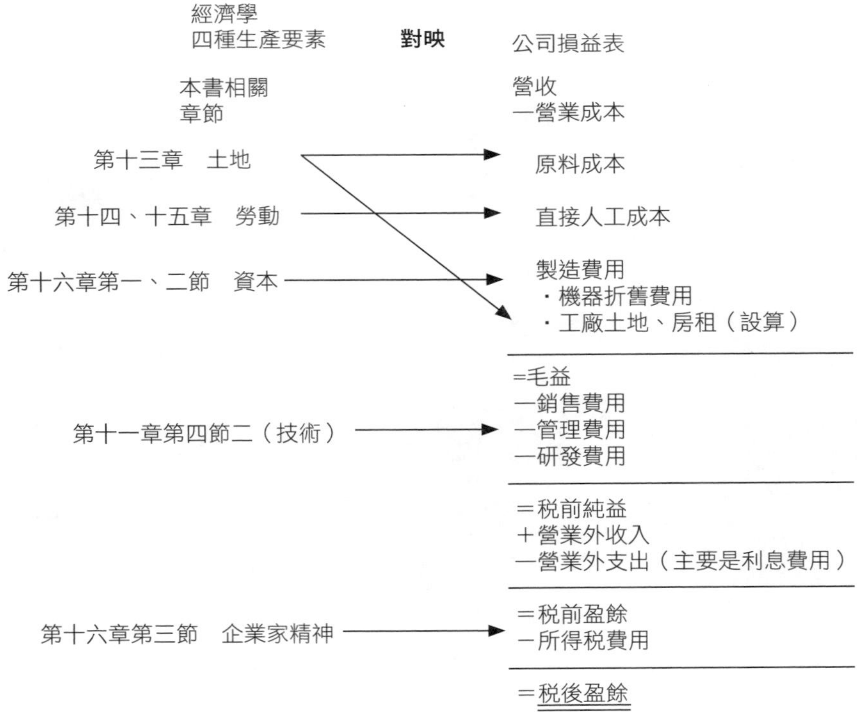

圖 13.1　四種生產要素對公司損益表的影響

在第十三～十六章每節皆採問題解決程序三段式。

1. 問題與原因

首先說明問題嚴重程度和原因。

2. 目標

每次五年計畫都有指標，十一五規畫涵蓋範圍更廣，即從「GDP 掛帥」的「經濟成長」類，還增加「經濟結構」、「人口、資源及環境」和「公共服務和生活質量」。

3. 政府政策

從中共對問題的解決步驟進程來看，大抵分成二階段。

・第一階段

當問題初次發生後，到了嚴重到必須動大手術，會透過人大立法方式（一般從法律討論到立法約 5 年），立法前後，國務院下面會成立一個局，以職有專司方式解決問題。

・第二階段以後

當問題持續發生，會透過修法方式來取得法源，職有專司的局往往升格為部或副部級單位。

第一節　土地供需第一、二階段

站在經濟學角度，土地具有「不可擴充性」、「不可貿易性」的雙重特性，在所有生產要素中，對經濟成長的限制力道最大。

站在企業角度，設廠土地租金（自有土地則設算地租）歸在損益表中的製造費用之一，一般來說，占營收比重很少超過 5%。然而跟著廠址一併考慮的還包括環保成本（包括汙水處理、空氣淨化等）。

由於土地是中國大陸招商三大吸引條件（詳見本節四(一)中的「三

讓」）之一，事關重大，本章分二節說明。土地可供產業（農、工、商）與城市建設、住宅之用，此消彼長，本書畢其功於一役，集中在第一、二節討論。

一、土地是國之根本

對於以農立國的古代中國，八成人民務農，往往由於官商勾結，以致土地分配不均，大地主往往變成巨富，俚語「有土斯有財」指的就是此，這是造成所得分配不均的主因。氣候上往往三年一水災、五年一旱災，一旦碰到朝廷無力開倉賑災，農民被逼揭竿起義。歷代改朝換代（甚至元、清朝入關）大都是這樣的原因。

中共身為土地改革者，深深體會土地不只是一種生產要素罷了，因此對土地非常注重，基本政策是「土地國有」，人民只能擁有土地使用權。惟有了解歷史典故，才能體會到土地所有權很難私有化。

二、經濟改革前後土地制度

經濟改革前後土地制度只有一字之差，即從國有「國」用到國有「民」用。底下詳細說明。

(一)經濟改革前：土地國有國用

1949 年 10 月，中共建政，推動土地改革，土地收歸國有。

人民住在政府配給的「公家住房」（中國大陸稱為公房），由於經濟水平低（以 1978 年為例，人均總產值 230 美元），因此公家宿舍都很小，上海市平均每人住宅面積 1.36 坪（4.5 平方公尺）。

鄉鎮政府間的土地移轉，採取無償劃撥制。

(二)經濟改革後：土地國有民用

1979 年，經濟改革開放，由於中央政府缺錢，因此授權地方政府去拼經濟。巧婦難為無米之炊，中央政府給地方政府最大的生財利器便是「土地使用權」，依序開放土地國有「民」用。

1982 年，全國人大通過憲法條文修正，城郊、農村土地屬於集體所有，此即農民所稱農地私有化的起源。

1992 年，開放商品房交易，「房屋」（註：不包括土地）所有權私有化，藉以發展房地產業，進而促進經濟成長。

(三)經改後土地供需三階段

經改後，依土地對地方政府發展經濟的貢獻（詳見表 13.1 第三列），可以分為三階段；本節先說明前二階段、第二節說明第三階段。

表 13.1　土地使用權制度與供需情況

階段	I	II	III
一、期間	1979～1986 年	1987～2005 年	2006 年以後
二、土地對地方政府發展經濟的貢獻	「土地出資」 1. 對三資企業，官方之子公司以土地作價，取得中外合資企業一定股權 2. 土地無償撥給外商，給地方政府帶來稅收增加、創造就業二項政績	「土地招商」、「土地融資」 1. 地方政府旗下城市建設公司以土地向銀行融資，去蓋一些有自償性的城市建設（例如高速公路、橋） 2. 地方政府旗下土地開發公司以土地向銀行融資，蓋商品房出售，大賺房地產財	「土地財政」 地方政府拍賣土地使用權給民營土地開發公司，土地權利金收入占地方財政收入成。
三、土地供需狀況			

表 13.1（續）

階段	I	II	III
1. 農業	沿海農地被徵收，流為工業用。	全國農地被有償徵收，流為工業、住宅等用途。	(1)十一五規畫農地18.18億畝下限 (2)十二五規畫農地18.18億畝下限
2. 工業	(1)有土地紅利 (2)1980年代，各縣旗下事業單位成立房產開發公司，蓋辦公室、住宅建設。		沿海土地紅利結束，內陸有些地方還有。
3. 住宅	(1)1979年，第一代商品房（即僑匯房）推出，僅售給歸國華僑 (2)1980年代初期，多建公房政策	(1)1992年實施商品房政策 (2)1994年，上海市推出公有住房出售政策	
三、法令	1980年10月，國家建設委員會決議，實行：「公房實行公開買賣」 1982年，憲法部分條文修正，明定城市土地國有，城郊、農村土地除法律規定外屬於集體所有，土地所有權是不能買賣的	1988年，憲法條文修正，土地使用權的轉讓納入憲法。 1990年5月，國務院頒布「城鎮國有土地使用權出讓和轉讓暫行條款」，居住用地使用權70年。 1998年，土地管理法條文修正，明確說明土地使用權出售。	

表 13.1（續）

階段	I	II	III
四、問題	「土地無償劃撥制度」，以致地方政府努力圈地；農地被占，但農民缺乏補償，無田可耕，以致生活無著。	1990 年代，地方政府掀起第二波圈地運動。	詳見表 13.2。
五、國務院			
(一)組織設計	1986 年 1 月，國務院設立國務院國土管理局	1989 年，國土管理局升格為國土資源部。	同左
(二)政策	1. 1980 年 10 月，國家建設委員會的第二項決議如下。「城市土地有償、有期使用制度」，1986 年，先在深圳市、上海市試點。 2. 1986 年 3 月，人大通過土地管理法。	1990 年 5 月，國務院頒布「外商投資開發經營成片土地暫行管理辦法」。	*2004 年《土地利用規劃條例》出爐。 2008 年，國務院發布「國務院關於促進節約集約用地的通知」。

(四)各階段的土地相關問題

為了避免表 13.1 過大，我們把表中第一欄「四」問題放大成表 13.2，先有個全面觀。在三階段中的「問題」（分析）段中再詳細說明；由表中第二欄的打勾狀況，大抵可看出在第一階段問題項目很少（只有產業中的

(一)農業）。

到了第二階段，除了農地流失的老問題外，在產業中的「工業」項目，沿海城市的土地紅利逐漸消失，工廠逐漸往廣東省、廣東省鄰省（湖南省、江西省）遷徙。

到了第三階段，幾乎每個項目都出了問題。

表 13.2　2007 年起的土地相關問題

階段	I	II	III	說明
一、總體經濟 (一)經濟成長 (二)所得分配 1. 物價			✓ ✓	2008 年起，因全球氣候異常，糧食欠收，糧價高漲，食品酒類占消費者物價比重 31%，因此物價居高不下。套用大陸國土資源部黨組成員、國家土地副總督察的說法：「18 億畝耕地的『紅線』是我們生存的生命線，特別是 2010 年以來國際糧價攀升，更加深了我們對這個問題的認識。」
2. 房價			✓	2008 年起，房價過高，造成購屋者房貸支出過大，排擠其他消費支出，消費占國內生產毛額比重（32%）一直停滯。 房價過高，易引起房市泡沫，一旦泡沫破裂，會引發金融風暴。2010 年 4 月起，國務院推出一系列「打房（價）政策」。
二、產業 (一)農業	✓ 農地挪用，造成無田可耕農民，一旦找不到工作，又變成失業問題。	✓	✓	由於農地被挪為工業用（第一、二階段）、城市與住宅（第三階段），農地萎縮，農產不足，2003 年起，五大穀類中國大陸逆轉為進口國。由於糧食自給率低，糧價受國際糧價影響，國務院對「打物價」的控制能力越來越低。

表 13.2（續）

階段	I	II	III	說明
(二)工業				
1.土地紅利消失		✓	✓	沿海工業用地土地紅利「不再」！ 2004 年起，沿海工業跟住宅用地窘迫，且缺工，廣東省政府決定沿海城市「騰籠換鳥」，收回傳統工業工廠用地，以供城市建設、住宅與高科技工廠用地。
2.環境保護			✓	簡單的說，即「（工業用地）土地紅利」消失了。十一五規畫起，四大類量化指標之第三項「人口、資源及環境」中有十項，其中有五項跟環境保護有關，簡單的說，低環境成本時代已過去了。
三、商業與城建、住宅			✓	2006 年起，地方政府趁房地產市場起飛，大量拍賣住宅用地使用權給建商，因搶標，拍賣價節節升高，土地成本（占房價五成以上）被墊高，拍賣制度成了房價狂飆成因之一。

(五)土地對地方政府的貢獻：土地出資

單以招商來說，土地對地方政府（本處指市級市，像深圳市、東莞市等）的貢獻如下。

1. 先圈地

市級市政府先向附近農村圈地，1982 年之前，無地農民被迫離鄉，1984 年以後，農民才能拿到土地徵用補償金。由於土地徵收的補償金很低，而且中央政府又不怎麼管，市政府大力圈地，有稱為圈地運動。

2. 土地作價

圈地之後就是大蓋工業區，稱為「開發區熱」（zone fever）。此時外商須找中資組成三資企業，市政府把土地作價作為股本成立公營公司，公營公司再以部分（工業區）土地作為合資股本。因此在表 13.1 中，把此階段土地對地方政府發展經濟的貢獻稱為「土地出資」。

(六)問題

市政府大力圈占農地轉為工「商」（主要是蓋旅館）用地，造成耕地銳減，土地資源嚴重浪費。沿海農村出現農地流失（農產減少）、農民失業、農村凋弊的「三農問題」，可說是「犧牲農業以發展工業」。

(七)政策

法律與組織設計、政府都是為了解決問題。

1. 1986 年，人大通過《土地管理法》

由於沿海圈地熱，徵用農地以致耕地大量流失，糧食供應安全面臨挑戰。1986 年 3 月中共透過立法以取得法源依據，重要條文詳見表 13.3。土地管理法中「土地利用總體規畫」留待第二階段再來說明。表中「易地調控」的後遺症是良田流失，劣田去補良田的「數」，耕地數看似平衡，但是漸漸由區位偏僻的劣田取代市內或市郊的良田，糧產大幅減少。

表 13.3　土地管理法重要條文

重要法條	說明
一、土地利用總體規畫	
(一)土地管理法第十七條	要求各級政府應當依據五年計畫、國土整治和資源環境保護的要求、土地供給能力以及各項建設對土地的需求，編製「土地利用總體規畫」。

表 13.3（續）

重要法條	說明
(二)土地管理法第十八條	下級政府土地利用總體規畫應當依據上一級政府土地利用總體規畫來編製，例如耕地保有量不得低於上一級政府土地利用總體規畫確定的控制指標。
二、農地占補平衡：土地管理法第三十一條	地方政府徵用農地變為國有建地必須經過一定的項目審批，並須達到耕地的「占補平衡」，耕地占補平衡主要是在「省級」範圍內達到占用耕地以及補充耕地的平衡，以維持基本農田的總量不變，產生了「易地調控」的現象，以江蘇省地級市蘇州市為例來說明。 1. 自己平衡：地級市以下的地方政府自己先求平衡，方式是農田減少一塊，從沒有用到的建設用地扣下來劃回去為基本農田。 2. 由省政府來平衡：蘇州市範圍內並不能自行平衡，而必須透過省裡移地開墾，某些發展速度比較快的地區可以向省內其他用地速度較慢的地區「買」指標，例如蘇州市缺一萬畝耕地，可以繳錢給省政府，由省政府在蘇北找一塊地復耕，每年視實際情況開墾一定數目的耕地，指標費一畝地大約 6000 元。

資料來源：整理自楊友仁等（2004 年），第 121～122 頁。

2. 創造人潮

外商會雇工，城市居民人數快速增加，對於住宅的需求殷切。

三、第二階段

1987 年起，外商可以獨資經營，1992 年起，住宅可以在市場交易，此兩項法令的鬆綁，引領土地對地方政府發展經濟的貢獻進入第二階段（1987～2005 年）。由於此階段涵蓋 18 年，又可分為二個次期。

(一)第一次期：土地招商

本階段第一次期（1987～2003 年），地方政府把「工業用地零租金」

作為招商的三項誘因之一。

1. 外商可以獨資

對地方政府來說，必須改變土地使用方式以吸引外商。

2. 土地紅利

套用「人口紅利」（生之者眾，食之者寡）觀念，此階段站在企業、政府發展工業角度，處於土地紅利情況。

(1)以農地來說，耕地不足

引用溫家寶名言，「任何很小的數字乘上十三億（人）就可以變很大；同樣的，任何很大的數除以十三億，也會變很小。」這對土地、礦產資源來說，再貼切不過。

中國大陸人均耕地（1997 年 1.58 畝）只有全球平均水準的四成，以此來看，在全球來說，中國大陸可說是「土地不足」的國家，這是站在農業、居住角度。

(2)以工業用地來說，土地「取之不盡，用之不竭」

工業使用土地方式必須集中、可以立體使用（高樓式廠房、員工宿舍），因此，只要從農地撥出一成便綽綽有餘。

以軍隊作戰來比喻，把兵力集中，形成局部兵力優勢，進而形成局部比較利益。

外商只須跟市國土局等簽訂合約，就輕易取得使用期五十年的土地使用權。因此，深圳市就有許多由村鎮跟外商私下簽約，但未經市政府審批程序，出現許多沒有國土證的工業園區。

(3)2003 年以前，三讓以吸引外商

2003 年以前，中國大陸靠「讓地、讓稅、讓政策」吸引外商。在第十章第二節中，詳細說明中國大陸 1979～2003 年的全球競爭比較利益有二：人口紅利、土地紅利，人口紅利於第十四章第二、三節討論，本節說明土地紅利。

3. 套用零元手機促銷策略來說明

以「土地零租金」方式吸引外商，這是各國常見的招商措施。跟電信公司的「零元手機搭門號」促銷策略一樣，想賺用戶的月租費（每月通訊費）。

招商對地方政府有二個好處。

(1)稅收

對地方政府來說，外商可說是金雞母，只要外商有銷售，地方政府就可抽取營業稅，這是地方政府財政收入主要來源。

(2)增加就業

外商在加工出口區內設廠，地方政府什麼稅都賺不到，但可以增加就業，這是政績中很重要一項。

(二)第二次期：土地融資

從改革開放起，營建一直是公營營造建設公司的業務，在第一階段主要是蓋工業區和華僑房屋；但是因為規模小，所以房地產占產值不到0.5%。

到第二階段，由於幾項因素的配合，營建業占總產值逐漸成長，1990年占0.5%、1998年占5%、2003年破7%。

- 住宅政策：1992年，開始實施房屋私有化，即商品房政策，住宅等可以當成商品買賣。
- 城市建設：為了拚政績，許多城市從2000年開始，舖橋造路、蓋公共設施（例如體育館、公園等）。

1. 向農民徵收土地

1988年5月「農地（使用權）私有化」起，地方政府透過都市計畫，向農村村官（村書記）付費徵收一定範圍的農地（俗稱圈地），由村官向農民付費徵收。這些土地的地目由農地變成工業用地、住商用地。

2. 地方融資平台

「城市投資開發公司」一開始的資產只有土地，憑此向銀行抵押借款，再進行土地開發，以創造收入，其中一部分還貸款。因此「城市投資開發公司」又有地方融資平台之稱，詳見圖 13.2。

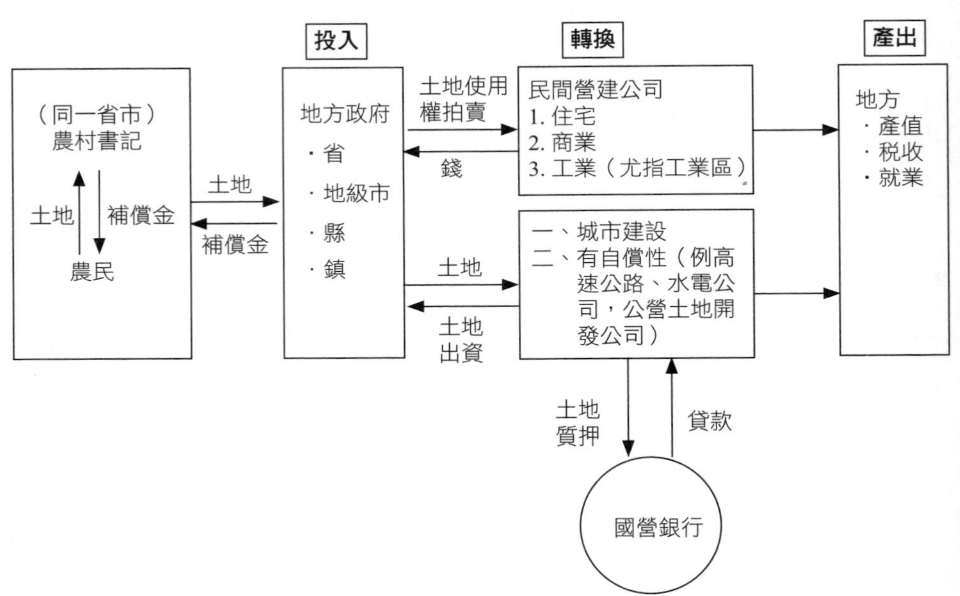

圖 13.2　土地招商、土地融資的途徑

3. 以吳江區為例

以江蘇省蘇州市轄下的吳江區（註：2012 年改制）為例來說明，詳見圖 13.3。

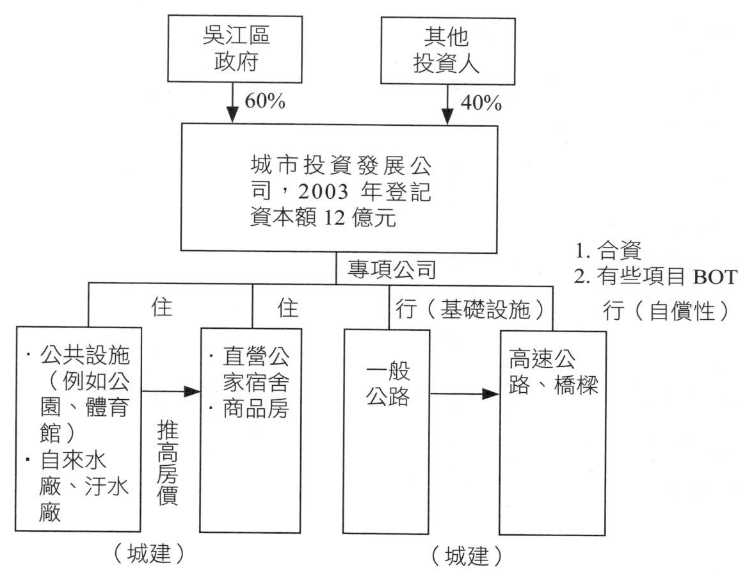

圖 13.3　吳江區土地融資方式

4. 城市建設

在經濟掛帥情況下，地方政府努力推動城市建設（簡稱城建），依「使用者付費與否」分成二種。

(1)有自償性收入的城市建設

地方政府透過轉投資的城市投資發展公司，去進行一些有收入的城市建設。「有收入」的公共設施最常見的是高速公路、橋樑（詳見第四章第四節），這對地方財政來說又是金雞母。另一方面，在「經濟成長做為最重要政績」情況下，公司化的城市建設發展方式，舖橋造路算在「固定資本形成」項目，而不算在「政府支出」。這也是「固定資本形成」2000 年以來，一直是需求結構中最大項目的原因。

(2)屬於公共建設的城市建設

至於列為政府支出的城市建設，也有很多功能，例如政績工程，可以藉此宣揚政績。

5. 與民爭利蓋房子

城市投資開發公司可以「投資」、「開發」房地產，以「開發」來說，城市投資開發公司扮演建設公司（俗稱建商）角色。同時可以蓋公務宿舍、保障房和商品房；前二者是政績考核項目之一，至於商品房則是獲利來源。

城市投資開發公司有個「朝中有人好作官」的優勢，地方政府透過公園、體育館等公共設施，把生活機能提高；城市投資開發公司蓋的商品房便有鍍金效果，自然能賣個好價錢。

(三)問題

廉價（甚至是免費）的土地是中國大陸吸引外商的重要因素之一，地方政府爭相成立開發區，導致耕地面積快速減少、2004 年因產能過剩，工業區開發停滯，全國開發區土地有 43% 處於閒置狀態。

(四)國務院政策

冰凍三尺，非一日之寒，國務院只好採取新對策。

1. 提升組織層級

由於土地事務龐雜，國務院把國務院國土管理局升格為國土資源部，各省市的土地管理單位升格為「國土管理局」。由組織層級的提升，給更多預算、員額編制，以有效管理國土資源，詳見表 2.9。

2. 國土規劃

國土規劃範圍比土地利用總體規畫範圍大，後者由國土資源部負責。

(1)主管機構

國土規劃的主管機關是發改委，部內有發展規劃司等相關司級單位負責。

(2)國土規劃重點

國土規劃的重點有二。

①區域經濟策略

發改委內有四個以地區經濟為主的司：地區經濟司、西部開發司、東北復興司和農村經濟司。

②主體功能區規劃

「主體功能區」在十一五期間處於初期研究階段，到 2011 年 4 月推出，詳見表 13.7，兼顧經濟成長與環境保護。

3. 中央跟地方政府間關係

此階段中央政府對地方政府的管理，改由財務控制為主、行政控制為輔。

(1)地方政府跟人民間：財務控制

為了讓地方政府有成本觀念，且對被徵收土地的農民有適當補償以免生活無著，由表 13.1 第三欄三「法令」一列，可看出 1986 年起土地徵收已由「無償劃撥制度」，改為「有償、有期使用制度」，先在深圳市、上海市試點。

簡單的說，透過法令，保障農民的土地使用權益。另一方面，針對徵收來的土地，地方政府也有權出售土地使用權。

(2)行政控制爲輔

中央政府授權地方政府在「土地利用總體規畫」範圍內去審批，但是權力可以下授，也可以收回。

「土地」批文的功能類似汽車的油門，踩重一些則車速快一些，放鬆油門則減速。在第九章第二節中，曾提及 2003 年 9 月迄 2004 年，國務院實施宏觀調控，以免重工業產能過剩問題繼續惡化。國務院使出的殺手鐧之一便是停建三百多個工業區，為了貫徹政策，發改委、國土資源部等六個部會組成聯合稽核單位，下鄉巡查。

第二節　土地供需第三階段（2006 年以來）

2006 年起，土地供需進入第三階段，國務院遭遇的問題（包括農產品價格上漲引發物價上漲、環境汙染和高房價）越來越複雜，土地政策更需精心規劃，才能同時達到多重目標。

基於篇幅平衡的考量，土地供需第三階段分成二節說明。

一、土地對地方政府的貢獻：土地財政

本階段，由於 2011 年人均所得已達 4,700 美元，房屋支出占家庭支出三成，營建業變成最大產業；土地變成地方政府的搖錢樹。

1. 地方政府靠賣土地使用權擴大財政收入

地方政府稅收不夠用，地方政府把籌錢點子動到土地上，於是很積極批地，透過拍賣方式，賣出住宅土地使用權，藉以取得資金再批地、投入建設（詳見下段）。

土地使用權依用途分成三類。

(1)第一類：住宅用途的土地，使用年限 70 年；

(2)第二類：教育、科技、文化、衛生、體育用地，使用年限 50 年；

(3)第三類：商業、旅遊、娛樂用地，使用年限 40 年。

土地使用權期滿，土地使用者須提前 1 年申請續期，經政府批准同意後，應當重新簽訂合約、支付土地使用權出讓金，並辦理登記。

站在土地使用權賣方角度，當然是希望拍賣價越高越好，因此設定

最高價者得標。地方政府也會想方設法去提高價格，這包括找區位好的土地、配套開發（例如交通建設、公共設施）等。

由表 13.4 可見，2006 年起，地方政府土地出讓金金額才開始變大。只有 2008 年金額衰退，那是因為 2007 年美國發生次級房貸風暴，弄得全球房地產市場好像遭到傳染病一般，中國大陸也遭殃，房市交投冷卻，地方政府的土地出讓金衰退 26%。2012 年因房市冷卻，土地出讓金衰退。

表 13.4　各省市政府土地出讓金

單位：兆元

年	2006	2007	2008	2009	2010	2011	2012
金額	0.7	1.3	0.962	1.59	2.7	3.15	2.69

資源來源：國土資源部

2. 土地依賴症

土地依賴症是全國性現象，由表 13.4 可見，2010 年土地出讓金 2.7 兆元，占地方政府財政收入 66.5%，其中北京、上海、大連市政府的土地出讓金收入突破 1,000 億元。2011 年，土地出讓金占地方財政收入比重降至 60%。

以北京市來說，2010 年財政收入 2,354 億元，土地出讓金收入 1,629 億元，相當於財政收入的七成。

拍賣土地使用權，以取得「土地出讓金」，解決財政赤字的最有效方式，這就是「土地財政依賴症」。

3. 地方政府成了高房價的幫凶

建設公司出高價拍得土地使用權，將本求利，主要是蓋住宅（中國大陸稱為商品房）、商辦大廈出售。由於房價中土地成本常達四成左右，水漲船高，房價就跟著墊高。

再加上地方政府標售順序大都是好賣的先賣，而且分批賣，在奇貨可居情況下，建設公司看好後勢，出價越出越高。

二、土地需求——土地的歐肯係數

在第一章第二節，我們曾提及歐肯係數，在土地方面，也可以看到「土地歐肯係數」的影子，由表 13.5 可見，這可分為三階段。

表 13.5　經濟成長對土地需求的影響

期間	1980～2005 年	2006～2010 年	2011～2015 年
一、土地歐肯係數	經濟成長率每成長 1 個百分點，多徵用農地 30 萬畝	經濟成長每成長 1 個百分點，多增加建設用地需求 120 萬畝，但實撥 60 萬畝，每年供給只有需求的一半。以總量來說，年需求 1,200 萬畝，實際供給 600 萬畝。	預期土地歐肯係數更高，尤其是城鎮化加快推進。
二、學者*	中國社科院農村所研究員黨國英	國土資源部長	同左

1. 1980～2005 年

此期間，對土地需求主要來自工業用地。

2. 2006～2010 年

此期間，土地需求主力來自政府城市建設和住宅；此時，土地奧肯係數是第一階段的 2 倍。

3. 2011～2015 年

十二五期間，城鎮化比率目標要增加 3 個百分點，城鎮化對土地需求大於工業；再加上工業規模持續擴大，國土資源部部長認為土地奧肯係數會更高。

三、問題

針對「土地總體規畫」，中央政府管得很緊，但「上有政策，下有對策」。許多地方政府用老辦法解決土地供不應求的問題：未批先占、少批多占、以租代徵。2010 年，違法用地 5.3 萬件。違法違規用地總量大、比例高，而且形式更為複雜。

以 2010 年為例，房地產用地調控面臨較大壓力，許多地方政府為了發展，有些土地供給不足，但有的地方土地利用粗放浪費（中國大陸稱為地耗）。從農民手中強制低價拿地，卻在建設中大肆揮霍用地：林林總總的新城區、遍地開花的工業園、為數不少的高爾夫球場、方圓數里的大學校園。

四、地方政府對策

人口集中在東半部，沿海省分地狹人稠，以廣東省為例，人口近一億人，又是改革開放的第一個地點，土地資源很快就耗竭掉了。以克魯曼（Paul Krugman）199 年提出的新經濟地理學（New Economic Geography）來解釋，在一地區，因工廠過多，導致缺工、缺電，造成有些公司遷出，稱為「市場壅擠效果」（market-crowding effect）或「地方競爭效果」（local competition effect）。因此，廣東省政府為了階段性需求，三次實施（媒體所稱的）騰籠換鳥政策，詳見表 13.6。「騰籠換鳥」是把土地比喻成鳥籠，把土地上的產業、公司比喻成鳥，做「騰籠換鳥」，意思是說把籠子裡便宜的鳥放走，換一隻「吃得少、產蛋多、飛得遠」的好鳥。

由表 13.6 可見，以深圳市往內陸由內往外劃三個同心圓，第一環城市是深圳市、第二環城市是深圳市附近（東莞市、佛山市、廣州市）、第三環城市是第二環城市的外圍（包括粵西、粵北）。

表 13.6　廣東省騰籠換鳥的進程

階段	I	II	III
一、期間	1990～2005 年	2006～2010 年 5 月	2010 年 6 月起
二、移出產業	傳統製造業（例如鞋、衣）	同左	電子業（例如富士康）
三、移出地點	深圳市、珠海市、番禺市等沿海城市	廣州市、東莞市、佛山市、中山市	深圳市
四、移入地點	東莞市（尤其是球鞋代工） 佛山市（尤其是牛仔褲）	・粵西（例如陽江、茂名） ・粵北（例如韶關）	大西部、大中部
五、負責單位	廣東省政府	同左	發改委等

1. 第一波騰籠換鳥

1990 年代，電子公司大幅進駐深圳市，深圳市政府第一次實施騰籠換鳥，被擠出來的傳統工業公司移往深圳市周邊地區，造就了第二環城市中的東莞市等。

2. 第二波騰籠換鳥

2005 年 10 月，國務院頒布《十一五規畫》（草案），明確指出沿海高耗能、高汙染或低附加價值的勞力密集型產業，必須要向上升級，改向技術密集產業。

深圳市政府為了解決土地枯竭問題，決定回收土地審批權。過去由各村、鎮民自行跟建商簽訂的土地使用權將被視為非法交易，在適當時機收回。收回之後，就可以提供給想要在深圳市建廠的高科技公司。

以廣東省來說，擁有海港、人口等優勢，外商非常喜歡。因此連東莞市這樣「第二環城市」也必須遷廠。廣東省政府在廣東北部、西部（第三環城市）開闢「產業移轉工業園」，以承接第二環都市外移的工廠。

3. 第三波騰籠換鳥

經過多年的開發，沿海經濟開發區已逐漸飽和。2004 年起，勞動成本增加、土地取得困難、電力不足與環境汙染問題浮出檯面。

以深圳市為例，小小地方擠了 1,000 多萬人，為了發展商業和都市，甚至連勞力密集的高科技業都必須「讓位」。從財政收入角度，把工廠土地徵收回來，再拍賣給建設公司，土地出讓金遠大於工廠所帶來的稅收（主要是營業稅）。

深圳市政府主動出馬希望公司騰籠換鳥，標竿性公司是富士康科技集團。2010 年 6 月起，大幅度向重慶市、河南省等「內陸遷廠」（簡稱內遷）。

五、國務院目標

由表 13.2 可見，此階段土地政策目標多元，而且個個都重要，在第二欄中土地第三階段有二個相關目標群。

1.「房價→物價→經濟成長」

農地大量挪為他用，以致農產自給率低，引發物價上漲。雪上加霜的是，2009 年起房價狂飆，2010 年消費者物價指數比重重調，房租占比大幅提高，只比食品（加飲料）低一點，房租上漲會帶動物價上漲。

一旦物價過高（超過 4%），政府往往採取緊縮性政策（常見的是貨幣政策）來降溫，但會使經濟成長率少個二、三個百分點。

2. 農業、工業、住宅搶地

蓋住宅對地方政府的好處有時比發展工業還多，因此 2005 年以後，工業中的公司可以大幅占地情況越來越少見。

六、國務院對策

政策目標多，但可行替代方案範圍少主因來自土地全面供不應求，可用「當家難」來形容中央政府的處境。

1. 三個「最嚴格」

2011 年 8 月 23 日，中共中央政治局就完善土地管理制度問題研究進行第三十一次集體學習，胡錦濤在主持學習發表講話時表示，要採取下列三種措施。

- （對農地）「最嚴格的耕地保護制度」，詳見表 13.8 中第三欄說明；
- （對土地拍賣）「最嚴格的土地管理制度」；
- （對工業用地等）「最嚴格的節約用地制度」。

2.《國土資源十二五規畫綱要》

2011 年 6 月 26 日，國土資源部頒布《國土資源十二五規畫綱要》（本段中簡稱《綱要》），至少有三項政策主軸、六項施政重點。

- 「惠民生」：包括一項施政重點「加強國土資源科技創新與國際合作」，簡單的說，偏重工業中的「礦業」，涵蓋挖油、挖礦，皆屬於公營企業專屬經營範圍。
- （農地）「守紅線」：包括三項施政重點，詳見表 13.8 中第三欄。
- （工業等）「促節約」：包括二項施政重點，其一「加強地質災害防治與國土綜合整治」（詳見表 13.10），這是針對工業用地；其二「深化國土資源管理制度改革」是針對住宅用地的拍賣（詳見表 13.11）。

3. 主體功能區規畫

「區域總體土地利用」比較偏重省市的土地總量管制，至於國土規劃宜考慮自然區域（比省市更大的）區域發展程度。

2011 年 4 月發改委公布的主體功能區規畫為例，把全國分成三區域，詳見表 13.7。這是根據不同區域主體功能定位，加入資源消耗量、環境保護等績效指標評量，實行「差別化政績考核」。

表 13.7　2011 年主體功能區規畫

可開發程度	定義	功能
1. 重點開發區	重點開發區是指生產要素與人口集聚條件較好，且開發尚未飽和、交通可達性高之地。（註：主要指大西部、大中部）	該區域因土地與水資源沒有充分利用，所以對新廠房或建設用地擴張的限制較低，能提供創業較自由的發展空間。
2. 優化開發區	大都指因發展較早且高密度開發、人口高度聚集，導致現有資源環境承載力開始降低，但開發適宜度仍較高的地區，例如長三角、珠三角。	企業受到「建設用地指標總量管制」和「汙染與碳排放總量管制」等方面的影響。
3. 限制與禁止開發區	資源環境承載力、開發適宜度皆低的「限制與禁止開發區」，例如青藏高原、黃土高原、東北森林帶以及重要河川源頭。	生態安全保護地區、國家公園、高山沙漠等自然條件與基礎設施皆差者，不適合或法令明文禁止大規模開發。

第三節　土地供需第三階段專論

針對土地的產業（農工服）與城建住宅，國務院皆訂有指導原則，本節詳細說明。

一、針對農業（用地）「保紅線」

為了確保「18 億畝農地」的紅線，從十一五規畫開始，四大類指標中第三大類「人口、資源及環境」中，有一項關於「土地」，即「耕地保有量 1.2 億公頃」。換另一個角度，24 個指標中，只有 7 個約束性指標，「保紅線」是其中之一。

可見，土地政策中最重要的是藉由維持農地數目，以達到五大基本作物糧食自給率 90% 目標，進而確保物價穩定。

由表 13.8 第三欄可見，國土資源部十二五施政六項重點中占三項，可見農業用地是「重中之重」！

表 13.8　農業用地

問題	國務院目標	國務院政策
一、土地浪費 農村用地有二種用途，其土地浪費情況如下。 (一)農地（農業用地）	守紅線 1. 全國耕地：18.18 億畝 2. 建設高標準基本農田：4 億畝 3. 補充耕地：2400 萬畝 2008 年 10 月，在中共十七大三中全會中，胡錦濤表示：「堅持最嚴格的耕地保護制度，堅決守住 18 億畝耕地紅線。劃定永久基本農田，建立保護補償機制，確保基本農田總量不減少、用途不改變、品質（註：指農田良莠的等則）有提高。」	以國土資源部十二五施政重點，六項中占三項。 1.大力推進資源節約集約利用 2011 年 8 月 23 日，胡錦濤要求「強化土地利用總體規畫的整體作用，堅持各類建設少占地、不占或少占耕地，以較少的土地資源消耗支撐更大規模的經濟成長。」 合理確定新增建設用地規模、結構、時序，走集約式城鎮化道路，確保保障房用地供應，嚴格執行土地用途管制制度，完善土地使用標準。
1. 工商住宅占地 工商業住宅「侵蝕」農業用地。 2. 工業傷害 一、例如安徽省淮北市有兩大礦業集團，全市因採煤塌陷而破壞的土地超過萬畝，25 萬名農民無地可種。		2. 提升國土資源保障和服務能力 胡錦濤要求「把劃定永久基本農田作為確保國家糧食安全的基礎，強化耕地

表 13.8（續）

<table>
<tr><th>問題</th><th>國務院目標</th><th>國務院政策</th></tr>
<tr><td></td><td></td><td>保護責任制度，健全耕地保護補償機制，從嚴控制各類建設占用耕地，完善耕地占補平衡制度，加快農村土地整理，大規模建設旱澇保收高標準農田。」</td></tr>
<tr><td>3. 結果
各地普遍發生農民無地可種情況如下。
<table><tr><th>年</th><th>1997 年</th><th>2010 年</th></tr><tr><td>耕地面積</td><td>19.49 億畝</td><td>18.26 億畝</td></tr><tr><td>人均耕地</td><td>1.58 畝</td><td>1.38 畝*</td></tr></table>*是世界平均值四成、工業國家五成</td><td></td><td>3. 強化國土資源保護
例如國土資源部部內有督察隊負責法令遵循稽核，2011 年要強化土地和執法督察，要完成 60 個地級市（以上）的例行督察，加強管理地方政府在土地調控和耕地保護政策的執行情況。
為確保耕地，2011 年發改委也聯合多個部會發文要整治違法高爾夫球場，就是因為「占用耕地」，除沒收土地外，還要復原和植林。</td></tr>
<tr><td>(二)農村用地浪費
1. 閒置
一些村因人口大量外流，導致不少農村建設用地閒置。
2. 政策錯誤
村幹部規畫集約式農舍，農民喜歡住在村莊邊，地大也離田地近，以致村中央空地多，成為「空心村」。</td><td>國家目標：人均農村居民點用地上限 150 平方公尺（45.37 坪）。</td><td></td></tr>
</table>

表 13.8（續）

問題	國務院目標	國務院政策
河南省部分「空心村」常年無人住，房門朽爛，屋頂垮塌，民眾形容：外面像村，進村不是村，老屋沒人住，荒地雜草生。 上面這二樣因素造成的農村用地閒置面積 1 億畝，等於全國耕地 5.6%。此數字是根據黨國英等專家曾在河北省館陶縣冀淺村調查，該村土地 39% 未有效利用，村裡約 400 間農舍，平均一「間農舍」（原文為「幅宅基地」）住 1.9 人，如果按一間農舍應住 4 人計算，這個村可節約農舍土地約 52%。黨國英等還在湖北、山西、廣東、河南、寧夏等地的 30 多個行政村進行了調查。 3. 農舍也拚批地 建房無序、濫占亂建問題嚴重，有的群眾盲目誇富，爭風水、搶地邊，院子越圈越大，占地越來越多，個別農舍甚至大到 1 畝多地，造成嚴重浪費。 4. 結果 人均農村居民點用地 214 平方公尺（64.73 坪），這還是從寬計算，即		

表 13.8（續）

問題	國務院目標	國務院政策
2.4798 億畝／(7.13+1.5) 億人，其中 1.5 億人是離鄉農民工		
二、農田徵收	《綱要》中表示，徵地制度要不斷完善，徵地範圍逐步縮小、徵地程序嚴格執行，補償標準也要逐步提高，讓被徵地農民長遠生計有保障。 2011 年 8 月 23 日，胡錦濤強調，要進一步完善符合國情的最嚴格土地管理制度，確實維護群眾土地。	

二、針對工（商）業（用地）「促節約」

工業用地是侵蝕農地的主因，但是工業占產值 50%，必須長期支持，因此對土地需求只能要求節約，省著點用。有具體目標（詳見表 13.10 第二欄），各省市就有政策，表中第三欄中以國務院、重慶市為例，舉出類似零售業的「坪效」（每坪每月營收）觀念，有「投入績效指標」、「產出績效指標」，即減少土地的低度利用。

在本節中，我們說明環境保護對「促節約」也有助益。

(一)促節約

在第一階段時，地方政府缺錢緊急，談判力量薄弱，小型外商很容易拿到工業用地。企業申請工業用地大都從寬，一部分是為以後擴廠使用；

但很多也都冀望以後都市計畫變更後，地方政府用更高價格徵收土地，可以發筆土地財。於是在表 13.10 中第一欄第一項可見工業用地粗放浪費情況。

到了第二階段，地方政府談判籌碼變強起來了，中型外商才容易不打折的批到土地。

到了 2006 年以後，第三階段，全面進入缺地狀況，再加上中央政府管得緊。只有大型企業（尤其是國際知名的全球企業）才能如願的拿到土地。簡單的說，在熱門地區中小企業很難靠批地、養地賺到土地財。

然而，土業土地閒置情況還是常見，主因是地方政府打的如意算盤，由表 13.10 第一欄可見大中部、大西部許多地方以為 1980、1990 年沿海的外商熱潮會來臨，大肆蓋工業區，但是進駐工廠往往只有二、三成，形成工業用地浪費。

(二)環境保護考量

環境保護對土地也有保護作用。

1. 留得青山在，不怕沒柴燒。

第二項「環境保護」，這跟土地數量也有關係，一旦工廠或附近土地被汙染，土地在無法復育（尤其是放射汙染）情況下，只好荒廢，此等於是土地數量的減少。

2. 以太陽能產業說明環境保護

太陽能（中國大陸稱為光伏）產業是七大新興策略產業之一，2005 年以來，一直是地方政府鼓勵發展的產業之一。基於關鍵原料自主的考量，大力往上游原料（多晶矽，中國大陸稱為多晶硅）發展，2009 年全球市占率 25%，但由於技術較落後，因此採礦等造成較多汙染。

為了環保、節約用地等考量，2011 年 1 月 24 日，發改委、工信部和環保部發布「多晶矽行業准入條件」規定（詳見表 13.9）。其中第一項

「建設條件和生產佈局」中第二個條件便是環保考量。

表 13.9　多晶矽行業准入條件（摘要）

項目	條件
一、項目建設條件和生產佈局	1. 新建和改擴建項目投資中自有資金比率 30% 以上。 2. 農田和保護區、自然保護區、風景名勝區、水源區、居民集中區、療養區、食品生產區周邊 1,000 公尺，或重點生態功能區，不得新建多晶矽項目。 3. 在政府投資項目核准目錄頒布前，新建多晶矽項目原則上不再批准。
二、生產規模與技術設備	1. 太陽能級多晶矽項目每期規模大於 3,000 噸／年。 2. 半導體級多晶矽項目規模大於 1,000 噸／年。

表 13.10　工業用地

問題	國務院目標	國務院政策
一、工業用地粗放浪費情況	用地「促節約」	
1. 減少農地以支援工業、城市 ・社科院農村所研究員黨國英指出，1980 到 2005 年，經濟每增長一個百分點，會占用農地 30 萬畝，是日本快速發展期的 8 倍。 ・以 2000 年為例，單位工業用地產值（一說附加價值）只有日本的 5%。	1. 新增建設用地總量：控制在 3,450 萬畝 2. 平均產值建設用地面積：降低 30%	1. 2006 年 11 月，發改委公佈《利用外資十一五規畫》，定出選擇外商，以「引導外商投資產業結構優化和促進建設資源節約型、環境友好型社會」為原則之本。 2. 為了集約節約利用土地，重慶市政府針對 43 個市級以上工業區，訂下「約束性指

表 13.10（續）

<table>
<tr><th>問題</th><th>國務院目標</th><th>國務院政策</th></tr>
<tr>
<td>‧2008 年，中部地區某鎮藉「新農村建設」之名大肆擴張，新區的居住區、工業區和集貿金融區，規畫面積 1025 畝，其中未批先占良田 700 多畝。但整個新區冷冷清清，寬大菜市場內只有少數農戶擺攤，規畫的工業區和集貿金融區因招商未果都已停頓。
2. 企業想法設法批地
‧西部某縣國土資源局局長說，該縣經濟開發區主要承接從珠三角轉移過來的電子、食品企業，企業以 1 畝 8～12 萬元購買工業用地使用權，房地產用地每畝可賣出 300 萬元；但為了追求經濟成長，須以較低的價格吸引東部企業過來。
‧重慶廣生製藥有限公司副總經理林仁偉表示，一些企業大手筆拿地，歸根究柢在於土地便宜，企業看中的是地價升高的好處。</td>
<td></td>
<td>標」（中國大陸稱為硬指標）如下，下表皆是最低標準。
單位：億元／平方公里
<table>
<tr><th></th><th>投資強度指標</th><th>產出指標</th></tr>
<tr><td>一、主城區</td><td>50</td><td>100</td></tr>
<tr><td>二、東北、東南貧困地區（例如三峽庫區）</td><td>20</td><td>30</td></tr>
</table>
結果是「一半未達目標」，最慘的是重慶市東南某縣工業園區提出「栽下梧桐樹、引來金鳳凰」開發理念，2008 年開徵近 300 畝土地荒廢至今。</td>
</tr>
</table>

表 13.10（續）

問題	國務院目標	國務院政策
·在第四號《國家土地督察公告》中，知名的比亞迪公司被列出在陝西省的擴建工程違法占地，長江輪船公司在安徽省違法占地建造船廠。		
二、環境保護	十一五、十二五規畫 24 項指標中，環境保護類占五項（占比重 20.8%）	*加強地質災害防治與國土綜合整治

三、針對城市建設、住宅

針對城市建設，溫家寶多次提及人民福利應優先於「政績工程」（註：為了突顯政績所蓋的政府大廈）。至於針對住宅，則是中央關心的重點，即表 13.11 中第一欄的第二、三項，本段只說明第二項。

1. 針對「國土資源管理制度改革」

表 13.11 中第二項（住宅用地）「土地使用權拍賣」，便是「國土資源管理制度改革」，表中改革措施都是拍賣制的變型。

有些學者認為一次賣掉 70 年土地使用權，等於賣祖產，違反「隔代租稅正義」，即這一代享受，下一代則無可賣之地。因此有下列二種建議。

(1)土地出讓金分期收取，或是一次收取，但依期間逐年認列。

(2)改採土地使用稅，即採取「只租不賣」方式。

2. 2011 年從地方往國務院集權——22 市建地審批權被收回

依據土地管理法規定，國務院有權授權那些城市進行建設用地的審核。

每年，新一輪土地利用總體規畫修編時，國務院往往會調整授權城市範圍。2010 年，國務院收回 84 個城市的授權，2011 年 8 月 22 日，由國土資源部下發通知，國務院收回東莞、珠海、鎮江、揚州等 22 個城市建設用地審批權，土地利用總體規畫確定的中心城區範圍內農用地轉用和土地徵收須報國務院批准。

表 13.11　城市建設與住宅用地

問題	國務院目標	國務院政策
一、城市建設浪費土地情況		本處引用中科院地理所前所長陸大道的評論。
(一)交通建設 2006 年來，機場、公路等基礎設施迅速發展，其中有些是重複建設，舉例如下。		(一)交通建議
1. 鐵路 京滬高鐵新建的上海市虹橋火車站占地 5000 多畝。		1. 鐵路 「一個火車站，一些輔助設施，要那麼大的面積幹什麼？日本、德國、法國高鐵車站在城市裡占地只需要幾百畝，我們的人均耕地遠比不上德國、法國，為什麼還要占那麼多地？
2. 公路		2. 公路

表 13.11（續）

問題	國務院目標	國務院政策
高速公路密度如下。 東部地區高速公路 2.49 公里／百平方公里，遠高於歐盟和日本，是美國的 2 倍； 中部地區是 1.59 公里／百平方公里，也高於美國和歐盟的平均水平。		・關鍵在於各國只有幹線才建高速公路，但是中國大陸連窮鄉僻壤也蓋高速公路，經濟價值極低。 ・2008 年起高鐵陸續通車後，很多機場變成蚊子機場。 改革開放前後，大中型城市的人均綜合（包括道路、廣場、工廠在內）占地大概 70、80 平方公尺，重慶、上海等大城市只有 60 多平方公尺。 近幾年，大中型城市人均綜合占地擴展到 120 平方公尺以上，這裡出現了大馬路、大廣場、大草坪、大立交（大的立體交流道）。2010 年時，對照國際大都市，東京 78 平方公尺，香港才 37 平方公尺。
3. 機場、港口 2012 年 14 個支線機場虧損 29 億元，有 70% 的機場都面臨虧損。	民航局認為機場的效應不能只單看機場的經營，還要考量對當地的經濟帶動與貢獻。以廣西為例，從 2006 年僅一條東協定期航線到 2012 年達到 12 條，航空運輸已成為廣西與東協國家政治、經貿、文化交流的主要管道。	2012 年，發改委批准的機場建設包含 11 個新建機場、8 個擴建機場與 1 個遷建項目，預計在 2020 年將增加旅客吞吐量 1.5 億人次，所需的投資金額 1,000 億元。

表 13.11（續）

問題	國務院目標	國務院政策
	2012 年廣西機場對廣西的經濟貢獻達 216 億元，創造 6 萬個就業機會。	中國民航局局長認為，140 個機場所帶動的總產值至少 2 兆元。
(二)公共設施 中部地區某縣在 2000 多畝的農田和山地上建豪華辦公樓和占地千畝的文化廣場，希望吸引百姓搬遷，但地處偏遠，新城區房地產滯銷，造成土地和資源嚴重浪費。土地使用權拍賣「招拍掛」制度中以「拍賣」、「掛牌」為主，因拍賣時以最高價者得標，對地方政府最有用，至於「招標」評比，價格不是惟一因素。	(一)商品房 自住性中小套型商品房用地不低於住房建設用地供應總量的 70%。 (二)社會福利所需用地 ・貧民區（中國大陸稱為棚區）改建用地 ・確保保障性住房用地供應。	*深化國土資源管理制度改革 2011 年 1 月 7 日，國土資源部部長在北京市舉行的全國國土資源工作會議上指出，城市發展對土地依賴有增無減，利益分配不合理，社會矛盾突出，因此土地出讓制度需要進一步改革完善。 其中改革方案至少有三。 1. 限房價競地價，即以房價來限制土地出讓金金額。 2. 雙向競標 3. 招標制，其中 2010 年北京市實施的「有最利標」制是典範，不再採取「最高價」制，名稱為「綜合評標法」，限制地價以及提出配建保障房面積等方法來進行招標，當時北京市土地成交價明顯下降。

表 13.11（續）

問題	國務院目標	國務院政策
三、土地拍賣金用途 (一)2006 年以前，結餘入庫，地方政府把土地出讓收入先納入預算外專戶管理，再扣除徵地補償和拆遷費用，以及土地開發支出等成本性支出後，餘額繳入地方國庫，納入地方政府性基金預管理。簡單的說，問題出在於不用向地方人大報告或向社會公開。 (二)2007 年以後 財政部要求地方政府把全部土地出讓收入繳入地方國庫，跟一般預算分開核算，專款專用，實行收支兩條線管理。	法令要求 財政部規定如下。 土地出讓收入使用範圍。 1.用途 徵地和拆遷補償、土地開發、補助被徵地農民社會保障、農村基礎設施建設、農業土地開發、城市建設、城鎮廉租住房保障以及耕地開發、土地整理、基本農田建設和保護等方面。 2007 年，財政部頒布《廉租住房保障辦法》，用於廉租房保障資金的比例不得低於土地出讓淨收益 10%。 2.破產或改制國營企業土地出讓收入，應該用於勞工安置等支出。	實績 在 2010 年 4 月，財政部公佈 2009 年土地出讓收支情況。 1. 收入：1.4240 兆元（註：這比表 13.4 中數字低 1660 億元） 2. 支出：1.2328 兆元，用於下列。 ・徵地占 40.4%； ・拆遷補償占 27.1%； ・城市建設以及土地開發占 10.7%； ・其他占 21.8%。 2011 年初，國務院審計署發佈審計報告指出，北京、上海、重慶、成都等 22 個城市，土地出讓淨收益做為廉租房保障資金的比例未達 10% 的基本要求（例如北京市 7.8%），2007～2009 年，這些城市共計少拿出 146.23 億元。

3. 2013 年公布國土規畫綱要（2010～2030 年）

由發改委、國土資源部會同 28 個部會，起草《全國國土規畫綱要（2010～2030 年）》，依據未來 20 年的發展目標和環境資源承載能力規範區域職能，合理確定國土資源和地域空間的規模、強度、結構、布局和時序，上呈國務院，可能於 2013 年公布。

問題討論

1. 以生產要素來說，中國大陸在工業土地方面是否具有比較優勢？
2. 地方政府的「土地財政」作法是否會排擠到工業用地面積？試以一個省或市爲例說明。
3. 以區域經濟來解釋爲何工廠主要設在都市。
4. 以大西部開發計畫來說，重慶市與四川省成都市工業土地足夠嘛？
5. 中國大陸工業土地會出現「土地紅利」轉「土地赤字」的問題嘛？

14

勞動供需初階發展

1980 年代出口主力之一是勞力密集產品，女作業員在生產線上組裝聖誕燈飾（本書照片提供：今周刊）

雙手萬能

依比較優勢來說，四種生產要素中，中國大陸在全球最有比較利益的便是「全球人口第一大國」，人多好做事（適合勞力密集），且薪水又低。薪資優勢到 2004 年起，在亞洲各國中才逐漸被越南、印度超越。

由於勞動人口太重要，因此各省市社科院中往往會有人口研究所，許多人口大省中的大學也設有人口研究所。本書特別把勞動人口以二章說明。

第一節說明依經濟成長目標，而政府於 2002 年制定全面人力資源政策，這主要涉及競爭優勢中的「質」（即勞動力素質）。

接著第二節與第十五章主要是依勞動供需狀況分成三時期。

第二節勞動供過於求時期（1979～2003 年）。

第十五章第一、二節勞動局部供不應求時期（2004～2015 年），再依勞工種類，分兩節討論。第三節全面缺工時期（最快 2016 年），報刊稱為路易斯轉折點出現。

第一節　勞工政策導論

中國大陸是全球人口第一大國，勞動人口充沛，中共中央深知勞動力是全球競爭的比較利益的主要來源，再輔以技術，五種生產要素中有「兩強」。憑藉這二項核心能力，中共中央擬定三階段的經濟成長目標，由於關鍵在於勞動力，因此特別留到此時討論。

由圖 14.1 可見本節的架構。

一、經濟發展遠景——2001～2050 年三階段發展

1990 年代，中共中央已確定「全面小康社會」的三階段發展，2001年

時略作修改，稱為「新三步走」策略，詳見表 14.1。

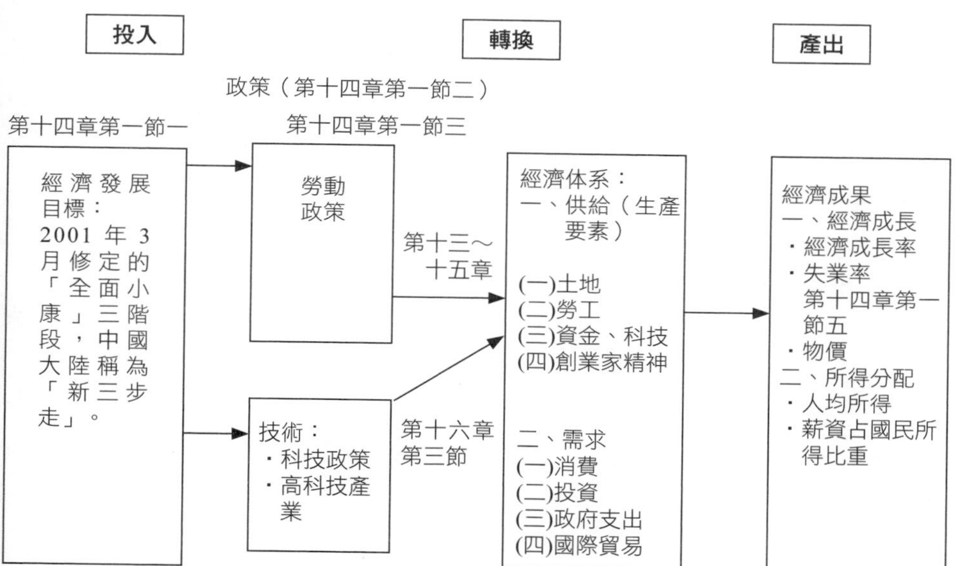

圖 14.1　中國大陸達成長期經濟目標的勞動政策

1. 全面進入小康社會

1978～2010 年的經濟成長目標是全面進入小康社會，2010 年人均所得 4,260 美元，目標已達成。達成目標的生產要素之一的勞工指標，詳見「人資指標」功不可沒，但勞動仍是「以量取勝」，可說是「人口大國」而已！

2. 全面建成小康社會

在 2011～2020 年這十年，要「全面」建成小康社會，「全面」指的是全國，即內陸也要進入小康水準。人力資源指標跟上一個十年來比，都是倍數（除了研究生在校人數外）成長，藉由勞工素質的提升，達到（工業）產業升級，甚至「超英趕美」，回到 1950 年代的追趕政策。跟彼時最大差異，在於「此時」是「有所本」（即有人才作為基礎）。

2013 年 3 月 17 日，在全國人大閉幕會上，習近平以大篇幅闡釋中國夢，並指出，「中國夢」必須是人民的夢，要實現「國家富強、民族振興、人民幸福」。政府對實現「中國夢」具體目標之一，即是在 2020 年，全面建成小康社會。提出 2020 年具體目標，城鎮居民人均可支配所得 38,000 元，農村居民 12,000 元，比 2010 年成長 1 倍。

表 14.1　經濟成長階段目標與人力資源目標（2001 年）

階段名稱	I 全面進入（2010 年）	II 全面建成（2020年）	III 基本實現現代化（2050 年）
一、期間	2001～2010 年	2011～2020 年	2021～2050 年
二、發展方式	漸進式發展	跳躍式發展，即 1950 年代的「超英趕美」的追趕政策。	同左
三、發展階段	發展關鍵期	全面提升期	全面超越期
四、人資目標*			
(一)教育發展目標	其中「研究生」特別是指社會經濟發展急需的應用學科，例如法學、工商管理、高新技術等專業人士。詳見本節第二段所稱的「三支隊伍」。		
1.大專毛入學率	2000 年 13% 到 2010 年 20%	2020 年 40%	2050 年 50%
2.研究生在校人數	160 萬人	200 萬人	—
(二)人力資源發展目標			

表 14.1（續）

階段名稱	I 全面進入（2010 年）	II 全面建成（2020年）	III 基本實現現代化（2050 年）
1. 總人口中，每 10 萬人中大專（含以上）學歷	2000 年 3611 人到 2010 年 7700 人	2020 年 1.3 萬人	2050 年 3.1 萬人
2. 勞工中，每 10 萬人中大專學歷	2000 年 4.66% 到 2010 年 10%	2020 年 20%	40%

*資料來源：整理自中國教育與人力資源問題報告課題組，「未來 50 年中國教育與人力資源開發的戰略構想」，從人口大國邁向人力資源強國，北京：高等教育出版社，2002 年，第 105～109 頁。

3. 基本實現現代化

2021～2050 年，經濟成長目標是全面超越英美，由表中可見，達成目標的核心能力之一是「人力資源發展目標」可說是「人力資源強國」。其中在 2049 年（中共建政 100 年）時，建成社會主義現代化國家。

二、建構核心能力

國家的夢想也需要有政策、政策執行來落實，在江澤民執政期間，對黨政企（國營企業）幹部的要求是「科教興國論」，在投入面、五種生產要素中，中共中央特別注重二項。

1. 2002 年提出的「人力資源強國」計畫；

2. 2005 年提出的「科技強國計畫」。

一黨執政再加上五年經社計畫，政策延續性高，以本處二項為例。2011 年 4 月 24 日，北京清華大學百年校慶大會，在人民大會堂舉行，胡錦濤以國家主席兼校友身分致詞，他提及中國大陸未來的策略是人才強國和創新型國家。

***四種生產要素對經濟成長的貢獻**

有項統計指出，四種生產要素對 1992～2000 年經濟成長率的貢獻如下。

1. 勞動占 69%，分為下列 2 小項。
   - 勞工數量和質量（如教育水準）的提高占 48%。
   - 勞工移動 21%。
2. 資本（即機器）占 28%。
3. 技術 3%。

簡單的說，產值每增加 3 元便有 2 元來自勞動因素。

三、政府的人力資源政策

1990 年代中期，中共中央體會人才的重要性，一系列人資政策相繼推出，例如 1998 年的大學「985 工程」（詳見第二節三(二)）。但是比較系統性政策，要到 2002 年才推出。

由表 14.1、圖 14.1 可見，中共認為十二五、十三五期間經濟想做到跳躍式發展（跳躍式偏重科技），中國大陸必須由「人口大國邁向人力資源強國」，「人才強國」從此變成教育目標。

(一)勞動供需情況

在五年規畫中，人社部針對五年勞動供需皆會作預測，本段詳細說明。

(二)勞動供給——勞動人口的估計

勞動人數的計算很直接，底下簡單說明。即

人口數×勞動年齡人口比率×勞參率 = 勞動人口…〈14.1〉

以 2012 年為例，13.7 億人×68.41%×70% = 6.56 億人

1. **能力：勞動年齡人口占** 68.41%

中國大陸 13.7 億人，年齡中位數 34.2 歲，美國 36.6 歲，日本 51.7 歲。中國大陸可說是勞動人口年輕國家，勞動年齡人口占人口 68.41%，這比率在 2012 年遽降，主因是國家統計局把勞動年齡由 15 到 64 歲，縮小到 15 至 59 歲。

2. **意願：勞動參與率** 70%

由於社會福利極有限，薪資水準有限，因此必須「人人皆工」，勞動參與率 70%，比日本的 61%、南韓 63% 高出十個百分點。

3. **勞動人口 6.636 億人**

人社部自稱 2010 年時，勞動人口 7.9 億人（占人口 59%），比我們算出的數字 6.636 億人（占人口 50%）多 1.264 億人。

(三)勞動需求

針對「新增勞動需求」，大抵可以套用歐肯定理，即〈14.2〉式。

新增勞動需求 = 勞動人口×經濟成長率×就業彈性係數*…〈14.2〉

其中「就業彈性係數」的影響因素有二。

・服務業占產值比重，越高則歐肯係數越高，一般來說（同產值情況下），服務業比工業更勞力密集，2012 年，服務業占總產值 47.5%，2015 年目標 47.1%；

・工業的自動化等情況或工業結構，資本密集的工業較不耗工，以 2002 年為例，此時處於重工業階段，多用機器，少用人力，就業彈性係數為 0.13。

以 2012 年為例，說明如下。

665 萬人 = 6.56 億人 × 7.8% × 0.13

假設就業彈性係數 0.13，因為服務業占產值比重逐漸升高。服務業成長原因之一，2015 年城鎮化比率將提高四個百分點達 57.4%。

(四)勞動供需三階段

依勞動數量供需狀況，可以分成三個階段，詳見表 14.2。

- 第一階段勞動供過應求，本章第二節討論。
- 第二階段局部地區（沿海）勞動供不應求，第十五章第一、二節詳細說明。
- 第三階段全面勞動供不應求，詳見第十五章第三節說明。

表 14.2　勞工供需三階段

階段	I	II	III
一、期間	1979～2003 年	2004～2019 年	2020 年起
二、供需狀況	供大於求	沿海地區供不應求	全面供不應求
三、對競爭優勢影響			
(一)價	此時以第一代農民工為主，吃苦耐勞	薪資每年上漲 10% 以上，此時以新生代農民工為主，政府半強迫企業成立工會，以利藉此跟公司進行薪資的集體協商	路易斯轉折點來臨，人口紅利消失。薪資全面上漲，公司大幅度進行工廠自動化。
(二)量	農民工中的技術工人數不足，2002～2005 年花大錢，實施農民工職業訓練，以便農村勞動人口外移到沿海都市。	2008 年起，國務院落實「大西部政策」，重慶市等大幅度招商。以內陸在地勞工來吸引沿海地區企業內遷。	

表 14.2（續）

階段	I	II	III
(三)質	1999 年起，大幅度發展大專教育，2001 年起，出現大專濫芋充數情況。	2005 年時，大專畢業生中每年有 100 萬人當年失業。2010 年 7 月，教育部頒布《2010～2020 中長期教育改革和發展規畫綱要》。	
(四)時	2000 年起，逐漸向香港、台灣等以高薪方式「磁吸人才」。	2010 年 6 月起，實施《2010～2020 中長期人才規畫綱要》，努力大幅度培養高素質人才。	

四、勞動供需結果之一：失業率

「失業率 5%」是 24 項經社指標之一，但是中國大陸所稱的是「城鎮人口登記失業率」究竟跟聯合國的定義有何不同？

失業率、國民所得等是聯合國規定的全球統一衡量方式，中國大陸把它限縮了。基於農村勞動失業人口不易認定，因此中國大陸的失業率本質上是「城鎮人口登記失業率」，說明於下。

・只統計城鎮居民

就業、失業只以城鎮戶籍人口，不包括流動人口的農民工。

・失業的定義

失業人口指的是統計在城鎮失業的失業人口，到（地級）市人保處進行失業登記的數量，因為登記才表明來要求就業，不來人保處登記，證明沒有就業意願，不算失業人口，詳見表 14.3。

表 14.3　中國大陸失業率計算方式

範圍	公式與說明
一、廣義失業率	廣義失業率 = 廣義失業率 $=\frac{失業人口}{勞動人口}$ 以 2010 年底為例 $=\frac{491.4\text{ 萬人}+1.1577\text{ 億人}}{7.9\text{ 億人}}$ = 15.276%
二、狹義失業率，即國家統計局公布的官方失業率	失業率 $=\frac{城鎮居民失業人口}{城鎮居民勞動人口}$ 以 2010 年年底為例 $4.3\%=\frac{491.4\text{ 萬人}}{1.1428\text{ 億人}}$

第二節　第一階段（1979～2003 年）——專論勞動素質的提升

勞動供需第一階段歷時 25 年，這只是針對勞工數量供大於求來說，由於涵蓋期間太長，又可分為幾個次期，限於篇幅，我們集中說明三階段農民工的職業訓練，即本節第二段。

一、導論

在詳細說明三階段人力供需之前，有必要先說明人力需求種類和企業競爭優勢。

1. 人力需求種類

由表 14.4 第一欄可見，依公司組織層級，把人力需求分成三個層級，由低往高排列：基層勞工（來源四分之一為城鎮居民，四分之三為農民工）、低階管理者、中高階人才。原本可用金字塔形狀來表示其所占比重，但由於想傳達內容比較多，所以用表。

2. 對企業競爭優勢的影響

核心能力塑造公司的競爭優勢，藉以在市場上占有一席之地，競爭優勢有四「價」（成本優勢）、「量」、「質」、「時」（主要指產品創新）。表 14.4 第一、第二欄對照來看，可以發現三類人力對競爭優勢的貢獻各不相同。

表 14.4　二個階段的勞工政策

人才層級	競爭優勢與本節架構	階段 I（1979～2003 年）	階段 II（2004～2015 年）
一、企業人才	・時 尤其是創新性人才		2010 年 6 月，國務院頒布《2010～2020 年中長期人才規畫綱要》
二、大專學歷 ・博士 ・碩士 ・大專	・質	1999 年，教育部大幅衝刺大專學校的量，學生數逐年快速成長。	2010 年 7 月，教育部頒佈《2010～2020 中長期教育改革和發展規畫綱要》。
三、基層勞工	・質		
(一)城鎮勞工			2011 年 7 月 26 日，中共中組部、人社部聯合頒佈《高技能人才隊伍建設中長期規畫（2010～2020 年）》。

表 14.4（續）

人才層級	競爭優勢與本節架構	階段 I（1979～2003 年）	階段 II（2004～2015 年）
(二)農民工	1. 價		2011 年 6 月，人社部頒布《人社發展十二五規畫綱要》，最低工資每年至少漲 13%
	2. 量	‧1999 年推動大西部計畫。 ‧2002 年起實施農民工職業訓練	2004 年起，沿海開始缺工。 2008 年起大幅落實沿海企業內遷，遷到「大西部」、「大中部」。

二、藍領需求與供給

基層勞工又稱藍領，中國大陸稱為第一線職工，電視上最常見的便是工廠（中國大陸稱為車間）裡一條條生產線上的勞工，在會計上稱為直接人工，有少數是間接人工，扮演設備維修或生產支援（例如水電）工作。

一旦缺工，生產線就動不了，會造成產值損失。

(一)藍領需求

藍領勞工依技術水準可以簡單二分法，詳見圖 14.2。

1. 外商要什麼？

外商到各國設廠的考量因素，依據聯合國貿易暨發展會議每年 10 月發布的「（年度）世界投資報告」，分析各國引資金額。可得到下列結果。

‧負面因素：不穩定地緣政治和金融情勢，以及保護主義。

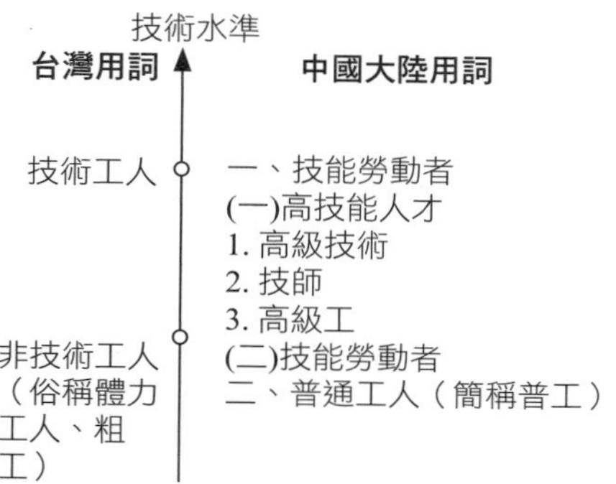

圖 14.2　藍領依技術水準分類

・正面因素：市場、資源及技能熟練勞工。

由此可見，技術工人是外資設立工廠的必要條件之一。

2. 技不如人就累了

美國一直是外商投資金額最大的國家，2009～2011 年失業率都在 9% 以上，以致美國產官學都重視失業問題。其中著名智庫亞斯本研究所（Aspen Institute）認為失業率高的因素主要是學校教育、職業訓練出了問題，以致普遍缺乏中等技術（middle-skill）工人，稱為「技術落差」（skills gap）。其直接結果是，中小企業找不到足夠技術工人，因此產能利用率低；更長期隱憂是「欠缺技術工人會影響美國全球競爭優勢」。

3. 國務院體會技術工人的數量越來越重要

在 1990 年代，外商大幅增加，對勞工的需求越來越多，先找城市內勞工（教育水準比農村人口多 3 年），仍不足，接著再找農村勞工（即農民工）。

能力較高的農民工會先到城市，在 1990 年時，農民工人數 1,520 萬人。由表 14.5 可見，隨著工業化、城鎮化發展，農民成為農民工人數快速增加。

表 14.5　農民工人數演進

年	說明
1990 年	0.15 億人
2003 年	1.36 億人，占農村勞動人口 27.8%，其中 62% 到外省工作。 1990 迄 2003 年，農民工每年增加 500 萬人。
2010 年	2.4 億人
2011 年	2.5 億人

(二)問題：技術工人供不應求

在 2001 年，國務院體會到技術工人的數量已不敷外商的需要，如同上一段所述，即出現技術落差，必須設法提升勞工素質。

(三)政策：農民工職業訓練

為用而訓，這個人力資源管理的原則適用於公司，也適用於國家。

從發展工業的角度，由於農民工學歷低、技術差，因此農民的就業移轉力差。在 2001 年時，國務院大力推動職業訓練政策；農業部協調 5 個部，透過教育訓練以落實農村「勞務輸出（到城市）」政策。詳見下列說明。

民營職業介紹所

（本書照片提供：今周刊）

1. 2001 年

以 2001 年為例，農村居民人均受教育年限約 7.4 年（即只唸到國二上學期），比城鎮居民少 3 年。農民工和國中（及以下）教育程度占比重 85%，高中（及以上）占 15%。農民工在職業技能訓練方面，接受過訓練的占 17%，未接受過任何職訓者占八成以上。

2. 2002 年先試點

2002 年，農業部基於促進農民轉移就業、統籌城鄉經濟社會協調發展，以及建立城鄉平等就業制度的需要，選擇六個縣（市）試點，對農民轉移就業職業訓練的投入、內容、機制和方式開展先導性的探索。

3. 2003 年

在 2002 年試點基礎上，2003 年中共中央制訂一系列農民工職訓措施，共分三階段。詳見表 14.6，底下簡單說明。

4. 2004年

此項始於 2004 年的職訓項目，開啟了中共中央推動農村「勞務輸出」的政策，分為三階段，詳見下列說明。

(1)引導性訓練

旨在提高農民工的素質，提供農民進城務工必要的服務和幫助，以減少轉移的阻力。

(2)職業訓練（中國大陸稱崗位培訓）

這是針對性的以提高農民工就業工作能力為目標的職業技能訓練，簡單的說，由農業部以招標、訓練券（給農民工）方式，委由學校和職訓甚至雇用農民工的公司（此部分稱為農民工職訓津貼），負責訓練農民工。

到 2004 年，農民工的學歷沒有顯著變化（只有大專以上由 3.8% 提高到 4.6%）。但是按技術能力程度區分，有接受職業訓練的有 28.2%（2001 年才 16.8%）。

5. 2008 年以來，第二階段

十一五期間，農民工就業訓練由點（即試點）到面。較大特色是企業跟高職的建教合作，在缺工蔓延情況下，大型企業積極跟高職甚至大專進行建教合作，以確保基層員工的來源。

表 14.6　2003～2011 年農民工職業訓練

階段、年	說明
一、第一階段 (一)2003～2005 年 (二)2004～2005 年	重點支持糧食主產區、勞動主要輸出地區、貧困地區和革命老區開展短期職業技能訓練，年職訓 250 萬人。 ・引導型訓練 1,000 萬人； ・職業技能訓練 500 萬人。 陽光工程職業訓練「陽光工程」按照「政府推動、學校主辦、部會監管、農民受益」的原則、採用「公開招標訓練機構、財政資金直（接）補（助）農民、職訓保證農民就業」的機制，推動職訓工作的規範落實。 2004 年 5 月，為配合職訓計畫補貼政策的實施，國務院發出了「農村勞動力轉移培訓財政補貼資金管理辦法（試行）」的通知，確立職訓補貼資金以地方財政為主、財政部為輔。財政部根據農民轉移職訓陽光工程辦公室確定各省示範性職訓任務，平均每期每人按 100 元的標準補貼。 在職訓時間上，以短期為主； 在職業技術上，以勞動需求量較大的製造、建築、餐飲、飯店、家政服務等行業為重點； 在職訓方式上，包括「校企聯合」、「校校聯合」、「校鄉聯合」形式。由職訓單位憑用人單位（主要指企業）的用人需求訂單，向政府申請職訓任務，對農民進行招生，有組織的把職訓學員送到用人單位。 本專案在 1200 多個縣實施。 2004～2005 年，共職訓農民 530 萬人，其中轉移就業 460 萬人，轉移就業率 87%，帶動各地開展農民轉移就業職訓 1,000 多萬人，陽光工程成為最具影響力的農民職訓計畫。

表 14.6（續）

<table>
<tr><th>階段、年</th><th>說明</th></tr>
<tr><td>二、第二階段
2006～2010 年
十一五期間</td><td>在全國大規模開展職訓，建立健全的農村勞動力轉移就業職訓機制，加大農村人力資源開發力度，2006～2010 年農民工訓練目標如下。
・引導型訓練 2,000 萬人。
・開展技能訓練 3,000 萬人。
至 2009 年，高技能人才（包括高級技師、技師、高級工）達 2631 萬人，比 2004 年增加 771 萬人，高技能人才占技能勞工總量的比例達 24.7%。</td></tr>
<tr><td>三、第三階級：
2011 年以後</td><td>按照城鄉經濟社會協調發展的要求，把農村勞動力職訓納入國民教育體系，擴大職訓規模，提高職訓層次。
為了提升勞動力技能的訓練，中共中組部、人社部發佈《專業技術人才隊伍中長期規劃》（2009～2020 年）。藉由外商的協助（例如兩岸農民創業園等）政策，帶入農業管理與技術能力，培養農村人才。
2011 年 7 月 26 日，為滿足產業轉型後所需的高技術人才，中共中組部、人社部公布《高技能人才隊伍建設中長期規畫（2010～2020 年）》，詳見附表。
<table><tr><th>技術勞工人數目標</th><th>2015 年</th><th>2020 年</th></tr><tr><td>高技能人才</td><td>3,400 萬人</td><td>3,900 萬人</td></tr><tr><td>1.高級技師</td><td>140 萬人</td><td>100 萬人</td></tr><tr><td>2.技師</td><td>630 萬人</td><td>350 萬人</td></tr><tr><td>3.高級工</td><td>2,630 萬人</td><td>3,450 萬人</td></tr></table>
高技能人才每兩年參加技能進修和知識更新 15 天（以上），擁有特殊操作法或技能革新、發明專利的高技能人才占企業高技能人才的比例 50% 以上。
2020 年，將重點推動加強房屋和土木工程建築業、交通運輸設備製造業、通用設備製造業等行業 50 萬名高級技師訓練。</td></tr>
</table>

三、基層白領勞工需求與供給

本階段，基層白領（指低階管理人員與事務人員）勞工的供給大抵沒問題。

(一)基層白領勞工的需求

外商外派的幹部，大都為中高階管理者和技術人員，因此外商中的基層（經理以下）的管理人員與事務人員都必須由中國大陸就地供應。外商需要用人，本土企業從下到上更需要用人。在此階段，外商能付高薪，因此往往能搶到重點大學的畢業生。

(二)基層白領勞工的供給

基層白領勞工主要來自大專畢業生，在階段 I、II，皆出現下列情況。

1. 數量一向沒問題

為了配合經濟改革開放，教育部大幅開放大專學校設立、學生數，1977 年招生數 27.3 萬人，1991 年 63 萬人，14 年成長二倍。

1999 年 1 月，教育部公布「面向二十一世紀教育振興行動計畫」（簡稱《振興行動計畫》），強調「21 世紀，國家的綜合競爭能力將越來越取決於教育發展、科學技術和知識創新的水平」，宣布將實施「高層次創造性人才工程」，把高等教育帶入了跨越式發展的時代。簡單的說，大專教育進入「大眾化」、「市場化」（私立大專大幅成立）。光 1999 年，大專招生數 156 萬人。

2. 品質一直是問題

由於公立大專經費有限（師資薪水偏低）、私立大專將本求利，因此大專畢業生素質一直是問題。政府也只能把有限資金重點支援少數大學。

- 1984 年，實施「重中之重」計畫，約 9 所大學享受「五年一億六」的輔助；
- 1992 年，國務院推出「21 世紀 100 所重點大學」，簡稱「211 工程大學」，共有 112 所大學。

- 1998 年的「985 工程」：1998 年 5 月 4 日，第三代國家領導人江澤民在北京大學建校百年校慶，提出「建設一批具有世界水準的一流大學」。1999 年，教育部開始實施「面向 21 世紀教育振興行動計畫」，重點支援部分大學創建世界一流大學。因為提出時間在 1998 年 5 月，所以簡稱「985 工程」。共 39 家大學（註：2011 年，台灣承認中國大陸 41 家大學學歷，即 985 工程的 38 家再加北京 3 校）。

3. 地區不平衡

大專良莠不齊問題，還有地區分佈不均衡問題，沿海地帶占重點大學八成。這跟經濟發展階段是一致的，財政收入高的省市政府比較有財力補助省市所屬大學。

四、中高階白領階層

中高階白領階層的人力供需一直是中共中央的關切核心。

(一)中高階白領的需求

針對高階人力的需求，包括三種領域：黨政人才、企業經營管理人才、專業技術人才（中國大陸稱為「三支隊伍」）。其中黨政人才的供需不屬於本書範圍。

(二)中高階白領勞工的供給

1. 公營企業：公營企業中高階管理人才有個很充沛的來源，即 1990 年起的，黨政企（指國營企業）的交叉輪調制度，條件好的黨官、政府官員常會調到其所轄的國營企業擔任中高階管理者。
2. 民營企業：1992 年，中國大陸才開放成立民營企業，1998 年，總理朱鎔基整頓國營企業，許多國營企業中高階管理者流入民間。此外，海歸派（海外歸國學者）、港澳台人士扮演著「源頭泉水」。

五、結果

政策之外，勞工的學習動機強烈，再加上數目龐大的外商扮演著「外來教練」的角色，在此階段，勞工素質快速提升。

(一)員工學習動機極高

民營企業「唯才是用」，重賞之下必有勇夫。在此階段，學生、企業人士都有很高的學習動機，人民掀起「學英文」、「學企管」的熱潮。

(二)外商的知識外溢效果

外商的管理能力較高，經營績效也較高；中國大陸引資看上的便是外商的資金和管理能力（詳見第十章第二節）。外商有意無意的把管理知識散播到中國大陸，提升本土企業人力素質，詳見表 14.7。

表 14.7　外商的知識外溢效果

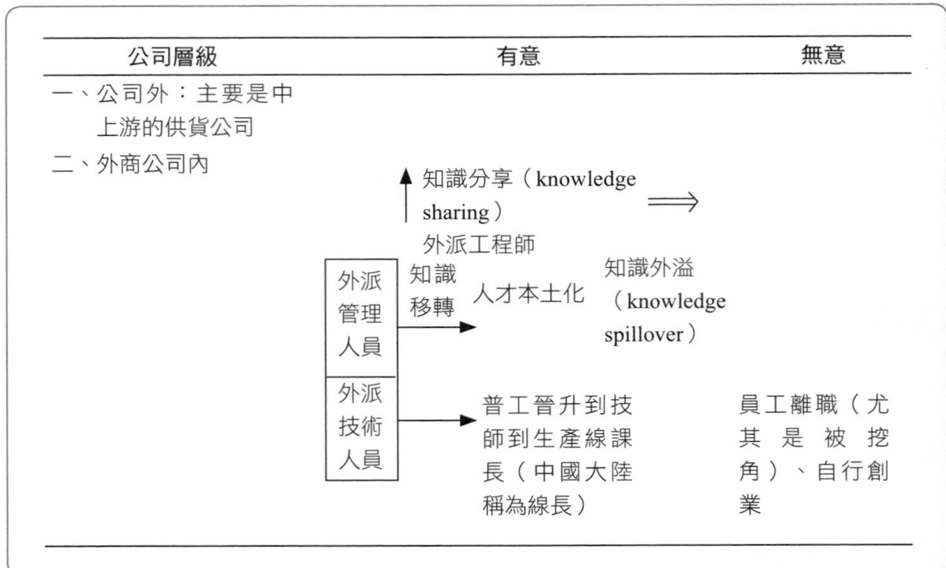

1. 有意

外商訓練其員工、對供貨公司進行輔導；一旦這些員工跳槽（或被挖角）到本土企業，往往把外商的管理制度（例如豐田式管理）移植過來。

2. 無意

透過跟外商員工的往來，本土企業員工學到一招半式（例如品質管理）。

六、實績

在勞動供需第一階段，可說是「人求事」，勞動供給大於需求。

(一)失業率

依失業人士的計算標準，可分為二種失業率。

1. 狹義失業率 3% 以下

1990～2000 年，城鎮失業率維持在 2% 以下，已接近充分就業（此時只剩摩擦性失業），甚至由於勞動力不足，因此許多人兼差。

但是這可能跟現實不符，光是 1998 年起，總理朱鎔基大肆整頓公營事業（詳見第五章第二節），估計至少有 2,000 萬人下崗，因此，廣義失業率的衡量在 2002 年成為媒體熱點。

2. 2002年，廣義失業率

北京清華大學國情研究中心主任胡鞍剛認為廣義失業率才是聯合國規定的失業率定義，依此來看失業人口 1.7 億人，這包括國務院承認的 1,450 萬人（官方公布 733 萬人），另外再加二項。

- 公營企業下崗勞工 500 萬人，這些人的勞動合約還在。
- 法律上「有就業」，但是沒有收入（有點像 2009 年台灣的「無薪假」）。
- 農村剩餘勞動力 1.5 億人，剩餘勞動力計算方式請詳見第十五章第三節。

3. 2004年，首部就業白皮書

2004 年 4 月 26 日，國家統計局公布第一份「就業狀況與政策白皮書」，分析 1990 年跟 2003 年的就業狀況。

(二)十五期間，勞動生產力

有比較才知道，以勞動生產力（以人均產值來衡量）來看，中國大陸績效斐然。

1. 美日歐情況

美國在工業國家中勞動生產力處於領先地位，1960 年代日本和歐洲曾有一段勞動生產力快速成長期，日本勞動生產力（中國大陸稱為勞動生產「率」）年均成長 8%、歐盟（其中 15 國）5%，此後就逐漸放慢。

2. 中國大陸的績效

隨著大專教育普及，年輕人已有能力從事白領的工作，並要求更好的待遇。國際勞工組織指出，2000～2005 年間，中國大陸年人均產值成長 10.57%，即使薪資上漲，勞動生產力提升已抵銷了薪資上漲。

討論問題

1. 大專學歷勞動人口占勞動人口越高，則對經濟成長越有助益嘛？（註：全家較高者爲以色列、日本，2012 年台灣爲 6%）
2. 中國大陸的「人力資源強國」目標達成率如何？
3. 台灣衛生福利部是把衛生署跟內政部社會司等合併，中國大陸是把勞動跟社福合併成人社部，優缺點如何？
4. 就業彈性（即奧肯係數）視產業結構而不同，2015、2020 年時各爲多少？
5. 請以一家中資企業（例如比亞迪電子）爲例，說明其如何受益於外商的知識外溢效果？

15

勞動供需中高階發展

廣東省深圳市勞動市場的徵人啟事

（本書照片提供：今周刊）

持盈保泰

中國大陸經濟本質上是勞力密集的出口代工，其中關鍵資源是勞動力，一旦勞動人口由有餘而轉不足。最大世界工廠的地位會面臨挑戰。本章說明其發展與展望。

第一節　第二階段（2004～2019 年）——專論藍領勞工

2004～2015 年勞動發展第二期的情況更複雜，由表 14.2 第一欄可見，三種等級的勞工供需狀況，沿海逐漸出現第三級勞工（農民工）缺工，量不足則價漲；第二級勞工（大專畢業生）供過於求，政府不再追求量的擴充，而追求素質提升。第一級勞工（企業中高階人才）缺人。本節依序說明相關政策。

一、目標

中共中央對人才政策奠基於江澤民卸任前，施行細則 2003 年底推出，詳見下面說明。

1. 2002 年，《人才綱要》

2002 年第一個綜合性人資建設的政策《2002～2005 年全國人才隊伍建設規畫綱要》頒布，提出「人才強國」策略的口號，強調將開發國際、國內兩個人才市場。

2. 2007 年年底

國務院發布「關於進一步加強人才工作的決定」，確定以人才強國策略作為中共中央在 21 世紀人才工作的首要任務。

3. 十一五規畫目標

十一五規畫有 24 個指標，其中直接針對勞工的占 4 項（其中，針對勞工數量占 3 項）；只比環保 5 項（占指標比重 20.8%）少一項，可說是分量第二大的項目。四大類指標第四類公共服務和生活質量，共有 8 個指標，其中有 4 個跟勞動經濟有關，依投入產出順序如上。

- 平均受教育年限 9 年（預期性指標）；
- 五年城鎮新增就業 4500 萬人（預期性指標）；
- 五年轉業農業勞動 4500 萬人（預期性指標）；
- 城鎮登記失業率 5%（預期性指標）。

4. 十二五規畫目標

十二五規畫的目標跟十一五規畫相近。

二、問題：沿海缺工

沿海（首推華南，其次華東）的勞工約有一半（以上）來自內陸，從 2004 年起，逐漸面臨缺工（中國大陸稱為用工荒或民工荒）。

1. 2004 年起沿海缺工現象

2004 年起，沿海出現缺工，有人稱為局部（地區）路易斯轉折點，並且認為這是全面路易斯轉折點的前兆。

2008 年起，農曆年後，農民工返鄉過年後不回來的現象越來越明顯。

2. 2010 年，農民工人數減少

缺工有幾個指標，但最基本的是人數。根據國家統計局農村司的報告顯示，2010 年珠三角農民工人數為 3,282 萬人，減少 22.5%。長三角 2,816 萬人，減少 7.8%；缺工問題日益成為長三角和珠三角共同的難題。

3. 沿海缺工原因：在地就業趨勢

2011 年農民工人數 2.5 億人，其中外省農民工 1.59 億人，每年農曆年前返鄉，規模之大號稱地球上最大的人口移動。農民工人數眾多，因此

常常是媒體、學者關心的對象。

第一代、新生代農民工在（內陸）家鄉就業原因（必要條件）各不相同，但是碰到家鄉的就業機會越來越多——主要是企業迫於沿海條件差（薪資高、環保要求高等）而內遷。2010 年總產值破兆元省市共 17 個，內陸占 10 個，可見，內陸（像安徽、河南、湖北、四川省等勞工輸出大省）企業也需要大量勞工。內陸由於惠農政策的落實，農村生活條件越來越好，城市生活成本越來越高的對比下，越來越多農民選擇在家務農，而不是背井離鄉去當農民工。

三、政策

針對沿海缺工，政府依組織層級採取不同的勞工數量對策。

- 國務院：採取「大中部政策」、「大西部政策」，希望沿海企業內遷，去遷就農民工「在地就業」的偏好。
- 地級市政府：像昆山市等，每逢農曆過年後，派車去四川省等，把農民工載回來；甚至統一替各企業招募勞工。另一方面，也調高最低工資，藉以留住農民工。

四、實績

以 2010 年來說，城鎮失業率 4.7%，落在政策目標上限之內，依據廣義失業率 15.276%，詳見表 14.3。

五、藍領勞工的教育——高職與高工

高工、高職在中國大陸稱為高「中」程度專科學生（中國大陸簡稱中專），有時也稱高中程度職業學校，本書稱為「高職」。

由表 15.1 可見，教育部對高職生升學的改革，以便高職畢業生能公平考上三專甚至大學，以便有更好的求學機會，以免埋沒人才。

表 15.1　2011 年起對高職升學的改革

項目	問題	對策
說明	高職學校包括二種。 1. 職工學校 2. 技工學校 大專聯考考題偏重高中教材，這讓高職生考不過高中生，高職升學管道窄，被稱為「斷頭教育」，高職畢業生的社會地位不高。	1. 2010 年 7 月 《教育綱要》提到將動員全社會力量「大力發展職業教育」。 2. 2010 年 11 月下旬 教育部公布「中等職業教育改革創新行動計畫（2010-2012 年）」，讓高職生有機會銜接大專。 (1)山東省的作法 山東省政府研擬對高職生專設入學考，類似台灣的四技二專入學考。「大學、三專分流」（中國大陸稱為「本專分流」）最重要的意義是可以為高職生量身打造，例如加入術科考試，或是必須取得某些專業證照才能申請等。 (2)北京市的作法 北京市在 14 所職業學校試行分級制，共分 6 級，詳見附表，說明於下。 國中畢業生可免試入學讀 1 級或 3 級； 高中職畢業生可讀 2 級或 4 級； 3 級以上可取得級別認定證書。學生讀到一定級別，可保留學籍去工作，在職人員也可以藉此進修。如果想更進一步，可讀 5 級或 5+ 級。這樣分級方式可望打破大學階段跟高職技職教育的斷層。

級	學歷
6	碩士
5+	碩士
5	大學
4	三專
3	三專
2	高職
1	高職

六、勞動供給的「價」

「奇貨可居」的現象竟然也出現在人口大國，沿海缺工的影響之一是企業以調高工資以吸引、留住內陸來的農民工。

(一)問題

調薪再加人民幣兌美元每年（2005 年 7 月迄 2011 年）升值 4%，削弱了出口公司的價格競爭優勢。

1. 沿海薪資每年漲 24%

勞工看到源源不絕的「工作創造」，由圖 15.1 可見，2001～2010 年，每年薪資上漲 220 元，平均成長率 24%。

2. 薪資均等化

基於國際貿易理論之一的黑克夏－歐林模型（Hechscher-Ohlin Model），貿易的結果之一是「生產因素價格均等定理」（the factor-price equalization theorem, FPE），中國大陸的薪資上漲有其上限，其中之一是台灣的薪資。這可由兩岸間的薪資看得出來，在 2000 年時，兩岸平均薪資比約為 5.38 比 1，常見的說法是在台灣聘請一位勞工，在中國大陸可聘請到 5.38 位勞工。因此，台商還繼續外移，對台灣勞工來說，面臨「工作消失」（job destruction），2002 年以後，失業率 4% 以上變成常態，實質薪資自然漲不上去，可說原地踏步，勞工（尤其是藍領）普遍感受到「無感的經濟成長」。

到 2012 年，台海兩岸月薪比縮小到只剩 1.95 比 1；有預估到 2017 年，兩岸薪資水準相近。

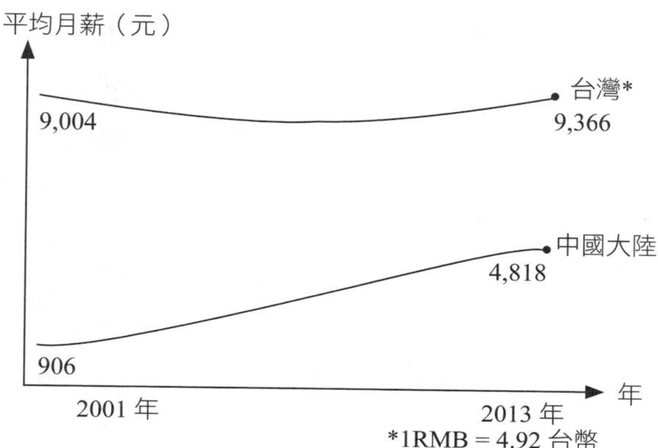

*資料來源：台灣主計總處，工業與服務業

圖 15.1　薪資均等化情況——兩岸薪資

(二)目標

十二五期間，國務院打算藉由薪資政策發揮一石兩鳥功能，詳見表 15.2。

表 15.2　一石兩鳥的薪資政策

目標	問題說明	政策
一、經濟成長消費	1.「消費」力道不足 2000 年以來，中國大陸主要依靠投資和出口這兩個需求動力拉動經濟快速成長，消費占 GDP 的比率較小，但 2007～2009 年受國際金融危機的影響，這二個需求成長速度明顯減緩，只能依靠提高消費來促進經濟成長。 2.國富民弱	2011 年 3 月，國務院提出十二五期間最低工資年均成長率 13%，透過「工資倍增」，以達到國富「民富」目標。 2011 年 3 月初，「兩會」期間，人社部部長表示，將根據經濟發展、物價漲幅及企業勞動生產力等情

表 15.2（續）

目標	問題說明	政策
		況，加快建立正常的薪資成長機制，通過集體協商確定薪資的水準。
二、所得分配	長期以來，薪資占國民所得的比率一直處於下降趨勢，換另一個角度來說，盈餘占國民所得比率則是上升趨勢。這就是經常被外界批評的「薪資被低估，薪資被利潤侵蝕」的現象。 報導指出，2010 年中國大陸（主要是廣東省）發生一連串的勞資糾紛事件，表面原因是薪資偏低，但背後根本原因是缺乏正常的薪資成長機制，使得普通勞工的薪資無法合理成長，所得分配惡化，導致社會矛盾緊張。 胡錦濤 2010 年提出，要「不斷增加勞工特別是基層勞工薪資」，總理溫家寶表示，「如果所得差距繼續擴大，必將成為影響經濟發展和社會穩定的重大隱患。」	2012 年 6 月 11 日，國務院發布「國家人權行動計畫」，從 2012 年起到 2015 年將建立工資正常成長機制，最低工資標準穩步提高，年平均成長率 13% 以上，最低工資標準將達到當地城鎮勞工平均薪資的 40%。 2013 年，國務院推出《關於深化收入分配制度改革的若干意見》，其內容主要涵蓋工資集體協商、企業職工工資正常成長機制、勞動定額、加班費標準及工資支付等多項議題。

(三)政策：最低工資年漲 13%

「最低工資」一般來說是平均薪資的 35%，水漲船高，只要「最低工資」往上調，平均薪資也只好跟著調。而最低工資的調整權力操在省市政府（省政府是人社廳、直轄市政府是人社局）手上，因此最低工資可作為政府薪資政策的政策工具。

1. 最低工資導論

在勞動法中訂定最低工資，主要是為了保障邊際勞工，適用對象占大部分勞工（即農民工）；由表 15.3 可見最低工資的相關事宜。

2. **農民工經常超時工作**

表 15.3 中 2011 年江蘇省 1 類地區最低工資 1,140 元，跟新生代農民工平均月薪 1,175 元相比，看似農民工薪水不差。事實是，農民工離鄉背景為的就是賺錢，為了多賺一些，因此只要有超時工作機會，就會「超時」（註：本處不用加班一詞，因加班費一般比正常班多），一天工作 12 小時是常見的。

表 15.3　最低工資相關事宜

項目	說明
一、源起	自 1994 年起，北京市建立最低工資制度，以提供勞工最低生活的保障水準。
二、最低工資的用途	依照勞動法律法規，用人單位（主要是企業）應以勞工工資為基數，按照一定比例繳納社會保險（養老、醫療、失業、工傷、生育）及住房公積金，即中國大陸所稱的社會保險待遇「五險一金」。 平均來說，各金依提撥率加總後，約達一般薪資的三至四成。一般來說，「五險一金」大都依「最低工資」為基礎來提撥。 以 2011 年元旦，北京市最低工資由 960 元上調到 1160 元為例，有 283 萬人享受此次待遇調整，全年增加 51.5 億元的財政支出。
三、政策目標	2011 年，人社部《人社事業發展十二五規畫綱要》提出最低工資每年保持 13% 以上的成長幅度。
四、每年調整方式	綜合考慮城鎮勞工平均工資、城鎮居民最低收入據以提出調薪案，人均收入、生活消費水平等因素。一般一年調整一次，很多在元旦調整。以北京市為例，是由北京市人力資源和社會保障局（簡稱人社局）負責。1994～2010 年間，平均每年調整幅度 10%。
五、分級	各省市依省內經濟發展狀況，再細分最低工資水準，像安徽省分 6 級，一級差距約 100 元。以 2011 年，江蘇省為例，詳見附表，其中一類地區主要是南京市區、蘇州市區、吳江區、張家港市、常熟市、昆山市、太倉市、南通市區、常州市區等經濟較發達地區。

表 15.3（續）

項目	說明			
	江蘇省最低工資調整			
	地區	2010 年 1 月	2011 年 2 月	2012 年
	1 類	960	1140	1320
	2 類	790	930	約 1075
	3 類	670	800	約 955

(四)最低工資制度配套措施：集體協商

在薪資政策方面，地方政府能做的有三，每年訂定最低工資水準、薪資指導線、推進工資集體協商制度，本段說明第三項。

1. 工資集體協商簡介

「工資集體協商」是指企業員工可透過工會或職工代表，依法向用人單位（企業）提出，就勞動報酬、工作時間、休假等攸關勞工權益事項進行協商並依「集體合同規定」簽訂集體協議。工資集體協商其實就是勞動三權中的「協商權」，或稱「交涉權」。

工資集體協商內容可以包括：工資協議的期限；工資分配制度、工資標準和工資分配形式；勞工年度平均工資水平及其調整幅度；獎金、津貼、補貼等分配辦法；工資支付辦法等等。

勞資雙方在協商年度工資水準時，應綜合參考下列因素。

- 地區、行業、企業的人工成本水平；地區、行業的職工平均工資水平；
- 當地政府發佈的工資指導線、勞動市場工資指導價位；
- 本地區城鎮居民消費者物價指數；

・企業勞動生產力和經濟效益等等。

工資集體協商制度進程詳見表 15.4。

表 15.4　工資集體協商制度進程

年月	說明
2000 年 11 月	人社部頒佈「工資集體協商試行辦法」，但各地執行情況不甚理想。
2008 年元旦	最早配合推動的是河北省，實施「河北省企業職工工資集體協商條例」。 之後，全國總工會與各地政府明顯加快推動工資集體協商。
2008 年 5 月 1 日	《勞動爭議調解仲裁法》實施，替勞工進行免費勞動爭議仲裁。
2009 年 9 月	全國總工會發佈「關於進一步加強企業工會建設充分發揮企業工會作用的緊急通知」，全總在各地推廣實施普遍建立工會、普遍建立工資集體協商。要求各級工會要全力推動在外商、港澳台商企業等非公營企業組建工會，推行工資集體協商，提高勞工特別是第一線勞工的報酬。
2010 年 7 月	勞資矛盾頻發的原因之一在於，集體協商機制沒有發揮作用的緣故。 全國總工會集體合同部部長張建國表示，全總積極推動國家有關部門加緊制定《工資條例》。2010 年全總投入 1000 萬元在 10 個省市試點聘用專職工會人員開展工資集體協商，「工資」範圍包括薪資、加班工資、獎金分配、福利補貼和薪酬制度設置等應納入到協商之中。 根據全總計畫，針對已建立工會的企業，工資協商制度建置率目標如下：2011 年 60%、2012 年 70%、2012 年 80%，但世界 500 大企業則為 100%。
2010 年 9 月 1 日	天津市施行「天津市企業工資集體協商條例」。 根據天津「濱海新區網」報導，迄 2010 年底濱海新區已有 305 家企業建立工資集體協商機制，受益員工近 12 萬人。
2011 年元旦	2011 年工資集體協商制度建置加快，包括福建、安徽省元旦實行相關配套法規，北京、上海等地也都宣示。

表 15.4（續）

年月	說明
2011 年 1 月 9 日	全國總工會在北京第六屆中國企業社會責任國際論壇中表示，全總從 2011 年起，將以三年時間，依法在所有建立工會的企業中，全面推行「政府主導、法律完備、勞資共決、合作雙贏」的工資集體協商制度。 針對一些企業工會在集體協商時不願談、不會談的情況，將採取派「協商指導員」、上級工會代替談判等方式，增強勞工在收入分配中的「話語權」。 全國總工會表示，全總已啟動了「全國工會集體協商指導員培訓實施計畫」，在 2011～2013 年，由各級工會分層分批培訓 15 萬名從事工資集體協商工作的指導員或工會幹部。
2011 年 6 月	人社部提出《人力資源和社會保障事業發展十二五規畫綱要》目標如下。 1. 企業勞動合同簽訂率由 2010 年的 66%，到 2015 年增加到 90%； 2. 企業集體合同簽訂率由 2010 年的 50%，到 2015 年增加為 80%。 在「完善集體協商機制」方面，以企業集體協商為主體，以行業性、區域性集體協商為補充，努力擴大集體合同制度覆蓋面，提高集體協商的實效性。加強集體協商代表培訓，提高協商能力。

2. 人社部的施政措施

針對「工資正常成長機制」，最低工資是政策風向球，而工資「集體協商」是尚方寶劍。由表 15.5 可見 2011 年起人社部的施政重點。

表 15.5　人社部的配合措施

配套措施	說明
一、（最低）工資指導目標	1. 由省政府人保廳自行決定各類行業的工資成長幅度（稱為工資指導線）。 2. 人社部指導地方政府（人保廳）。
二、企業薪酬調查制度	2011 年下半年起，試運行此制度。
三、推進工資集體協商制度	詳見表 15.4。

第二節　第二階段 II ——基層白領與中高階人才

在第一階段時針對勞工素質的提升政策有二：農民工的職業訓練、擴大大專校數與學生數。到了第二階段，人才需求已由基層藍領、白領階層，提高到中階甚至高階管理人才；政策必須改強更張。

上班族在職業介紹中心填寫求職表

（本書照片提供：今周刊）

一、基層白領勞工——以大專教育為例

大專是基層白領人力主要供應來源，因此在討論基層白領人力需求時，幾乎等於討論大專教育。

(一)問題

大專教育對經濟成長的貢獻，至少有高低二個問題。

1. 高標問題：「錢學森之問」

中國科學院、中國工程院院士錢學森認為，創新型人才不足是教育體制的嚴重缺點，也是限制科技發展的瓶頸。

中國大陸（註：科技產業）沒有發展起來，主因之一是沒有按照培養科技發明創造人才的方式辦學，培養不出傑出人才。也就無法推出獨特創新的產品（註：例如蘋果公司的 iPod、iPhone、iPad）。他建議要更加關注教育發展，尤其是注重培養具有創新能力的人才。

一般看法是中國大陸教育比較偏重填鴨式教學，學生創造力略遜。

2. 低標問題二：大專學歷勞工失業問題越來越嚴重

由於許多因素，例如第十四章第二節中的 211、985 工程，政府經費支持 39 家大學，造成大專的金字塔現象，再加上，大專教育的爆發式成長，大專良莠不齊。2003 年起，大專畢業生學歷貶值，每年至少一成以上畢業生要花一年以上才可以找到低收入工作，這些人大部分住在北京等郊區，住的空間極小，住宅落後，像個螞蟻堆，2010 年，對外經貿大學公共管理學院副教授廉思稱為「蟻族」。

2011 年 1 月，廉思發表第二年的調查成果〈2010 年中國蟻族生存報告〉，調查範圍涵蓋北京、上海、廣州、武漢、西安、重慶、南京，是第一次以全國範圍蟻族抽樣調查。「邊緣大專生薪資」，蟻族中「碩士學歷」占 7.2%、211 工程大學（重點大學）占三成，問題越來越嚴重。

(二)目標

2011 年以後，經濟、教育目標想做到「士別三日，刮目相看」。

1. 經濟目標

本階段中的十二五期間可說是中國大陸希望經濟脫胎換骨的時期，2020 年的經濟發展目標如下。

(1)工業超英趕美

在工業方面，最具體的目標是由「中國大陸製造」（made in China, MIC），升級到「中國大陸創造」（invented in China, IIC），「創造」包括二項功能：研發和品牌。以研發人員目標為例，希望 2020 年時達到 380 萬人，這稱為「從投資促進經濟變成知識促進經濟」。

(2)國際化

前述「品牌」指的是全球行銷，中國大陸商品、企業都要「走出去」，國際化成功關鍵因素之一便是人才。

2. 教育目標

2011～2020 年是全面提升期，教育目標也較高，詳見表 13.17，希望「跳躍式成長」，例如「高中教育毛入學率 90%」，幾乎可說是「十二年國民義務教育」了。

(三)2010～2020 年教育政策

政策是達成目標的對策，教育部、國務院半年內，推出政策、執行計畫。

1. 2010 年 7 月

教育部舉辦了全國教育工作會議。

2. 2010 年 7 月中旬

教育部《2010～2020 年中長期教育改革和發展規畫綱要》（簡稱教育綱要）目標之一培養一流大學，從「量變」轉為「質變」。在各個面向中，以技職教育和學前教育最為積極，教育發展進入「深水區」。

3. 2011 年 1 月 12 日

國務院印發《關於開展國家教育體制改革試點的通知》，宣布教育體制改革試點全面啟動，可分為三大類。

二、中高階人才

中共中央在 2003 年左右便體會到，二次大戰之後美國位居全球最強國的主因之一是人才（例如愛因斯坦和德國科學家），因此大幅對外尋找「楚材晉用」的外國人才。

本段以國務院較近的長期人才規畫方案，2010 年 6 月頒布《2010－2020 年中長期人才規畫綱要》（簡稱人才綱要），來說明「問題」、「目標」、「政策」。

(一)問題

中高階人才供不應求的原因可從「先天」、「後天」兩個角度來看。

1. 先天不足

《人才綱要》開頭就指出問題：跟工業國家相比，存在大的人才差距，高層次研發人才匱乏、人才結構和佈局不合理等。

2. 後天失調：人才赤字

企業往國際化、工業往高科技業、服務業、公司大型化發展，需要的中高階人才與日俱增。

套用國際收支帳的觀念來分析中國大陸的「人才國際收支」帳，呈現下列情況：人才資本帳赤字大於人才金融帳藍字。

1. 人才資本帳：人才赤字

企業家、留學生等移出人數一年約 40 萬人，但這二類外國人入籍中國大陸卻很少，出現人才資本帳的赤字。

2011 年 8 月 15 日，由國務院僑辦與華僑大學、社會科學文獻出版社首次聯合發布「華僑華人研究報告（2011）」，改革開放 30 年以來，移民海外人數 450 萬人。根據招商銀行與貝恩顧問公司 2011 年 4 月發布的《2011 中國私人財富報告》顯示，個人資產 1 億元以上的企業主中，27% 已經移民，47% 正地考慮移民。

據美國移民局統計，2010 年投資移民簽證獲得者中，中國大陸民眾共計 772 人，占全年發放的 EB-5 簽證總數的 41%、2011 年提高到 75%，居全世界之最。

2. 人才金融帳：人才藍字

在中短期的人才雇用方面，政府與企業都肯付高薪聘用外國人，鄰近各國都深刻體會到「人才磁吸」效果，媒體稱此為「人才爭奪戰」（talent war）。

(二)目標

目標在 2020 年，培養人數眾多、結構優化、佈局合理、素質優良的人才，中國大陸進入世界人才強國行列，具體指標詳見表 15.6 第二欄。

表 15.6 2010～2020 **年中長期人才規畫綱要**

項目	指標	政策
一、企業家	要有一百位能引領中國大陸企業躋身世界五百強的企業家。	2006 年以來最知名的創業家是阿里巴巴創辦人、董事長馬雲，政府想要再造一批馬雲式的創業人才。各種創業計畫啟動，像成都市出爐扶持大學生創業，設立 5,000 萬元創業基金，2009 年共蒐集 300 個項目，已有 90 家成立企業。
二、高階管理者	國營企業高階主管以競爭方式選聘比例達 50%	

表 15.6（續）

項目	指標	政策
三、中階管理者	國營企業的國際化人才達到四萬人。 培養一萬名精通策略規畫、資本運作、人力資源管理、財會、法律等知識的經營管理人才。（本書註：這是 2001 年三支隊伍目標的延續）	拔尖深度像是學習新加坡方式，應屆高中生及大學畢業生。送到國外一流大學深造，進行定向跟蹤培養，目標是造就高素質的專業化管理人才。
四、研發方面	《人才綱要》加大拔尖的力度與深度。 力度包括在相對優勢的科技領域設立一百個工作室、重點培養中青年的領軍人。	北京市推出如「中關村－矽谷－班加羅爾（印度）」、「金融街－華爾街」、「北京中央商業區－曼哈頓」等跨國合作，想用群聚吸引人才。 北京市政府提出高級人才戶籍可在京津冀地區自由流動，且其子女入學與社保都可以在京津冀帶著走，這主要是因為環渤海經濟圈的形成，必須塑造人才自由流動的環。北京市繪製「人才地圖」，就是像在百度或谷歌衛星地圖上，繪製北京市九區的產業人才供給與需求。 不只是把世界的頂尖人才移到中國大陸，更把大城市人才移到偏鄉，把碩博士轉移到企業。 以成都市的成都高新技術產業開發區為例，在 2005 年比照北京中關村、上海浦東，建立「區域博士工作站」。 成都市高新區人事勞動和社會保障局局長袁宗勇指出，博士進站後，除了企業給的薪資，高新區給予兩年十萬元的補助，好處是，企業與學校共同指導博士生，企業得人才，大學研究務實、出站的的博士更有實力。

表 15.6（續）

項目	指標	政策
五、設計人才	農業部要用「一村一大學生」的政策，把人才往內陸送，一方面鍛練人才，二來解決中西部基層人才匱乏問題；2015 年的目標是派十萬名大學生到村任職。	杭州市頒布的《杭州市中長期人才發展規畫綱要》，則配合杭州打造「中國女裝之都」的目標，每年要向全國吸引六名女裝設計師，送到法國、義大利等知名服裝院校進行一年訓練。 杭州市政府推出「杭州市全球引才 521 計畫」，2011 年面向全球引進 20 個海外優秀創業創新小組，以及 100 名帶著關鍵技術的研發人才。 湖南省在國際上打中國大陸的知名度，引進台灣人、香港人，建設一批廣電湘軍、出版湘軍、動漫湘軍。

(三)政策

針對中高階人才，2008 年起，中共中央有比較全面的發展計畫。

1. 2008 年

2008 年起，中共中央組織部推出「國家中長期人才發展計畫」，其中比較有名的是「海外高層次人才引進計畫」（俗稱千人計畫），打算在五到十年間，在各領域吸引海外 2,000 名高技術的產業界與學界領頭羊，回到中國大陸，一次給足 100 萬元生活補充做誘因。地方政府仿效中央，例如上海市 2008 年～2012 年 6 月已引進 340 人，另外本身的子計畫為國際金融、航運、貿易、經濟「四個中心」建設，所需高階人力共 310 人。

2. 2010 年 6 月

《人才綱要》（詳見表 15.6 第三欄中的）政策工具之一是經費，美國是個典範，美國大學經費占國內生產毛額 2.4%、研發費用占 3%，因此支撐了國家整體的創新能量。中國大陸也希望教育與研發經費占國內生產毛額 15%。

第三節　第三階段（2020 年以後）——全面勞工短缺

2011 年上半年，「路易斯轉折點」何時會出現，這題目沸沸揚揚了一陣。這個老話題，2004 年沿海出現缺工荒以來，每年農曆年後農民工不返工廠上工，都會拿出來討論一下。

一、問題：路易斯轉折點

聖路西亞籍經濟學者、1979 年諾貝爾經濟學獎二位得主之一路易斯（Arthur Lewis）於 1954 年，根據其對新興國家的研究，當工商業逐漸興起，由於城鎮工作所得比務農高，農民湧入城鎮的工廠、商店工作。一直到農村剩餘勞動人口耗盡，城市出現缺工現象，工資價格必須大幅提高，否則經濟就會面臨衰退危機。此時，便稱為「路易斯轉折點」（Lewis turing point，中國大陸把 turning point 譯為拐點）。

(一)農村還有多少剩餘勞動人口？

人口紅利最主要來自農村剩餘勞動人口，由〈15.1〉式可見，

$$\text{農村剩餘勞動人口} = \text{農村勞動人口} - \text{農村必要勞動人口} - \text{已移轉就業農民（即農民工）} \quad \cdots\cdots〈15.1〉$$

以 2012 年為例，說明如下。

0.4368 億人 = 3.2631 億人 – 0.3263 億人 – 2.5 億人

至於「農村必要勞動人口」，此處是由勞動人口×10%，即假設農業占勞動人口 10%，這是工業國家中的上限，常見比率是 2～10%，占勞動人口比重低主要是大農地採取機械農作。

(二)路易斯轉折點何時出現？

針對全面勞動供不應求那一年才會出現，經濟分析師、學者的預測區間很廣，從 2014 到 2026 年都有。

這樣結果也很自然，在第十四章第一節四(二)中，我們曾說明歐肯係數估計值及影響因素，在本節中以圖詳細解說，詳見圖 15.2。

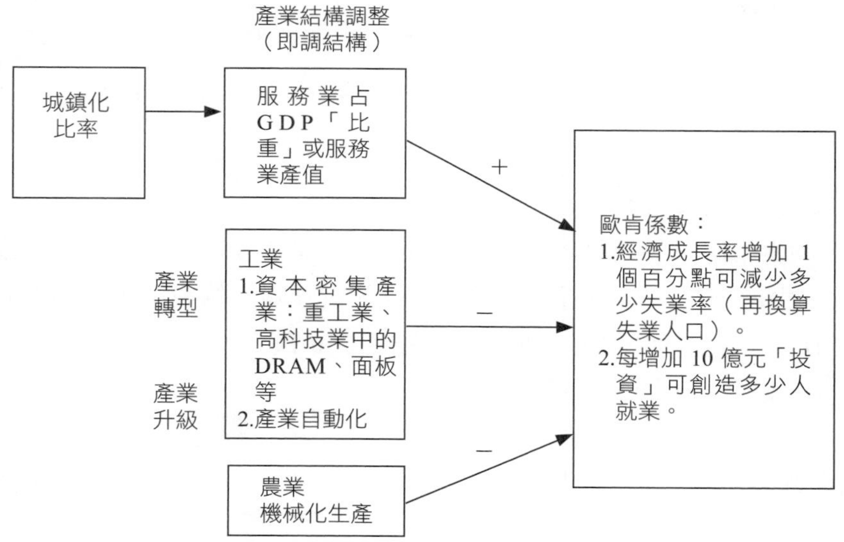

圖 15.2　影響歐肯係數的因素

1. 產業結構

服務業大都是勞力密集行業，而城鎮化比率提高（十二五期間，預估增 4 個百分點，到 57.4%），會增加服務業占總產值比重。由表 15.7 可見，在 2011 年時就業人口 6.5 億人中服務業只占 35.7%，農業占比會快速降低，服務業占比迅速成長。

2. 工業轉型與升級

工業轉型（由傳統產業到高科技產業）、自動化等往高值化方向邁進，新增雇用人數很少，這在工業國家會造成「無就業復甦」（jobless recovery）。

(三)2020 年，勞動人口供不應求

除了每年固定的「新陳代謝」外，十二五期間額外需要 4,500 萬人（平均一年 900 萬人）就業，農村剩餘勞動人口供應後還剩 1,500 萬人，應該夠 2 年所需，但鑑於服務業的從業人口中性別女多於男，因此農村剩餘勞動人口中有些無法支應服務業的所需勞動人口，因此全面缺工大約在 2016 年。

二、對經濟影響

勞動供不應求的結果之一是「薪資」（勞動服務的價格）上漲，套用表 15.7 中瑞士信貸亞洲區董事經濟分析部主管陶冬的說法，以圖方式表示，2014 年勞動供需平衡，2017 年缺工 1760 萬人。由表 15.8 可見，勞動供不應求的傳遞過程，底下依序討論。

表 15.7　三級產業占雇用人數比重　　單位：%

產業	1978 年	2007 年	2008 年	2009 年	2010 年	2011 年
服務業	12.2	32.4	33.2	34.1	34.6	35.7
工	17.3	26.8	27.2	27.8	28.7	29.5
農	70.5	40.8	39.6	38.1	36.7	34.8

資料來源：人力資源和社會保障部

表 15.8　全面缺工對經濟的影響

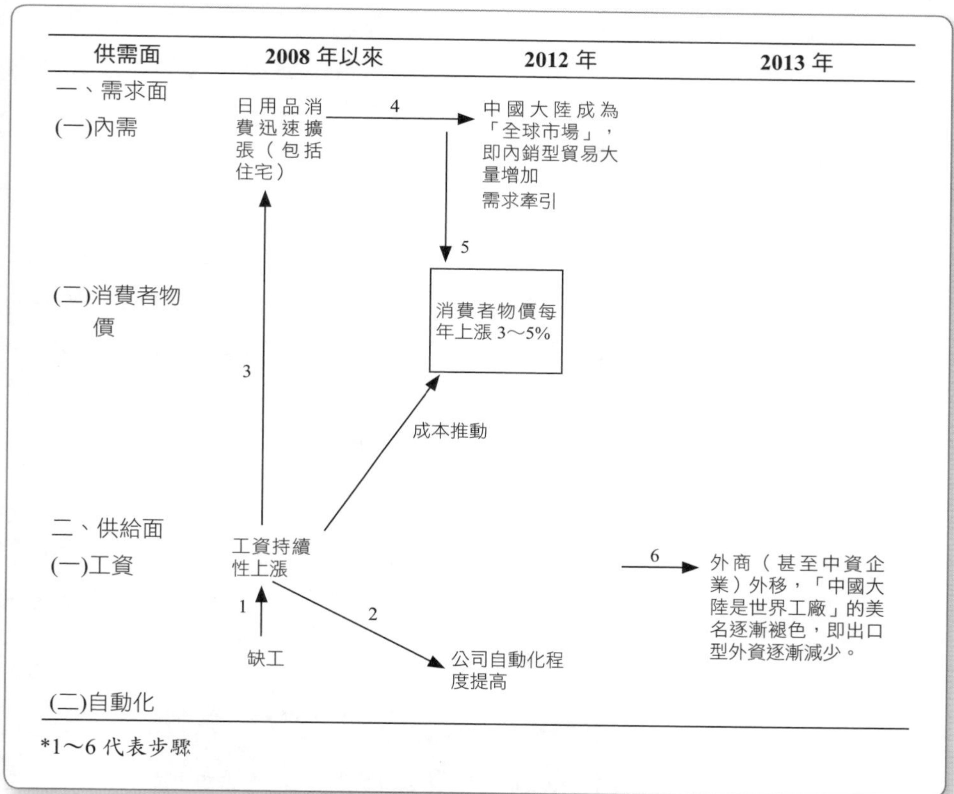

1. 中國大陸成為全球市場

2010 年，中國大陸成為全球第二大經濟國，但消費比重小（只占總產值 32.76%），因此日本是全球第二大消費國。在 2023 年左右，隨著總產值、消費率提高，中國大陸成為全球第二大消費國，中國大陸兼具「全球工廠」、「全球市場」雙重角色。

2. 對物價的影響

薪資成本上漲幅度超過生產力成長幅度，產品成本就會水漲船高，進而構成成本推動型物價上漲。

3. 產業外移

工資成本率越高的公司受工資上漲衝擊最大，有些產業本質上不適合自動化，例如鞋業、成衣業，都很費工，不適合由機器人代勞。在勞力密集行業，大型公司可轉型品牌、中型公司可遷廠，小型公司最脆弱，只好採取外移到他國方式，去尋找低價勞工。

4. 悲觀狀況

社科院人口與勞動經研所所長蔡昉擔心，中國大陸會出現「舊的比較優勢沒了，新的比較優勢尚未展現」的局面。由於勞動力短缺、成本上升，勞動密集型產業比較優勢將喪失；而 2010 年人均總產值為 4,300 美元，意味著資本存量不夠，加上技術創新有限，資本密集或技術密集型產業缺乏優勢，因而面臨「中低所得陷阱」的風險。

三、鞋業是最代表性產業

缺工首當其衝的是勞力密集產業（以損益表來說，直接人工成本率 20% 以上），常見的有鞋業、成長業（最有名的是牛仔褲，主要是港商在做）等。本段以球鞋代工為例來說明。

中國大陸鞋店

（本書照片提供：今周刊）

*台商的處境

全球一年產鞋 200 億雙，六、七成來自中國大陸，產量 130 億雙，其中 100 億雙出口。鞋業代工主要地點有二：球鞋以廣東省東莞市為主，全球最大運動鞋代工企業寶成集團，在東莞裕元工業區的兩廠區有 7 萬多名員工，2004 年起，鞋子代工公司面臨「屋漏偏逢連夜雨」的窘狀。東莞市有世界鞋都之稱，女球以福建省莆田市為主，共同特色都是台商 1980～1990 年代西進的；此期間，平均工資 800 元，工廠貼招工紅紙，應徵者排長龍長達八公里。

1. 屋漏

廣東省東莞市副市長指出，中小企業依時序面臨三項不利。

(1)薪資上漲

2004 年起，東莞市工資每年兩位數上漲。

(2)人民幣升值

2005 年 7 月人民幣「匯率改革」，1 美元兌 8.3 元，迄 2011 年 6.3 元，美元每年平均貶值 3.6%。人民幣每升值 1 個百分點，加工貿易企業利潤就少了 0.6 個百分點，一般加工貿易的利潤率只有 3～5%，只要人民幣升值超過 5%，就會讓企業倒一堆。

(3)原料成本上漲

2010 年起，全球物價上漲，製鞋用的牛皮、塑膠皮等價格也都上漲。

2. 偏逢連夜雨

2007 年起，美國次貸風暴，人民消費力減弱，2008 年全球金融海嘯，引發 2009 年全球經濟衰退，消費力更差。

2011 年，東莞華宏鞋業董事長郭小平。則被西班牙 MENBUR 品牌公司發來的一封電子郵件報價嚇到，「2010 年給我們的報價是 15.10～22.30 美元，2011 年的是 18.90～31.40 美元。」

討論問題

1. 請找資料分析中國大陸的勞動參與率，日本人口平均年齡 51 歲，爲何勞動參與率比台灣 57% 還高？
2. 請找資料分析年輕人赴服務業工作的意願，這對工業吸引勞工有何影響？
3. 沿海工廠內遷，是否會誘導出農村隱藏失業人口就地就業？
4. 路易斯轉折點是在中國大陸何地、何時會出現？有哪些現象？
5. 十二五期間，最低工資每年上調 13%，這可能嘛？限制因素有哪些？

16

資本與企業家精神

五大類國營企業中的電信龍頭

（本書照片提供：今周刊）

資本是資本主義的主軸

資本主義的主軸之一是透過資本以買機器，進行大量生產。在本章中，我們討論「資本」中的資金（尤其是銀行貸款），針對技術，限於篇幅，本書不討論。

針對第四種生產要素「企業家精神」，本書以中小企業（中國大陸稱為中小微企業）為例來說明。

第一節　資本

經濟學中四種生產要素中的 capital 指的是「資本」，即公司資產負債表中右邊的「資金來源」。「資本」是公司成立、營運的必要條件，經濟學把「資本」作為生產要素之一，原因在於有了資金，可以買地蓋工廠，最重要的是買機器，這些是資產負債表的左邊，即「資金去路」；本書已於第九、十章直接投資中說明。

此外，有了資金也可以雇「工」（第二種生產要素），可見「資金」對機械化農業、工業的重要性。

一、資金來源

2011 年 5 月，人民銀行推出「社會融資總量」以取代 M_2 作為貨幣政策的數量目標。

(一)定義

1. 社會融資總量

社會融資總量指的就是一定期間內（每月、季、年），一般公司（即不包括銀行業）從金融體系獲得的全部資金（包含貸款）總額，以反映實體經濟的資金狀況。

只計算「一般公司」的融資金額，這很有意義，以區分最終貸款戶與放款機關的資金需求。

2. 融資總量

人民銀行用「融資」一詞，我們認為頗貼近公司的融資活動，「金融」是名詞，「融資」是動詞，指取得資金；分為直接融資（direct finance）、間接融資（indirect finance）；詳見表 16.1。

(二)比率分析

以 2002 年到 2012 年此期間來進行趨勢分析。

1. 金額

2002 年融資總額（註：流量）只有 2 兆元；2011 年因宏觀調控（緊縮性貨幣政策），融資總額衰退，只有 12.83 兆元；2012 年 15.76 兆元，成長率 23%；2013 年，預估 16 兆元。

2. 成長率

此期間年均成長率 68%，人民幣貸款年均成長率 40%。

3. 融資占總產值比

2002 年為 19.2%，2012 年提高到 30.35%。

4. 融資結構分析

以 2012 年來說，一般公司的資金來源偏重間接融資。

(1)間接融資占 80.9%。

貸款占一般公司資金來源 80.9%，這比率比工業國家（一般約 60%）高很多，主因之一是貸款利率偏低，以 2012 年為例，基準放款利率（詳見圖 16.1）6%，看似比工業國家高一倍。但是跟消費者物價指數上漲率 2.6% 相比，實質貸款利率 3.4%，並不是很高。

(2)直接融資占 19.1%。

直接融資占社會融資總量 19.1%，限於篇幅，針對此部分本書不再說明，僅聚焦於銀行貸款。

表 16.1 2002～2012 年社會融資總量成分

單位：兆元

融資方式	項目／年	2002	2003	2004	2005	2006	2007	2008	2009	2010	2011	2012
一、間接融資												
(一)銀行	(1)人民幣新增貸款	-	-	-	-	3.19	3.63	4.91	9.59	7.95	7.47	8.2
	(2)外幣貸款（折合人民幣）	0.37	0.67	0.48	0.37	0.25	0.49	0.9	0.66	0.29	0.57	0.90
(二)銀行以外金融機構	(3)委託貸款	0.09	0.18	1.11	0.34	0.47	0.57	0.62	0.48	0.8	1.3	1.28
	(4)銀行承兌匯票	-0.75	0.59	0	0.01	0.38	0.113	0.16	0.33	0.163	1.03	1.05
	(5)信託貸款	-	-	-	-	0.21	0.29	0.46	0.31	0.27	0.20	1.29
二、直接融資	(6)企業債券	0.16	0.16	0.18	0.70	0.21	0.39	0.81	0.92	0.84	1.37	2.25
	(7)一般企業股票發行*	0.3.	0.16	0.23	0.12	0.34	0.81	0.49	0.32	0.41	0.44	0.25
	(8)保險公司賠償	0.21	0.15	0.21	0.25	0.21	0.18	0.22	0.12	0.13	0.39	0.47
	(9)保險公司投資性房地產	-	-	-	-	-	0.1	0.1	0.1	0.1		
	其他	-	-	-	-	-	-	-				

註：第一欄為本書所加，第二欄項目中的（）內順序也是我們所標。

*指非金融企業境內股票融資

(三)銀行貸款利率的計算方式

人民銀行對貸款利率也有一定的影響力，銀行對企業貸款戶的貸款利率採取下述方式決定，參見圖 16.1 下半部。

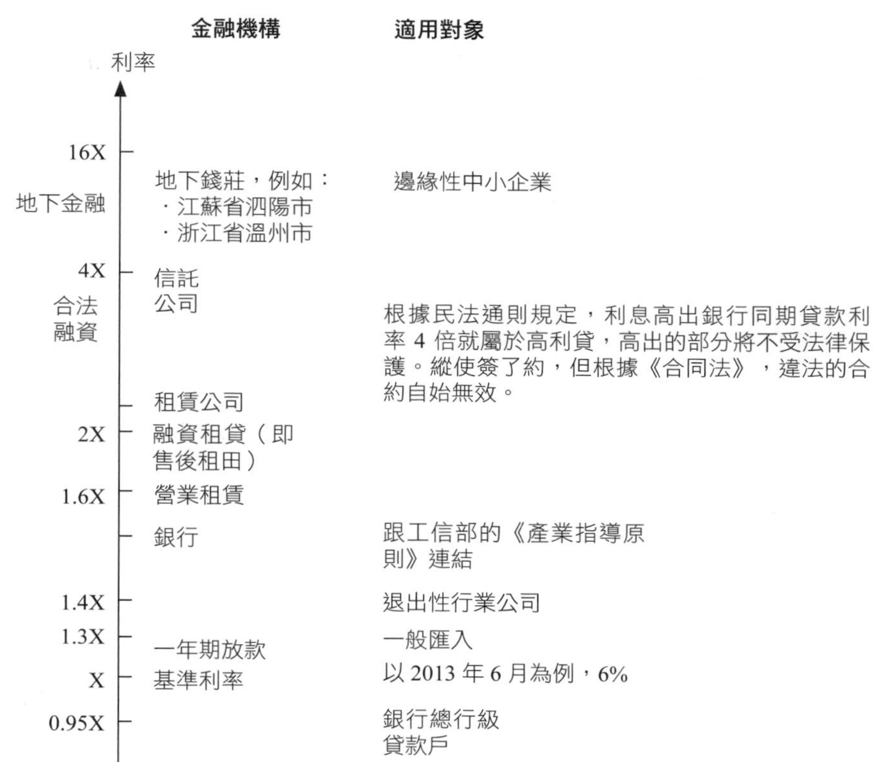

圖 16.1　銀行貸款利率與其他借款利率

1. 基準利率

銀行以一年（以內）期信用貸款甲級（本書註：例如信評 AA 級）企業的貸款利率做為最優貸款利率（prime lending rate），以 2013 年 6 月為例，6%。

2. 加減碼

只有針對一種企業借款戶，會針對基準利率打 95 折（圖中標示 0.95X，X 代表基準利率），即銀行總行級貸款戶（本書註：例如信評 AAA 級）。

其餘企業貸款戶的貸款利率都是依基準利率加碼，而且為了配合工信部的產業政策，跟《產業指導原則》連結。

· 一般准入行業的公司，貸款利率是基準利率 1.3 倍；
· 退出性行業的公司，貸款利率是基準利率 1.4 倍。

二、直接融資

直接融資占融資比重 17% 左右，較不重要，因此本節先說明，第四段以後集中說明間接融資。

(一)定義

直接融資指的包括公司發行票債券、股票等以取得資金，不過，股票發行僅以股市（詳見表 16.2）為限，針對私募股權基金、衍生性商品基金（hedge fund，俗譯為對沖基金）並未包括在內，人民銀行表示，未來條件成熟時才會引入。

表 16.2　股市對企業直接融資的貢獻

時間	說明
1990 年 12 月	上海、深圳兩個交易所開業，標誌著中國集中交易的證券市場開始形成，滬只有「老八股」、深只有「老五股」，行業以紡織、貿易為主。
2005 年	開放創業板 股市市值 2.884 兆元
2006～2010 年	股市指數曾大漲到 6300 點，2008 年泡沫破裂。
2012 年	
1. 上市公司數	2,472 家
2. 行業	金融（16 家商銀、3 家保險公司、15 家證券公司）、能源、電信類股為主。

表 16.2（續）

時間	說明
3. 市值	美國 16.69 兆美元，全球第一。 2010 年中國大陸 3.96 兆美元（或 26.35 兆元），全球第二，首度超越日本。2012 年只剩 22.45 兆元，上海股市占七成。
4. 投資人	投資人有效帳戶達到 0.56 億多戶，從最初的散戶市場演變到今天涵蓋基金、券商、保險、合格投資機構（QFII）在內的多層次投資者結構。
5. 境內股市募資	3.7 兆元 · 現金增資 3.2117 兆元 · 新股發行 347 家，0.4883 兆元

(二)保險公司投資屬直接融資

最後，在「社會融資總量」中有三項，即保險公司賠償、保險公司投資性房地產及其他的總和。保險業的主管機關是保險監督管理委員會（簡稱保監會）。

三、間接融資機構

由表 16.3 第二欄可見，把間接融資機構分成四類；但是依據一般貨幣銀行學的分類，在表中第一欄中來分類，就更容易了解了。

(一)貨幣機構

可以進行存放款業務的貨幣機構，至少可分為下列二中類。

1. 銀行

銀行又可分為二小類。

(1)商業銀行

以商業銀行為例，依規模分為三類，勉強可以這樣說：在全國營運的大型商業銀行，共五家，都是國營，其中工商、建設、中國、農業銀行規模較近，常稱「工建中農」，至於交通銀行規模只有工商銀行的一半；

2012 年占銀行業資產比重只剩 44.3%，比 2011 年減少 5 個百分點。

在一省市營運的股份制商銀；2012 年市占率成長二個百分點；

在一城市營運的城市商銀。

此外，依股權的國籍，還額外把商銀行分成本土銀行和外資銀行。

(2)專業銀行

專業銀行有二家，其中較有名的是政策性銀行角色的國家開發銀行。

2. 基層金融

例如表中五小類，其中第三小類信用合作社（中國大陸稱為信用社）、第四小類農村銀行屬於貨幣機構中的基層金融。

表 16.3　間接融資機構

貨幣銀行學分類	中國大陸分類	銀行	上市家數	占銀行業資產比重
一、貨幣機構 (一)銀行 1. 商業銀行	一、大型商業銀行（5家）	工商銀行、建設銀行、中國銀行、農業銀行和交通銀行等 5 家，前四家常稱四大銀行或「工建中農」。	5 （全部在香港上市）	2012 年，總資產 127 兆元 44.27%
	二、股份制商業銀行（12家）	招商銀行、浦東發展銀行、民生銀行、興業銀行、光大銀行、中信銀行等 12 家。	8 （其中有 3 家也在香港上市）	17.6%
	三、城市商業銀行（140家）	有 3 家城市商業銀行（南京銀行、寧波銀行和北京銀行）在 A 股市場上市。	3	9.1%

表 16.3（續）

貨幣銀行學分類	中國大陸分類	銀行	上市家數	占銀行業資產比重
2. 專業銀行	四、其他類金融機構	外資銀行 *政策性銀行及國家開發銀行		29%
(二)基層金融		1. 信用合作社 · 城市信用社 · 農村信用社 2. 農村銀行 · 農村商業銀行 · 農村合作銀行 3. 銀行以外金融機構		
二、非貨幣機構				

(二)非貨幣機構

不能吸收存款但能承辦貸款業務的稱為非貨幣機構，至少包括下列二者，資金主要來源為銀行，扮演資金零售業者角色。

1. 信託公司

本質是銀行的「企業金融」授信部。

2. 小額貸款公司

小額貸款公司 2010 年 2600 家，2012 年 9 月增至 5,629 家，貸款餘額 5,300 億元；本質上是銀行的「消費金融」授信部。

四、間接融資結構

貨幣、貨幣以外機構皆可提供貸款，但捉大放小來說，貸款機構約占貸款 97%），底下詳細說明。

(一)銀行占 82.7%

表 16.1 中第二欄，來自「銀行體系的資金」共有(1)～(4)四小項，詳細說明於下。

1. 委託貸款

委託貸款只是間接貸款，貸款戶委託財務公司（受託人）去向銀行貸款，財務公司賺貸款戶所付的手續費但不承擔還貸款的義務，但有代為發放、監督使用並協助收回的貸款。

***委託貸款的例子**

委託貸款，這情況須舉例說明才好懂。由於銀根收緊，委託貸款大行其道，尤其是向房地產業的「輸血」明顯增加，詳見圖 16.2。2011 年上半年上市公司涉及委託貸款事項的公告共有 86 則，而 2010 年同期僅有 65 則。武漢市健民公司 2011 年上半年盈餘 3,619 萬元，委託貸款營收 1,304 萬元。

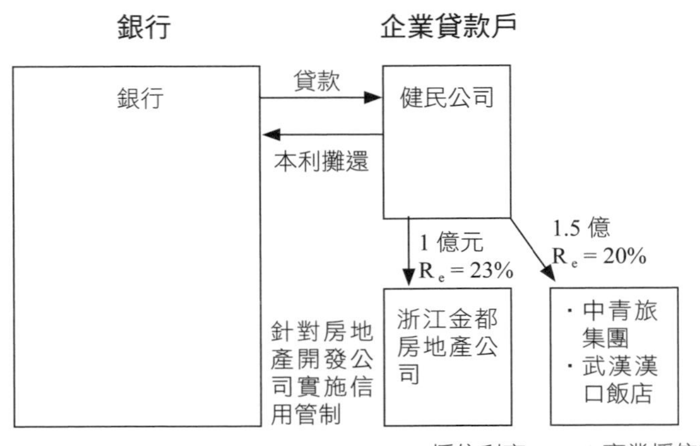

圖 16.2　委託貸款舉例說明

2. 商業銀行

商業銀行依規模可分為大、中、小，但是以行業壟斷係數來看，四大銀行占放款比重 50%，可說是價格決定者，其他銀行大都是價格接受者。

3. 銀行承兌匯票

「銀行承兌匯票」本來性質是直接融資方式之一，但由於 2007 年起，人民銀行緊盯「新增貸款」作為貨幣政策指標，銀行為衝盈餘，只好請貸款企業戶一部分改採「銀行承兌匯票」方式。

這個現象到 2011 年上半年照樣存在，2011 年 6 月，銀監會下令嚴查金融機構的票據業務，「以票據貼現為名而行信貸之實」的票據業務是查緝的重點。銀行交易員表示，在銀監會的指令下達之後，一些銀行已經停辦票據業務，將減少票據直接貼現的規模，並減少票源供給，將使得銀行對於企業資金需求支持程度減少，中小企業融資會面臨到最大問題。由表 16.1 可見，銀行承兌匯票占比重 2011 年只剩 1.6%。

(二)銀行以外貸款占 2.7%

2006 年，中國大陸開放信託公司也可以進行放款業務，此外，也開放「小額貸款公司」營運。

*銀行以外金融機構貸款利率

依《合同法》規定，金融業的貸款利率不得超過銀行基準利率的 4 倍，以 6% 為例，4 倍便是 24%。

第二節　貨幣政策對資金供給的影響——以 2010～2012 年為例

2010 年下半年起，由於近口農產品價格高漲（即輸入性物價上漲）、熱錢流入（需求牽引型物價上漲），供需雙向因素，造成物價上漲。人民銀行採取「管價又管量」的緊縮性貨幣政策。

一、緊縮性貨幣政策後遺症之一

1. 管價的結果

為了避免利率太高（比美元），以致造成人民幣升值的壓力，因此人民銀行透過「行政命令」，最多把基準利率維持在 6% 左右。只比消費者物價指數（約 3%）高一點點，而（一年期）存款利率只有 3%，實質利率零甚至負的。貸款利率低於均衡利率，以致貸款需求遠大於供給。

2004 年起，人民銀行緩步實施銀行利率自由化，2012 年 7 月，貸款利率下限為貸款（參考）利率的七折（即 0.7 倍），以避免殺價競爭；存款利率上限為存款基準利率的 1.1 倍。

2. 管價又管量

2010～2012 年，人民銀行把法定存款準備率吊高在 21%，再加上人民銀行希望新增貸款控制在 8.3 兆元以內，管價又管量的結果是銀行只好緊縮放款。

信用緊縮的受害者是中小企業，這是因為中小企業的財務報表往往不是入流（ranked）會計師簽證，即財報可信度較低，且負債比率往往較高（即抵押品較少）。

3. 放款有大小眼

銀行放款大小眼的另一個原因是「胳膀往內彎」，在表 16.3 中已說明大型商銀資產（主要是放款）占銀行比重 44%，放款對象主要是國營企業，這背後往往有產業政策考量。

大型企業產值只占總產值 40%，但貸款餘額比重 64%；大型企業多取得貸款，有些中小企業的貸款額度就被排擠掉了。

復旦等三家大學教授 Song 等（2011）的實證研究指出，公營企業在取得銀行貸款比民營企業較有優勢，許多民營企業必須靠盈餘等來進行固定資本形成，銀行貸款由經營效率較低的公營企業所享用，對資源配置效率較不利。

4. 放款市場向賣方傾斜

簡單的說，在放款市場中，向賣方（銀行）傾斜，下面以浙江省一個國營銀行為例來說明，全分行有十多億元貸款申請案在排隊，可貸資金這麼緊，挑最賺錢放款就沒錯，也省得去別的小項目做徵信。有的企業為了拿到貸款，不得不繳納超額保證金，此舉也變相加重了企業的負擔，2,000 萬元的貸款繳納 50% 的（還款）保證金，借款人實際能運用的貸款金額被七折八扣掉了。

二、大型企業覺得問題不嚴重

大型企業在銀行緊縮信用期間還有許多路可走，因此覺得問題不大。銀行體系中以資產總額計算，國營銀行占比高達 63%，由官方掌控的前 50 大銀行總資產超過全體銀行的 75%。2012 年 10 月人民銀行行長坦承，金融體系銀行不夠健全、計畫經濟色彩太過濃厚，所以景氣經濟有過熱現象。銀行資金是以計畫經濟形式由上到下進行分配，決定權向省級分行和總行集中，信貸投放也向大城市和大企業集中。國營銀行及股份制商業銀行都傾向「大城市、大企業」策略，許多大企業獲得信貸後，卻把資金拿去投機，企圖賺取更高利潤，從中營私，放貸風險因而倍增。

1. 到海外貸款

香港信貸總量從 2009 年 12 月到 2011 年 4 月增加 38%，約 1.25 兆港幣（約人民幣 1.04 兆元），同期吸收的人民幣存款數量。花旗集團亞太區經濟分析師主任蔡真真認為，中資企業在境外貸到外幣，匯入中國大陸後結匯，變成外匯存底，導致人民銀行增加外匯占款，最後不得不提高存款準備率來收緊流動性。

2. 直接融資

大型企業可以採取直接融資方式，取得資金。截至 2012 年 11 月 15 日，滬、深股市共有 2494 家上市公司，總市值 20.99 兆元。2002 年末，滬、深兩個股市 1223 家上市公司，總市值 3.8 兆元。10 年間上市公司數量成長一倍，總市值增加 4 倍。

三、中小企業變成受災戶

中小企業是各級銀行的邊緣客戶，受「資金荒」、「缺工荒」、「電荒」（甚至土地荒、原料荒）衝擊最大。

(一)中小企業「缺錢荒」

在 2011 年，中小企業成為「資金荒」的最嚴重受災戶，中小企業的融資決策順序可分為上、中、下三策，底下詳細說明。

(二)上策：向銀行借錢

銀行對中小企業的貸款利率報價予以調高，或者中小企業為了搶到「僧多粥少」的貸款額度，也會喊高報價。限於貸款利率的信用差距原則，縱使以基準利率 1.4 倍（6%×1.4 = 8.4%）取得貸款額度，對中小企業都是上策。

(三)中策：向租賃、信託公司租賃

向銀行借不到錢，第二步是向銀行以外金融機構借款（這部分稱為「影子銀行」，shadow bank），如表 16.1 所述，這包括信託公司、小型

放款公司；其次租賃公司也可提供一些資金，但僅限於租賃性業務。

1. 信託公司、小型放款公司

這二種公司的資金主要還是來自銀行，即向銀行以批發價取得貸款資金，再以較高的零售價賣出貸款，以賺取利差。貸款利率最高是銀行基準放款利率 4 倍。

2. 租賃公司

租賃市場近幾年快速成長，2009 年新承作金額達 3,700 億元，2010 年達 7,000 億元。

(四)下策：向地下錢莊借錢

2011 年年初，企業向銀行借貸的困難度就明顯提高，除非公司可以提供資產進行抵押貸款，否則很難借到錢，不少民營企業難從銀行借貸周轉，只好轉向地下金融尋找出路，使溫州市及寧波市游走在灰色地帶的民間融資活動，變得空前熱絡，街上的當鋪比便利商店還多。單在溫州一地就有 1,000 億元的民間借貸資金，月息最少 6 分（即 6%），但仍供不應求。

1. 地下金融運作方式

地下金融在各國一直存在，只是程度問題，地下錢莊扮演著「銀行角色」，詳見圖 16.3，只是利率不受法令管制。針對影子銀行與地下金融的規模，國務院國家信息中心估計 7 兆元左右。

2. 地下金融

地下金融相關情況詳見表 16.4。

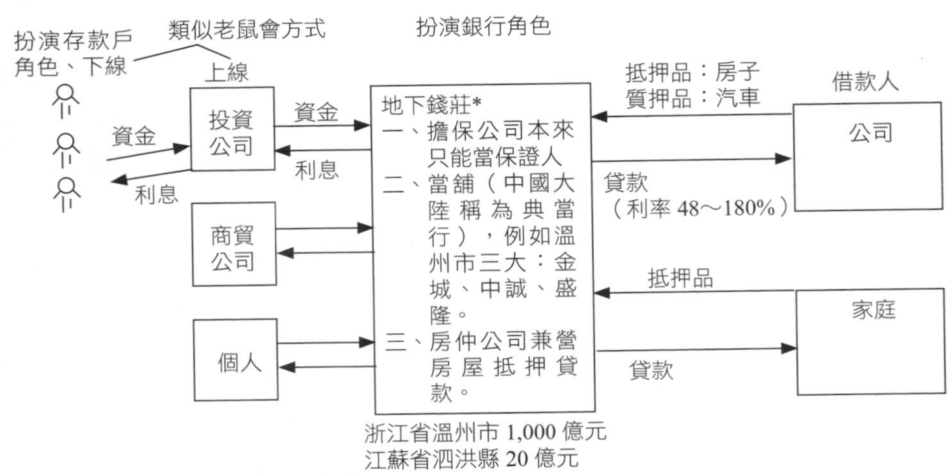

圖 16.3　地下金融的運作方式

表 16.4　地下金融相關狀況

項目	說明
一、時間	2009 年開始熱絡
二、地點	· 浙江省溫州市 · 江蘇省泗洪縣 擴展到山西省、內蒙古等內陸地區
三、人	
(一)資金來源	1. 公司：例如溫州市，該地閒置資金 6,000 億元，其中 1,000 億元做民間借貸。 2. 家庭：例如泗洪縣石集鄉，該地較缺乏產業等就業機會，民眾在「重利」誘導下，把儲蓄甚至貸款來投入「投資公司」，這些「投資人」賺到暴利後，紛紛買寶馬汽車，因此石集鄉有「寶馬鄉」之稱。 人民銀行泗洪分行一位行員表示，上述情況就是典型的「全民放貸」行為，由於高額利率讓很多人失去理智，就連公職人員都涉入其中，金融監管形同虛設。類似泗洪縣的狀況在各地已成野火遼原之勢，全民瘋狂放貸的亂象，

表 16.4（續）

項目	說明
	就連官方媒體也看不下去。《人民日報》2011 年 8 月 5 日就專文報導遼寧民間借貸情況。
(二)借款人	中小企業融資網總裁周漢表示，2010 年網站的中小企業註冊數量 1 萬多家，2011 年一下子突增到近 4 萬家，可見中小企業缺錢的情形。
四、後遺症	
(一)暴力討債	為了追回畢生積蓄，有人甚至不惜鋌而走險以暴力方式追討欠款，衍生更多社會問題。
(二)地下金融系統性風險	
1. 政府取締	泗洪的高利貸風潮已經引起人民銀行的關注，泗洪縣政府不斷發著打擊非法融資的通告，督促相關人員到公安局自首。泗洪縣政法委書記說，泗洪縣民間融資規模約 20 億元。隨著政府的介入，之前出現的非法融資苗頭便會戛然而止，但高利貸不受法律保護，貸款追不回來，只有個人承擔損失了。
2. 大規模違約	當借款人出現停止付息的情況，高利貸市場也隨即崩盤。2011 年 5 月 24 日，崩盤的情況在石集鄉率先爆發，村民們發現聯繫不到上借款人了。「就像一個脹滿氣的氣球，針一扎就破了。」泗洪縣村民們用來形容當地高利貸的泡沫。

3. 民間借貸是不合法的

由下列法令可見民間借貸是非法的，簡單的說，貸款契約至始「不存在」，貸款戶無須依約償還高利率，而且地下錢莊還要吃上違法營業的官司。

根據人民銀行發佈的《貸款通則》規定，法院認為企業放貸就是從事「貸款業務」，落入「國家限制經營、特許經營」的範圍，須經人民銀行批准。

《合同法司法解釋一》規定，違反國家限制經營、特許經營以及法律、行政法規禁止經營規定簽訂的合同，無效。

法院在判決中也引述了國務院頒發的《非法金融機構和非法金融業務活動取締辦法》，說明凡是「未經人民銀行依法批准，任何單位和個人不得擅自設立金融機構或者從事金融業務活動。」法院把這條規定認定為一條「禁止性規定」的行政法規。

4. 被債息壓垮或缺資金而倒閉

2010 年溫州市的民間借貸一度出現高達 98% 的年利率，2011 年有地方已出現超過 100% 的年利率！可以說借貸雙方都在「走鋼絲」。

2011 年 4 月開始，陸續出現中小企業歇業新聞，例如內蒙古富豪惠龍集團董事長金利斌因深陷巨額債務自焚、浙江省三旗集團瀕臨破產、溫州市龍灣區的江南皮革老闆攜家人「出走」而停業，至於溫州餐飲連鎖品牌波特曼、港尚記也因老闆「消失」而歇業。

溫州中小企業發展促進會會長周德文表示，這些企業老闆失蹤或者自殺，都是被高利貸逼的。

根據調查資料顯示，東莞市各銀行的中小企業貸款占貸款金額比重平均僅 38.84%，2011 年 6 月起更是停止對玩具行業的貸款。玩具業是五大出口支柱產業之一，中國大陸是全球最大的玩具生產國和出產國，出口量占全球的 75%。根據海關總署統計，2010 年玩具銷售規模達 124.67 億美元，珠三角玩具產值占全中國大陸的七成，也就是說此次資金斷鏈危機危及珠三角產業規模。

第三節　企業家精神——以中小企業發展為例

改革開放過程是一次從完全管制到逐漸向市場化放鬆的過程，管制每放鬆一點，國人的創業衝動和企業家精神就被釋放一點，企業和個體工商戶數量就多一批，經濟就更加繁榮一些。

「企業家精神」的生產要素的報酬是「稅後」盈餘，這包括狹義的企業家（指公司董事會）與廣義企業家（指小股東）。因此，我們可以從國民所得帳中的執行業務所得，資本利得等來看企業家精神的報酬。

然而，本節想從政府角度來分析如何促進「企業家精神」，即第四章第四節「國退民進」中的「民進」，萬丈高樓從地起，大公司也是從中小企業茁壯起來的，因此本節討論「個體工商戶」、「中小企業」的發展。至於「村辦企業」本書不說明。

一、政策目標

十一五以來，經濟成長的主軸之一為「調結構」，即產業結構由「工業」調整到「服務業」。

服務業適合中小企業甚至個體戶（例如接案的 soho 族）來經營，因此政策必須扶植中小企業（本段以中小企業來代表中小企業和個體戶）。

2011 年 4 月 15 日，發改委主任在博鰲論壇一場名為「政策解讀：十二五規畫」的座談會中表示，將大力發展中小型企業，以達到產業結構轉型到服務業的政策目標。

二、現況

中共政府對中小企業的政策大抵處於「改革」（即自由化）性質，即逐漸開放其可經營行業等，其他優惠補助則較少。

(一)個體工商戶

個體工商戶簡稱個體戶，雖然是中國大陸名詞，但在台灣已行之多年，再加上台灣名詞「自營生計者」，口語也很少用。因此本段就直接用中國大陸名詞。

「個體戶」的性質比較像攤販、蘇活族（SOHO 族），甚至規模大一點的稱為商號，就是做「小生意」、「小買賣」的。

由表 16.5 可見，國務院、各省市政府對個體戶越來越「開放」。

表 16.5　個體工商戶的法令與發展

時間	法令與發展
1987 年	國務院發布《城鄉個體工商戶管理暫行條例》，明定個體工商戶，是指以個人財產或者家庭財產作為經營資本，依法經核准登記，在法定範圍內從事工商經營活動的個體經營者。 個體戶登記的主要法律依據是《民法通則》和《城鄉個體工商戶暫行條例》，個體向經營所在地縣、市區的工商行政管理局申請登記，個體戶僅限中國大陸國民。
2005 年	為了吸引台資，福建省福州市開放台灣民眾申請個體戶執照，迄 2011 年 600 家，經營項目以餐飲、工藝品、服裝店、日用百貨、水果零售、茶莊等為主。
2011 年 6 月	3000 萬戶
2011 年 11 月	《個體工商戶條例》實施。 下列限制已取消。 ・對個體戶從業人員人數。 ・身分限制，凡是有經營能力的公民都可以申請設立個體戶。 ・縣市政府工商管理局收取的管理費，地方政府應為個體戶提供資訊等服務。並且對個體戶進行放寬。 ・放寬個體戶的經營範圍，對個體戶實行市場平等准入、公平待遇原則，只要不是法規禁止進入的行業，都允許個體戶依法登記。 ・個體戶可以憑營業執照及稅務登記證明，依法在銀行或其他金融機構開立帳戶，申請貸款。

(二)中小企業

在第四章第一節中已提及 1992 年，經濟改革走到由個體戶到允許成立民營公司，發展到 2011 年，中小企業的重要性如下。

- 家數 1000 萬家，占企業總數 99%；
- 占產值 60%；
- 占國家稅收 50%。

三、政策

2011 年起，國務院對中小企業有比較大幅度的政策和主管機關組織設計的作法。

(一)政策

國務院邀集多個部會，制定針對中小企業的扶植政策，在 2011 年下半年陸續推出，詳見表 16.6。

表 16.6　2011 年起對中小企業的扶植措施

項目	說明
一、准入	在相應的准許經營項目領域上會進一步開放，投資門檻也會降低。
二、諮商輔導	政策上鼓勵各類仲介服務機構，協助中小企業企業化經營管理。
三、資金	政府會引導民間資金，優先進入具有創新能力的中小企業，以及七大策略產業領域的中小企業。 政府引導民間資金的過程分為下列三個步驟。 1. 政府建立一個政策架構，公佈一系列的指導方針與法規，調整民間資金的投資制度，並建立中小企業發行公司債券及股權交易的相關規範。 2. 有關部會透過建立具有示範性的仲介服務機構，為中小企業和民間資金牽線。 3. 把這項把方式在全國推廣。

(二)從養小雞做起

鑑於剛成立的公司如同剛出生的小雞一樣的脆弱，為了精確鎖定政策輔導對象，因此在 2011 年 7 月 4 日，經工信部與國家統計局、發改委與財政部在「中小企業劃分標準規定」，把小企業細切出「微型企業」，連同原來的中小企業稱為「中小微型企業」，一些工業國家也採取同樣劃分方式，詳見表 16.7。

表 16.7　企業規模劃分標準

企業規模	營收（萬元）	員工數
一、大型	40,000	1,000 人以上
二、中型	2,000～4,0000	300～1,000 人
(一)服務業		
(二)工業		
三、小型	300～2,000	20～300 人
四、微型	300 以下	
(一)服務業	—	10 人以下
(二)工業	300 以下	20 人以下

四、2012 年，解決中小企業取得貸款的政府措施

銀行不能滿足中小企業融資需求而飽受各界批評，小企業融資問題造成的經營困難，讓政府承受的壓力越來越大。

中小企業主要集中在廣東、福建、浙江三個沿海省分，2010 年出現「兩多兩難」問題是指：「民間資金多、投資難；中小企業多、融資難」。

2012 年 3 月底，國務院常務會議決定，設立溫州市金融綜合改革試驗區，並研究溫州地區開展個人境外直接投資試點，以引導民間融資發展，

提高金融協助實體經濟發展的能力。

台灣經濟靠中小企業支撐，對中小企業取得貸款有相當多的協助機制，由此來分析中國大陸的政策措施，會更快了解，詳見表 16.8。

表 16.8　台海兩岸對中小企業取得貸款的協助機制

項目	台灣	中國大陸
一、信用強化機制	中小企業發展最大問題在於資金取得，針對銀行授信之取得。 1974 年 7 月，經濟部成立「中小企業信用保證基金」，針對符合資格的中小企業予以保證其八成以內銀行貸款的償付，並且分攤部分利率，迄 2012 年 3 月，已協助中小企業取得銀行信用 9 兆元，其中基金保證七成。	2012 年 3 月 1 日，國務院常務會議決定。 1. 斥資 150 億元設立「中小企業發展基金」；支持初次創業的小微企業。 2. 建立小企業信貸獎勵考核制度。 3. 鼓勵設立村鎮銀行 符合條件的小額貸款公司可改制為村鎮銀行。
二、銀行	1. 1990 年以前 在銀行自由化經營之前，銀行法中有「中小企業銀行」的專業設計。之後，中小企銀紛紛轉型商銀或被併購，只剩台灣中小企銀一家。 2. 1994 年以後 尤其是 2005 年以來，政府推動「本國銀行加強辦理中小企業放款方案」，給予達到相關放款目標的銀行點數，列入其拓展據點、申辦新業務時的記分。	1. 2011 年 金融機構對中小企業貸款 21.77 兆元，占貸款比重四成，但是這跟表 16.4 的數字不合。

五、資金：權益資金

人才、資金是中小企業成長的關鍵生產要素，中小企業在取得資金方面相對處於弱勢，由表 16.9 可見，在成長初期有賴企業投資、成長中期偏重私下募集股權投資（private equity, PE）；到了成長中末期，則仰賴股票上市。

政府的政策工具之一在於塑造權益資金的資金環境，底下說明。

表 16.9　公司生命周期外部資金來源

公司壽命周期	公司成立	成長初期	成長中期	成長末期
一、股票狀態	1 年內	1～3 年內	4～5 年股票公開發行	股票上市
二、權益資金來源	天使投資人	創業投資（venture capital，中國大陸稱為風險投資）	私募股權投資（private equity, PE）	例如 ・創業板，深滬股市 2009 年推出 ・中小企業板
三、負債資金來源	銀行抵押貸款	銀行信用貸款	發行票券、公司債	

1. 創投業者

中國大陸市場的活絡，吸引了大批海外投資機構進駐。中國已成為僅次於美國，全球第二大創業投資的聚集地。2010 年，創投公司數量暴增 88%，達到 158 家，募集資金 112 億美元。

《富比世》（*Forbes*，中國大陸譯為福布斯）雜誌公布的《2011 年全球最佳創投人榜單》中，有 75% 的創投公司投資中國大陸新興企業。

2010 年，創投公司按投資案例數量前十大行業依次：互聯網、製造業、資訊、醫療健康、能源、傳媒娛樂、電信及儲值、連鎖經營、農林牧漁和化學工業，占所有行業創投數量的 9 成。

2. 中小企業板

2005 年，證監會推出中小企業板，以利中小企業股票上市，以取得權益資金。從募資的規模來看，中小板 600 家上市公司掛牌時行募資金額。4,085 億元。總市值達 3.4352 兆元，流通市值為 1.8 兆元，平均本益比 37.58 倍。中小板已經擴張到 22 個產業，主要集中在機械裝置儀表、石油化學塑膠塑料以及金屬、非金屬等三大支柱產業類別。從地域分散來看，中小板公司地域覆蓋面明顯擴大，並逐步趨向均勻。

3. 新三板

上中小企業板的資格對絕大部分中小企業仍是可望不可及，因此，證監會在 2012 年推出「新三板」，拉低門檻，這比較接近「創業板」的精神，詳見表 16.10。2012 年 8 月，試辦地點增加三個：上海市張江、武漢市東湖和天津市濱海「高新產業開發區」（簡稱高新區）。

表 16.10　中國大陸股市種類

中國大陸股市分級	以台股為例	中國大陸說明
一、主板	1.証券交易所 2.櫃買中心（OTC）	上海交易所 深圳交易所
二、中小（企業）板	興櫃 2002 年 1 月成立	
三、興業板（或創業板）		2009 年 10 月 30 日推出，迄 2012 年 10 月，355 家上市，市值 7,362 億元。
四、新三板：是以中關村股份代辦系統為基礎的場外交易市場，2011 年 10 月公布，2012 年試點，1 月 15 日上路	興櫃前的未上市公司	轉板：透過快速審核批准的「綠色通道」，允許新三板達到上市標準的公司，以現有持股直接轉入主板或者創業板上市，稱為「轉板」。「新三板」是全國中小企業股份轉讓系統的俗稱，地點在北京市。

討論問題

1. 土地（價格，其次是數量）在各階級（各地區）的經濟發展中的重要性如何？（即究竟是土地零租金還是薪資成本低吸引外商？）
2. 水對工業發展的約束性如何？在第五章第一節中我們曾舉例說明 2011 年停電對湖南省產值的影響，那停水呢？
3. 國務院在 1980、1990、21 世紀如何透過貸款利率去「優惠」一些行業、公司，請舉例說明。
4. 中國大陸發展股市對企業融資的貢獻如何？
5. 如何研究企業家精神對經濟成長的貢獻，請提出來說明。

參考、推薦閱讀文獻

（中文文獻依時間順序排列）

1. 童振源、王國臣，「中國經濟研究的網路資源索引」，中國大陸研究，2011 年 3 月，第 79～98 頁。
2. Tom Orlik 著，董佩琪譯，透視中國經濟指標，財信出版公司，2012 年 7 月。

第一章　經濟產出

1. Jefferson, G. H., A. G. Z. Hu and J. Su (2006), 'The Sources and Sustainability of China's Economic Growth', *Brookings Papers on Economic Activity*, 2, pp.1-47.
2. Lo, D. and G. Li (2011), 'China's Economic Growth, 1978-2007: Structural-Institutional Changes and Efficiency Attributes', *Journal of Post Keynesian Economics*, 34(1), pp.59-83.
3. Zhang, J. and L. Gui (2009), 'The Impact of China's Economic Development on the Global Economy—A Review of Past Economic Literature', *China Economist*, 18, pp.80-92.

第二章　經濟政策的決策組織設計與執行

1. 蔡昉、林毅夫，中國經濟，麥格羅・希爾國際公司，2004 年 12 月。
2. 邵宗海，「中共中央工作領導小組的組織定位」，中國大陸研究，2005 年 9 月，第 1～23 頁。
3. 趙建民、張鈞智，「菁英循環或再生？十二大以來中共技術官僚的發展趨勢」，中國大陸研究，2006 年 6 月，第 69～91 頁。

4. 徐斯勤，「中國大陸中央與各省關係中的水平性與垂直性權力競爭，1993～2004：菁英政治與投資政策的議題聯結分析」，中國大陸研究，2003 年 6 月，第 1～33 頁。
5. 陳德昇、陳陸輝，「中共十七大政治菁英甄補與地方治理策略」，中國大陸研究，2007 年 12 月，第 57～85 頁。
6. 王信賢，「誰統治？論中國的政策制度過程：以《反壟斷法》為例」，中國大陸研究，2010 年 3 月，第 35～62 頁。
7. 趙建民、蔡文軒，「『黨管一切』或是『部門利益』：以三峽大壩與青藏鐵路的決策為例」，中國大陸研究，2010 年 6 月，第 39～71 頁。
8. 黃信豪，「有限活化的中共菁英循環：黨政領導菁英組成的跨時考察」，中國大陸研究，2010 年 12 月，第 1～34 頁。
9. Xu, C. (2011), 'The Fundamental Institutions of China's Reforms and Development', *Journal of Economic Literature*, 49(4), pp.1076-151.

第三章　經濟改革開放——經濟制度的變革

1. 吳玉山，「探入中國大陸經改策略之研究：一個比較的途徑」，中國大陸研究，2003 年 5、6 月，第 1～25 頁。
2. 陳牧民，「當和平崛起遇上台灣問題：菁英認知下的中國安全戰略」，中國大陸研究，2006 年 12 月，第 1～26 頁。
3. 葉萬安，「台灣究竟創造哪些經濟奇蹟？」，台灣經濟論衡，2010 年 8 月，第 36～43 頁。
4. Bouckaert, B. R. A. (2008), 'Bureaupreneurs in China: We Did It Our Way: A Comparative Study of the Explanation of the Economic Successes

of Town-Village-Enterprises in China', *European Journal of Law and Economics*, 23(2), pp.169-95.

5. Chen, C. H. (2002), 'Property Rights and Rural Development in China's Transitional Economy', *Economics of Planning*, 35(4), pp.349-363.
6. Chen, C. H. and H. L. Wu (2008), 'Fiscal Structures and Regional Economic Growth: Evidence from China's Fiscal Contract System', *Journal of Developing Areas*, 40(2), pp.119-35.
7. Lau, L. J., Y. Qian and G. Roland (2000), 'Reform without Losers: An Interpretation of China's Dual-Track Approach to Transition', *Journal of Political Economy*, 108(1), pp.120-43.
8. Tisdell, C. (2009), 'Economic Reform and Openness in China: China's Development Policies in the Last Thirty Years', *Economic Analysis and Policy*, 39(2), pp. 271-94.
9. Zhang Y., Y. Wang, Y. Zhang, Z. Chen and M. Ku (2007), 'China's Development Model: The Costs and Benefits of the Decentralization Approach to Transition', *China Economist*, 9, pp.22-33.

第四章　地方發展型資本主義——經濟改革階段專論

1. 傅豊誠，「中國大陸國有企業經營績效的變化」，中國大陸研究，2005 年 12 月，第 1～30 頁。
2. 徐斯儉、呂爾浩，「市場化國家資本主義 1990～2005：中國兩個地級城市個案研究」，中國大陸研究，2009 年 6 月，第 97～136 頁。
3. Chen, C. H., C. C. Mai, Y. L. Liu and S. Y. Mai (2009), 'Privatization and Optimal Share Release in the Chinese Banking Industry', *Economic Modelling*, 26(6), pp.1161-171.

4. Chen, Y., S. Demurger and M. Fournier (2005), 'Earnings Differentials and Ownership Structure in Chinese Enterprises', *Economic Development and Cultural Change*, 53(4), pp.933-58.
5. Fung, H. G., D. Kummer and J. Shen (2006), 'China's Privatization Reforms: Progress and Challenges', *Chinese Economy*, 39(2), pp.5-25.
6. Wang, Y. and C. Chang (1998), 'Economic Transition under a Semifederalist Government: The Experience of China', *China Economic Review*, 9(1), pp.1-23.
7. Wu, Y. (2011), 'Innovation and Economic Growth in China: Evidence at the Provincial Level', *Journal of the Asia Pacific Economy*, 16(2), pp.129-42.

第五章　經濟政策規劃與執行——以十二五規劃為例

1. 宋國誠，「科學發展觀——中國第三次社會轉型」，中國大陸研究，2008 年 6 月，第 97～129 頁。
2. 溫芳宜，「中國所得分配改革措施進展」，經濟前瞻，2011 年 7 月，第 70～76 頁。
3. Yao, S. and S. Morgan (2008), 'On the New Economic Policies Promoted by the 17th CCP Congress in China', *The World Economy*, 31(9), pp.1129-53.

第六章　政府支出與財政收入

1. 魏艾、曾聖文，「中國大陸財政支出與經濟成長——因果關係的驗證」，中國大陸研究，2003 年 11、12 月，第 137～162 頁。
2. 徐斯勤，「改革開放時期中國大陸的財政制度與政策：財政單一議題範圍內相關研究之評析」，中國大陸研究，2004 年 6 月，第 1～32 頁。

3. 邱志淳、游國鑌，「兩岸廉政及肅貪之困境與展望」，中國大陸研究，2004 年 9 月，第 143～168 頁。
4. 陳永生，「中國大陸擴張性財政政策的微調轉型」，中國大陸研究，2005 年 9 月，第 93～110 頁。
5. 徐斯儉，「『軟紀律約束』——中共強化監督之政改的內在限制」，中國大陸研究，2007 年 6 月，第 35～60 頁。
6. 馬祥祐，「論『中國共產黨黨內監督條例（試行）』：從機制設計理論角度分析」，中國大陸研究，2008 年 6 月，第 1～26 頁。
7. He, D., Z. Zhang and W. Zhang (2009), 'How Large Will Be the Effect of China's Fiscal Stimulus Package on Output and Employment?', *Pacific Economic Review*, 14(5), pp.730-44.
8. McKissack, A. and Y. Jessica (2011), 'Chinese Macroeconomic Management through the Crisis and Beyond', *Asian-Pacific Economic Literature*, 25(1), pp.43-55.

第七章　家庭消費

1. 洪淑芬，「大陸有效需求不足之分析」，中國大陸研究，2003 年 1、2 月，第 1～22 頁。
2. Chen, C. H., C. C. Mai and J. H. Hsu, 'An Appraisal of Unified Enteprise Income Tax Policy in China', working paper.
3. Cai, H., Y. Chen and L. A. Zhou (2010), 'Income and Consumption Inequality in Urban China: 1992-2003', *Economic Development and Cultural Change*, 58(3), pp.385-413.

第八章　消費與儲蓄

1. Cai, Y. (2009), 'Booming Local Economy a Key to Whetting Rural Consumption－Empirical Study Based on the Decomposition of Rural Household Income', *China Economist*, 22, pp.66-73.
2. Huang, Y. and C, Yi (2010), 'Consumption and Tenure Choice of Multiple Homes in Transitional Urban China', *International Journal of Housing Policy*, 10(2), pp.105-31.
3. Lin, S. (2008), 'Forced Savings, Social Safety Net, And Family Support: A New Old-Age Security System for China', *Chinese Economy*, 41(6), pp.10-44.
4. Lin, S. (2009), 'Tax Reforms in China and Russia', *Chinese Economy*, 42(3), pp.24-40.

第九章　投　資

1. 劉雅靈，「中國與世界經濟體系：1949～1990」，政治大學政治經濟研究會論文，1997 年。
2. 劉祥熹、王麗惠，「兩岸外人直接投資主要來源國資金互動，關係與產業結構衝擊影響之分析」，中國大陸研究，2006 年 3 月，第 75～110 頁。
3. 王信賢，「傾斜的三角：當代中國社會問題與政策困境」，中國大陸研究，2008 年 9 月，第 37～61 頁。
4. Chen, C. H. (1996), 'Regional Determinants of Foreign Direct Investment in Mainland China', *Journal of Economic Studies*, 23(2). pp.18-30.

第十章　引進外資與對外直接投資

1. 鄭政秉等，「中國大陸各省市招商引資之績效評估——資料包絡法之應用」，中國大陸研究，2006 年 3 月，第 53～74 頁。
2. 曹海濤、葉日崧，「中國大陸企業海外直接投資之分析」，中國大陸研究，2008 年 3 月，第 31～65 頁。
3. 林祖嘉、陳湘菱，「中國大陸本土企業、台資企業與外資企業生產效率之比較研究」，中國大陸研究，2009 年 12 月，第 1～20 頁。
4. 林昱君，「中國對外投資發展路徑與現況」，經濟前瞻月刊，2012 年 12 月，第 12～16 頁。
5. Armstrong, S. (2011), 'Assessing the Scale and Potential of Chinese Investment Overseas: An Econometric Approach', *China and World Economy*, 19(4), pp.22-37.
6. Chou, K. H., C. H. Chen and C. C. Mai (2011), 'The Impact of Third-country Effects and Economic Integration on China's Outward FDI', *Economic Modelling*, 28(5), pp.2154-2163.
7. Fu, X. (2008), 'Foreign Direct Investment, Absorptive Capacity and Regional Innovation Capabilities: Evidence from China', *Oxford Development Studies*, 36(1), pp.89-110.
8. Hale, G. and C. Long (2011),'Are There Productivity Spillovers from Foreign Direct Investment in China?', *Pacific Economic Review*, 16(2), pp. 135-53.
9. Pei, C. (2008), 'The Development of an Open Economy in China--A Retrospective Analysis of 30 Years of Opening to the Outside World', *China Economist*, 17. pp.23-32.
10. Song, L., J. Yang and Y. Zhang (2011), 'State-Owned Enterprises'

Outward Investment and the Structural Reform in China,' *China and World Economy*, 19(4), pp.38-53.

11. Sun, S. (2011), 'Foreign Direct Investment and Technology Spillovers in China's Manufacturing Sector', *Chinese Economy*, 44(2), pp.25-42.
12. Yeung, H. W. and W. Liu (2008), 'Globalizing China: The Rise of Mainland Firms in the Global Economy', *Eurasian Geography and Economics*, 49(1), pp.57-86.

第十一章　國際貿易

1. 林毅夫、李永軍，「對外貿易與經濟增長關係的再考察」，北京大學中國經濟研究中心討論稿，No. C2001008。
2. 洪淑芬，「1990 年代中期以來中國對外貿易商品結構與優勢——國際專業化指標的觀察」，中國大陸研究，2010 年 9 月，第 89～120 頁。
3. Chen, C. H., C. C. Mai and H. C. Yu, 'The Effect of Export Tax Rebates on Export Performance: Theory and Evidence from China', *China Economic Review*, Volume 17, 2006, pp.226-235.
4. Chou, K. H., C. H. Chen and C. C. Mai (2009), 'A Geospatial Analysis of China's Exports, 1991-2008', *Eurasian Geography and Economics*, 50(5), pp.532-46.
5. Chou, K. H., C. H. Chen, and C. C. Mai, 'The Influence of Political Risk, Economic Integration and Spatital Effects on China's Exports', working paper.
6. Keller, W., B. Li and C. H. Shiue (2011), 'China's Foreign Trade: Perspectives from the Past 150 Years', *The World Economy*, 34(6), pp.853-92.

7. Liu, X. and X. Xin (2011), 'Why Has China's Trade Grown So Fast? A Demand-Side Perspective', *Emerging Markets Finance and Trade*, 47(1), pp.90-100.

第十二章　中國大陸全球化與區域整合進程

1. 高長，大陸經改與兩岸經貿，五南圖書出版公司，2009 年 10 月。
2. 卓慧菀，「中國加入 WTO 特殊條款暨其對中國出口影響之研析」，中國大陸研究，2009 年 12 月，第 21～55 頁。
3. Bissiere, M. and B. Schnatz (2009), 'Evaluating China's Integration in World Trade with a Gravity Model Based Benchmark', *Open Economies Review*, 20(1), pp.85-111.
4. Chen, C. H., C. C. Mai and C. T. Shih (2007), 'China and East Asia: An Appraisal of Regional Economic Integration', *Eurasian Geography and Economics*, 48(3), pp.320-40.
5. Gries, T. and M. Redlin (2011), 'International Integration and the Determinants of Regional Development in China', *Economic Change and Restructuring*, 44(1-2), pp.149-77.
6. Hsieh, P. L. (2010), 'China's Development of International Economic Law and WTO Legal Capacity Building,' *Journal of International Economic Law*, 13(4), pp.997-1036.
7. Lee, C. S. and D. Moon (2010), 'Impacts of Sequential Free Trade Agreements in East Asia: A CGE and Political Economy Analysis', *Global Economic Review*, 39(4), pp.365-81.
8. Moosa, I. (2011), 'On the U.S.-Chinese Trade Dispute', *Journal of Post Keynesian Economics*, 34(1), pp.85-111.

9. Wu, H. L. and C. H. Chen (2004), 'Changes in the Foreign Market Competitiveness of East Asian Exports', *Journal of Contemporary Asia*, 34(4), pp. 503-22.

第十三章　土地供需

1. 楊友仁等，「快速工業化下的中國大陸區域治理：以蘇州地區土地產權體制轉化為例」，中國大陸研究，2004 年 9 月，第 111～141 頁。
2. Li, X., X. Xu and Z. Li (2010), 'Land Property Rights and Urbanization in China', *China Review*, 10(1), pp.11-37.
3. Zhang, H. (2008), 'Effects of Urban Land Supply Policy on Real Estate in China: An Econometric Analysis', *Journal of Real Estate Literature*, 16(1), pp.55-72.
4. Zhao, Y. (2011), 'China's Land Tenure Reform: Time for a New Direction?', *China Review*, 11(2), pp.125-51.

第十四章　勞動供需初階發展

1. 王瑞琦、胡宇芳，「國家控制與中國大陸高等教育的非均衡發展」，中國大陸研究，2004 年 12 月，第 75～99 頁。
2. 陳坤銘、楊書菲，「國際貿易對相對工資之影響——以中國大陸貿易自由化為例」，中國大陸研究，2005 年 6 月，第 1～122 頁。
3. 趙甦成，「由公共財貨供給角度論中國大陸農民工培訓制度」，中國大陸研究，2007 年 6 月，第 61 ～93 頁。
4 Ding, S. and J. Knight (2011), 'Why Has China Grown So Fast? The Role of Physical and Human Capital Formation', *Oxford Bulletin of Economics and Statistics*, 73(2), pp.141-74.

第十五章　勞動供需中高階發展

1. Cooke, F. L. (2005), 'Vocational and Enterprise. Training in China: Policy, Practice and Prospect', *Journal of the Asia Pacific Economy*, 10(1), pp.26-55.
2. Dong, X. Y. and L. C. Xu (2008), 'The Impact of China's Millennium Labour Restructuring Program on Firm Performance and Employee Earnings', *Economics of Transition*, 16(2), pp.223-45.
3. Hale, G. and C. Long (2011), 'Did Foreign Direct Investment Put an Upward Pressure on Wages in China?', *IMF Economic Review*, 59(3), pp.404-30.
4. Han, J. and J. Zhang (2010), 'Wages, Participation and Unemployment in the Economic Transition of Urban China', *Economics of Transition*, 18(3), pp.513-38.
5. Ni, J., G. Wang and X. Yao (2011), 'Impact of Minimum Wages on Employment: Evidence from China', *Chinese Economy*, 44(1), pp.18-38.
6. Taylor, R. (2011), 'China's Labour Legislation: Implications for Competitiveness Asia', *Pacific Business Review*, 17(4), pp.493-510.

第十六章　資本與企業家精神

1. Song, Zheng etc. (2011), 'Growing Like China', *American Economic Review*, 101, pp.196-233.
2. Xiao, L. (2011), 'Financing High-Tech SMEs in China: A Three-Stage Model of Business Development', *Entrepreneurship and Regional Development*, 23(3-4), pp.217-34.
3. Zhang, J., L. Wang and S. Wang (2012), 'Financial Development and

Economic Growth: Recent Evidence from China', *Journal of Comparative Economics*, 40(3), pp.393-412.

4. Zhang, Y. and Q. Li (2007), 'How Does Entrepreneurial Activity Affect Organizational Performance in China's Private Enterprises', *Chinese Economy*, 40(6), pp.24-48.

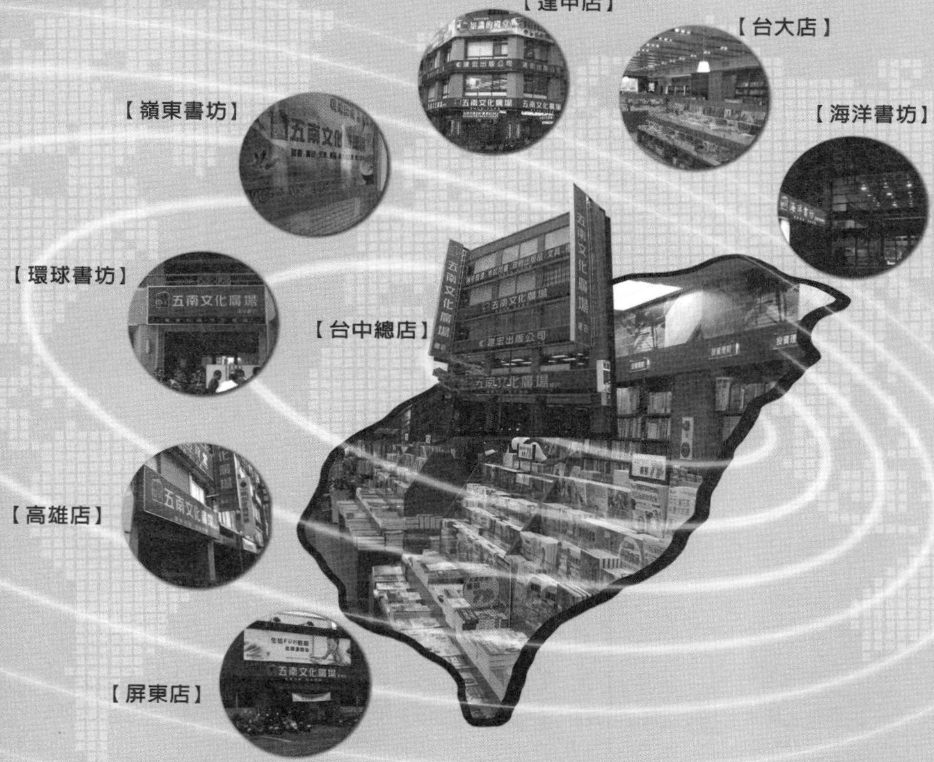

五南圖解財經商管系列

※ 最有系統的圖解財經工具書。

※ 一單元一概念，精簡扼要傳授財經必備知識。

※ 超越傳統書藉，結合實務精華理論，提升就業競爭力，與時俱進。

※ 內容完整，架構清晰，圖文並茂，容易理解，快速吸收。

圖解財務報表分析 / 馬嘉應

圖解物流管理 / 張福榮

圖解企劃案撰寫 / 戴國良

圖解企業管理(MBA學) / 戴國良

圖解企業危機管理 / 朱延智

圖解行銷學 / 戴國良

圖解策略管理 / 戴國良

圖解管理學 / 戴國良

圖解經濟學 / 伍忠賢

圖解國貿實務 / 李淑茹

圖解會計學 / 趙敏希 馬嘉應教授審定

圖解作業研究 / 趙元和、趙英宏、趙敏希

圖解人力資源管理 / 戴國良

圖解財務管理 / 戴國良

圖解領導學 / 戴國良

國家圖書館出版品預行編目資料

中國大陸經濟／麥朝成，伍忠賢著. ——
初版. ——臺北市：五南，2013.09
面；　公分
ISBN 978-957-11-6923-1（平裝）
1.經濟發展　2.中國
552.2　　101023845

1MCR

中國大陸經濟

作　　者— 麥朝成、伍忠賢
發 行 人— 楊榮川
總 編 輯— 王翠華
主　　編— 張毓芬
責任編輯— 侯家嵐
文字編輯— 林秋芬
封面設計— 盧盈良
出 版 者— 五南圖書出版股份有限公司
地　　址：106台北市大安區和平東路二段339號4樓
電　　話：(02)2705-5066　　傳　　真：(02)2706-6100
網　　址：http://www.wunan.com.tw
電子郵件：wunan@wunan.com.tw
劃撥帳號：01068953
戶　　名：五南圖書出版股份有限公司

台中市駐區辦公室/台中市中區中山路6號
電　　話：(04)2223-0891　　傳　　真：(04)2223-3549
高雄市駐區辦公室/高雄市新興區中山一路290號
電　　話：(07)2358-702　　傳　　真：(07)2350-236

法律顧問　林勝安律師事務所　林勝安律師

出版日期　2013年9月初版一刷
定　　價　新臺幣580元